全国高等教育自学考试指定教材

国际贸易专业（独立本科段）

国际运输与保险

（2004年版）

（附：国际运输与保险自学考试大纲）

组　编　全国高等教育自学考试指导委员会

主　编　叶　梅　黄敬阳

中国人民大学出版社

图书在版编目（CIP）数据

国际运输与保险：2004 年版：附：国际运输与保险自学考试大纲/叶梅，黄敬阳主编
北京：中国人民大学出版社，2005
全国高等教育自学考试指定教材．国际贸易专业（独立本科段）
ISBN 978-7-300-06324-9

Ⅰ．国…
Ⅱ．①叶…②黄…
Ⅲ．①国际运输-高等教育-自学考试-教材②国际运输-运输保险-高等教育-自学考试-教材
Ⅳ．F840.63

中国版本图书馆 CIP 数据核字（2005）第 016548 号

全国高等教育自学考试指定教材　国际贸易专业（独立本科段）

国际运输与保险（2004 年版）

（附：国际运输与保险自学考试大纲）

组　编　全国高等教育自学考试指导委员会

主　编　叶　梅　黄敬阳

出版者	中国人民大学出版社		
社　址	北京中关村大街 31 号	**邮政编码**	100080
网　址	http://www.crup.com.cn http://www.ttrnet.com（人大教研网）		
印　刷	北京市鑫霸印务有限公司		
开　本	880×1230 毫米　1/32	**版　次**	2005 年 3 月第 1 版
印　张	17.75	**印　次**	2021 年 6 月第 17 次印刷
字　数	506 000	**定　价**	22.50 元

本书如有质量问题，请与教材供应部门联系。

官方淘宝网　网址：http://shop136348527.taobao.com

组编前言

这是一个变幻难测的世纪，这是一个催人奋进的时代。科学技术飞速发展，知识更替日新月异。希望、困惑、机遇、挑战，随时随地都有可能出现在每一个社会成员的生活之中。抓住机遇，寻求发展，迎接挑战，适应变化的制胜法宝就是学习——依靠自己学习，终生学习。

作为我国高等教育组成部分的自学考试，其职责就是在高等教育这个水平上倡导自学、鼓励自学、帮助自学、推动自学，为每一个自学者铺就成才之路。组织编写供读者学习的教材就是履行这个职责的重要环节。毫无疑问，这种教材应当适合自学，应当有利于学习者掌握、了解新知识、新信息，有利于学习者增强创新意识、培养实践能力、形成自学能力，也有利于学习者学以致用，解决实际工作中所遇到的问题。具有如此特点的书，我们虽然沿用了“教材”这个概念，但它与那种仅供教师讲、学生听，教师不讲、学生不懂，以“教”为中心的教科书相比，已经在内容安排、形式体例、行文风格等方面都大不相同了。希望读者对此有所了解，以便从一开始就树立起依靠自己学习的坚定信念，不断探索适合自己的学习方法，充分利用已有的知识基础和实际工作经验，最大限度地发挥自己的潜能，达到学习的目标。

欢迎读者提出意见和建议。

祝每一位读者自学成功。

全国高等教育自学考试指导委员会

2004 年 6 月

编者的话

经全国高等教育自学考试指导委员会同意，由经济管理类专业委员会负责高等教育自学考试经济管理类专业教材的组编工作。

《国际运输与保险》是专为全国高等教育自学考试编写的专用教材。

《国际运输与保险》是一门理论与实务相结合的综合性学科。本书从国际贸易业务的实际需要出发，阐明有关国际货物运输与保险的基本知识、基础理论和办理国际货物运输与保险的基本技能。

《国际运输与保险》的第一部分为国际货物运输的相关内容，这一部分内容共由八章构成，重点介绍了有关国际货物运输的基本知识，涉及国际货物运输各种方式的基本理论与实务，并以具有代表性的国际海、陆、空运输为重点，详细介绍了各种货物运输方式的特点、操作、费用、单证以及有关的国际公约和法律。为了适应实际发展的需要，本部分还特别增加了集装箱运输、国际多式联运和第三方物流等方面的一些新内容。第二部分为运输保险部分，这一部分内容由九章构成，较为全面地介绍了风险、风险管理及保险的基本概念、基本知识和基本方法，并以海上货物运输保险为重点，全面系统地解释了有关货物运输保险的风险、损失和费用，并详细地介绍了国际货运保险的惯例和实务。本部分对其他运输方式的运输保险也进行了简单介绍。

本书在编写内容上，力求做到重点突出、简明扼要、通俗易懂，以适应自学教育的需要；另外本书也注意吸收了大量国内外有关国际货物运输与保险的最新资料，以使读者能够掌握国际货物运输与保险领域的最新动态及最新知识。

《国际运输与保险》一书由叶梅、黄敬阳担任主编，本书各章节的编写分工如下：

第一部分：

第一章、第四章、第五章、第七章（第一、二、三、四节）、第八章，叶梅（对外经济贸易大学副教授）；

第二章、第七章（第五节），王晓东（对外经济贸易大学副教授）；

第三章，赵苏（对外经济贸易大学副教授）；

第六章，许明月（对外经济贸易大学副教授）。

第二部分：由黄敬阳（对外经济贸易大学副教授）编写。

叶梅负责全书结构设计并最后统稿。对外经济贸易大学资深教授严启明、雷荣迪及中国对外贸易运输总公司高级国际商务师王志刚担任主审。

由于编写时间仓促，编者水平有限，书中错误和疏漏之处在所难免，敬请读者批评、指正，以便于修订，使之日臻完善。

编者

2004年12月于北京

目　录

第一部分

国际货物运输

第一章 国际货物运输总述

第一节 国际货物运输概述

一、运输的含义

运输就是人和物的载运和输送，即以各种运载工具，沿着相应的地理媒介和输送路线，将人和物等运输对象从一个地方送到另一个地方的位移过程。

运输是社会物质生产过程中的必要条件之一。人们生活和进行生产活动离不开运输。早在远古时期，人们就开始采用极简单的运输工具。随着社会生产力的发展和社会分工的不断扩大，交通运输工具也逐步发展起来，运输逐渐形成为一个独立的物质生产部门。因此，与社会生产密切相关的运输活动，除作为具体生产过程中的生产进行内部运输外，还作为物质生产部门从事社会化运输。社会化运输作为生产内部运输的延续，不过是在更大的规模上表现的同样的现象。马克思指出：除了采矿工业、农业和加工制造业以外，还有第四个物质生产部门，它也经过手工业生产、工场手工业生产和机器生产三个不同阶段。这就是运输业，不论它是客运还是货运。① 马克思认为运输业是一个物质生产部门，同时强调了运输过程的生产性质。他指出：运输所出售的东西，就是场所的变动，也就是它所进行的生产过程。商品在空间上的流通，即通过运输使商品位置发生的移动，改变了商品使用价值的位置，从而使商品的交换价值增大，可以按高于原来产地的价格出售。由运输追加到商品中去的价值，等于使商品的使用价值发生位置移动所需要的劳动量，这个劳动量，一部分是物化劳动量（即运输工具的价值转移）；另一部分是活劳动量（即运输劳动的价值追加）。这同其他一切商品的价值增值过程是一样的。

① 参见《马克思恩格思全集》，第26卷Ⅰ，444页，北京，人民出版社，1972。

运输业是一个独立的物质生产部门，它具有自己的特点。

首先，运输业的生产是在生产过程之后的流通过程中进行的，它表现为生产过程在流通过程中的继续。如果没有运输业把社会的产品送至消费地点，产品的使用价值就无法实现，产品的生产过程就没有最后完成。

其次，在运输业生产过程中，不能生产出任何新的、有形的物质产品。运输的结果，不能改变劳动对象的性质和形态，只能使产品位置发生移动。“位移”也就是运输业的产品。因此，运输业的产品的特殊性表现在它不同于其他物质生产部门所生产的产品，它不能存入仓库，也不能储存。

再次，运输通过使商品位置发生移动，使商品的交换价值增大，即在不改变商品数量和质量的条件下，使商品的价值量提高，这即是运输业的物质生产性。

二、运输的发展

运输是随着商品生产和商品交换而产生的。运输的发展过程是同社会生产力的发展过程相适应的。在资本主义以前相当长的历史时期内，由于当时生产力水平较低，故只能依靠驮畜、畜力、人力车和木帆船等运输工具进行运输。在公元9世纪到10世纪间，已出现了各种帆船。随着社会生产和商品交换的发展，社会对运输的需求日益增加，于是便出现了以运输工具作为生产手段的小生产者，他们专门从事运输活动。为了解决运输能力与对运输需求不相适应的矛盾，人们除了不断改进运输工具外，还致力于开河、造桥、筑路。到12世纪，我国就已经在海船上使用指南针进行仪器导航。从13世纪起，海洋上已有各式各样的航速较快的大型帆船了。但交通运输工具的革命，实际上是在产业革命后发生的，由于产业革命后出现了大机器生产，进入流通领域的商品越来越多，市场范围日益扩大，手工业时期传下来的运输手段，已不适应资本主义大生产条件下运量急剧加大和运程迅速增长的需要，从而使运输工具的革命成为必要。同时，科学技术的发展，为运输工具的革命和运输业的发展提供了物质技术基础。自从美国人富尔顿（Robert Fulton，1765—1815）发明了轮船和英国人斯蒂芬森（George Stephson，1751—1848）发明了火车头后，人类从事运输活动便从仅利用自然动力和畜力动力进入到机器动力时代。1807年第一艘轮船“克莱蒙特号”在美国下水和1825年第一条铁路在英国正式办理货运业务，标志着机械运输业从此开始。随后，海洋运输和铁路运输迅速发展起来。进入20世纪30年代，汽车运输、航空运输和管道运输又相继崛起，并迅猛发展。这样，就形成了包括水、陆、空等多种运输方式的现代化运输体系。

第二次世界大战以后，科学技术日新月异，突飞猛进，人类进入原子、电子和宇航时代。科学技术的进步，进一步推动了运输业的发展。人类发明和使用了许多新的运输工具，其特点是向大型化、高速化、专门化和自动化方向发展。特别是集装箱运输的出现和广泛采用，促进了各种运输方式之间的配合和合作，充分发挥了各种不同运输方式的优点，并引起了运输组织技术和经营管理上的巨大变化，如由单件运输发展成为成组运输，由传统的单一运输发展为多式联运，“门到门”（Door to Door）运输逐渐取代“港到港”（Port to Port）和“站到站”（Station to Station）运输。在运输单据和手续上，也日趋简化和统一，以适应现代化管理的要求。这些变化有效地促进了运输效率的提高。

三、运输与国际贸易的关系

运输业的发展同国际贸易的发展是相互联系的。国际贸易的发展要求运输业的规模与其相适应，而运输业的发展，又有力地促进了国际贸易的发展。

运输是随着商品生产和商品交换而产生、发展的。在对外贸易活动中，买卖双方相距遥远，进出口商品在空间上的流通范围更为广阔。任何一笔生意、任何一种商品的交易都必须经过运输才能完成。

进出口商品交易合同的签订，仅是实现进出口商品交换的前半部分，只有通过运输，按照合同约定的时间、地点和条件把商品交给对方，安全收汇以后，才能最终完成商品交换的全过程。由此可见，没有对外贸易运输，要进行进出口商品的交换是不可能的。

交通运输工具的发展为开拓越来越远的市场提供了可能性。马克思和恩格斯都高度评价了交通运输革命对发展国际贸易的重大意义。马克思指出：缩短流通时间的主要方法是改进交通……在陆地上，公路已经被铁路挤到次要地位；在海上，缓慢的不定期的帆船已经被迅速的定期的轮船、航线排挤到次要地位……苏伊士运河才真正开辟了通往东亚和澳洲的轮船交通……美国和印度，由于交通工具的这种变革，已经同欧洲的工业国家靠近了70%～90%……全世界商业的周转时间，都已按相同的程度缩短，参加世界商业的资本的活动能力，已经增加到两倍或者三倍多。由于交通运输的发展，加快了货运速度，增加了货物运载量，缩短了商品流通时间，增强了商业资本的活动能力，并促进了国际贸易的发展。所以恩格斯进一步指出，交通工具的巨大增长——轮船、铁路、电报、苏伊士运河——第一次建立了真正的世界市场。

随着世界各国生产的进一步发展和国际贸易额的不断扩大，国际货物运输量也相应增加，这就加大了运输任务。为了适应国际贸易进一步发展的需要，各种现代化运输工具不断得到改进，运输体系结构和经营管理工作也不断完善和日趋现代化，这对加强国际间的经济联系，深化国际分工，促进国际贸易的发展，都起到了而且仍在继续起着很重要的作用。

四、国际货物运输的含义及特点

运输，就其运送对象来看，可分为旅客运输和货物运输两大类。而从货物运输来看，又可按地域划分为国内货物运输和国际货物运输两类。国际货物运输，就是货物在国家与国家、国家与地区之间的运输。

国际货物运输工作，除具有一般运输业的特点外，还因为它是对外贸易工作中的一个重要组成部分，不可避免地会受国际政治经济关系变化和国内外市场需求等各种因素的影响，并牵涉到外贸工作的各个方面，因而它必然具有许多不同于国内运输的特点。

国际货物运输主要具有下列几个基本特点：

（一）国际货物运输是一项政策性很强的工作

国际货物运输是对外贸易的重要组成部分。在组织国际货物运输过程中，需要经常同国外发生广泛的联系，而且国际政治、经济形势的变化，也往往影响到运输业务的进行。同样，在处理运输过程当中的问题以及在办理运输业务的日常接触中，都会牵涉到国际关系和对外政策问题。因此，国际货物运输既是一项经济活动，也是一项外事活动。这就要求我们不仅要有经济观念，而且要有政策观念，我们应当按照对外政策的要求办事。

（二）国际货物运输路线长、中间环节多

国际货物运输，是国家与国家之间的运输，故一般运距较长。在国际货物运输过程中，往往需要经由不同的国家和地区，使用多种运输工具，采取不同的运输方式，中途还要经过多次装卸和搬运，中间环节很多，其中任何一个环节发生问题，都会影响整个国际货物运输的进程。因此，这就要求我们必须认真做好运输组织工作，特别注意各环节之间的衔接，以免出现脱节现象，给工作造成损失。

（三）国际货物运输涉及面广，情况复杂、多变

国际货物运输涉及国内外许多部门和多方面的问题。在运输过程中，需要同国内外货主、交通运输部门、商检机构、保险公司、银行、海关和各种中间代理人打交道，涉及面很广。同时，由于各国政治、法律、金融货币制度不同，政策、法令、规定不一，贸易、运输习惯和经营做法也有差别，再加上对外贸易运输容易受到政治、经济形势变化和自然条件的影响，因此情况十分复杂，可变的因素很多，一旦某一方面出现问题，就可能影响整个对外贸易运输。

（四）国际货物运输的时间性强

在对外贸易中，按时装运进出口货物，及时将货物从装运地运至目的地，对完成进出口任务、满足市场需要、减少货损和提高商品的竞争能力，都有着重要的意义。在当前市场竞争十分激烈的情况下，我们必须加快货运，抢行应市，以快取胜。如果不能及时装卸或运输迟缓、到货慢，就会影响对外贸易的开展，甚

至会减少销路或丢失市场。特别是对某些鲜活商品或季节性商品的运输，更要抢时间，争速度，及时完成运输任务，以免造成经济上的损失和信誉上的不良影响。

（五）国际货物运输的风险较大

国际货物运输，由于运距长，中间环节多，涉及面广，沿途需要经过许多制度不同的国家和地区，国际形势的变化，社会的动乱，各种自然灾害和意外事故的发生，以及战争、封锁禁运或海盗活动等，都可能直接或间接影响国际货物运输，甚至有可能带来严重的后果。因此，国际货物运输的风险较大。为了转嫁运输过程中的风险，各种进出口货物和运输工具都要办理运输保险。

五、国际货物运输的方式

国际货物运输方式种类很多，根据运输路线和所使用的运输工具的不同，可以分为海洋运输、内河运输、铁路运输、公路运输、航空运输、管道运输、多式联合运输和邮政运输等。如图1—1—1所示。

- 运输方式
  - 陆上运输
    - 公路运输
    - 铁路运输
  - 水上运输
    - 内河运输
    - 海洋运输
      - 沿海运输
      - 近海运输
      - 远洋运输
  - 航空运输
  - 管道运输
  - 邮政运输

（内河运输与海洋运输合为：河海联运；陆上运输与水上运输合为：集装箱运输和国际货物多式联运）

图 1—1—1　国际货物运输方式

由于各种运输方式各有其特点，在对外贸易业务工作中，必须根据进出口货物的性质和特点、运量的大小、运输路程的远近、市场需求的缓急、运输费用的高低、装卸地点的情况、气候与自然条件、法令制度的规定以及国际政治形势的变化等因素，审慎选择合理的运输方式，这对顺利完成进出口货物运输任务有着非常重要的意义。

我国对外贸易进出口货物绝大部分通过海上运输，少部分通过铁路、公路或航空运输，也有些货物是通过管道或邮政运输。但随着航空事业的发展，通过航空运输的货运量近年来有较大的增长，货物种类和范围也在不断扩大。

第二节　中国对外贸易运输的发展

一、中国对外贸易运输的发展概况

中国是世界上水陆交通发展最早的国家之一。我国古代劳动人民利用自己的智慧和勤劳的双手，制造各种运输工具、修桥、筑路、兴建港口、开凿运河，并发明了有利于远航的举世闻名的指南针。张骞出使西域，开辟了陆地上的“丝绸之路”；郑和七次下西洋，发展了我国同许多亚、非国家的文化和贸易交往，并丰富了世界航海的历史。我们的祖先为发展世界交通运输事业做出了重大的贡献，为世界交通史写下了光辉的一页。

但是，帝国主义入侵中国之后，它们利用其攫取的特权，控制我国的交通运输命脉。因此，旧中国的运输业具有殖民地、半殖民地性质。当时，我国的铁路和一切重要的通商口岸都被各帝国主义国家控制，它们先后在我国掠取了铁路所有权和经营权，还在我国设立了许多航运公司，在我国沿海内河航行的外国轮船超过我国轮船的吨位。而我国的轮船，绝大部分由属于官僚资本经营的招商局所控制。当时的对外贸易运输业务，由洋行买办一手包办。帝国主义通过对我国海关和交通运输的控制，向我国大量倾销它们的过剩商品，并掠夺我国廉价的原料，把我国变成它们的工业品市场和原料来源地。同时，由于帝国主义的入侵和国民党的反动统治，旧中国的运输技术设备十分落后，管理体制相当混乱，运输效率低下，对外贸易运输事业发展缓慢。

新中国成立以后，随着我国对外经济贸易关系的日益发展和进出口货运量的不断增长，我国对外贸易运输事业也得到了较快的发展。

对外贸易货物运输，主要是通过国内交通运输部门和国外运输企业进行的。但是新中国诞生时，我国交通运输几乎处于瘫痪状态。旧中国没有给我们留下一艘远洋货轮，铁路、公路、桥梁和港口都遭到不同程度的破坏，民用航空事业更是一片空白，而管道运输的设施则根本没有。当时美帝国主义又纠集一些国家对我国实行全面封锁禁运。我国对外贸易运输，就是在这种内外交困的情况下，才逐步恢复和发展起来的。

新中国成立初期，我国同苏联和东欧等国家的贸易占主要地位，因此，我国当时的进出口货物主要是通过铁路运输的。为了更有效地利用铁路运输进出口货物，我国先后修复和新建了一些通往邻国的铁路线，并同苏联、朝鲜和东欧等国家相继开展了国际铁路联运。在反封锁禁运斗争中，为了确保货物在运输途中的安全，我国还将一些本来可以采用海运的货物，也改由铁路运输。由于国际铁路联运范围的逐步扩大，加之有些东欧国家同时参加了国际铁路货物运送公约，因而我国可以通过东欧国家铁路办理货物的转运，这为我国发展对外贸易提供了十分有利的条件。

新中国成立初期，我国还没有远洋货轮，也没能建立自己的班轮航线，当时的海运进出口货物主要是通过外轮运输的。为了完成海运任务，我国同波兰进行航运合作，共同组织了中波海运公司。从 1956 年开始，我们以租用的期租船开辟了班轮航线。随着我国对外贸易的日益发展和贸易主要对象的逐步转移，海洋运输的比重逐步扩大，并成为对外贸易运输的主要方式。到 1963 年，海运进出口货运量已占进出口货运总量的 70%。70 年代后，又上升到 80%以上。为了适应进出口海运量不断增长的需要，我国的远洋船队也逐步发展起来，国轮承运进出口货物的比重逐年增长，租用外轮的比重相对下降。到 1975 年，国轮承运进出口货物运输的比重已增至 73%，从而结束了我国对外贸易货物运输主要依靠租用外轮的局面。

进入 20 世纪 80 年代以后，地方船队也开始兴办，目前已形成了多家经营的局面。全国海上运力已超过 2 000 万载重吨，并且船类齐全，技术也比较先进。在世界商船队的排列中，我国已进入航运大国之列，位居世界前十位。海上运输已成为我国对外贸易运输的主力。与此同时，我国的港口建设也取得了巨大的成就。目前，对外开放的港口已超过60个，年吞吐量超过10亿吨。对外贸易海运定期航线已发展到300多条，可到达世界200多个国家和地区的1 100多个港口。80年代和90年代初，海运进出口货运量在进出口货运总量中所占的比重一直保持在高达90%左右的水平上。

我国民航事业是在新中国成立后重新创办起来的。1958年我国参加了1929年10月12日在华沙签订的《统一国际航空运输某些规则的公约》，从而同世界上20多个国家建立了航空运输关系。但是，在过去相当长的时期内，我国进出口货物通过航空运输的数量极少。随着我国对外贸易和民航业务的发展，自1974年以来，我国国际航空运输范围进一步扩大，从而使我国对外贸易航空货物运输有了较大的发展。国际贸易中的电子设备、计算机、医药等几乎百分之百地使用航空运输方式。近年来，日常生活用品，如纺织品、食品等，使用空运方式的也大大增加，适于航空运输的商品也越来越多。航空货物运输已经成为国际货运，特别是洲际货运的重要方式。经过50多年的风雨历程，目前已形成了一个以北京为中心的四通八达的航空运输网络，我国航空运输网已成为世界航空运输网的有机组成部分。在改革开放的20年间，中国民航运输总周转量年均增长速度，约为中国国民经济增长速度的2倍，中国交通运输业增长速度的3倍，世界民航业增长速度的4倍。由此可以预见，随着改革开放的进一步深入，我国的航空货物运输必将会有更大的发展。

我国管道运输是随着石油生产的发展而发展起来的。为了适应出口石油的需要，我们除修建了一些通往港口的输油管道外，还于1975年12月同朝鲜共同建成了中朝输油管道，把我国丹东与朝鲜新义州连接起来，从而有利于中朝两国间进行石油贸易。

我国还同一些国家签订了有关邮政包裹的协定，有些少量的进出口商品和样品，可以通过邮政运输完成。

为了适应对外经济贸易迅速发展的需要，近年来我国对外贸易运输业也发生了较大的变化。新的运输方式如集装箱运输、滚装船运输得到了迅速的发展；新的运输组织形式如大陆桥运输以及国际多式联运等现代化运输方式被广泛采用。

总之，新中国的对外贸易运输，经过50多年的发展，已经初步形成了包括海、陆、空、邮政、管道等多种运输方式在内的较为完整的运输体系。为了进一步贯彻对外开放政策和加速对外贸易商品流通，我们必须不断改善运输工具和港口、车站、机场等基础设施和装卸设备，积极改革对外贸易运输的经营管理体制，使对外贸易运输朝着现代化的全方位方向进一步发展。

二、我国对外贸易运输的组织机构

（一）国际贸易运输的一般组织机构

国际上从事对外贸易运输工作的机构基本上可归纳为三个方面，即：

1. 承运人（Carrier），是专门经营水上、铁路、公路、航空等客货运输业务的机构。如轮船公司、铁路或公路运输公司、航空公司等交通运输部门。它们一般拥有大量运输工具，为社会提供运输服务，是货物运输工作中的承运人。

2. 货主（Cargo Owner），是专门经营进出口商品业务的机构，统称为货主。如外贸部门或进出口商，它们为履行贸易合同，必须组织办理进出口商品的运输，向交通运输部门托运货物。它们是货物运输工作中的托运人（Shipper）或收货人（Consignee）。

3. 货运代理人（Freight Forwarder 或 Agent），是根据委托人要求，代办货物运输业务的机构。有的代理承运人向货主揽取货物；有的代理货主向承运人办理托运；有的兼营两方面的代理业务。它们属于运输中间人，在承运人和托运人之间起着桥梁作用。

这三方面的业务构成了国际货物运输工作的主体结构。它们之间虽然在工作性质上有区别，但在业务上却有着密不可分的关系。

除此之外，对外贸易运输工作与海关、商检、保险、银行以及包装、仓储等部门也有密切的关系。对外贸易运输工作只有在以上有关各部门共同合作、密切配合下才能顺利完成。

（二）我国对外贸易运输的组织机构

我国办理国际贸易运输的组织机构，基本上也是由承运人（交通运输部门）、货主（外贸部门或进出口商）和货运代理人三个主要方面构成。这三个方面包括的主要机构如图 1—1—2 所示。

- 1.承运人（交通运输部门）
  - 水上运输部门：中国远洋运输公司、中国经贸船务公司、地方轮船公司、长江航运公司、珠江航运公司及中外合资、合营轮船公司
  - 铁路运输部门：铁路管理总局和各地分局
  - 公路运输部门：公路局和运输公司
  - 航空运输部门：中国民航总局所属各航空公司及地方民航公司
  - 邮电运输部门：中国邮电总局和各地分局
- 2.货主(外贸部门或进出口商)
  - 各外贸专业总公司及地方外贸公司
  - 各工、农、技贸公司
  - 从事外贸业务的其他国有企业和集体企业
- 3.货运代理人
  - 商务部所属中国对外贸易运输总公司及各地分公司
  - 商务部批准的其他货运代理公司
  - 铁道部所属铁路服务公司
  - 交通部所属中国外轮代理公司及各港口分公司
  - 中外合资、合营货运代理公司

图 1—1—2　我国国际贸易运输组织机构

第三节　我国对外贸易运输的任务和要求

一、我国对外贸易运输的任务

国际贸易运输是对外贸易的重要环节之一，它的基本任务是：根据对外开放政策的要求，在国家有关方针政策的指导下，合理利用各种运输方式和运输土具，多快好省地完成进出口运输任务，为发展对外经济贸易服务，为我国的外交路线服务，为现代化建设服务。具体地说，它包括以下三个方面的内容。

（一）认真贯彻国家对外政策

国际贸易运输是涉外活动的一个重要组成部分。因此，应在平等互利的基础上，密切配合外交活动，在实际工作中具体体现和切实贯彻国家的各项对外政策。鉴于国际贸易运输涉及面广，需要同世界各种类型的国家和各式各样的客户接触，所以从事国际贸易运输的部门和企业必须遵照国家的方针政策和法律规定，与有关部门加强联系，互相配合，密切协作，共同完成国际贸易运输任务。

（二）按时、按质、按量完成进出口货物的运输服务

对外贸易商品流通是通过运输而最终实现的。买卖合同签订后，只有通过运输，及时将进出口商品运到约定地点，对外贸易商品流通才能实现，合同才能履行。同时，装运期和到货期都是合同的重要条件，违反此项条件，即构成根本性违约，就有可能导致罚款和消约的后果。因此，凡从事国际贸易运输的有关部门和企业，都必须重合同、守信用，保证按时、按质、按量完成进出口运输任务。

（三）节省运杂费用，促进对外贸易服务

国际贸易运输，由于其运距一般较长，中间环节较多，各项运杂费用的开支较大，故节省运杂费用的途径较多，潜力比较大。因此，从事国际贸易运输的部门和企业，应当把节省运杂费用、降低运输成本作为本身的一项重要工作。为了有效地节省运杂费用，从事国际贸易运输的人员，应本着替货主着想、为货主服务的精神，不断提高工作质量，改善经营管理，提高经济效益，促进对外贸易的服务。

二、我国对外贸易运输的要求

（一）树立为货主服务的观点，认真实现“安全、迅速、准确、节省、方便”的要求

国际贸易运输担负着直接为对外贸易服务的重大使命，它是一项服务性很强的工作。因此，国际贸易运输人员必须树立为货主服务的观点。为货主服务，实质上是为社会主义现代化建设服务的具体体现。为了切实搞好这项服务工作，在国际贸易运输工作中，必须体现下列要求：

1. 安全。在运输过程中要求做到进出口商品完好无损和运输工具的安全。由于国际贸易运输风险较大，所以要特别注意运输工具和货物的安全，尽量避免发生运输事故，防止货物中途发生变质、毁损和丢失，以确保货物能安全运达目的地。

2. 迅速。要求严格按照贸易合同的规定，把进出口商品及时运进来或运出去。国际贸易货物运输时间性强，按约定时间装运进出口货物，是关系到重合同、守信用的大问题。因此，在国际贸易运输工作中，应当加快装卸和运输速度，尽量缩短商品在途时间，以满足国内外市场的需要。

3. 准确。要求把进出口商品准确无误地运到交货地点。鉴于国际贸易运输情况复杂多变，因此应把工作尽量做细，防止发生错交、错发、错运以及单货不符、单证不符等事故，力争准确无误地完成国际贸易运输任务。

4. 节省。要求通过加强经营管理，降低运输成本，节约运杂费用和管理费用，减少外汇费用支出。降低国际贸易商品流通费用的主要途径是节省运杂费用。在国际贸易运输工作中，要积极组织各种方式的合理运输，大力节约人力、物力和财力，从而降低运输成本和节省运杂费用。

5. 方便。要求为客户着想，简化手续，减少工作层次，不断提高服务质量，改进服务态度，给货主提供便利，开展送货上门、服务到家等服务，把国际贸易货物运输工作做好、做活。

上述“安全、迅速、准确、节省、方便”的十字要求是一个有机联系的整体，它们是相互制约、相互影响的。我们必须结合国际贸易运输任务的性质和要求，根据市场供求的缓急、商品的特性以及运输路线与运力等不同情况，全面考虑，适当安排，必要时也应有所侧重。

（二）树立全局观点，加强与有关部门的配合与协作

为了有效地完成国际贸易运输任务，需要利用国内外各方面的运力。首先，要依靠国内交通运输等有关部门。其次，在组织国际贸易货物运输时，要有全局观点，切实加强同国内外有关部门和企业的协作，充分调动和利用国内外各方面的运力，使货主

和运输企业，内地和海陆空口岸，短途集散和干线运输，国内运输和国外运输，以及各种运输方式之间互相配合，密切协作，共同完成国际贸易运输任务。

第二章　国际海上货物运输

第一节　国际海上运输的基本特点

与其他运输方式相比，海上运输具有以下特点：

1. 运输量大。随着造船技术的日益发展和精益求精，船舶大型化趋势明显，超级油轮的载重量已经超过50万吨，大型集装箱船的规模也已经超过8 000TEU。

2. 通过能力强。海上运输借助天然航道完成运送任务。由于洋面辽阔，港口众多，航道四通八达，所以几乎所有货物都可采用海上货物的运输方式，且运送过程不会像公路运输或铁路运输那样受路面条件限制较多。

3. 运费低廉。一方面，海上运输所通过的航道多系天然形成，港口设施一般为政府修建，不像公路或铁路运输那样大量投资于道路或铁轨；另一方面，船舶运载量大，运输里程远，与其他运输方式相比，海运的单位运输成本最为低廉。

4. 速度较慢。商船体积大，水流阻力高，风力影响大，因此速度较慢，不适于对运输时间要求较高的货物。

5. 风险较大。海上航行受气候和自然条件影响较大，再加上战争、海盗等人为因素的影响，遇险的可能性较大，航行日期不易准确，这是海运的另一不利之处。

第二节　国际海上运输的基本知识

一、船舶基本知识

（一）船舶构造

船舶主要由以下几部分组成：

1. 船壳，即船的外壳，它主要包括龙骨、翼板及上舷外板三部分。

2. 船架，指为支撑船壳所用各种材料的总称，分为纵材和横材两部分。

3. 甲板。

4. 船舱，指甲板以下各种用途的空间，包括船首舱、尾舱、货舱、机舱等。

5. 船面建筑，指主甲板上面的建筑，是船员工作起居及存放船具的场所。

（二）货船种类

作为商船的一种，货船的分类方法很多，按航行水域可分为远洋船、近海船和内河船；按用途不同则主要分为干货船和油轮，其中油轮主要用于运送液体形态的原油、成品油和液化天然气及其他液体化工品。干货船按船舶特征和主要用途的差异又可以分为：

1. 杂货船（General Cargo Ship），一般指定期行驶于货运繁忙的航线，以装运零星件、杂货为主要业务的货船。其吨位大小视航线、港口及货源而不同，但航速一般较快，配有各种不同的货仓及装卸机具，能用以装载种类繁多的货物。

2. 散装货船（Bulk Cargo Ship），专指供装运无包装的大宗货物，如煤炭、谷物、矿砂等的船舶。

3. 集装箱船（Container Ship），指用于装运集装箱的货船。又可分为部分集装箱船、全集装箱船和可变换的集装箱船，是当前航运市场的主力军。

4. 冷藏船（Refrigerated Ship），指专门用于运送需要冷冻易腐货物的船舶。船上装有冷藏系统，能调节多种温度，以适应货物对温度的要求。

5. 木材船（Timber Ship），指专门用以运输木材或原木的货船。

6. 滚装/滚卸船（Roll On/Roll off Ship，RO/RO），指专门用于运送汽车和集装箱的专用船舶。运输集装箱货物时，集装箱连同底盘车作为一个装运单元参与运输过程，装卸时由拖车直接带动底盘车开进开出完成装卸。这种运输方式最大的优点是装卸速度快。

7. 载驳船（Barge Carrier），又称子母船，主要特点是首先将货物装在驳船上，然后将驳船置于大船指定位置。与滚装船类似，载驳船的装卸效率也较高。

（三）船舶吨位

船舶吨位是衡量船舶大小的重要指标，按计量方法的不同可分为重量吨位和容积吨位。其中重量吨位又分为排水量吨位、载重吨位，而容积吨位则主要有注册总吨和注册净吨两种，如图1—2—1所示。

- 船舶吨位
  - 重量吨位
    - 排水量吨位
      - 满载排水量吨位
      - 空船排水量吨位
      - 实际排水量吨位
    - 载重吨位
      - 总载重吨
      - 净载重吨
  - 容积吨位
    - 注册总吨
    - 注册净吨

图1—2—1　船舶吨位的分类

1. 排水量吨位（Displacement Tonnage）

即船舶在水中所排开水的吨数，也就是船舶的重量。按船舶当时状况的不同，排水量吨位有重排水量吨位、轻排水量吨位和实际排水量吨位三种，可用来计算船舶的载重吨。

（1）重排水量吨位，重排水量吨位构成满载排水量（Full Load Displacement），是船舶在载货载客达到最高载重线时，船舶所能承载的最大限度的重量。

（2）轻排水量吨位，又称空船排水量（Light Displacement），是船舶自重加上船员和必要的给养物品（燃料、客货除外）三者之和，是船舶最小限度的重量。

（3）实际排水量吨位（Actual Displacement），即船舶每个航次实际载货后的实际排水量。

2. 载重吨位（Dead Weight Tonnage）

表示营运中能够使用的船舶的载重能力，一般分为总载重吨和净载重吨。

（1）总载重吨（Gross Dead Weight Tonnage，GDWT），是指船舶根据载重线标记所能装载的最大限度的重量，即船舶重排水量与轻排水量的差。它包括船舶所载货物的重量以及船舶航行期间所需的各种物料（如燃料、淡水及其他供给品）的重量。

（2）净载重量（Dead Weight Cargo Tonnage，DWCT），又称载货量，指船舶所能装运货物的最大限度重量，是船舶总载重量与船舶航行期间所需燃料、淡水、各种供应品重量总和的差。

船舶载重吨位可直接反映船舶的载运能力，是租船业务中考察船舶大小的重要依据，可作为计算租金的单位，也可以用于计算船舶售价。

3. 容积吨位（Registered Tonnage）

容积吨位又称注册吨，是表示船舶容积的单位，有容积总吨和容积净吨两种。

（1）容积总吨，或称注册总吨（Gross Registered Tonnage，GRT），是指船舶舱内及甲板上有固定覆盖物的舱面建筑的所有内部空间的总和，再以每100立方英尺或2.83立方米为一注册吨折算而成。容积总吨常用于国家对商船队的统计、船舶的登记、船舶大小的比较。政府对航运业的各项补贴也多以注册总吨为计算依据。

（2）容积净吨，或称注册净吨（Net Registered Tonnage，NRT），是从注册总吨中减去不能直接用作商载的部分空间后所余的吨位，即以船舶可用来装载货物的所有空间容积折合成的吨数。注册净吨主要用于船舶报关、结关、船舶吨税和运河费的计算。

（四）船舶载重线与船级

船舶载重线（Load Line）即船舶满载时的最大的吃水线，绘制在船舷两侧，指明船舶入水部分的限度，是船级社或船舶检验局根据船舶的材料、结构、船型等技术指标，以及船舶航行的海域、季节性变化而制定的，目的是为了限制超载，保障航行中船舶、船上的财产和人身生命安全，违反者将受到法律的制裁。

通常，载重线由高到低分为热带淡水载重线、淡水载重线、热带载重线、夏季载重线、冬季载重线、北大西洋冬季载重线等多条。期租船业务习惯上按船舶的夏季载重线所对应的船舶吨位来计算。

船级是表示商船技术状况的一项指标。在国际航运界，一般要求船舶经船级社或船舶检验机构定期对其船舶的船体及机器设备等的技术性能进行鉴定，按船舶达到的不同等级标准颁发船级证书。目前，世界上主要的船级社包括英国劳埃德船级社、德国劳埃德船级社、挪威船级社、法国船级局、日本海事协会、美国航运局以及中国船级社。

船舶入级一方面可保证船舶的航行安全，另一方面可便于国家对船舶进行技术监督，便于租船人和托运人选择适当的船只满足货物进出口需要，也便于保险公司决定船、货的保险费用。

（五）船籍与船旗

船籍，即船舶的国籍。商船所有人向本国或外国有关管理船舶的行政部门办理所有权登记即可取得本国或登记国的国籍证书，为船舶赢得该国的国籍。

船旗，即商船在航行中悬挂其所属国籍国的国旗。按国际法规定，商船是船旗国浮动的领土，无论在公海或在他国海域航行，均须悬挂船籍国的国旗。船舶有义务遵守船籍国法律的规定，并享受船籍国法律的保护。

“方便旗船”，指在外国登记、悬挂外国国旗并在国际市场上进行营运的船舶。而那些公开允许外国船舶在本国登记取得本国国籍的国家就被称为开放登记（Open Register）国家，如利比亚、巴拿马、塞浦路斯、新加坡、巴哈马及百慕大等都实行开放登记政策。

第二次世界大战后，由于冷战的持续导致方便旗船大量增加。开放登记在帮助登记国增加外汇收入的同时，也为船舶所有人带来种种经济利益，如可自由制定运价，不受政府管制；可逃避国家重税和军事征用；可自由处分船舶与运用外汇；可自由雇用外国船员，支付较低的工资；可降低船舶标准，节省修理费用；可降低营运成本，增强竞争力等。但开放登记也导致各国政府对航运市场的监督、管理出现困难，不利于防范国际航运市场中的欺诈等犯罪活动。

二、航线和港口

（一）航线

世界各地水域，在港湾、潮流、风向、水深及地球球面距离等自然条件限制下，可供船舶航行的一定径路，即称为航路。而承运人在可供通行的航路中，根据主客观条件的限制，为达到经济效益最大化而选定的营运路线为航线。航线的形成取决于下列因素：

1. 安全因素，指确定航线时应考虑自然界的种种现象，如风向、波浪、潮汐、水流、暗礁及流冰等，这些都可能影响船舶航行的安全。

2. 货运因素，指航线沿途货物的主要流向及流量，货运因素将主要影响航运公司未来的经营收益。

3. 港口因素，指影响船舶靠泊和装卸的各种港口设施和条件，如港口的水深、冰冻期、港口使用费等。

4. 技术因素，指船舶航行时在技术上需要考虑的因素。如由于地球为椭圆形，必须循最大地球弧线航行，使两地间的距离最短，从而节省时间和费用。选择这样的航线在经营上最为有利。

此外，国际政治形势，沿途国家的关税法令、经济政策、航行政策等的变化因为影响到航运公司未来所能获得的利润水平，所以也会影响航运公司对航线的选择。

按船舶的经营方式，可分为定期航线和不定期航线。

定期航线使用固定的船舶，以固定的船期，航行固定的航线，靠泊固定的港口。定期航线又称为班轮航线，航线沿途港口持续、稳定的往返货源是开辟定期航线的先决条件。为招揽货载，定期航线配备的船舶一般性能较好，需事先排定船期表以便于揽货。

不定期航线是相对于定期航线而言的，指使用不固定的船舶，以不固定的船期，航行不固定的航线，停泊不固定的港口。不定期航线非常灵活，多以租船方式经营，主要针对大宗、低价值货物运输市场。

按航程又可将航线分为远洋航线、近洋航线和沿海航线。远洋航线指横跨大洋的运输航线。近洋航线指本国各港口至邻近国家港口间的海上航线。沿海航线则是指本国沿海各港口间的海上运输路线。

目前世界上最繁忙的海上航线包括北大西洋航线、北太平洋航线、苏伊士运河航线等。

（二）港口

港口主要包括商港、军港、渔港等。其中，商港主要供商船停靠进行客货运输，为往来船舶提供（燃料等）供给、维修等相应服务，是海上交通和内陆交通联系的枢纽。由于海上运输方式在国际贸易中的重要地位，现代化的港口除具有货物集散作用外，往往还具备加工、制造、转运功能。港口规模的大小一般以港口吞吐量表示。

港口按地理位置分为海湾港、河口港和内河港。海湾港濒临海湾，又据海口，如大连港。河口港指位于河流入海口处的港口，如上海港。内河港指位于内河沿岸的港口，在内河水运中扮演重要角色，一般与海港有航道相通，如南京港。

按港口的功能可分为存储港、转运港和经停港。存储港一般地处水路联络的要道，交通十分便利，同时又是工商业中心，港口设施完备，便于货物的存储、转运，为内陆和港口货物集散的枢纽。转运港位于水陆交通衔接处，一面将陆运货物集中，转由海路运出；一面将海运货物疏运，转由陆路运人，而港口本身对货物需要不多，主要是经办转运业务。经停港地处航道要冲，为往来船舶必经之地，途径船舶如有需要，可作短暂停泊，以便添加燃料，补充给养或淡水，继续航行。

按港口的开发工程分为天然港和人工港。天然港的港湾自然条件符合商港的需要，除添置水上或陆岸各种设备以应船舶停泊及货物装卸搬运的需要外，基本上可利用港湾航道水深等天然地理气候条件。而人工港的港湾停泊地区则纯系人工开挖而成。

按国家政策港口又分为国内港和国际港。国内港指为经营国内贸易，专供本国船舶出入的港口，外国船舶除遭遇天灾或意外事故及经特许外，不得任意驶入国内港口。国际港，又称开放港，指为方便国际贸易，依照条约或法令而开放的商港，任何航行于国际航线的外籍船舶，经办理必要手续后，均准许进出港口，但必须接受当地航政机关和海关的监督。为促进国际贸易和国际航运市场的发展，很多国家允许进出某些国际港的货物在港内储存、装配、加工、整理、制造，再转运他国时免征本国关税，只有在输入内地时才课以一定的关税，这样的港口称为自由港（Free Port）。

目前世界主要港口包括：荷兰的鹿特丹，法国的马赛，英国的伦敦，德国的汉堡，比利时的安特卫普，美国的纽约、洛杉矶、旧金山，日本的神户，横滨，新加坡，韩国的釜山等。

我国的主要港口包括大连港、秦皇岛港、天津港、青岛港、连云港、上海港、厦门港、广州港、深圳港、香港以及台湾的高雄港和基隆港。其中香港、上海、高雄和深圳港跻身全球十大集装箱港口。

第三节　班轮运输

一、班轮运输方式

海上货物运输按照船舶经营方式的不同分为班轮运输和租船运输两大类。其中班轮运输又称定期船运输，而租船运输又称不定期船运输。

（一）班轮运输的特点

班轮运输指船舶在固定的航线上、固定的港口间按照事先公布的船期表航行，从事客、货运输业务并按事先公布的费率收取运费的运营方式。

班轮运输的特点可归纳为：

1．“四固定”，即固定的航线、固定的挂靠港口、固定的船期和相对固定的费率。

2．货物装卸、配载由承运人负责，装卸费用包括在运价内，双方不计滞期费、速遣费。

3. 货主与承运人之间的权利、义务、责任、豁免以承运人签发的提单条款为依据。

由于班轮运输的上述特点，班轮运输特别有利于一般杂货和小额贸易货物运输，在国际贸易中，除大宗商品利用租船运输外，零星成交、批次多、到港分散的货物，多数经由班轮运输的方式完成。随着过去半个世纪集装箱运输的普及，当前的班轮运输主要以集装箱运输为主。

同时，班轮运输“四固定”的特点，为国际贸易的买卖双方洽谈运输条件提供了必要依据，使买卖双方有可能实现根据班轮船期表商定交货期和装运期以及装运港口；并且可以根据公布的费率表核算运费和附加费用，从而能比较准确地估算成本，为买卖双方洽谈贸易条件提供了便利。

此外，与租船相比，班轮运输具有一定的垄断性，承运人的谈判地位较为优越。班轮运输具有一定的稳定性，出于竞争的压力，各航运公司通常较为重视服务质量的改进。为保证船期，提高竞争力，吸引货载，班轮船舶一般设备较全、性能较好。大的班轮公司往往还提供除海上运输之外的延伸服务，如物流服务、货物跟踪查询服务等，企业内部的管理制度也较为严格，以保障货物运输的质量。

（二）班轮运费

班轮运费由运费和附加费两部分组成。其中计算基本运费的单价称为班轮运价。

基本运费根据班轮运价表中规定的计费标准收取，常见的计费标准有：

1. 按货物毛重，即以重量吨（Weight Ton）计收，运价表内表示为“W”。

2. 按货物的体积，即以尺码吨（Measurement）计收，运价表内以“M”表示。

3. 按货物的毛重或体积计收运费，由承运人选择重量吨和体积吨中较高的为运费核收依据，运价表内用“W/M”表示，是最常见的一种运费核收方式。

4. 按货物的价格计收，又称从价运费，运价表内表示为“Ad Val”，一般按货物 FOB 价格的一定百分比计算运费，主要适用于高价值货物。

5. 按照货物重量或体积或价值三者中较高的一种计收，运价表内以“W/M or Ad Val”表示。也有的运价表内注明“W/M plus Ad Val”，表示除按照重量吨或尺码吨中较高的征收运费外，还要加收一定百分比的从价运费。

6. 按货物的件数计收运费，如车辆按每辆，活动物按每头。

7. 按协议价格，或称议价计收运费，一般多用于货价较低、运量较大、装卸速度快的农副产品和矿产品，如粮食、煤炭、矿砂等。运价在订舱时由托运人和承运人临时议定，通常比按等级运价计算的运费要低。

除以上运费核收方式外，如果按提单所列货物的重量或体积等计费标准计算出的运费，未能达到运价表中规定的最低运费数额时，承运人将按最低运费（或称起码运费）收取运费。

当前，由于集装箱运输的普及，很多航运公司还针对集装箱货物采用综合费率的方法核收基本运费，即除特定货物外（如危险品），不再考虑各集装箱内所运货物的具体重量或尺码，而是以集装箱为运费计算单位，运价表示为＄×××/20’集装箱或 40’集装箱。但是为保证集装箱和货物的安全，航运公司同时限制各型号集装箱所能承载的货物的最大重量。

应当注意，依照航运惯例，如果不同货物混装在同一包装内，则全部运费按其中较高的计收。如果同一货物包装不同，其计费标准和等级也不同，托运人应该按不同包装分别列明货物的毛重和体积，才能分别计收运费，否则所有货物均按较高的计收运费。如果同一提单内有两种或两种以上的货物，而它们的计费标准又不相同，托运人也应该分别列明不同货物的毛重和体积，否则全部货物将按较高的运费标准收费。

班轮附加费是承运人针对向货主提供的特殊服务所收取的除基本运费以外的额外费用，或者是由于客观情况变化导致运输费用大量增加，班轮公司为弥补损失而额外加收的费用。班轮附加费的种类繁多，且多具有临时性，随航线不同、时间不同变化频繁。常见的班轮附加费有：

1. 超重附加费（Over Weight Surcharge）。当单件货物的重量达到或超过航运公司规定时，由于将带来装卸、配载方面的额外支出，所以航运公司将征收超重附加费。

2. 超长附加费（Over Length Surcharge）。与超重附加费类似，如果货物最长边的长度超过航运公司规定时，会被征收超长附加费以弥补装卸、配载过程中造成的额外支出。

3. 燃油附加费（Bunker Surcharge or Bunker Adjustment Factor，BS或BAF）。航运公司因燃油价格上涨而征收的附加费。

4. 港口拥挤附加费（Port Congestion Surcharge）。针对压港现象严重的港口所征收的附加费。

5. 转船附加费（Trans-shipment Surcharge）。航运公司对运往非基本港的货物将安排中转服务，加收转船附加费。

6. 直航附加费（Direct Additional）。对运往非基本港的货物，当货量达到一定数量时，航运公司将安排直航服务，收取直航附加费。

7. 绕航附加费（Deviation Surcharge）。如果由于某种原因（如战争）导致船舶无法沿正常航线航行，而必须绕道航行，航运公司将为此加收绕航附加费。

8. 选卸港附加费（Additional for Optional Destination）。承运人允许托运人在预先选定的两个或多个卸货港口之间选择最终的实际卸货港，并收取选卸港附加费。一般在这种情况下，货方必须在该航次船舶抵达第一卸货港48小时前向船方宣布最终卸货港。

9. 货币贬值附加费（Currency Adjustment Factor），为弥补因计费货币贬值造成的经济损失而收取的额外费用。

除上述附加费外，还有针对不同情况的变更卸货港附加费、洗舱费、熏蒸费、冰冻附加费等。

附加费的计算办法主要有两种。一种是以百分比表示，即在基本费率的基础上增加一个百分比；一种是用绝对数表示，即每运费吨增加若干金额，可以与基本费率相加计算。附加费与基本运费相加就可得到货物应缴纳的班轮运费。

例：某批仪器从上海出口，货物等级为10级，计费方法为W/M。货物毛重为12吨，体积为10.9立方。10级货物的基本运费为200美元/运费吨，本批货物增收选卸港附加费30%，港口附加费为每运费吨20美元。

答：该批货物的基本运费为：

200×12=2 400（美元）

附加费为：

2 400×30%+20×12=960（美元）

班轮运费总计：

2 400+960=3 360（美元）

二、班轮提单（Bill of Lading，B/L）

班轮提单是班轮运输中的重要单证，反映了班轮运输合同的重要内容，是约束承运人、托运人双方行为的重要文件。提单也是国际贸易的重要单证之一，是银行结汇的关键票据，在以信用证为代表的现代国际贸易体系中处于核心地位，具有不可替代的作用。

（一）提单的定义

传统上认为，提单就是由承担海上货物运输任务的承运人或其代理人签发的表明货物已交付运输，并承诺在目的地应提单合法持有人的请求交付货物的单证。我国《海商法》借鉴《汉堡规则》将提单定义为：提单，是指用以证明海上货物运输合同和货物已经由承运人接收或者装船，以及承运人保证据以交付货物的单证。（我国《海商法》第71条，《汉堡规则》第1条）

在具体业务中，提单所涉及的关系方主要有承运人、托运人、收货人、提单持有人等。其中，提单的托运人、收货人、持有人在许多班轮公司标准提单格式中又被定义为货方。所谓承运人是与托运人签订货物运输合同，承担运输任务的航运公司；托运人是与承运人签订运输合同，送交所运送货物的人，经常是国际贸易中的卖方或出口商；收货人是有权提货的人，在国际贸易中常常是买方或进口商；提单持有人是提单的合法持有者，他可以是托运人，也可以是提单流通转让过程中的提单受让人。如果提单持有人去提取货物就又成了收货人。以上各方之间的权利、义务关系就构成了提单关系的主要内容。

提单的性质一般可归纳为三点，即：

第一，提单证明海上运输合同成立；

第二，提单证明承运人已经接管货物或者已经将货物装船；

第三，提单构成承运人在货物运输目的地交付货物的保证。

1. 提单是承运人出具的接收货物的收据

货物收据的功能是提单最早具有的一项职能。现在，各国法律一般认为提单的货物收据作用主要体现在：

（1）提单证明本提单项下货物已经被承运人接管（备运提单）或者已经被装至相应船舶（已装船提单）之上准备付运；

（2）提单证明承运人接管货物或将货物装船时货物的数量/件数；

（3）提单证明承运人接管货物或将货物装船时货物的表面状态。

因此，如果承运人未另加批注，则提单正面有关货物品名、标志、包数或件数、重量或体积、外表状况等的描述构成承运人按此数量（大宗散装货允许有相当误差）、件数及表面状态接管货物，将货物装船的初步证据。如果提单被转让，收货人是提单的善意受让人，又称为善意第三者，提单为最终证据。承运人负有义务在目的港依提单所载货物件数、数量、表明状态将货物交与收货人。

2. 提单是海上货物运输合同的证明

对此，一般的看法是把提单作为班轮运输合同的一个重要组成部分，但提单并不是班轮运输合同本身。因为，虽然在提单印就的格式中详细列有承运人、托运人双方责任、义务条款，一旦产生纠纷，提单往往也可作为确定当事各方责任的重要依据，但是提单的签发是在承运人接收货物（备运提单）或者是将货物装船（已装船提单）之后。在此之前，班轮运输合同已经成立，并已经开始履行。另外，提单是由承运人或其代理人签发的包含印就条款的一种商业票据，是承运人单方面拟订并签署的，提单内容并不是双方合意的结果，双方可以签订补充协议来弥补提单条款内容的不足或者对某些条款进行更正。所以，提单仅仅是合同的证明，当提单与运输合同或提单与承运人、托运人双方的补充协议内容有差异时，确定承运人、托运人双方的责任义务应以运输合同或补充的协议为准。

3. 提单是承运人据以交付货物的单证，是提货凭证

提单是收货人提取货物的凭证，也是承运人据以交付货物的凭证。《海商法》第 71 条规定：提单中载明的向记名人交付货物，或者按照指示人的指示交付货物，或者向提单持有人交付货物的条款，构成承运人据以交付货物的保证。也就是说，一方面正本提单的持有人享有提货的请求权；另一方面作为班轮运输合同的另一方，承运人有责任在日的港将货物交付给正本提单的善意持有人。这时的善意持有人可能是记名提单中的记名人，可能是指示提单中的被背书人，也可能是不记名提单的持有人。

但在实际业务中，出于各种原因，有时承运人会将货物交付给只有副本提单，甚至是根本没有提单的贸易商，通常称为“副本提单放货”或“无单放货”。这两种做法是根本错误的，承运人在目的港交付货物的义务并不会因此而解除。也就是说，如果副本提单放货或无单放货后，正本提单持有人出现并要求提取货物，那么承运人将不得不对由此而给提单持有人造成的损失负赔偿责任。

现代国际贸易中，现金交易少而又少，以信用证为代表的信用交易占相当大的比重，象征性交货被普遍采用。以我们最常见的 CIF 贸易条件为例，卖方在装货港将货交承运人后取得已装船提单，就可以携带提单及其他必备文件到银行结汇，以提单的交付来代表货物的实际交接，并因此取得货款。这就是所谓的“交单即交货”，或者称象征性交货。此时的买方虽然没有掌握货物，但凭通过转让得到的提单取得货物的所有权，进而控制货物。

象征性交货促进了商品的流通，由于商业信用的发展，提单也因此成为一种准商业票据。在进入流通流域后，它的每一次转

让都代表提单项下货物的转手，提单的受让人就成为新的货主，既可以通过转让提单再次转卖货物，也可以用提单作抵押进行短期资金融通。对此，法官 Diplock 曾经评论道：一直到货物到岸，交付给合法所有人时为止，提单都作为一个象征，提单持有人不仅仅是完整意义上货物的所有人，而且享有托运人和船东所缔结的运输合同所赋予的所有权利。它就像合法持有人手中的一把钥匙，用来打开货物所在的浮动或固定的仓库的门。这也是作为海上货物运输单据的提单与其他运输单证所不同的地方。

（二）提单的分类

从不同角度，提单可分为不同的种类。

1. 按照货物是否已经装船，可将提单分为已装船提单和备运提单。

已装船提单（On Board or Shipped B/L），指整票货物完成装货作业后，由船长或承运人或其授权的代理人凭大副收据所签发的提单。已装船提单一般在提单上标有“货物已装具名船只”字样或注明装运的船舶和装船日期。航运实践中，除集装箱运输外，大多数采用已装船提单，银行结汇一般也要求使用已装船提单。

备运提单（Received for Shipment B/L），又称收妥待运提单，是承运人在接管托运人送交的货物后，装船之前，应托运人的要求签发的提单。因为备运提单只说明承运人接管货物而无法说明货物将何时装船、装哪一条船，所以买方对货物能否按时装船无法肯定，更不能据此估计货物到港时间。货物尚未装船，买方所承担的风险很大，因此买方一般不愿意接受该种提单，银行结汇一般也不接受备运提单。

货物装船后，托运人可凭备运提单换取已装船提单，或者由承运人在备运提单上加注船名和装船时间并签字盖章使之成为已装船提单。

2. 按照提单的不同抬头，可将提单划分为记名提单、不记名提单和指示提单。

记名提单（Named B/L），指在提单的收货人一栏内具体填写某一特定人或公司名称的提单。记名提单原则上不能转让，所以提单项下的货物只能由提单上写明的特定收货人提取，避免了转让过程中可能给货方带来的风险。只在少数国家，依法律可以采取类似财产转让的手法转让记名提单。由于记名提单的流通受到限制，给贸易商带来很大不便，所以在国际贸易当中使用并不多，一般只在运输展览品或贵重物品时使用。

不记名提单（Bearer B/L），指提单上收货人一栏未写明具体收货人，只填写“持有人”（Bearer），即货交提单持有人，或在收货人一栏空白。不记名提单仅凭交付转让，手续简便，流通性极强。承运人交付货物也仅以提单为依据，提单持有人即被视为货主。不记名提单容易造成货物丢失或引起纠纷，因此风险较大，在国际贸易中很少使用。

指示提单（Order B/L），指收货人一栏内填写“凭指示”（To order）或“凭××指示”（To order of××）字样的提单。指示提单可以作不记名指示（不标明指示人），也可以作记名指示（标明指示人）。指示人可以是托运人、收货人或者银行。

指示提单是一种可转让的商业票据，无论是指示提单还是不记名提单，转让时都无须经过原提单签发人（即承运人）的同意。转让以背书的方式进行，其中经空白背书后的指示提单又被称为“空白抬头，空白背书的提单”，其功用类似于不记名提单，交付即可转让。交付货物时，对承运人来说，只要提单真实，背书连续，指示提单持有人的身份符合提单上所记载的指示，就可交付货物，完成自己的交付义务。

指示提单既转让方便，有一定的流通性，又比不记名提单的安全性强，所以它是国际贸易中使用最为广泛的一种提单。

3. 按照提单有无批注，可分为清洁提单和不清洁提单。

清洁提单（Clean B/L），指在装船时货物的外表状况良好，承运人对提单上的货物说明无异议，对所记载的“外表状况良好”未做相反批注的提单。银行结汇、提单转让一般都要求是清洁提单。但清洁提单只说明承运人确认货物在装船时外表状况良好，无破损，并不能保证货物内在品质的完好，更不能排除货物具有无法直接观察到的内在瑕疵。

不清洁提单（Unclean or Foul B/L），指承运人明确地对有关货物包装状况不良或存在缺陷等情况加以批注的提单，目的是为了对抗收货人可能提出的索赔。由于清洁提单表明货物表面状况良好，承运人对有关货物的说明不存异议，如果卸货时货物出现表面残损，就可以推定为承运人在运输途中未尽到自己照料货物的责任，承运人就可能要赔偿由此给货主造成的损失，所以在装船时一旦发现货物表面残损或者承运人对有关货物说明存在疑惑，保护自己的较好办法就是在提单上加以注明，如“包装箱破损”、“货物表面污渍”、“渗漏”等，以免除自身责任，这就形成了不清洁提单。货物表面状况不良很可能对货方利益造成侵害，买方风险因此加大，所以银行一般不接受不清洁提单。

实际业务中，因为不清洁提单对托运人十分不利，有时托运人会向承运人出具保函以将不清洁提单换取清洁提单，方便银行结汇。但各国法律对保函效力的态度不一，有的一概不予承认，有的则认为只有善意的保函有效（如我国），而且法律也并没有对所谓善意保函给出一个明确的定义，承运人在具体事例中的法律地位仍然很难事先确定，其利益也无法得到保证。因此承运人应慎重行事，不要轻易接受保函。

4. 按照运输方式不同，提单可分为直达提单、转船提单、联运提单和多式联运提单。

直达提单（Direct B/L），指由同一船舶将货物从起运港直接运抵目的港卸货所签发的提单。因为转船过程中容易出现货损货差，而且会延长货物在途时间，给货方带来很大的风险，所以凡信用证规定不得转船的，结汇时必须使用直达提单。

转船提单（Trans-shipment B/L），指在起运港装载的货物不能直接运往目的港，需要在中途换装其他船舶转运至目的港时承运人签发的提单。转船提单一般由负责一程船（由起运港至第一个转运港）的承运人签发并且在提单上加转船批注。一般信用证均规定不得转船，银行也不接受转船提单。

联运提单（Trough B/L），指承运人对经由海/海、海/陆、陆/海运输的货物所出具的覆盖全程的提单。

多式联运提单（Multi-modal Transport B/L or Inter-modal Transport B/L）。《联合国国际货物多式联运公约》规定，按照多式联运合同以至少两种不同的运输方式，由多式联运经营人将货物从一国境内接管货物的地点运至另一国境内指定交付货物的地点的货物运输形式称为多式联运。多式联运提单即承运人或多式联运经营人对采用多式联运方式的货物出具的提单。

多式联运提单主要用于集装箱运输，全程可涉及多种运输形式，以实现所谓“门到门”的服务。由于近年来集装箱运输的发展，国际多式联运公约的签订，各种法规、惯例对多式联运提单的规定更加具体、明确，其性质类似于传统的海运提单。

5. 按照提单的格式不同，分为全式提单和简式提单。

全式提单（Long Form B/L），指正式印就格式的提单。全式提单既有正面记载的事项，背面又详细列有承运人、托运人权利、义务的条款，是国际贸易业务中通常使用的提单。

简式提单（Short Form B/L），指提单上只有正面必要的记载项目，而没有背面条款。简式提单多用于租船合同项下所签发的提单，在法律上与全式提单效力相同。

6. 其他种类的提单。

除上述各种提单分类方法外．业务中有时还可能遇到其他一些提单。

（1）倒签提单（Antedated B/L）

指货物装船完毕后，承运人签发的以早于货物实际装船日期为签单日期的提单。有时由于种种原因，货物未能在合同或信用证规定的装船期内装运，又来不及修改信用证，为方便结汇，有的托运人要求承运人倒签装船日期。但从法律上来说，无论出于什么原因，虚假的装船时间一方面是对运输合同的违反，另一方面，由于国际市场风云变幻，交货时间往往对买方至关重要，直接影响到货物的再出售，被看做是买卖合同的要件，因而伪造装船时间是对收货人利益的重大侵犯。所以倒签提单是一种既违约又违法的行为，在许多国家都被视为卖方和船方的共同欺诈，一经发现，承运人将不得不与托运人共同赔偿收货人因此遭受的损失。因此业务中应尽量避免。

（2）预借提单（Advanced B/L）

指货物在装船前或装船完毕前，托运人为及时结汇向承运人预先借用的提单。与倒签提单相类似，预借提单的出现也是因为信用证或买卖合同规定的装运期或信用证有效期已到，托运人因故未能及时备妥货物或者因为船期延误货物未能装船完毕，为及时结汇而采取的一种变通办法。出于同样原因，预借提单也是既违约又违法，也通常被视为欺诈。

不仅如此，因为货物尚未装船或未装船完毕，货物能否安全装船，是否能全部装船，将在什么时间装船，货物装船时的状况，都不得而知。如果此时提单业已签出，对提单善意持有人的交付义务已经存在，因此承运人处于被动地位的可能性就会更大，承担的风险也更大。

无论是预借提单，还是倒签提单，实践中托运人往往都会提出向承运人出具保函，声明倒签提单是出于托运人的请求，所造成的一切后果均由托运人承担，与船方无关。但由于多数国家认为预借提单和倒签提单本身具有欺诈的性质，因此承运人很难借此免除自身的赔偿责任。

（3）过期提单（Stale B/L）

过期提单包括两种情形：一种过期提单是指由于航线较短或银行单据流转速度太慢，以至于提单晚于货物到达目的港，收货人提货受阻；另一种过期提单则是由于出口商在取得提单后未能及时到银行议付形成的。

对前一种情况，可以采用非转让的海运单①或应用电子提单来替代目前的提单，以加快货物的流转。对后一种情况，除规定一个交单到期日外，凡要求提交运输单据的信用证，还须规定一个在装运日后按信用证规定必须交单的特定期限。如未规定该期限，银行将不予接受迟于装运日期后 21 天提交的单据。但无论如何，

① 海运单是一种不可流通的单证，指定的收货人只需提供表明身份的证据而无须出示海运单即可提货。

提交单据不得迟于信用证的到期日。

(4) 甲板货提单（On Deck B/L）

表明提单项下货物被装在甲板上的提单，一般注有“货装甲板”字样。货物装在甲板上，除易受日晒雨淋影响外，还可能因海上风浪过大被冲人海中，因其他原因导致货物灭失或损坏的可能性也很大。因而《海牙规则》对货物的定义不包括甲板货物，银行也不接受甲板货提单。《汉堡规则》和我国《海商法》则认为，只要与托运人有协议或符合航运惯例或符合法律规定，承运人可以将货物装在甲板，并承担运输责任。

现实情况是，除集装箱等航运界习惯装于甲板上的货物外，船方很少将货装甲板，贸易中甲板货提单也并不多见。

(5) 租船合同项下的提单（Charter Party B/L）

指承运人根据租船合同签发的提单，一般注明“一切条款、条件和免责事项按照×年×月的租船合同”。

(6) 运输代理行提单（House B/L）

指由运输代理人签发的提单。运输代理行提单一般只是运输代理人收到货物的收据，不可转让，也不能作为向承运人提货的凭证，所以除非信用证另有规定，银行通常不接受这种提单。《UPC 500》第30条的新规定是：除非信用证另有授权，银行仅接受运输行出具的表面注明下列内容的运输单据：1）注明作为承运人或多式联运经营人的运输行的名称并由充当承运人或多式联运经营人的运输行签字或以其他方式证实；2）注明承运人或多式联运经营人的名称并由作为承运人或多式联运经营人的具名代理或代表的运输行签字或以其他方式证实。

(三) 提单的签发和流转

提单是由船长、承运人或其代理人签发的。一般正本提单一王三份，各份提单效力相同，可独立使用。以其中一份提货后，其他各份失效。副本提单则数量不限，但提单上没有提单签发人的签章，只能用于承运人日常业务，不具有法律效力。

提单是货物所有权的证明，提单的转让一般通过背书实现。所谓背书，是指提单所有人在提单背面写明由某人提取货物或者凭某人的指示提取货物，并签字盖章的书面声明。其中做出背书行为的原提单持有人称为背书人；提单受让人又称为被背书人。提单的背书转让不必经过提单签发人（即承运人）的同意。

提单的背书根据其内容不同可分为记名背书和不记名背书（又称空白背书）。记名背书时，不仅需要签署背书人自己的名称，而且要写明被背书人的名称。空白背书时，背书人则只签署自己的名称，而不写明谁是提单的受让人。记名背书和空白背书在法律上都是有效的。其中，记名提单如经空白背书后效力相当于不记名提单，仅凭交付转让。

在业务活动中，提单流转过程一般是这样的（假定贸易条件采用 CIF 信用证结汇）（图 1—2—2）：

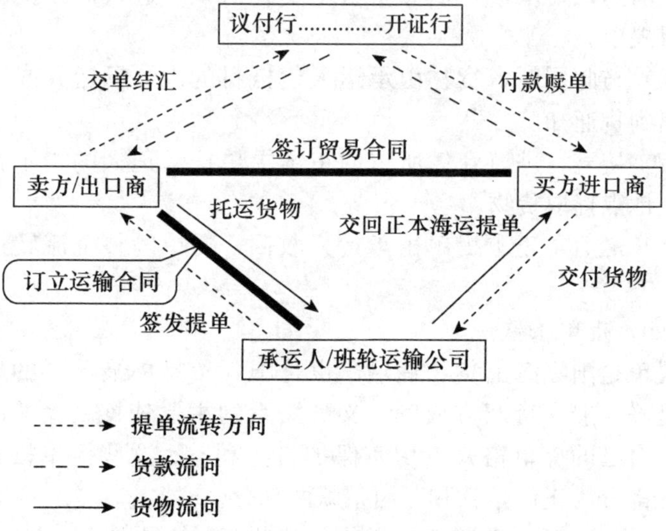

图 1—2—2　提单签发、流转示意图

（1）出口商与进口商订立货物进出口合同，合同中写明采用 CIF 贸易条件，以信用证方式付款。

（2）由出口商根据贸易合同中定明的交货时间、交货地点、货物数量寻找恰当的班轮运输公司预定舱位，与之订立适当的班轮运输合同。

（3）出口商在运输合同约定的时间、地点将货物交付给承运人。承运人在接货后应托运人（此时就是出口商）的请求安排货物报关、装船，并由船上的大副签发大副收据，托运人凭借大副收据向承运人换取已装船提单。

（4）取得已装船提单的出口商持提单及信用证规定的其他单据（如商业发票、保险单等）到议付行议付，转让提单，同时取得货款。之后，议付行再凭所持有的提单等票据向开证行提起付款请求，开证行在确认满足信用证有关要求后支付货款并取得提单。

（5）随后，开证行根据与买方或进口商已有的协议通知进口商单证已到，要求进口商履行货款支付协议，进口商在支付货款后取得提单。

（6）与此同时，货物由承运人运抵目的港，承运人或其代理人发出到货通知。

（7）接着，进口商凭所持的正本提单按承运人的指示在指定时间、地点提取货物。

（8）最后，正本提单由承运人收回，提单的整个流转过程完成。

（四）提单条款

提单是国际海上货物运输，也是国际贸易中最重要的单证之一，是确定船、货双方权利、义务关系的主要依据。大的航运公司都有自己的提单格式以切实保护自身利益。这些提单格式大体相似，都分为正面条款和背面条款两部分。

提单的正面大多记载与货物和货物运输有关的事项，主要包括：

（1）托运人提供并填写的部分，如托运人、收货人、通知方的名称，货物名称、标志和号码、件数、毛重、尺码等。各国海商法和国际公约大都明确规定，托运人应该对所填写资料的正确性负责，如填写错误，则托运人要赔偿因此给承运人造成的一切损失和增加的费用。

（2）承运人填写的部分，主要是船名，装、卸港，签单时间、地点等。承运人也要对所填写内容的正确性负责。此外，如承运人需要对货物表面状况加批注或船、货双方有特别约定，尤其是缩小承运人责任的约定也要在提单上注明，否则这些约定对提单的善意受让人无效。

（3）提单印就的文字条款，包括外表状况良好条款（说明外表状况良好的货物已装在相应船上，并应在相应卸货港或该船所能安全到达并保持浮泊的附近地点卸货）、内容不知条款（说明货物重量、尺码、标志、号数、品质、内容和价值是托运人提供的，承运人在装船时并未核对）、承认接受条款（说明托运人、收货人和本提单的持有人接受并同意提单和提单背面所记载的一切印刷、书写或打印的规定、免责事项和条件）。

提单背面条款都是印就的条款，主要规定了承运人和货方之间的权利、义务和责任豁免。这些规定在双方出现争议时将成为重要的法律依据。多数航运公司提单的背面都包括：

（1）定义条款（Definition），对提单中所使用的关键词语如“承运人”、“托运人”的含义加以定义。

（2）首要条款（Paramount Clause）或管辖权条款（Jurisdiction），规定提单所适用的法律，即规定该提单以什么法律为准据法，发生纠纷时根据哪一国法律解决争议。

（3）承运人的责任和豁免（Carrier's Responsibilitiesand Immunities），规定承运人所承担的责任及所享受的免责事项的条款。一般都以所依据的法律或公约而概括加以规定。

（4）承运人责任期间（Duration of Liability），规定承运人对货物灭失或损害承担赔偿责任的期间，很多提单根据《海牙规则》规定，责任期间为从货物装上船舶时起到货物卸离船舶时为止，集装箱货物除外。

（5）包装和标志（Packages and Marks），规定货物应妥善包装，标志应正确、清晰。如因标志不清或包装不良所产生的一切责任和费用由货方承担。

（6）运费和其他费用（Freight and Other Charges），主要规定

运费支付方式、时间、币种和计算方法。运费支付主要有预付运费和到付运费两种。预付运费一般要求托运人在货物装船之后，提单交付之前支付；到付运费则是在货物抵达目的港，承运人交付货物以前付清。无论是预付运费还是到付运费，如果船舶和货物或其中之一遭受任何灭失或损坏，运费均不予退还，也不得扣减。如果应支付给承运人的运费和/或其他费用未能付清，承运人还可以对货物及单证行使留置权，甚至变卖货物，以补偿自己的损失。

(7) 自由转船条款（Trans-shipment Clause），规定即使提单为直达提单，如有需要，承运人仍可采取一切合理措施，包括将货物交由属于承运人自己的船舶或属于他人的船舶，或经铁路或以其他运输工具直接地或间接地驶往目的港、转船、驳运、卸岸、在岸上或水面上储存以及重新装船起运，上述费用由承运人负担，但风险由货方承担。承运人的责任仅限于其本身经营的船舶所完成的那部分运输。

(8) 托运人错误申报条款（Inaccuracy in Particulars Furnished by Shipper），规定托运人应对提单上所填写的货物数量、重量、尺码和内容的正确性负责。由于托运人错误申报或有意谎报致使船舶或货物遭受灭失或损坏，托运人应负责赔偿并承担由此产生的一切费用。

(9) 承运人赔偿责任限额条款（Limit of Liability），该条款以一定的金额将承运人对货物的灭失或损坏所负的赔偿责任限制在一定范围之内。责任赔偿限额一般以每一件或每计算单位若干货币表示，不同国家的法律标准不同。

(10) 危险品、违禁品条款（Dangerous，Contraband Goods），规定托运人在运送危险品时必须事前通知承运人，并按有关法律、法规的要求在货物、集装箱或包装外加以注明。如未能做到，承运人为船货安全在必要时有权予以处置使其不能为害或抛入海中或卸下而不负任何责任。对违禁品，一经发现，承运人也同样有权处置而不承担任何责任。

(11) 共同海损（General Average），规定发生共同海损时将在什么地点、按照什么规则理算共同海损。

（12）留置权条款（Lien Clause），规定承运人对应收未收的运费、空舱费、滞期费以及其他费用可将货物或任何单证行使留置权，并有权出售或处理货物以抵偿应收款项。如果出售货物的所得不足以抵偿应收款项和由此产生的费用，承运人还有权向货方收取差额。

除以上条款外，提单背面一般还有装货、卸货和交货条款，驳船费条款，冷藏货条款，索赔通知和诉讼时效条款，战争、冰冻、检疫、罢工、港口拥挤条款，以及针对美国航线的美国条款等。

（五）有关提单的国际公约和法律

第一次世界大战结束后，为促进航运业的发展，在国际法协会海事法律委员会的推动下，欧美主要海运国 1924 年 8 月在布鲁塞尔签订了第一部有关提单的国际公约——《统一提单的若干法律规定的国际公约》（General Rules of Law Relating to Bills of Lading），又被称为《海牙规则》（The Hague Rules）。到目前为止，《海牙规则》已经成为世界上最为广泛使用的国际公约。

虽然《海牙规则》是国际海上货物运输中最重要的国际公约，《但是鉴于当时的历史背景，其基本立场是偏袒承运人利益的，越来越无法适应时代的发展。1968 年，在广大货主国的推动下，在布鲁塞尔签署了《关于修订统一提单若干法律规定的国际公约议定书》（Protocol to Amend the International Convention for the Unification of Certain Rules of Law Relating to Bills of Lading），即《维斯比规则》（The Vishy Rules）。航运界常常将其与《海牙规则》合称为《海牙—维斯比规则》。

《维斯比规则》只是对《海牙规则》的某些条款做了一些修订和补充，但对《海牙规则》的实质性问题并没有改变，导致多方的不满，并终于在 1978 年通过了《1978 年联合国海上货物运输公约》（United Nations Convention on the Carriage of Goods by Sea，1978），又名《汉堡规则》（The Hamburg Rules）。《汉堡规则》对《海牙—维斯比规则》进行了全面、实质的修改，扩大了承运人责任范围，对货方和承运人的权益做了较为公平合理的调整。该规则已于1992年11月生效，但由于世界上主要的航运国家都没有加入，目前在世界上的影响还不是很大。又因为《汉堡规则》大大加重承运人责任，所以也并没有航运公司在提单中主动选择适用《汉堡规则》。尽管如此，相信随着时间的推移，《汉堡规则》必将对国际贸易、国际货运以及相关的金融、保险等行业产生深刻的影响。

对三个有关提单的国际公约进行比较，可以看出它们的主要差别包括：

（1）承运人的责任基础不同。海牙规则采用不完全过失责任。根据海牙规则，承运人的基本责任主要有：在开航前和开航时恪尽职责使船舶适航，妥善配备船员，装备船舶，配备供应物资，使货舱、冷藏舱、冷气舱和该船其他载货处所适于并能安全收受、载运和保管货物（即适航义务）；妥善而谨慎地装载、操作、积载、运输、保管、照料和卸下所运货物（即管货义务）；不做不合理绕航。除基本义务外，海牙规则还规定了17项免责事项，其中最具争议的就是承运人对船长、船员、引水员或承运人的雇员在航行或管理船舶中的行为疏忽或不履行义务不予负责。维斯比规则对该问题未加规定。汉堡规则废除了航行过失免责，采用了推定过失原则，要求以过失来决定承运人的责任，合理维护了货方的利益。

（2）最高赔偿限额不同。海牙规则规定承运人对每件或每单位货物的灭失或损坏赔偿金额不超过100英镑或相当于100英镑的其他货币。维斯比规则规定对每单位赔偿金额不超过10 000金法郎或每公斤30金法郎，两者以较高数额为准。汉堡规则规定每件或每货运单位835特别提款权（Special Drawing Rights，SDR）或称记账单位，或每公斤2.5 SDR，两者以数额高者为准。此外，维斯比规则与汉堡规则均规定，如果一个集装箱或一个托盘在提单内载明内装货物的具体件数，则按集装箱或托盘所载的每一小件为单位，逐件进行赔偿。如果未载明具体件数，则以一个集装箱或一个托盘作为一件赔偿。

（3）对货物的定义不同。海牙规则把活动物和甲板货排除在货物范围之外。维斯比规则未做更改。汉堡规则扩大了货物的含义，把活动物和甲板货均列入货物范围之内，而且还包括托运人自备的集装箱和托盘等装运工具。

（4）规则的适用范围不同。海牙规则只适用于缔约国所签发的提单。汉堡规则规定，凡 1）被告所在地；2）提单签发地；3）装货港；4）卸货港；5）运输合同中指定地点在缔约国内的情况均可适用。

（5）承运人的责任期间不同。海牙规则规定承运人的责任期间是从装船到卸船，即“钩至钩”。汉堡规则扩大为承运人或其代理人从托运人或托运人的代理人手中接管货物时起，至承运人将货物交付收货人或收货人的代理人时止，包括装货港、运输途中、卸货港、集装箱堆场或集装箱货运站在内的承运人掌管的全部期间，简称为“港到港”。

（6）诉讼时效不同。海牙规则的诉讼时效为一年；维斯比规则规定不变，但经船、货双方协议可以延长。另外，如果受理案件的法院允许，当事方还可以有三个月的追诉期向第三者提起诉讼。汉堡规则的诉讼时效延长为两年，并保留了追赔诉讼时效的规定。

（7）对运输延迟的规定。海牙规则和维斯比规则对延迟交货未作规定。汉堡规则规定赔偿范围包括：1）行市损失；2）利息损失；3）停工、停产损失。赔偿金额最多为延迟交付货物所应支付运费的 2.5 倍，且不应超过合同运费的总额。

第四节　租船运输

一、租船运输

租船运输又称不定期船运输。与班轮运输不同，租船运输没有预定的船期表、挂靠港口和航线，有关船期、航线、港口要经过租船人与船东的洽谈在租船合同中约定，运费或租金也会随租船市场行情变化，在合同中约定。

租船运输的特点主要表现在以下三个方面：

（1）以运输货值较低的大宗货物为主，如粮谷、饲料、矿砂、煤炭、石油、化肥、木材及水泥等，而且一般都是整船装运。据统计，国际海上货运总量中，租船运输量约占 4/5。由此可见，租船运输在海上运输中的重要性。

（2）租船运输无固定航线、固定的装卸港口和固定的船期，而是根据租船人的需要和船东的可能，由双方当时洽商租船运输条件，并以租船合同形式加以肯定，作为双方权利与义务的依据。因此，船期、航线和停靠及途经的港口完全由承、租双方协商而定，非常灵活。

（3）租船一般都是通过租船市场，租船运价是竞争价格，受租船市场供求法则的制约，船多货少时运价就低，反之则高。与商品市场价格一样，租船运价经常变动，但一般来讲，租船运输的价格低于班轮运输的价格。因此，对租船市场行情的调查与研究具有重要意义。

由以上特征可以看出，租船运输灵活、经济、运量大，在国际海上运输中具有重要地位。

租船市场是船东出租船舶和租船人租赁船舶进行洽商的场所。国际上最大的散杂货船舶市场在英国伦敦的波罗的海航运交易所，它也是历史最悠久的航运交易所。美国纽约的租船市场则是由电话、传真和计算机网络联系在一起的无固定场所的新型交易市场，油轮的成交量非常大。由挪威的奥斯陆、瑞典的斯德哥尔摩和德国的汉堡等构成的北欧交易市场，则以高技术的特种专业化船舶为主要交易对象。其他的地区性租船市场还包括东京交易所、上海航运交易所等，多以短途近洋运输为主。

租船运输主要有定程租船、定期租船和光船租船三种形式，而航次期租船等方式则兼具程租船和期租船两种方式的特点。

1. 定程租船（Voyage Charter）

定程租船又称航次租船，是按航程租用船舶的一种方式。在这种租船方式下，船方必须按租船合同规定的航程完成货物运转任务，并负责船舶的经营管理以及船舶在航行中的一切开支费用，租船人按约定支付运费。在定程租船方式下，运费通常按所运送货物的数量计算，滞期、速遣构成合同重要条款。

程租船按运输形式又可分为以下几种：

（1）单程租船，也叫航次租船（Single Voyage Charter），即所租船舶只装运一个航次，航程终了时租船合同即告终止。运费按租船市场行情由双方议定，其计算方法一般是按单价运费乘以装货或卸货数量计算，或按整船包干运费计算。但船东应保证船舶的载货重量和容积，如达不到保证，包干运费将按比例减少。

（2）来回程租船（Round Trip Charter），即租船合同规定在完成一个航次任务后接着再装运一个回程货载，有时按来回货物不同分别计算运费。

（3）连续航次租船（Consecutive Trip Charter），即在同去向的航线上连续装运几个航次。航次期租船（Voyage Charter On Time Basis），即船舶的租用采用航次租船方式，但租金以天计算。这种租船方式，不计滞期、速遣费用，船方不负责货物运输的经营管理费用。由于可以使船舶所有人避免难以预测的情况而使航次时间延长所造成的船期损失，因此在装货港和卸货港的条件较差，或者航线的航行条件较差，难以掌握一个航次所需时间的情况下，这种租船方式对船舶所有人比较有利。

（4）包运合同租船（Contract of Affreightment），即规定将一批货物，船东在约定期限内，派若干条船，按照同样租船条件，由甲地包运到乙地，至于航程次数则不作具体规定。

2. 定期租船（Time Charter）

定期租船简称期租船，是指按一定期限租用船舶的方式。定期租船的租期从数月到数年不等。在租期内，船舶交租船人掌握、调度和使用。期租船的租金一般是按每一夏季载重吨或按每日租金额为计算单位。

期租船与程租船的重要区别是：期租船在不同航次中所产生的航次成本，如船舶燃料费、港口费、装卸费、垫舱物料费等，均由租船人负担；船方负责船员的工资、伙食给养、船舶维修保养及船舶保险等固定开支，并且要保持船舶在租期内的适航性和船级。

3. 光船租船（Bare Boat Charter）

光船租船是指船东将船舶出租给承租人使用一个时期，但与一般租船不同的是，船东所提供的只是一艘空船，需要由租方自行配备船员，负责船舶的经营管理和航行各项事宜。在这种方式下，船东失去对船舶的控制权，仅保留了所有权，难免疑虑重重；另一方面，由于雇佣和管理船员，管理、经营船舶任务繁重，所以租船人对这种方式也缺乏兴趣，因而光船租船方式在租船市场上很少采用。

二、租船合同

租船合同是船舶出租人和租船人按照契约自由的原则订立的协议，按此协议，船舶出租人将船舶的全部或部分提供给租船人使用，并收取一定的运费或租金。租船合同是租船运输中的基本法律文件，由于内容复杂，因此很多机构和组织草拟了一些标准合同文本供承租双方选择使用，常见的租船合同范本有适用于定程租船的波罗的海航运公会制定的统一杂货租船合同（Uniform General Charter，简称 GENCON 或金康）、适用于定期租船的纽约土产交易所期租合同（New York Produce Exchange Time Charter，简称 NYPE）、中国租船公司组织制定的中国定期租船合同标准格式（China National Chartering Corporation Time Charter Party）等。

（一）程租船合同

一般程租船合同包括以下条款：

船舶说明条款；

预备航次条款；

船东责任条款；

运费支付条款；

装卸条款；

滞期费和速遣费条款；

销约条款；

提单条款；

双方互有碰撞责任条款；

新杰森条款；

共同海损条款；

佣金条款；

罢工、战争、冰冻等条款。

1. 船舶说明

主要说明船名、船舶的国籍和船舶吨位。

船名是合同的重要条款之一，一经确定，船东不得随意更换船名，否则构成违约。但船东也可以要求在船名一栏注明“或其替代船”，则可以在原定船舶不可得时，指定条件符合要求的替代船舶完成租船合同。船舶吨位中的载重吨可确保所租用船舶足以装载所要运输的货物。

2. 货物

定程租船合同一般都具体规定承运货物的种类、名称、包装和数量。

从安全和经济两个方面考虑，租约上订明装什么货，租船人就只能装什么货。否则，船方有权撤销合同，并请求损害赔偿。当然，船方也可以选择接受装货，但可要求提高运费。关于货物的数量，一般都规定允许有一定百分比的增减幅度，由船方选定。在实际装货前，船长应按合同规定增减范围向租方宣布该船可以装运货物的确切数量，以利于租船人通知货方备货。船方所宣布的数量称为宣载量。船方对其所宣布的载重负保证责任，如有虚报不实，租方可要求赔偿或减付运费。同样，如租方未能按宣布的载重量供货装船，也要对供货不足而支付空舱运费。

3. 装卸港口

装卸港口名称及范围通常都在合同中具体订明，如果事先确定有困难，也可采取扩大范围代以装卸区域的笼统订法，这样比较灵活。如规定，中国北方港口、美国西海岸港口。因为在合同中确定装卸港后，如欲改港或增加装卸港，船东可能要提出额外费用和增加运费的要求或拒绝更改。

租船合同中的装卸港，一般都规定必须是安全港（Safe

Port)。其含义是指特定船舶在有关时间内，能够在正常和良好的航行条件下进出并能保持安全浮泊而不致发生危险的港口。船舶在港口可能遇到的危险是多方面的，既有自然条件方面的，也有政治方面的，例如港口的风浪、潮水、航道水洋、冰冻以及罢工、政治动乱等，都会造成港口的不安全。

一般情况下，如果在租船合同中已列明了装、卸港，则由船方承担港口安全的责任；如装、卸港由租船人选择而定，租船人则应负责港口的安全。但是，如果当事人在选港时已恪尽职责确定港口安全的，后来由于某种特殊情况发生，如突发的战争或暴乱造成港口不安全，则当事人对此可以免责。

4. 受载日和解约日

受载日是按合同规定，租方可以接受船舶的最早装货日期。解约日是按合同规定，租方可以接受船舶的最晚装货日期。两者之间即为船舶的受载期。在这个期间内，船方必须使船舶驶至指定地点并准备好接受装货，租方必须按时供货装船。

受载日和解约日是租船合同的重要条件，如果船舶在解约日未能到达装货港，或显然到达但在各方面没有做好装货的准备时，则租船人有解除合同的选择权。

5. 运费

运费是船方提供运输服务应得的报酬。支付运费是租船人必须履行的义务。在租船合同中，对运费的计算方式一般规定为运费率，即按货物载重吨若干金额计收，或整船包干运费。如果采用前者，还应同时明确规定按装入量或是按卸出量计算运费。运费条款还应明确规定支付运费的货物名称、支付期限、支付方式（预付、到付或部分预付、部分到付）等。如果采用整船包干运费，若租船人装货不足，则运费照付；如船舶载重量或容积不足，则从包干运费中按比例扣除。另外，租船合同一般规定，预付运费不管货物灭失与否，概不退还。

租船运费的高低主要取决于航运市场的供求关系。但货物的性质、货价的高低、航程远近、运输难易程度、装卸率高低、装卸费分担、运费支付方式、港口费用高低、佣金率等各种因素，均对运费产生影响。

6．装、卸费的划分

程租船合同中，装、卸费用的划分主要采用以下几种方式：

（1）船方不负担货物的装、卸及费用（Free In and Out，FIO）。一般情况下，凡采用FIO条件，散装货的平舱（Trim）和杂货的理舱（Stow）仍属船方的职责。至于舱内货物的捆绑和加固，应由负责装、卸货物的一方承担。因此，为了进一步明确船舱内杂货的理舱和散货的平舱的责任和费用划分，就需在FIO基础上进一步加以规定。如：规定FIOS条件，表明船方不负责装、卸及费用，也不负责理舱。规定FIOST（Free In and Out，Stowed and Trimmed）表明在FIOS的基础上明确船方也不负责平舱费。

（2）船方负责装货及费用，但不负责卸货及费用（Free Out，FO）。

（3）船方负责卸货及费用，但不负责装货及费用（Free In，FI）。

（4）船方负责装、卸及费用（Gross Terms，or Liner Terms），也称班轮条件。在此种条件下，双方的费用划分以船上吊钩为界。装货时，船方应负责从船边吊钩所及之处把货物吊进船舱内并负责理舱；卸货时，船方负责用船上钓具把货物从船舱内卸到船边脱钩之处。

7．许可装、卸时间

即规定允许租船人完成装卸作业的约定时间的条款。许可时间一般用若干日或若干小时表示，也可以用装卸率表示，即规定平均每天装卸若干吨（以若干个舱口为准）。如：将租一条载重能力为15 000吨的船装运砂糖，以五个舱口作业，每个舱口日装300吨为基础，则许可装货时间为10日。但“日”应如何计算，需要在租约中明确规定。常见有以下几种规定方法：

（1）连续日（Running Days），即按时钟连续走24小时就算一天，也即按自然日计算，其中没有任何扣除。

（2）工作日（Working Days），即按港口习惯正常工作的日子，星期日和节假日不算。

（3）累计 8 小时工作日（Working Days of 8 Hours），即无论各港口工作时间如何规定，均以累计达 8 小时作为一个工作日计算，但星期日和节假日不算。

（4）累计 24 小时工作日（Working Days of 24 Hours），即不管港口习惯作业几小时，均以累计达 24 小时才算一个工作日。如果港口工作 8 小时，则 3 个作业日才算一个程租船合同的工作日，星期日和节假日不算。

（5）晴天工作日（Weather Working Days），即既是工作日又是晴天可作业才算。如果遇到刮风下雨时装卸作业不能正常进行，即使是工作日也不予计算。

（6）连续 24 小时晴天工作日。连续与累计不同，连续一般用于昼夜作业的港口，连续工作 24 小时才算一天。如果中间有几小时不良天气或由于其他原因不能作业就得扣除。这种规定比较明确、合理，目前采用的较多。

除上述计算时间的规定外，由于港口习惯和规定不同，还要对有关问题进一步明确加以规定。例如，在工作日之后补充规定“星期日和节假日除外”、“不用不算、用了要算”或“不用不算，即使使用了也不算”等。对于星期日及假日的前一天的具体算法也应予以明确，如规定只算到中午 12 点。对星期一或假日后的工作日一般明确自上午 8 点起算。另外，允许装卸时间自何时起算到何时终止，也要在合同中明确，一般规定自船长递交“装卸准备就绪通知书”（Notice of Readiness）后一定的时间算起。例如，港口正常工作时间是上午 8 点到 12 点，下午 2 点至 6 点，船方在上午 12 点以前递交通知书，则从下午 2 点算起；下午 6 点以前递交，则从翌日上午 8 点算起。允许装卸时间的终止时间以最后一件货物装上或卸下为准。

此外，装卸时间是合并计算还是分别计算，也就是许可装卸时间可相互抵用，或许可装卸时间不可相互抵用，应由船、租双方议定。按照目前惯例，速遣费一般规定为滞期费的一半。如果两个口岸装卸速遣天数与滞期天数相等，则分别计算，租方仍要付费，若装卸时间合并计算则可相互抵消。因此，装卸时间定为分别计算还是合并计算，要根据装卸港和所载货物的具体情况由双方商定。

8. 滞期费和速遣费

如果在租船合同所规定的许可装卸时间内未能将货物全部装卸完毕，致使船舶继续在港内停泊，使船东遭受船期损失，则自许可装卸时间终了时起，直到全部货物装卸完毕为止的这段时间称为滞期时间。船舶发生滞期，租船人应按租船合同的规定以每天若干货币单位计算，支付给船东补偿金，这即是滞期费。如果在允许装卸时间届满以前提前完成货物的装或卸，船舶可以提前离港，从而使船东节省船舶在港费用并获得船期利益，则船方应按租船合同的规定，支付一定的金额给租船人作为奖励，这即是速遣费。

租船合同中一般均定明这两种费率，通常订为每天若干金额，不足一天按比例计算。船舶营运成本高，则滞期费也高；反之则低。其费率水平大致相当于租船市场上该船的日租运价日耗油费。由于滞期时间过长，会影响船方下航次安排，因此，有的租船合同规定滞期期限最多为10天，如果超过10天，租船人就要负责赔偿船方的实际损失，称为“滞留损失”，比滞期费高。同时，由于滞期属违约行为，租船人不仅要支付滞期罚金，而且也不能享受租约所赋予的各项扣除权利。因此，租约中如果没有相应的规定，习惯上按“一旦滞期则始终滞期”（Once on Demurrage，Always on Demurrage）的原则办理。也就是说，一旦超过许可时间后的装卸时间，原可扣除的星期日、节假日及不良天气等因素就不再扣除，而按自然日一天算一天，均作滞期时间计算。

速遣费通常也是按每天若干金额表示，习惯上规定为滞期费的一半（Despatch Half Demurrage，DHD）。这种规定方法实际上是一种维护船东利益的习惯做法。在租船市场船舶处于供过于求的情况下，租方可以争取打破这种习惯，规定速遣费与滞期费每天金额相同（Despatch Same Demurrage，DSD）。此外，计算节省的装卸时间一般有两种规定方法：一是以租约中的许可装卸时间减去实际完成装卸作业的时间，即为节省的全部装卸时间；二是节省的全部时间减去星期日和节假日等非工作日所剩下的时间，即节省的工作时间。前者对租方有利，后者对船方有利。

（二）期租船合同

通常，期租船合同包括如下条款：

船舶说明条款；

交船条款；

租期条款；

合同解除条款；

货物条款；

航行区域条款；

租金支付及撤船条款；

还船条款；

停租条款；

船东责任与豁免；

转租条款；

共同海损条款；

新杰森条款；

双方互有责任碰撞条款；

战争条款；

仲裁条款；

佣金条款等。

1. 船舶说明

在定期租船方式下，由于租赁时间较长，船舶的技术指标和性能好坏直接影响船舶的营运效果。因此，在定期租船合同中，对船舶规范的说明比在定程租船合同中规定得更为具体、详细，诸如船东的名称、地址、船名、船旗、船龄、船级、主机型号和制动马力、注册总吨和净吨、载重吨、载货容积、满载吃水、耗油量、航速、起货设备等有关船舶的主要规范和技术指标，都应加以明确规定。

如果租船合同中所规定的船舶规范和技术指标与实际船舶不符，则视性质的轻重，租船人有权向船东提出赔偿或取消合同。

2. 适用范围和航行区域

在定期租船合同中，对船舶所运输的货物一般不规定具体货物名称，而大多规定租船人有权装运“法律许可的货物”，即除装卸港和沿途停靠港法律所禁止装运的货物外，其他货物均可装运。有时附加限制性规定，如不得装运易燃、易爆及活牲畜等。

合同中通常规定期租船所航行的区域，即地理上的航行界限。区域范围的大小，由船、租双方商定。有些期租船合同将航行区域笼统规定为“世界范围”（World-Wide Trade），但往往附有限制条件，如规定船舶不得驶往冰冻港口和不安全港口等。

在租赁期间内，租船人必须按规定的适用范围和航行区域行驶，如果超越规定范围，船长有权拒绝装运或不执行航运指示，即使船长接受指示，由于超越规定范围而产生的一切后果，租船人也负有责任。

3. 交船/还船

交船指船东把船舶和其船员交给租方使用。交船一般规定一定的期限，如规定5月10日至20日交船，如果超过这个期限，租船人有权解除合同。相反，如果租船人未及时接船，也应支付相应的罚金。

还船指租期届满时，租方将原船按交船时相似完好状态还给船东，还船时间以租船期满为准。但船舶最后一个航次完毕时间不一定与租船届满日期恰好吻合，因此，在期租约中，一般规定有伸缩期，如规定期满前后5天～10天还船。

此外，交船/还船均须符合一定的条件。交船须符合下列条件：（1）船舶已准备装货就绪，各船舱均已清扫干净，适于装货；（2）船上存油量和船上设备符合租约规定；（3）船舶证件齐全、有效，包括国籍证书、所有权证书、丈量证书、船舶试航证书、船级证书、航行日志、船员名单、轮机日志、卫生日志以及无线电报日志等；（4）申请有关船舶检验机构对船舶进行检验后出具检查报告；（5）最后由船、租双方签署交船证书。还船的条件除上述（3）外，其他条件均相同。

船、租双方交接船舶时，应委请船舶检验师检验船舶，测量存油，做好并签署接船证书。还船时，亦应委请检验师进行交船时同样的检验，并签署还船证书。如还船时发现除了船舶自然损耗和租约规定的租方可以负责的损坏外的其他损坏，则要查对接船证书，核实责任方并进行处理。此外，船上的存油也应符合租约规定。

4. 停租（Off-Hire）

在租船期间，由于船方人员或物料不足、机器故障、船壳损坏、检验船舶、入坞修理以及其他属于船方责任的事故，致使营运中断达连续 24 小时以上，造成租船人不能有效使用船舶的期间，租船人有停付租金的权利，称为停租，已付的租金要按比例扣除。当船舶重新处于有效状态，能够重新提供服务并交给租船人使用时，租船人恢复支付租金，称为复租（On Hire）。停租和复租双方均须办理记录手续。

5. 转租（Sub-Let）

定期租船合同大多规定，在租赁期间，租船人可以根据需要，把船舶转租给另一租船人。在长期租船合同条件下，订立转租条款对保障租船人的利益是十分重要的。转租时，原租船人是以二船东的身份与第三者签订租船合同，但原租船人与船东之间的权利与义务仍按原租船合同履行。

第五节　海运进出口业务

一、海运进出口业务

（一）进口业务

1. 租船定舱

指根据贸易合同，负责货物运输的一方根据货物的数量、性能决定租船或定舱。一般委托代理完成，委托过程中需给出货名、重量、尺码、装卸港、交货期，以及托运人的名称和联系方法。

2. 掌握船舶动态

掌握船舶动态，提前安排卸货港的卸货或提货。

3. 收集和整理单证

如班轮运输，主要指提单的准备。如租船运输，还需要载货清单等相关单证。

4. 报关、报验

向海关报关，对于需接受法定检验的货物还需向商检机构申请报验。

5. 监卸和交接

监督卸货过程，保证货物的安全。如卸货/交接过程中发现货物短损现象，要及时与各方取得联系，办理好残损货物的验证工作。

（二）出口业务

1. 审核贸易合同及信用证中的装运条款

重点审核装运期、装运港、目的港、转船、分批装运等条款，以及对提单的各种要求，必要时提出修改意见。

2. 备货、报验

按合同与信用证要求准备货物，妥善包装。

3. 租船和定舱

4. 集港

根据船舶公司要求，在指定时间将货物集中到港区指定仓库以待装船。

5. 出口报关和装船

备妥出口单证，向海关申报出口。必要时，安排人监督装船过程。

6. 投保

根据贸易合同，由相应的贸易方向保险公司投保货物运输保险。

7. 支付运费、领取提单

如运费预付，则托运人按约定支付运费，领取船舶公司签发的海运提单。

二、海运进出口单证

1. 托运单（Booking Note，B/N）

托运单也就是订舱委托书，内容有托运人、船名、目的港、货名、标记及号码、件数、重量等项目。托运人根据贸易合同条款及银行信用证条款的内容填制托运单，向承运人或其代理人办理货物托运。

2. 装货单（Shipping Order，S/O）

装货单是船公司或其代理人在接受托运人提出的申请后，发给托运人或货运代理人的单证，同时命令船长将单上货物装船的单证。按国际航运惯例，装货单一般是一式三联。第一联留底为船方编制装货清单之用。第二联是托运人凭以向海关办理出口货物申请手续时作为报关单。第三联即为收货单。

装货单是海洋运输中主要货运单证之一，它的主要作用有：

（1）它是承运人确认承运货物的证明。承运人签发装货单，即表示已办妥托运手续，承运人已同意承运单卜所列货物。装货单一经签订，运输合同即告成立，船、货双方都应受到约束。如发生退关而造成损失，责任方即应承担责任。

（2）它是海关对出口货物进行监管的单证。托运人可凭装货单以及货物有关的其他单证，向海关办理出口货物报关手续，经海关准予出口，即在装货单上加盖海关放行章。所以装货单又称关单，经加盖放行章的装货单，船方方能收货装船。

（3）它是承运人通知码头仓库或装运船舶接货装船的命令，托运人将装货单连同货物送交承运人指定的仓库或船舶。理货人员按积载计划由装卸工人分票装船后，即将实装数量、装舱部位及装船日期填在装货单上，交船方留存备查。

3. 收货单（Mate's Receipt，M/P）

收货单是货物装船后，承运船舶的大副发给托运人，表示已收到货物并已装船的货物收据。习惯上又将收货单称为大副收据。

收货单也是远洋运输中的主要货运单证之一，其主要作用有：

（1）它是划分船、货双方责任的重要依据。根据《海牙规则》，承运人对货物承担的责任是从货物装船后才开始，对于装船前所发生的货损，承运人是不承担责任的。所以货物装船时，承运船舶的大副必须仔细核对货物的实际情况与装货单的记载是否相符。如果不符，应将不同处订正，使两者完全一致，在收货单上签字或者将货物的损坏情况及程度明确地记载于收货单上，这就是所谓大副批注。有大副批注的收货单，表明所批注的货物损坏发生在装船以前，承运人对此不承担责任。所以收货单是将来处理索赔案件时，承运人据以负责的重要依据，也是提单的重要依据。

（2）它是据以换取已装船提单的单证。货物装船后，经大副签字的收货单由承运船舶退还给托运人。托运人持收货单，付清须预付的运费，即可凭此换取已装船提单。如果收货单上有大副批注，承运人应如实地将大副批注转注在提单上，这种提单即为不清洁提单。有时托运人为便于结汇愿提交保函，经承运人同意，也有签发清洁提单的做法，但风险责任大，应予避免。

4. 装货清单

装货清单是承运人根据装货单留底，将全船所装货物按目的港和货物性质加以归类，依航次靠港顺序排列而制成的全船装运货物的汇总清单。装货清单是承运船舶的大副编制积载计划的重要依据。其内容包括装货单编号、货名、件数、包装种类、毛重、尺码以及对装运的要求条件等编制积载计划所必需的货运资料。此外，装货清单还是现场理货人员进行理货、港口安排驳运、货物进出库场以及承运人掌握托运人备货情况的业务单证。

5. 载货清单

载货清单又称船单，是根据收货单或提单，按目的港分票编制的全船出口货物的汇总清单。它是海关对船舶载货航行进出国境进行监管的单证。它的主要作用有：

（1）它是办理船舶出（进）口报关手续的单证。经船长签字的载货清单送海关，据以办理船舶出（进）口报关手续。

（2）它是船舶载运所列货物的证明。载货清单所列货物必须与船舶实际载运货物一致。如果船舶未装货出口，也需填报无货出口的载货清单。

（3）它是业务联系的单证。载货清单的留底，常用作承运人在装货港的代理人拍发开航货载电报的依据，也是向船长及船公司或卸货港的代理人发出更正通知的依据。当承运人在卸货港的代理人尚未收到通过邮递寄出的货运资料时，也可将随船携带的载货清单复制，用以安排泊位、货物进出库场和卸货的依据。

6. 货物积载计划

货物积载计划是船方大副在装货前，根据装货清单按货物装运要求和船舶性能编绘的一个计划受载图，所以又称为货物积载图。

三、索赔的原则与单证

（一）索赔的原则

在处理索赔条件时，应掌握如下原则：

（1）实事求是。按照事故的实际情况，分析造成事故的原因，确定损失的程度或准确数量。

（2）有根有据。对外索赔案件，要进行深入细致的调查研究，掌握货损货差的有效证据。根据运输契约的规定，尊重有关的国际惯例，做到有根有据。这是处理货物索赔的基础。

（3）合情合理。在复杂的案件中，根据造成损失的各种因素，合理地确定承运人所应承担的责任。从有利于案件的及时解决出发，必要时可做些让步，做到合情合理。

（4）讲求实效。在货物索赔中要考虑实际效果。这种效果是多方面的，既要考虑经济利益，也要考虑政治利益；既要考虑当前利益，也要考虑长远利益：力求做到既挽回或减少经济损失，也有利于今后业务往来的发展。

（二）索赔单证：

决定对外索赔后，就要准备下列各项必要的索赔单证：

（1）索赔函。

（2）索赔清单。根据损失的程度和造成损失的原因，确定对外索赔的比例，按到岸价格计算索赔金额，编制索赔清单。如商业发票上是离岸价格，而按到岸价格索赔，经承运人要求，还应提供运费及保险费收据。

（3）货物残、短签证。应由船方和理货人员共同签字。必要时，还应提供商检证书和船舶检验证书。

（4）提单。正本或影印本。

（5）商业发票。必要时加附装箱单或磅码单。

（6）费用单证。如需要向船方索赔货物整理、修理费等的有关费用证明单证。

（7）其他。如有必要，还需提供火灾鉴定报告、卫生或动、植物检验证明等。

第三章　国际铁路货物运输

第一节　铁路货物运输基础

一、世界铁路运输与我国铁路运输的发展概况

（一）铁路运输的特点

铁路运输作为一种占地少、耗能低、污染小、运量大、全天候的运输方式，对经济发展、文化交流、社会稳定等具有重要的推动作用。

铁路运输是以装载车厢，在特设的钢轨上靠机车牵引行驶，使客、货实现位移的一种运输方式。与其他运输方式相比较，铁路运输具有显著的特点：

第一，运载量相对较大，一列货物列车一般能运送 3 000 吨～5 000 吨货物，因而适合大宗货物运输。

第二，铁路运输速度较快，每昼夜的平均速度可达几百公里，因而适合长距离运输。

第三，运输成本相对较低，在陆路运输方式中，铁路运输费用仅为汽车运输的几分之一至十几分之一，因而特别适合体积大、批量大、价值低的货物，如煤炭、化肥、石油、矿石、粮食等的中长途运输。

第四，铁路运输具有较高的连贯性和准确性，安全可靠，一般不受气候条件的影响，一年四季可以不分昼夜地进行运输。

但铁路的初期基础建设投资较大，需要消耗大量建材，并铺路、架桥、开凿隧道等，而且投资回收周期长；同时铁路运输受固定线路所限，往往不能提供“门到门”的优质服务（除非发货人或收货人有铁路专用线）。

铁路是主要的现代化运输工具，铁路运输发展史，是人类文明发展史的重要组成部分。随着世界新技术的发展，铁路运输也不断采用新技术。运输工具和通讯设备的现代化以及运输管理工

作的自动化，被视为目前世界铁路建设发展的总趋势。具体表现在：

一是列车牵引动力电气化和内燃化；二是铁路客、货运输高速化；三是大宗散货运输重载化；四是信号技术电子化，管理系统信息化，铁路运营工作逐步实现自动化。

（二）世界铁路发展概况

铁路运输是工业革命的产物，最早出现在英国。铁路面世后，其在运输方面的巨大优越性迅速为世人所共识，也为世界各国所效仿和大力发展，一时间兴建铁路蔚然成风。铁路运输成为现代运输业的主要运输方式之一。

目前，世界铁路运输总里程已有140多万公里，主要分布在北美、欧洲和亚洲的中国和印度。从世界铁路总长度构成看，铁路的发展和分布很不均匀合理。其中，美洲铁路约占世界铁路总长度的1/3；欧洲铁路约占1/3；而非洲、大洋洲和亚洲的铁路总长度加起来仅约占另外的1/3。

近几十年来，出于维持或改变现状的意愿，世界各国铁路建设与发展有着不同的表现，大致可分为三种类型：一是缩减型，如加拿大、美国、英国等国家，由于技术的发展、市场的变化，不再需要过多的铁路，因而废弃了工业快速发展时期重复建设的铁路，部分拆除原建铁路，进行铁路网合并，铁路总长度有所缩短；二是稳定型，如德国、意大利等国，铁路有拆有建或不拆不建，铁路长度增减不大；三是发展型，主要是包括中国在内的发展中国家，为了发展经济，解决交通运输的瓶颈问题，不断修建新铁路，铁路总长度持续增加。

（三）我国的铁路概况与发展

自1876年第一条铁路——上海吴淞铁路在中国建成，迄今中国铁路已历经120多年的风雨历程。百余年来，中国的铁路事业经历了新旧两个根本性质不同的社会。无论从政治上还是从经济上，决定了它在其发展历程中必然会遭遇到两种迥然不同的命运和前途。

由于历史的原因，旧中国的铁路事业，虽是史无前例的产业，却带有半封建半殖民地的性质，具有少、偏、低的特点。

少，主要是指铁路修建里程少。从 1876 年至 1949 年的 73 年中，全国总共只有 21 700 多公里的铁路（不包括台湾的铁路），平均每 100 公里的国土面积上只有铁路 0.26 公里。铁路数量之少，路网密度之低，在当时世界的主要国家中是少见的。

偏，指铁路的分布不平衡、不合理。1949 年之前，中国铁路线路主要分布在中国东部，特别是沿海一带，而广大的西南、西北地区很少甚至没有铁路。铁路布局极不合理，畸形发展，这种现象是殖民地铁路的共同特征。

低，指铁路线路和技术装备标准低、质量差。1949 年之前，中国铁路分别被若干个帝国主义国家控制和把持，因而设备种类繁杂、规格紊乱、质量低劣，各路车辆不能互相通用和过轨。铁路机车的类型有 120 多种，钢轨类型有 130 多种，不仅技术装备号称“国际铁路博览会”，而且管理体制、运行机制也因强占国家各异而不同，从而导致线路设施差、运输事故多、运输效益低。

1949 年后，我国的铁路事业获得了迅速的发展，不仅运营里程、运营网络有了很大的增长和改善，而且科技水平、技术装备也发生了质的飞跃。铁路开始建立了统一的运输指挥系统和管理体系，制定了统一的规章制度和技术标准，将铁路各个部门、各个单位连接成为 24 小时不间断的有机整体，在各个方面均取得了巨大的成就。目前，以北京为中心的全国铁路网业已初步形成，覆盖除西藏自治区外的各省、自治区、直辖市。至 2002 年底，全国铁路营运里程已达 7.19 万公里（其中，国家铁路营运里程 5.95 万公里），较新中国成立初期增长 2.5 倍，居亚洲第一位、世界第三位。其中，复线铁路营运里程达 2.31 万公里，电气化铁路营运里程达 1.74 万公里，总长度均居亚洲第一。

近几年，我国铁路的旅客周转量占 36.3%，货物周转量占到 54.6%。我国目前 7 万多公里铁路完成的运量已经接近美国的水平，也就是说，我国铁路线路的利用率很高，负荷很重。我国每公里铁路所完成的运量（也叫做运输强度）居世界第一位，为美国的 2.6 倍，日本的 2.2 倍，德国的 7.5 倍，英国的 8.5 倍，法国的 7.6 倍。这些指标表明，我国仍需建设大量的新线，强化路网规模，以满足当前国民经济发展的要求。

二、铁路货物运输基本知识

（一）铁路线路与铁路轨距

铁路线路是机车车辆和列车运行的基础。铁路线路是由路基、桥隧建筑物和轨道组成的一个整体的工程结构。铁路线路应当经常保持完好状态，使列车能按规定的最高速度安全、平稳和不间断地运行，以保证铁路运输部门圆满完成客、货运输任务。

铁路轨距是指两股钢轨头部内侧之间自顶面以下 14 毫米处的距离。世界各国使用的铁路轨距有 30 多种，大体上可分为宽轨、标准轨和窄轨三种类型。早期兴建的铁路多采用英制轨距，其标准轨距为 4 英尺 8 英寸，折合公制为 1 435 毫米，这就是目前许多国家使用的“标准轨”，简称“准轨”；大于标准轨的为宽轨，其轨距大多为 1 524 毫米（5 英尺），少数为 1 600 毫米、1 665 毫米、1 667 毫米；小于标准轨的为窄轨，其轨距主要为 1 000 毫米和 1 067 毫米两种，也有 750 毫米的。各种轨距中以标准轨占主导，约占世界铁路营运里程的 60%。目前，欧洲大部及北美铁路都采用准轨，其他国家则有宽轨和窄轨。我国铁路基本上采用标准轨距，但台湾和海南省铁路轨距为 1 067 毫米，昆明铁路局的昆河线的轨距为 1 000 毫米。

由于铁路运输设施的建设是以国别为单位进行的，冷战时期国家之间常处于政治对立状态，互相封锁，或受限于投资短缺，因而造成全球铁路在轨距这一基本技术标准上各自为政，无法统一。由于轨距不同，两国或多国之间开展国际化运输遇到不同轨距时，需要在不同轨距交接的地方进行许多技术性处理，最简单也是最麻烦的过境办法就是“旅客换乘、货物换装”。此外，车辆还可以更换转向架（更换轮对）或者调整轮对内距，以便顺利过轨。

（二）铁路限界

为了确保机车车辆在铁路线路上运行的安全，防止机车车辆撞击邻近线路的建筑物和设备，而对机车车辆和接近线路的建筑物、设备所规定的不允许超越的轮廓尺寸线，称为限界。

铁路的基本限界分为机车辆限界和建筑接近限界两种。

机车车辆限界是机车车辆横断面的最大极限，它规定了机车车辆不同部位的宽度、高度的最大尺寸和底部零件至轨面的最小距离。机车车辆限界和桥梁、隧道等限界相互制约，当机车车辆在满载状态下运行时，也不会因产生摇晃、偏移等现象而与桥梁、隧道及线路上其他设备相接触，从而保证行车安全。我国参加的《国际铁路货物联运协定》中，各成员国铁路的车辆限界主要有六种。

建筑接近限界是一个和线路中心线垂直的横断面，它规定了保证机车车辆安全通行所必需的横断面的最小尺寸。凡靠近铁路线路的建筑物及设备，其任何部分（同机车车辆有相互作用的设备除外）都不得侵入限界之内。

（三）铁路机车与车辆

铁路车辆本身没有动力装置，无论是客车还是货车，都必须把许多车辆连接在一起编成一列，由机车牵引才能运行，所以，机车是铁路运输的基本动力。

铁路上使用的机车种类很多，按照机车原动力可分为蒸汽机车、内燃机车和电力机车三种。从世界各国铁路牵引动力的发展来看，电力机车由于牵引力大，对环境无污染，在运营中有良好的经济效益，被公认为是最有发展前途的一种机车。

铁路车辆是运送旅客和货物的工具，可分为客车和货车两大类。铁路货车的种类很多，按照用途或车型，可分为通用货车和专用货车两大类。通用货车又可分棚车、敞车和平车三类。专用货车是专供装运某些指定种类货物的车辆，它包括保温车、罐车、家畜车、煤车、矿石车、矿砂车等。

按载重量划分，我国的货车可分为 20 吨以下、25 吨～40 吨、50 吨、60 吨、65 吨、75 吨、90 吨等各种不同的车辆。为适应我国货物运量大的客观需要，有利于多装快运和降低货运成本，我国目前以制造 60 吨车为主。

为了表示车辆的类型及其特征，便于使用和运行管理，在每一铁路车辆车体外侧都应标有规定的标记。

三、我国通往邻国的铁路干线及国境站

（一）我国通往相邻国家的铁路线

我国铁路与俄罗斯、蒙古、哈萨克斯坦、朝鲜、越南等邻国的铁路相连接，为我国与这些国家并通过这些国家与亚欧其他国家间的经贸往来开辟了重要的渠道。目前，我国通往这些邻国的铁路干线主要有9条，另有1条地方铁路。与俄罗斯相连的是滨洲线——自哈尔滨至满洲里、滨绥线——自哈尔滨至绥芬河、图珲线（地方铁路）——自图们至珲春；与蒙古国相连的是集二线——自集宁至二连浩特；与哈萨克斯坦相连的是北疆线——自乌鲁木齐至阿拉山口；与朝鲜相连的是沈丹线——自沈阳至丹东、长图线——自长春至图们、梅集线——自梅河口至集安；与越南相连的是湘桂线——自衡阳至凭祥、昆河线——自昆明至河口。

（二）我国与邻国的各国境站及进出口货物和车辆办理换装和交接的地点

我国与俄罗斯之间有三对铁路国境站，分别是满洲里—后贝加尔、绥芬河—格罗迭科沃、珲春—卡梅绍娃亚。

我国铁路使用标准轨（1 435毫米），而俄罗斯铁路是宽轨（1 524毫米），两国铁路轨距不同，进出口货物和车辆需要办理换装和交接后才能继续运送。我国进口货物和车辆在满洲里站和绥芬河站办理换装和交接；我国出口货物和车辆则在俄方对应国境站办理换装和交接。按进出口货运量统计，满洲里站是目前我国最大的铁路对外口岸。

我国与蒙古国之间有一对铁路国境站，即二连浩特—扎门乌德。

蒙古铁路使用宽轨（1 524毫米），与我国铁路的轨距不同，进出口货物和车辆需要办理换装和交接后才能继续运送。我国铁路同蒙古、俄罗斯铁路间经由二连浩特的联运进出口货物和车辆，暂时都在二连浩特站办理换装和交接。我国经由二连浩特国境站发往蒙古用罐车运送的汽油和柴油，则在对方国境站办理换装后再运送。

我国与哈萨克斯坦之间有一对铁路国境站，即阿拉山口—多斯特克（原为德鲁日巴）。

哈萨克斯坦铁路是宽轨（1 524 毫米），与我国铁路轨距不同，进出口货物和车辆需要办理换装和交接后才能继续运送。我国进口货物和车辆在阿拉山口站办理换装和交接；我国出口货物和车辆则在哈方国境站办理换装和交接。

我国与朝鲜之间有三对铁路国境站，分别是丹东—新义州、集安—满浦、图们—南阳。

朝鲜铁路是标准轨（1 435 毫米），与我国铁路轨距相同，双方联运货车可以原车过轨，货物无需换装。我国进口货物和车辆在我方国境站办理交接；出口货物和车辆则在朝方国境站办理交接。

我国与越南之间有两对铁路国境站，分别是凭祥同登、山腰—新铺。

越南铁路使用米轨（1 000 毫米），与我国铁路轨距不同，进出口货物和车辆需要办理换装和交接后才能继续运送。我国铁路同越南铁路间经由凭祥的联运进出口货物和车辆暂时都在凭祥站办理换装和交接。由于连接我国铁路昆河线山腰站的一段铁路也是米轨，因此经由山腰站的进出口联运货车可以原车过轨，货物无需换装。我国进口货物和车辆在山腰站办理交接；出口货物和车辆则在越方国境站办理交接。

四、铁路运输在我国对外贸易中的作用

铁路运输在我国国民经济中占有重要的地位，在我国对外贸易中更是起着非同一般的作用。如果仅以进出口货运量计算，铁路运输仅次于海运而居全国第二，在我国对外贸易运输中具有举足轻重的作用。其作用具体表现在：

（1）通过铁路，欧、亚大陆已经连成一片，从而为发展我国与亚洲、欧洲各国之间的经济贸易联系提供了便利的通道和十分有利的条件。早在新中国成立初期，铁路运输就是我国对外贸易的一种主要运输方式。根据 1950 年至 1960 年期间的统计，铁路运输一直占我国进出口货运总量的 50%左右。我国与朝鲜、蒙古、苏联、越南等国的进出口货物，绝大部分是通过铁路来运输的。在我国与东欧、西欧、北欧和中东、中亚地区一些国家之间，目前也通过国际铁路联运或西伯利亚大陆桥、新亚欧大陆桥等运输方式来运送进出口货物。

(2) 铁路运输是我国内地与港澳地区进行贸易的重要运输方式。随着内地与港澳双方贸易的不断扩大，经由铁路运输的货物，其运输量正在逐年增加。香港作为国际贸易的自由港，有通往世界各地的海、空定期航线，交通运输非常发达，这一优势有利于内地在香港地区进行转口贸易，开展陆空联运和陆海联运。

(3) 铁路运输在进出口货物的集散和省与省之间外贸物资的调拨方面，同样起着重要的作用。我国海运出口货物向港口集中，进口货物从港口向内地疏运，主要是由铁路承担的。至于国内各地区之间外贸物资、原材料、半成品、包装物料的分拨调运，大部分也依赖于铁路运输。

第二节 国际铁路货物联运基础

一、国际铁路货物联运的概念

（一）国际铁路货物联运

在经由两个或两个以上国家的铁路货物运送中，使用一份统一的运送票据，并以连带责任方式办理一批货物的全程运送，在一国铁路向另一国铁路移交货物时，无需发货人、收货人参加，这种形式的运输称为国际铁路货物联运。

（二）铁路的连带责任

国际铁路货物联运中铁路的连带责任主要表现在：承运附有运单货物的铁路，应对将货物运抵交货地的全程运输负责；每一后续铁路，在接到附有运单正本货物的同时，必须履行根据该运单条款所签订的运输合同，并应承担由此而产生的义务；任何依法可被要求赔偿的铁路，都必须对应由铁路负责的货物损坏、灭失和运输逾期向发货人或收货人做出赔偿，被索赔的铁路不能以损失的责任属其他铁路为由而拒绝货主的索赔；已作出赔偿的铁路，如对损失没有过失，可以向其他肇事铁路要求返还其赔付的款额。

（三）国际铁路货物联运适用规章

国际铁路货物运输中应遵守有关规章和协定，其中包括《国际铁路货物联运协定》、《统一过境运价规程》、《国境铁路协定》和《国境铁路会议议定书》等，它们对铁路和托运人、收货人都有约束力。

《国际铁路货物联运协定》（简称《国际货协》）和《统一过境运价规程》（简称《统一货价》），都是国际铁路货物联运的主要法规，是参加国际铁路货物联运协定的各国铁路和发货人、收货人在办理铁路货物联运时都必须遵守的基本文件，其中《统一货价》又是办理国际铁路货物联运时过境段货物运送费用计算和核收的依据。我国是上述协定和规章的成员国。

20 世纪 90 年代初，东欧地区形势发生变化后，国际货协部分成员国家又签订了《关于统一过境运价规程的协约》，修改补充了原有的《统一货价》，使其不再从属于国际货协，而具有独立的法律地位，有关过境费用也由卢布改为以瑞士法郎计收。我国参加了该协约并自 1991 年实行了新规定。

《国境铁路协定》和《国境铁路会议议定书》是相邻国家间签订的协约，一般规定办理联运货物交接的国境站、车站及货物交接条件和方法、交接列车和机车运行办法及服务方法等内容。中俄、中蒙、中朝、中越、中俄蒙铁路间均分别签订有国境铁路协定和议定书。

《国际货协》包括多个附件，其中的规则主要有：国际铁路联运危险货物运送特定条件，敞车类货车货物装载和加固规则号，各种轨距铁路的装载限界、运单格式、表示牌和标记样式，铁路集装箱货物运送规则，国际铁路联运易腐货物运送规则，国际铁路联运托盘货物运送规则，不属于铁路的车辆运送规则，货捆运送规则，等等。

为了方便执行国际联运规章，我国铁路部门发布有《国际铁路货物联运办法》，将国际联运有关规章进行摘录、简化与综合，并作了补充规定，供我国国内办理国际铁路货物联运时使用。此外，我国还制定有《铁路货物运输规程》、《铁路货物运价规则》（简称《国内价规》)、《国际铁路货物联运办法》等规章和文件，它们是办理国际铁路货物联运时组织运输、计算与核收国内段货物运送费用的依据。

我国参加的国际铁路货物联运，都按照国际货协所规定的条件和运单办理运送。国际货协有规定、国内规章也有规定时，不论两者是否相同，均应适用国际货协的规定；但在两邻国铁路间有特殊规定（如我国同邻国铁路间的国境铁路联合委员会议定书）时，应按照其规定的条件办理。国际货协中没有规定的事项，都适用国内铁路规章。

二、国际铁路货物联运的办理种别和运送方式

（一）整车和零担、大吨位集装箱运输

铁路货物运输的种类或种别是根据托运人托运货物的数量、性质、状态等特点加以选择确定的。在签订货物运输合同时，托运人与承运人要按有关的规定和所运货物的特点，实事求是地确定运输的种类。

根据《国际货协》的规定，整车货物是指按一份运单托运的一批货物，按其体积或种类需要单独车辆运送的货物；零担货物是指按一份运单托运的一批货物，重量不超过 5 000 公斤，按其体积或种类不需要单独车辆运送的货物。但如有关铁路之间另有商定条件，也可不适用国际货协整车和零担货物的规定。

我国国内铁路规章规定，下列货物不得按零担托运：

（1）需要冷藏、保温或加温运输的货物；

（2）规定限按整车办理的危险货物；

（3）易于污染其他货物的污秽品（例如未经过消毒处理或未使用密封不漏包装的牲骨、湿毛皮、粪便、炭黑等)；

（4）蜜蜂；

（5）不易计算件数的货物；

（6）未装容器的活动物（铁路局规定可按零担运输的除外)；

（7）一件货物重量超过 2 吨，体积超过 3 立方米或长度超过 9

米的货物（经发站确认不致影响中转站和到站装卸车作业的除外）；

（8）煤炭、原木、腐殖酸。

大吨位集装箱是指按一份运单托运的，用20英尺或40英尺集装箱运送的货箱或空的集装箱。

（二）慢运、快运和整车货物随旅客列车挂运的运送方式

慢运：整车或大吨位集装箱每200运价公里为一天（昼夜）；零担每150运价公里为一天（昼夜）。

快运：整车或大吨位集装箱每320运价公里为一天（昼夜）；零担每200运价公里为一天（昼夜）。

随旅客列车挂运的整车或大吨位集装箱：每420运价公里为一天（昼夜）。

三、国际铁路货物联运的路别

发送路、到达路和过境路的概念常出现在与国际联运有关的文件中，其中，发送路是在国际铁路货物联运中，货物发送（启运）国家铁路的简称；到达路是在国际铁路货物联运中，货物到达国家铁路的简称；过境路是在国际铁路货物联运中，除货物发送路和到达路以外，列车所途经的其他国家铁路的简称。

此外，国际联运货物在铁路国境站进行交接时，列车出境一方的铁路称为交付路，列车入境一方的铁路称为接收路。

四、国际铁路货物联运的运输限制

（一）不准运送或换装的货物

根据《国际货协》的规定，在国际铁路货物联运中，下列货物不准运送或换装：

（1）应当参加运送的铁路的任何一国禁止运送的物品；

（2）属于应当参加运送的铁路的任何一国邮政专运物品；

（3）炸弹、弹药和军火，但狩猎和体育用品除外；

（4）爆炸品、压缩气体、液化气体、在压力下溶解的气体、自燃品和放射性物质（指《国际货协》附件2各表中未列载的）；

（5）一件重量不足10公斤，体积不超过0.1立方米的零担货物；

（6）在换装联运中使用不能揭盖的棚车运送一件重量超过 1.5 吨的货物；

（7）在换装联运中使用敞车类货车运送的一件重量不足 100 公斤的零担货物，但不适用于《国际货协》附件第 2 号《危险货物运送规则》中规定的一件最大重量不足 100 公斤的货物。

（二）不准按一份或数份运单在一辆车内混装运送的货物

根据《国际货协》的规定，在国际铁路货物联运中，下列货物不准按一份或数份运单在一辆车内混装运送：

（1）一种易腐货物同照管方法不同的另一种易腐货物；

（2）按《国际货协》附件第 4 号第 6 条规定需要遵守保温制度或特殊照管的易腐货物同非易腐货物；

（3）危险货物同按照《国际货协》第 2 号的规定禁止在一辆车内混装的其他货物；

（4）发货人装车的货物同铁路装车的货物；

（5）根据发送路国内规章不准许在一辆车内混装运送的货物；

（6）堆装运送的货物同其他货物。

五、国际铁路货物联运的特种货物运输

（一）集装箱货物的运送方式

通过国际铁路联运方式办理的满载集装箱以及空的集装箱都属集装箱货物，包括铁路上使用的小吨位集装箱（容积 1 立方米～3 立方米，总重小于 2.5 吨）和中吨位集装箱（容积 3 立方米～15 立方米，总重 2.5 吨～5 吨）以及海运中常见的 20 英尺或 40 英尺集装箱（大吨位集装箱）。其中，小吨位和中吨位集装箱只能办理零担或整车方式的运送；而按一份运单托运的，用大吨位集装箱运送的货物或其空箱，必须以大吨位集装箱的种别办理货物运送。按照规定，集装箱不得装运能损坏或玷污集装箱，使得集装箱在掏箱后不能进行清洗、消毒的货物，以及能引起传染的有臭味的食品和物质。

（二）危险货物的运送方式

凡具有燃烧、爆炸、腐蚀、毒害、放射性等性质，在铁路运输过程中能引起人身伤亡和使人民财产受到毁损的货物，均属危险货物。所谓危险货物包括两层意思：第一，作为货物内因的理化性质（物质具有燃烧、爆炸、腐蚀、毒害、放射性）具有危险的性质。第二，货物由于在国际运输过程中，要进行装车、卸车、换装、随车运行等作业，这些作业偶有不当，就有可能造成货物的内因变化，招致事故的发生。

为了避免事故，对危险货物的运送方式有强制性的规定：危险货物一般使用棚车或危险货物专用车装运；整车危险货物应是同一品名或属于同类项、同性质的货物，不属于同类项的货物拼装，应符合《国际货协》和发送路国内危险货物运输规定的要求；不准混装运送的危险货物，不得用一份运单办理运送。

（三）超限、超长、超重货物的运送方式

超限货物是指货物装车后，其任何部分的高度和宽度超过参加运送的任何一个铁路的机车车辆限界的货物。

超长货物是指一件长度超过 18 米（运往越南的长度超过 12 米）的货物。

超重货物是指一件重量超过 60 吨（在换装运送中，对罗马尼亚的重量超过 30 吨，对越南的重量超过 20 吨）的货物。

上述货物都不是普通货物，一般不能用办理普通货物联运的方法办理运送。按照《国际货协》的相应规定，集装箱货物、危险货物、鲜活易腐货物的运送，必须按特殊方式办理；而超限、超长、超重货物，只有在参加运送的各铁路间预先商定后才准运送。

（四）鲜活易腐货物的运送方式

鲜活易腐货物是指在运送过程中，需要采取一定的特殊设备（如保温车、冷藏车、保温集装箱、冷藏集装箱、气调集装箱等），或者需要采取特殊措施照料或照管（如冷藏、保温、防寒、加温通风、上水、换水、洒水、补充消耗制冷剂、供应禽畜饲料等）以防止发生腐烂（坏）、变质、死亡的货物。鲜活易腐货物分为易腐货物、活动物两大类。运送这些货物时，应遵守《国际货协》附件 4 和附件 3 的有关规定，并只能按整车运送；运送需要加温的易腐货物和活鱼，只限于从发站至到站都有发货人或收货人的押运人随车押运的情况下。

第三节　国际铁路货物联运运单

一、国际铁路货物联运运单的组成和作用

国际铁路货物联运运单是参加联运的发送国铁路代表所有参加运送的各国铁路（承运人）与发货人之间缔结的运输契约。它规定了参加联运的各国铁路和发货人、收货人之间在货物运送整个过程中的权利、义务、责任和豁免，对铁路和发货人、收货人都具有法律约束力。国际铁路货物联运运单既是铁路对承运货物出具的凭证，也是铁路同发货人、收货人之间，以及铁路彼此之间交接货物、核收运杂费用和处理索赔与理赔的依据。

国际铁路货物联运运单一般由5张组成：

第1张，运单正本，是货物运送契约，记载了货物运送全程的费用，以便收货人了解或支付有关部分。它随同货物至到站，并连同货物到达通知单和货物一起交给收货人。

第2张，运行报单，是参加联运的各铁路办理货物交接、划分运送责任以及清算运送费用、统计运量和运输收入的原始依据。它随同货物至到站，并留存到达路。

第3张，运单副本，是发货人（卖方）凭以向银行及收货人（买方）结算货款，向铁路提出变更运输要求以及在货物和运单全部灭失时向铁路提出赔偿要求的依据。它在运输合同缔结后交给发货人，不具有运单正本的效力，仅证明货物已由铁路承运。

第4张，货物交付单，作为货物已由铁路交付给收货人的凭证。它随同货物至到站，并留存到达路。

第5张，货物到达通知单，记载了货物全程运送时间以及运送中所发生的滞留、编制商务纪录等情况，便于收货人掌握，必要时收货人凭以向铁路提出交涉。它随同货物至到站，并连同运单正本和货物一起交给收货人。

二、部分主要栏目的填制要求

（一）发货人的特别声明栏

发货人可在该栏中填写自己的有关声明，例如：对运单修

改（一至二处）后，注明所做的修改并签字；运送家庭用品及贵重物品而不声明价格时，注明“不声明价格”并亲笔签字；在过境路上绕路运送超限货物时，注明这一绕行的经路；取得随旅客列车运送货物的同意后，注明“货物在××铁路随旅客列车运送”；注明易腐货物的运送方法，如不需要照料或照管或遵守保温制度（指加冷、通风、加温）时，记载“运送全程都不需要照料、照管或遵守保温制度”；注明授权押运人的事项；等等。

（二）发货人添附的文件栏

该栏填写为履行海关、商检、动植物检疫和其他行政规章所需手续时，发货人应贴附在运单上的相应文件的名称和份数。这些文件包括出口货物明细单、出口货物报关单、动植物检疫证书、出口许可证、品质证明书、商品检验证书、卫生检疫证书和其他货物出口所必需的文件等。发货人如未在运单上添附准许货物出口的文件时，应在运单“发货人的特别声明”栏内记载文件的名称、号码和填发日期以及该文件所寄往的海关。

（三）货物的声明价格栏

发货人用大写在栏内注明需要声明价格的货物款额，以瑞士法郎表示。发货人在托运货物时声明价格，目的在于保证货物发生货损、货差时，能够得到铁路按照货物声明价格的全部赔偿。

按照《国际货协》的规定，下列货物在托运时应当声明价格：金、银、白金及其制品；宝石；贵重毛皮及其制品；摄制的电影片；画；雕像；艺术制品；古董；家庭用品。

铁路准予承运不声明价格的家庭用品，但发货人应当在“发货人的特别声明”栏中填写“不声明价格”并亲笔签名证明。对于其他货物，发货人可以自行决定是否声明价格。

（四）对铁路无约束力的记载栏

发货人可以在该栏目中填写有关本批货物的记载，作为对收货人的通知，供收货人参考，铁路对此不承担任何义务和责任。例如，发货人可在该栏中注明：

“此批货物属于……合同项下”；

“依照第……号发货单（运输单、订货单）”；

“货物继续发往……（国家）”；

“运送用具（或空容器）应予返还”，等等。

三、发货人与承运人对运单中记载事项的责任

发货人应对其在运单中所记载的和所声明的事项的正确性负责。由于记载和声明的事项不完备、不正确、不真实，以及由于未将上述事项予以记载或声明而发生的一切后果，均由发货人负责。

铁路有权检查发货人在运单中记载的事项是否正确，并有权要求发货人重新填制运单。

铁路没有义务检查发货人在运单上所附的文件是否正确和是否齐全。由于没有添附文件或文件不齐全、不正确而发生的后果，发货人应对铁路负责，如导致继续运送或交付货物时发生滞留，铁路应按滞留时间核收车辆滞留费和货物保管费。

四、运单的随附单证

运单的随附单证通常包括：出口货物报关单、出口许可证、品质证明书、商检证、卫生检疫证、动植物检疫证以及装箱单、磅码单、产地证和装箱单（发运清单）等。

发货人在货物发运前，应填制出口货物报关单，并将出口货物报关单、运单及其他随附单证送海关，作为向海关申报和海关审核放行的依据。作为向海关申报的主要依据，出口货物报关单格式由我国海关总署统一制定。发货人或其代理人须按海关规定逐项填写，要求内容准确、详细，并与货物、运单及其他单证记载相符，字迹端正、清晰，不可任意省略或简化。

需办理检验检疫的货物，要向当地出入境检验检疫部门办理检验检疫手续，并取得证书。

第四节　国际铁路货物联运进出口货物运送

一、国际铁路联运出口货物的托运和承运

(一) 国际铁路货物联运计划

国际铁路货物联运出口货物运输计划一般是指月度要车计划。

按照规定，凡发运整车货物，发货人都需具备铁路部门批准的月度要车计划；发运零担货物，则不需要向铁路部门编报月度要车计划，但发货人必须事先向发站办理托运手续。

根据铁路货物运输计划管理暂行办法，国内发货人于每月 19 日前向铁路部门提报次月的“铁路货物运输服务订单（整车）”，经铁路部门逐级上报，最后由铁道部汇总审批，并与接运国铁路商定。铁道部于 21 日向各铁路局下达订单审批结果，如果接运国在计划执行前 3 天仍无异议，则可按此计划执行。

发货人编制国际铁路联运要车计划时，首先应当依据贸易合同规定的货物数量和交货时间，落实货源；其次，合理选择运输路线和经由的国境站；再次，根据货物的性质、重量、体积等，合理选择车辆种类，确定所需车皮的数量和吨位。

（二）托运和承运的一般程序

托运前的工作：在托运前必须将货物的包装和标记严格按照合同中有关条款、国际货协和议定书中的规定办理。

（1）货物包装应能充分防止货物在运输中灭失和腐坏，保证货物多次装卸不致毁坏。

（2）货物标记、表示牌及运输标记、货签，内容主要包括商品的记号和号码、件数、站名、收货人名称等。字迹均应清晰，不易擦掉，保证多次换装中不致脱落。

货物的托运，是指发货人请求委托铁路部门以某种形式完成其货物运输的整个过程，是发货人组织货物运输的一个重要环节。发货人在托运货物时，应向车站提出货物运单，以此作为货物托运的书面申请。车站接到运单后，应认真进行审核。

整车货物办理托运，车站应检查是否有批准的月度要车计划，检查货物运单上的各项内容是否正确，如确认可以承运，应予签证。运单上签证，表示货物应进入车站的日期或装车日期，表示铁路已受理托运。发货人应按签证指定的日期将货物搬入车站或指定的货位。

铁路部门根据货物运单上的记载查对实货，认为符合《国际货协》和有关规章制度的规定，从而接受发货人委托，代为运输货物并担负保管责任的过程，即为承运。铁路发站承运货物，应当于整车货物装车完毕后，在货物运单上加盖承运日期戳。

发运零担货物与发运整车货物不同。发货人在托运时，不需要编制月度要车计划，可凭运单直接向车站申请托运。车站受理托运后，发货人应按签证指定的日期将货物搬进货场，送到指定的货位上，经查验、过磅并无异议后，交由铁路保管。当车站将发货人托运的货物，连同货物运单一同接收完毕，在货物运单上加盖承运日期戳后，即表示货物业已承运。铁路对承运后的零担货物担负保管、装车和发运责任。

托运、承运完毕，铁路运单作为运输合同即开始生效。铁路按《国际货协》的规定对货物担负保管、装车并运送到指定目的地的一切责任。

（三）托运和承运中产生的各方权利和义务

1. 发货人即托运人在托运货物时的权利和义务是：

发货人应按照货物运输合同约定的时间和要求向承运人交付托运的货物；有权要求承运人按合同规定准备和配齐车辆，对于不适合安全运输的车辆，有权要求承运人调换并赔偿损失。

发货人应根据货物性质，保证货物附有能够保障安全的运送包装，并按国家规定标明包装储运图示标志；因包装不良或包装不适应货物性质而导致货损、货差的，发货人应承担责任。

发货人托运货物时，应按规定支付各种运送费用，包括发送路的运费以及合同规定应由发货人支付的过境路费用，而且当收货人拒绝领取货物时，发货人还有义务支付本应由收货人负责的运费部分和罚款；货物按保价运输办理时，发货人须提出货物声明价格清单，支付货物保价费。

发货人托运货物时，应提供履行海关手续及其他行政机关手续的各种规定的单证。

2. 承运人是指参加联运的各国铁路的总称。在履行运输合同义务的过程中，承运人是以各国铁路整体的名义与发货人、收货人订立合同的，因此而产生的承运人的权利和义务为：

承运人应当按照货物运输合同约定的时间、数量、车种，拨调状态良好、清扫干净的货车。

承运人对不符合安全运输条件规定的货物包装，有权要求发货人予以改善、整装；如改善后仍不符合规定，有权拒绝承运，或者经发货人同意，订立补充协议，以发货人的责任承运。

承运人有权要求发货人按规定提供必要的运输证明文件，如发货人拒绝提供，则承运人有权拒绝承运。

承运人有权要求发货人、收货人支付规定的运送费用，但必须依章收取，多收、误收费用的，应如数退还。

承运人应在规定的期限内将货物运至到达站，完整、无损地交给收货人；超过运到期限，导致货物毁损或灭失的，承运人应当承担违约责任。

对于超过规定期限无人领取的货物，承运人经有关部门的批准可以按无主货物处理。但所得款额除扣去承运人所支出的部分外，其余应单独列账，一旦查到收货人即应退还。我国规定，承运人在查找不到收货人或收货人拒绝领取货物时，除不宜于长期保管的货物外，从发出催领通知次日起 30 日内或从收货人拒绝领取货物时起 3 日内通知托运人。托运人自接到通知次日起，5 日内提出处理办法答复承运人。超过期限，运输合同仍无法履行时，承运人有权按照有关规定处理货物。

（四）有关装车发运的部分规定

我国现行铁路规章规定，标记载重量 40 吨货车可增载 5%，50 吨货车可增载 6%，其他货车不能增载。因此，出口货物装车配载时，不应超过货车的标记载重量。由于货物包装、防护物的重量影响货物净重或机械装载不易计算件数，装车后减吨困难时，可以多装，但不得超过货车标记载重量的 2%。

按照《国际货协》的规定，我国铁路货车以标记载重量加 5% 为最大载重量。又根据上述我国铁路国内规章规定，我国铁路出口货物的货车最大载重量如表 1—3—1 所示。

表 1—3—1　　我国铁路出口货物的货车载重量

货车标记载重量	国际货运最大载重量
30 吨	30.6 吨
40 吨	42 吨
50 吨	52.5 吨
55 吨	56.1 吨
60 吨	61.2 吨

二、联运合同的变更及出口货物的国境站交接

（一）发货人、收货人对联运合同的变更范围与限制

国际铁路联运货物的托运和承运完成后，发货人、收货人对已发生法律效力的运输合同可以提出变更，但应当符合如下条件：(1) 货物运输变更不得违反国家法律、行政法规、物资流向或运输限制；(2) 变更后的货物运输期限，不得大于货物容许运送期限；(3) 货物运输变更以发货人申请办理一次和收货人申请办理一次为限；(4) 同一批货物不能分开办理运输变更，但数批货物可以提出一份变更申请书。

发货人变更的范围包括：在发站将货物领回；变更到站（必要时，应注明变更后货物应通过的国境站）；变更收货人；要求将货物返还发站。

收货人变更的范围包括：在到达国范围内变更货物的到站；变更收货人。

联运进口货物变更到站、变更收货人时，首先应通过有关进出口公司向国外发货人提出。在国外发货人不同意办理变更时，可向国境站外贸运输机构申请，在国境站办理变更。

收货人申请变更到站和收货人，只限于货车开至到达国进口国境站且货物尚未从该站发出时提出，如货物已通过到达国的进口国境站，则只能按照到达路现行的国内规章办理。

（二）出口货物的国境站交接

国境站除办理一般车站的事务外，还办理国际铁路联运货物、

车辆和列车与邻国铁路的交接、货物的换装或更换轮对、运送票据与文件的翻译及货物运送费用的计算与复核等项工作。

我国国境站设有国际联运交接所、海关、出入境检验检疫所、边防检查站及中国外运（集团）总公司所属分支机构（即中国外运分公司）等单位。

出口货物交接的一般程序：

（1）联运出口货物实际交接是在接收路国境站进行的。口岸外运公司接铁路交接所传递的运送票据后，依据联运运单审核其附带的各种单证份数是否齐全，内容是否正确，遇有矛盾不符等缺陷，则根据有关单证或函电通知订正、补充。

（2）报关报验。运送单证经审核无误后，将出口货物明细单截留三份（易腐货物截留两份），然后将有关运送单证送各联检单位审核放行。

（3）货物的交接。单证手续齐备的列车出境后，交付路在邻国国境站的工作人员会同接收路工作人员共同进行票据和货物交接，依据交接单进行对照检查。交接分为一般货物铁路方交接和易腐货物贸易双方交接。

交接所实行联合办公，由铁路、海关、外运等单位参加，按照业务分工，开展流水作业。

铁路负责整理、翻译运送票据，编制货物和车辆交接单，以此作为向邻国铁路办理货物和车辆交接的原始凭证。

外运分公司作为发货人在国境站的货运代理人，负责审核货运单证，纠正出口货物单证差错，处理错发、错运事故。

海关根据申报，经查验单、证、货相符，即验关放行。

最后，由双方铁路具体办理货物和车辆的交接手续，并签署交接文件。货物的交接可分为凭铅封交接和按实物交接两种情况。

三、联运进口货物的交付

（一）货物到达交付规程

货物到达到站后，铁路应通知运单中所记载的收货人领取货物。在收货人付清运单所载明的一切应付运送费用后，铁路必须将货物连同运单正本和货物到达通知单交付收货人，收货人必须支付运送费用并领取货物。到站凭运费、杂费收据收费，运单不用作收费和报销凭证。收货人只有在由于毁损、腐坏或其他原因致使质量发生变化，部分货物或全部货物不能按原用途使用时，才可拒绝领取货物。收货人领取货物时，应在运单“货物交付收货人”栏内填记货物领取日期，并加盖收货戳记。

即使运单中记载了货物部分短少，收货人也应支付按运单中的记载应付给铁路的全部款项。在这种情况下，收货人对未交付的部分货物，有权按赔偿请求手续领回其按运单所支付的相应款额。

到站检查货物，如发现重量多出或短少不超过自然减量标准，不发生自然减量的货物重量磅差不超过 0.2%时，即认为重量正确。

每一货件上标有标记重量的、用容器装的货物以及同一标准重量的货物，在容器或包装完整的情况下，交付时不过磅。

如收货人在领取原批货物时已收到商务记录，则随补送运行报单到达的货物，收货人须将与补送到达货物数量相符的货物短少商务记录退还到站后，才能办理交付。

我国进口货物到达到站，如运单中只记有收货人的代号时，到站即根据进口国境站收货人的代理人在运单上添附的“进口货物明细单”中所记载的实际收货人交付货物。同时，将“进口货物明细单”连同运单一起交给收货人。

如运单上未附有“进口货物明细单”时，到站可根据运单上所记收货人代号和国境站收货人的代理人在运单上加盖的“进口货物明细单”号码向进口国境站查询。

运到期限期满后 30 天，如铁路未将货物交付收货人，以及到站在收货人提出的运单副本或运单正本和货物到达通知单的“货物名称”栏内已记载“货物未到”，并有到站日期戳证明，则收货人可认为货物已灭失。但如果货物在上述期限期满后到达到站，到站应通知收货人。

（二）收货人的主要权利和义务

在货物到达交付过程中，收货人的主要权利和义务是：

收货人有权向到站提取货物，并有义务在规定的免费暂存期限内，将货物搬出车站；收货人拒绝领取货物的时，应当出具书面说明。

收货人有义务缴清托运人在发站未交或少交以及运送期间发生的运输费用和由于托运人责任发生的垫款。

货物在运到期限期满后 4 个月内到达，收货人仍应领取货物，并将铁路已付的货物灭失赔款、运送费用退款和有关货物运送的其他费用退还铁路。在这种情况下，收货人对货物运到逾期，以及对于货物的部分灭失、重量不足、毁损、腐坏或其他原因降低质量，有保留向铁路提出赔偿请求的权利。

由收货人组织卸车的货物，应当在规定的卸车时间内将货物卸完或在规定的停留时间内将货车送至交接地点；卸车完毕后，应将货车清扫干净，规定需要洗刷消毒的应进行洗刷消毒。

四、联运货物的运到期限与逾期罚款

（一）运到期限和运到逾期的概念

（1）运到期限。铁路承运货物后，应在最短期限内将货物运至最终到站，货物从发站至到站所允许的最大限度的运送时间，即为货物运到期限。

货物的运到期限由发送时间、运送期间以及特殊作业时间三部分组成。

发送时间。不论慢运、快运，随旅客列车挂运的整车或大吨位集装箱、由货物列车挂运的整车或大吨位集装箱以及零担，一律为一天（昼夜），由发送路和到达站平分。

运送期间。按每一参加运送铁路分别计算。

特殊作业时间。

在国境站每次换装或更换轮渡，或用轮渡运送车辆，不论慢运、快运、整车或大吨位集装箱、零担以及随旅客列车挂运的整车或大吨位集装箱，一律延长二天（昼夜）。

运送超限货物时，运到期限按算出的整天数延长百分之百。

以上货物运到期限，应从承运货物的次日零时起开始计算，不足一天按一天计算。如承运的货物在发送前需预先保管，运到期限则从货物指定装车的次日零时起开始计算。

（2）运到逾期。如果货物实际运到天数超过了规定的运到期限天数，则该批货物运到逾期。货物运到逾期，将导致收货人的经济损失。因此，《国际货协》规定，造成逾期的铁路应按该路收取的运费的一定比例，向收货人支付逾期罚款。

（二）逾期罚款的计算

逾期罚款的计算方法如下：

首先，根据实际运到天数和规定的运到期限天数计算逾期百分率，并依据其大小确定罚款率。

$$\text{逾期百分率}=\frac{\text{实际运送天数}-\text{按规定计算运到期限天数}}{\text{按规定计算运到期限天数}}\times 100\%$$

罚款率为一固定的百分比。按照规定，货物运到逾期不超过总运到期限的1/10时，罚款率为运费的6%；逾期超过总运到期限的1/10，但不超过2/10时，罚款率为运费的12%；逾期超过总运到期限的2/10，但不超过3/10时，罚款率为运费的18%；逾期超过总运到期限的3/10，但不超过4/10时，罚款率为运费的24%；逾期超过总运到期限的4/10，罚款率为运费的30%。

$$\text{逾期罚款}=\text{运费}\times\text{罚款率}$$

逾期罚款计算举例：

保加利亚瓦尔纳港口站于2000年9月10日以慢运整车承运一批机器30吨，经由鲁塞东/翁格内、后贝加尔/满洲里国境站，于2000年11月18日到达北京东。

问：该批货物是否运到逾期？逾期铁路应向收货人支付逾期罚款多少？

已知逾期铁路的运费为10 000瑞士法郎。

解：（1）计算该批货物从9月11日至11月18日的实际运送期间为69天（从承运货物的次日零时起开始计算，不足一天按一天计算）。

（2）根据《国际货协》规定，运到期限由发送期间、运送期间和特殊作业时间三部分组成。该批货物按规定计算的运到期限天数为 62 天，该批货物运到逾期。

（3）计算逾期百分率。

$$\frac{69-62}{62}=0.113$$

逾期百分率按公式计算为 0.113 =1.13/10。

（4）逾期罚款率是根据逾期百分率决定的，其逾期超过总运到期限的 1/10，但不超过 2/10 时，逾期罚款率按运费的 12% 支付。

（5）按逾期罚款公式计算，逾期罚款＝10 000 瑞士法郎×12%＝1 200 瑞士法郎。故造成运到逾期的铁路对该批货物应支付的逾期罚款为 1 200 瑞士法郎。

第五节　国际铁路货物联运运费的计算与核收

一、有关运送费用核收的规定

国际铁路货物联运运送费用的计算和核收，必须遵循《国际货协》、《统一货价》和我国铁道部《铁路货物运价规则》（简称《国内价规》）的规定。

国际铁路货物联运货物运送费用包括货物运费、押运人乘车费、杂费和其他费用。

（一）参加《国际货协》各铁路间运送费用核收的原则

（1）发送路的运送费用。按发送国国内运价规则，以发送国的货币在发站向发货人或根据发送路国内现行规定核收。

（2）到达路的运送费用。按到达路的国内运价规则，以到达路的货币在到站向收货人或根据到达路国内现行规定核收。

（3）过境路的运送费用①。按承运当日《统一货价》计费，以瑞士法郎算出的款额，按照支付当日规定的兑换率，折成核收运

---

① 波兰、阿尔巴尼亚、阿塞拜疆、格鲁吉亚、乌兹别克斯坦、土库曼斯坦和伊朗等七国虽是国际货协成员国，但没有参加《统一货价》，因此，上述七国的进出口货物经过其他《统一货价》参加国的运送费用及《统一货价》参加国经过上述七国的运送费用核收均不适用上述规定。

送费用国家的货币，在发站向发货人或在到站向收货人核收。通过几个过境铁路运送时，准许由发货人支付一个或几个过境铁路的运送费用，而其余铁路的运送费用，由收货人支付。

根据1991年俄罗斯方面的规定，我国过境蒙古发往俄罗斯的货物，其过境蒙古段运送费用一律在发站向发货人核收。

我国发往波兰、匈牙利、捷克的货物，其过境蒙古及俄罗斯等独联体国家的运送费用，在发站向发货人核收；相反方向运送时，则在到站向收货人核收。

独联体各国铁路之间的货物运送费用，根据运输代理公司与货主的协议，统一由运输代理公司核收（全程费用），并与各个铁路进行清算，其中任一国铁路不单独再向发货人、收货人核收。

（二）国际货协参加路与非国际货协铁路间运送费用核收的规定

（1）发送路和到达路的运送费用与上述（一）中的（1）、（2）项相同。

（2）过境路的运送费用，则按下列规定计收。

参加国际货协并实行《统一货价》各过境路的运送费用，在发站向发货人（相反方向运送则在到站向收货人）核收；但办理转发送国家铁路的运送费用，可以在发站向发货人或在到站向收货人核收。

过境非国际货协铁路的运送费用，在到站向收货人（相反方向运送则在发站向发货人）核收。

（三）通过过境铁路港口站办理货物运送时，运送费用核收的规定

从参加《国际货协》并实行《统一货价》的国家，通过另一个实行《统一货价》的过境铁路港口，向其他国家（不论这些国家是否参加《统一货价》）和相反方向运送货物时，用《国际货协》的票据只能办理货物运送至过境港口站为止或从这个站起开始办理。

过境铁路的运送费用，按《统一货价》规定计费，并根据发货人在运单中的记载，在发站向发货人或在到站向收货人核收。

在港口站所发生的杂费和其他费用，在任何情况下，都在这些港口车站向发货人或向收货人的收转人核收。

（四）我国的有关规定

根据我国的有关规定，自1999年起，我国进口货物的国内段运费、国际铁路联运进出口货物在我国境站上发生的杂费和国际铁路联运过境货物在我国境站的换装费，均在我国境站向收货人（托运人）或其在国境站的代理人核收。

二、国内段运送费用的计算

根据《国际货协》的规定，我国通过国际铁路联运的进出口货物，其国内段运送费用的核收应按照我国《铁路货物运价规则》进行计算。运费计算的方法如下：

（1）根据货物运价里程表计算出从发站至国境线（相反方向从国境线至到站）的运价里程。

（2）根据运单上填写的货物品名查找《铁路货物运输品名分类与代码表》、《铁路货物运输品名检查表》，确定适用的运价号。

（3）整车、零担货物按货物适用的运价号，集装箱货物根据箱型、冷藏车货物根据车种分别在“铁路货物运价率表”中查出适用的运价率（即发到基价和运行基价）。

（4）货物适用的发到基价加上运行基价与货物的运价里程相乘之后，再与按《铁路货物运价规则》确定的计费重量（集装箱为箱数）相乘，计算出货物的运费。

运费计算公式：

$$\left.\begin{matrix}\text{货物运价里程}\\ \text{货物适用的运价号}\end{matrix}\right\}\rightarrow \left.\begin{matrix}\text{（货物发到基价＋运行基}\\ \text{价）×运价里程}\\ \text{×计费重量}\end{matrix}\right\}=\text{运费}$$

（5）确定计费重量时应注意：

货物运费的计费重量，整车货物以吨为单位，吨以下四舍五入；零担货物以10千克为单位，不足10千克进为10千克；集装箱货物，以箱为单位。

一般情况下，整车货物按货车标重计费，但货物重量超过标重时，则按货物重量计费。特殊车种车型（如冷藏车、矿石车、平车、砂石车、石油液化气罐车等）货车装运货物时，计费重量按有关规定计算，货物重量超过规定计费重量的，按货物重量计费。加冰冷藏车不加冰运输时，按冷藏车标重计费。

零担货物按货物重量或货物体积折合重量择大计费，即每立方米重量不足300千克的轻浮货物，按每立方米体积折合重量300千克计算，但运价规则中有规定计费重量的货物，则按该规定计费重量计费。

集装箱货物的运费按照使用的箱数和“铁路货物运价率表”中规定的集装箱运价率计算，但危险货物集装箱、罐式集装箱、其他铁路专用集装箱的运价率，按“铁路货物运价率表”的规定分别加30%、30%、20%计算。

运输超限货物，发站应将超限货物的等级在货物运单货物名称栏内注明，按下列规定计费：一级超限：运价率加50%；二级超限：运价率加100%；超级超限：运价率加150%。

需要限速运行（不包括仅通过桥梁、隧道、出入站线限速运行）的货物，按运价率加150%计费。

三、过境段运送费用的计算

国际铁路货物联运过境运费是按照《统一货价》的规定计算的。其运费计算的程序及公式如下：

（1）根据运单记载的应通过的国境站，在《统一货价》过境里程表中分别找出货物所通过的各个国家的过境里程。

（2）根据货物品名，查阅《统一货价》中的通用货物品名表，确定所运货物应适用的过境运价等级和计费重量标准（以吨数表示）。

（3）根据货物运价等级和各过境路的运送里程，在《统一货价》的运费计算表中找出符合该批货物的运价率。

（4）《统一货价》对过境货物运费的计算系以慢运整车货物的运费额为基础（即基本运费额），其他种别和运送方式的货物运费，则在基本运费额的基础上分别乘以不同的加成率。

（5）加成率的确定。根据《统一货价》的规定，快运货物运费按慢运货物运费加100%计算；随旅客列车挂运的整车货物运费，按慢运货物运费加200%计算；超限货物运费，在货物实际超限的铁路上按整车货物运费加100%计算；零担慢运货物运费，按运费表的费率和货物实际重量所算出的运费额加50%计算。

过境运费的计算公式：

$$\left.\begin{matrix}\text{过境里程}\\\text{运价等级}\end{matrix}\right\}\rightarrow\left.\begin{matrix}\text{货物运价率}\\\times\text{计费重量}\end{matrix}\right\}=\left.\begin{matrix}\text{基本运费额}\\\times(1+\text{加成率})\end{matrix}\right\}=\text{运费}$$

运费计算举例：

国内某站发送经满洲里口岸出口，过境俄罗斯到德国莱比锡站的一批真空管。已知货重4 445公斤，按国际联运慢运零担办理。试计算过境段运费。

查《统一货价》货物品名分等表知，这批货物属于第46类10项，计费重量标准为6吨；再根据货物运价等级和过境里程，查货物运费计算表知，这批货物的过境段运价率为2 703分/100公斤。

计算过境段运费时，首先计算慢运零担的运费，即货物运价率×计费重量×加成率：

（4 445公斤进整为）4 500公斤×2 703分/100公斤

=121 635分=1 216.35瑞士法郎

1 216.35瑞士法郎×（1+50%）=1 824.53瑞士法郎

按照《国际货协》规定，如果零担货物运费超过按整车算出的运费，则核收较低的整车运费。所以上例应再次计算货物的慢运整车运费，以便比较之。

确定整车货物的计费重量时，应当按照货物的实际重量，但不得低于货物品名分等表中所标定的计费重量标准。上例的计费重量标准为6吨（6 000公斤），大于实际重量4 445公斤，应作为计费重量，故有货物运价率×计费重量：

6 000公斤×2 703分/100公斤=162 180分

=1 621.80瑞士法郎

因为按慢运整车货物计算得出的运费低于按慢运零担货物计算得出的运费，故该批真空管过境俄罗斯的过境运费应按1 621.80瑞士法郎核收。

四、计算过境运送费用的一些具体规定

（一）整车（单一品种）货物运费

运送整车货物的运费，按照货物实际重量（但不小于货物品名分等表中所记载的计费重量标准）计算核收。例如，拖拉机零件在产品分类表中属于第 42 类 1 项，过境运价等级 3 级，计费重量标准 7 吨；如果整车装运 5 吨或 6 吨时，为了不低于计费重量标准，它的过境运费都按计费重量标准 7 吨计费；但装运 8 吨时，则按实际重量 8 吨计费。

如果在货物品名分等表中“计费重量标准”栏内记载为“标重”时，则运费按货物实际重量（但不得小于发送路车站所拨给车辆的标记载重量）计算核收。标记载重量即车辆上标记的载重量。例如，自捷克进口一批钢板，货物实重为 23 吨，捷铁发站拨给一国内 28.5 吨车装运，钢板在产品分类表中属于第 38 类 1 项，其计费重量为“标重”，它的实际重量小于所拨车辆的标记载重量，过境运费应按车辆的标记载重量 28.5 吨计算。

如果所拨给的车辆的载重量小于货物品名分等表所载的计费重量标准时，运费按实际重量（但不得小于所拨给车辆的标记载重量）计收。例如，钢管在产品分类表中，属第 40 类 3 项，计费重量标准为 16 吨。从匈牙利进口一批钢管，货物实际重量为 15.5 吨，发送路拨给一辆 15 吨车装运，即所拨给车辆的载重量小于规定的计费重量标准（16 吨），它的过境运费应按实际重量 15.5 吨计算。

如果在国境站将规定按车辆载重量（标重）计算的货物，从一种轨距的一辆或数辆车换装到另一种轨距的一辆或数辆车内，并且接运车辆的载重量小于发送路车站所拨给的一辆或数辆车的载重量时，运费按照换装后的一辆或数辆车的总载重量计收。例如，从捷克进口一批钢轨，重 48 吨，发送路以三辆 20 吨车发运，但在切尔那/乔普国境站换装时，接运国用一辆 50 吨车接运，此时货物的运费应按 50 吨计算。

（二）零担（单一品种）货物运费

运送在运单中记载“零担”字样的货物时，运费按照货物实际重量（不足 100 公斤进整为 100 公斤）计算出基本运费额后再加

成50%计算。如果零担货物运费超过按照计费重量标准所算出的整车运费，或者对于计费重量标准为标重的货物超过了按18吨所算出的运费时，即核收较低的整车运费。例如，真空管在产品分类表中，属于第46类10项，计费重量标准为6吨。从波兰用零担发运真空管一批，重量为4.4吨，它的过境运费为4.4吨的费率再加成50%，相当于整车货物6.6吨的运费。在这种情形下，应按它的整车计费重量标准6吨计算并核收整车运费。

（三）合装货物（多品种）运费

用一张运单运送准许混装的但名称不同的（多品种）货物时，为合装货物，其运费按照下列原则计算：

（1）合装整车货物运费计算原则

对于整车合装货物，发货人必须在运单中记载每种货物名称和重量。

整车货物运费，按照全批货物的总重量计算，但不得小于这批货物中最大重量货物的计费重量标准和运价等级；如果一批货物中有两种或数种相同最大重量的货物时，应按照其中最高运价等级的货物计算；如果一批货物中有两种或数种最大重量和运价等级都相同的货物时，应按照其中具有最高计费重量标准的货物计算；如果属于同一运价等级和具有同一计费重量标准的不同名称的货物，应将这些货物的实际重量加总后计算。

（2）合装零担货物运费计算原则

运价等级相同的零担货物，应将货物的实重合并进整后计费；运价等级不同的零担货物，如果分项注明每种货物的重量，并且是分别包装，则应根据每种货物的实际重量分别进整后计费；如果仅注明总重量或者这些货物包装为一件时，则按照总重量和其中具有最高运价等级的货物的费率计算（加成率50%）。

第六节　国际铁路货物联运货运事故的处理与赔偿

一、货运事故的责任范围

（一）铁路的责任

按照《国际货协》运单承运货物的铁路，应负责完成货物的全程运送，直至在到站交付货物时为止；如向非《国际货协》参加路的国家办理货物转发送时，则直到按另一种国际协定的运单办完运送手续时为止。因此，发送路和每一继续运送的铁路，自接收附有运单的货物时起，即被认为参加了这项运输合同，并由此承担义务。

参加运送国际货物联运的铁路，从承运货物时起至到站交付货物时止，对货物运到逾期以及因货物全部或部分灭失、重量不足、毁损、腐坏或由于其他原因降低质量所发生的损失负责。如由于铁路过失而使发货人或海关在运单上已作记载的添附文件遗失，以及由于铁路过失未能执行发货人或收货人依据运输合同提出的对运输合同的变更，则铁路应对其后果负责。

（二）不属于铁路的责任

由于以下原因致使所承运的货物全部或部分灭失、重量不足、毁损、腐坏或由于其他原因降低质量，铁路不负责任：

由于铁路不能预防和不能消除的原因造成的；

由于货物的特殊自然性质，以致引起自燃、损坏、生锈、内部腐坏的；

由于发货人或收货人的过失或由于其要求而造成的；

由于发货人或收货人装车或卸车的原因所造成的；

由于发送路规章允许使用敞车类货车运送货物的；

由于发货人或收货人的货物押运人未采取保证货物完整的必要措施的；

由于容器或包装的缺陷，在承运货物时无法从其外表发现的；

由于发货人用不正确、不确切或不完全的名称托运违禁品的；

由于发货人在托运应按特定条件承运的货物时，使用不正确、不确切或不完全的名称，或未遵守《国际货协》规定的；

由于《国际货协》规定的标准范围内的货物自然减量，以及由于运送中水分减少，或货物的其他自然性质，致使货物减量超过规定标准的。

在下列情况下，对未履行货物运到期限，铁路不负责任：

发生雪（沙）害、水灾、崩塌和其他自然灾害，按有关国家铁路中央机关的指示，期限在 15 天以内；

发生其他致使行车中断或限制的情况，可按有关国家政府的指示执行。

二、货运事故纪录

在国际铁路货物联运过程中，发生货损、货差等不正常情况后，铁路应及时做出事故记录。联运合同的各方当事人，违反运输合同者，应承担法律责任。受损害的一方有权提出索赔，责任方应当赔偿损失。

事故记录分为商务记录、普通记录和技术记录三种。其中，商务记录是货物在运送过程中发生货损、货差或其他不正常情况的如实记载，是具体分析事故原因、确定责任方的依据的基本文件，也是托运人或收货人向承运人请求赔偿货物损失的依据。

商务记录应在发现下列情况或事故的当日进行编制：

发现运单中所记载的货物名称、重量、件数和其他事项同实际货物不符时；

遇有货物全部或部分灭失、重量不足、毁损、腐坏或因其他原因降低质量时；

发现有票无货、有货无票或运单缺页时；

发现运单中所记载的发货人运送用具丢失或短少时；

在国境站换装时发现货物容器或包装不良，或在国境站开启装有危险货物的车辆时。

收货人在到站提货，发现货物的不良情况，属于铁路责任造成的，同时未见商务记录随附时，应立即要求车站出具商务记录，否则货物提取 3 日后，即丧失此权利。

三、赔偿请求的提出与受理

发货人和收货人有权根据运输合同提出赔偿请求，赔偿请求应附有相应根据并注明款额，按每批货物，以书面方式由发货人向发送路或收货人向到达路提出。

铁路在审查属于《国际货协》参加路责任的赔偿请求后，应将结果通知赔偿请求人，如发现赔偿请求部分或全部属于非《国际货协》参加路的责任，则对赔偿请求应全部予以拒绝或拒绝其有关部分，并需说明拒绝赔偿的理由。同时应将赔偿请求书上随附的文件退还赔偿请求人，以便其向未参加《国际货协》的责任路直接提出赔偿请求。

自赔偿请求提出之日（以发信邮局戳记或铁路在收到直接提出的赔偿请求书时出具的收据为凭）起，铁路必须在 180 天内审查这项请求，并给赔偿请求人以答复，在全部或部分承认赔偿请求时，支付应付的款额。经过 180 天后，才对赔偿请求给予答复，此时铁路对应付的款额加算年利 4%的利息。

四、提赔的依据及随附文件

赔偿请求人在向铁路提出赔偿请求时，必须同时提出下列文件：

货物全部灭失时，由发货人提出，同时需提出运单副本（运单第 3 张）；或由收货人提出，同时需提出运单副本或运单正本和货物到达通知单（运单第 1 张和第 5 张）。上述单证上应有证明货物未到达到站的记载。

货物部分灭失、毁损、腐坏或由于其他原因降低质量时，由发货人或收货人提出，同时需提出运单正本和货物到达通知单，以及铁路在到站交给收货人的商务记录。

货物运到逾期时，由收货人提出，同时需提出运单正本和货物到达通知单，以及货物运到逾期赔偿请求书一式两份。

多收运送费用时，由发货人按其为运送所支付的款额提出，同时需提出运单副本或发送路现行的国内规章规定的其他文件；或由收货人按其所支付的款额提出，同时需提出运单正本和货物到达通知单。我国铁路承运的联运进出口货物，如多收了运送费用，可由发货人或收货人提出正式函件，注明运单号码、发站、到站、货物名称、件数、重量、承运日期、已付款额和要求退还款额等。此时，发货人可不提出运单副本，但收货人仍需提出运单正本和货物到达通知单。

发货人或收货人提出赔偿请求时，除需提交运单正本和货物到达通知单或运单副本外，有时还应添附商务记录、证明货物灭失或毁损的价格的文件，以及能作为赔偿请求依据的其他文件。

五、事故赔偿与支付

承运铁路在全部或部分承认赔偿请求时，支付应付的款额。

（一）货物全部或部分灭失赔偿额的确定与支付

铁路对货物全部或部分灭失的损失赔偿，应按外国供货者账单中所列的价格，或按从该账单中摘录的价格计算。不能按上述办法确定的，则货物的价格应由国家鉴定机关确定。

声明价格的货物全部或部分灭失时，铁路应按声明价格或相当于货物灭失部分的声明价格的款额给予赔偿。

除货物灭失的赔偿外，灭失货物或其灭失部分的运送费用、海关费用以及与运输有关的其他费用，如未纳入货物价格内，则均应予以偿还，但同运送契约无关的费用和损失则不予赔偿。

（二）货物毁损、腐坏或由于其他原因降低质量的赔偿额的确定与支付

货物毁损、腐坏或由于其他原因降低质量时，铁路应支付相当于货物价格减低额的款额，但不赔偿其他损失。

声明价格的货物毁损、腐坏或由于其他原因降低质量时，铁路应按照相当于货物由于毁损、腐坏或由于其他原因降低质量而减低价格的百分数，支付声明价格的部分赔偿。

货物发生全部损坏时，铁路的赔偿不应超过货物全部灭失时的赔偿数额。

（三）货物运到逾期赔偿额的确定与支付

货物运到逾期时，铁路应按照造成逾期铁路的运费，向收货人支付罚款。但收货人自铁路通知货物到达和可以将货物移交给他处理时起，一昼夜内如收货人未将货物领出，即自动丧失领取运到逾期罚款的权利。

（四）货物运到逾期同时构成灭失或损坏时赔偿额的确定与支付

货物运到逾期并构成灭失的，铁路仅针对灭失部分予以赔偿，不再支付逾期罚款；

货物运到逾期并存在损坏的，铁路既赔偿货损，又支付逾期罚款，但两款之和不超过货物灭失时应支付的赔款额。

六、索赔与诉讼的时效

《国际货协》确立了先索赔后起诉的原则，所以理赔铁路必须在180天内对赔偿请求做出赔偿或拒赔的决定。如果铁路在180天内未给予答复，或者在180天内铁路已将全部或部分拒绝赔偿请求一事通知请求人（发货人或收货人）。在这两种情况下，提出赔偿请求的发货人或收货人，便有权根据运送契约对受理赔偿请求的铁路提起诉讼。但时效期间已过的赔偿请求和要求，则不得以诉讼形式提出。

发货人或收货人根据运输合同向铁路提起的赔偿请求，以及铁路对发货人或收货人关于支付运送费用、罚款和赔偿损失的要求，可在9个月期间内提出；货物运到逾期的赔偿请求，应在2个月期间内提出。

关于货物部分灭失、重量不足、毁损、腐坏或由于其他原因降低质量，以及运到逾期的赔偿请求，自货物交付收货人之日起算。

关于货物全部灭失的赔偿请求，自货物运到期限期满后30天起算。

发货人或收货人根据运送契约向铁路提起诉讼，其时效与提出赔偿请求时一样。对货物灭失、毁损等赔偿损失及关于支付款项的诉讼应在9个月期间内提出；对货物运到逾期的诉讼应在2个月期间内提出。诉讼时效的起算时间也与赔偿请求时相同。

从发货人或收货人向铁路提出赔偿请求书之时起，时效期间即行中止。但从铁路将关于全部或部分拒绝赔偿请求一事通知请求人之日起，时效期间仍然继续。时效期间已过的赔偿请求和要求，不得以诉讼形式提出。

第七节　对香港地区的铁路货物运输

一、对香港地区铁路货物运输的途径

（一）香港地区的铁路及货物装卸点

香港是国际货物转运的重要口岸，香港铁路也承担了货物运

输的重要任务。香港铁路是指九广铁路的香港段（东铁），从罗湖车站至九龙车站，全长34公里，于1910年建成通车（而九广铁路的另一段——广东段则于1911年正式通车）。香港铁路过去一直由香港九广铁路局直接管理，自1983年2月起改由九广铁路公司经营管理，同年改造为复线电气化铁路。内地与香港之间旅客和货物的铁路运输主要依靠这条铁路。

该线路共有5个货物装卸点，即红磡、何文田、火炭、沙田和旺角，其中九龙车站的红磡货场为港段铁路最大的货场，杂货和果蔬大多在该场进行装卸。牲畜活口和蛋品等鲜活商品主要在旺角和何文田车站进行装卸。红磡及火炭的货场还可容纳及装卸共约710个标准集装箱。由于受香港地形限制，铁路货运场站大都狭窄，缺少站台和仓库。装卸作业多采用汽车对火车直接进行装卸，然后将货物直接交付给收货人。

（二）我国内地对香港地区铁路货物运输的主要途径

我国内地对香港地区的铁路货物运输，主要通过以下几种途径：

（1）向铁路租车、原车直接过轨。货物在内地各发站装车后，经深圳直接过轨至香港九龙车站。该方式是对香港地区铁路货物运输的主要途径。

（2）铁路—公路。货物从内地通过铁路运至深圳北站，在深圳北站卸车，然后再转装汽车经文锦渡、皇岗等公路口岸运至香港。

（3）铁路—水运。货物从内地通过铁路运至广州南站，再用驳船转运至香港。

二、对香港地区铁路运输的特殊性

（一）对香港地区出口商品结构的特殊性

内地运往香港的商品结构，以鲜活冷冻商品为主。这些商品约占供港货物总金额的80%，其铁路运量占深圳货车过轨总运量的50%以上。香港地少人多，资源贫乏，居民所需的副食品绝大部分依赖进口。香港毗邻内地，民族习惯与内地差不多，所以鲜活冷冻商品主要由内地供应。

鲜活冷冻商品对运输条件的要求高，沿途管理难度大。例如要求运输速度快，以减少残次死亡率；对运输质量特别是途中作业质量的要求高；经常需用特殊车辆运输；对活动物要求有押运人进行押运，沿途还要针对出口商品特点进行特殊作业等。

（二）对香港地区鲜活商品贸易方式和供应管理体制的特殊性

鉴于香港市场的特殊性——人多、地少、仓租费用高、市场容量有限等，内地对香港地区鲜活商品的出口贸易主要采用配额加出口许可证的办法。

目前，内地对香港地区每年出口的相当数量的鲜活冷冻商品，都是由内地驻港机构根据市场的需求和销售情况来安排供货，以控制香港市场的到货数量。同时，对香港市场的供货在时间和质量上也要求极高。因此，供港商品需要及时，不早不晚，不多不少，做到“优质、适量、均衡、应时”。

（三）对香港地区的铁路货物运输方式的特殊性

对香港地区的铁路运输，不同于国际联运，也不同于一般的国内运输，而是一种特定的运输方式，其特色是“租车过轨、两票运输”。

对香港地区的铁路运输是按国内运输办理的，但又不是一般的国内运输，它的全过程由两部分组成，即内地铁路运输和香港段铁路运输。货车到达深圳后，要过轨至香港，继续运送至九龙车站。

内地铁路与香港铁路不办理直通联运，因此就形成了现行的运输方式，即发送地以内地运输方式向铁路办理托运，将货物运至深圳北站。收货人为深圳外运分公司或中铁外服深圳分公司，二者作为各外贸发货单位的代理与铁路办理租车手续，并付给租车费，办理货车过轨去香港。货车过轨后，香港中旅货运有限公司作为全国铁路进出口货运在香港的主要代理，在港段重新起票，将货物托运至九龙。

三、对香港地区铁路货物运输的组织发运方式与一般程序

（一）发运一般程序与深圳中转

目前，对香港地区铁路货物运输一般包括以下步骤：

（1）发货地的外运分公司、中铁外服分公司或外贸出口公司向当地铁路局办理从发货地至深圳北站的内地铁路运输的托运手续，填写内地铁路运单。

（2）各发货地的外运分公司、中铁外服分公司或外贸出口公司委托深圳外运分公司或中铁外服分公司办理接货、报关、查验、过轨等中转运输手续。预寄的单证和装车后拍发的起运电报是深圳外运分公司和中铁外服分公司组织运输的依据（如发货地具备报关条件，也可在发货地报关）。

（3）深圳外运分公司或中铁外服分公司接到铁路的到车预告后，抽出事先已分类编制的有关单证加以核对，并抄送香港中旅货运有限公司以备接车。

（4）货车到达深圳北站后，深圳外运分公司或中铁外服分公司与铁路进行票据交接，如单证齐全无误，则向铁路编制过轨计划；如单证不全，或者有差错，则向铁路编制留站计划。准备过轨的货车，由深圳外运分公司或中铁外服分公司将出口货物报关单或监管货物的关封连同货物运单送海关申报，经海关审查无误，即会同联检单位对过轨货车进行联检。联检通过后，海关即放行。

（5）香港中旅货运有限公司向港段海关报关，并在罗湖车站向九广铁路公司办理起票手续，港段铁路将过轨货车运到九龙车站交中旅货运有限公司卸货。

（二）货物运输的种类

内地铁路办理对香港货物运输的种类包括整车、零担和集装箱。其中，对香港地区货物运输的绝大部分是以整车发运的。

（三）装车发运中应注意的问题

对香港地区铁路货物运输的特殊要求及应注意的问题有如下几个方面：

1. 重量限制

根据香港铁路方面的有关规定，过轨每节车辆的总重，包括自重和货重，不得超过72吨。

2. 高度限制

因为港段铁路隧道的高度限界比内地铁路限界小，因此货车装载高度必须严格限制。一般从轨面算起，高度不能超过 4.5 米。

3. 配额限制

根据外经贸部关于严格执行配额管理办法的规定，运送香港的鲜活商品必须严格按照月配额、按日均衡发运，不得无配额、超配额自行发货，严格防止集中发货。未经外经贸部驻广州办事处鲜活商品部同意，无配额、超配额发货影响深圳车辆周转，或易腐易烂商品不宜留站的，外经贸部驻广州办事处有权采取退货措施或就地处理，所有损失由发货单位负责。

四、对香港地区铁路货物运输的主要单证

（一）供港货物委托书

供港货物委托书是供港铁路运输最基本的也是必备的单证之一。它是发货人向深圳外运分公司、中铁外服深圳分公司和香港中旅货运有限公司委托办理货物转运、报关、接货等工作的依据，也是向发货人核算运输费用的凭证。

供港货物委托书应当在货物发运前预寄深圳，或在发运时附在铁路运单上带交，或在发运后以快件方式递交。

（二）起运电传

各发货单位或发货人必须在货物装车后 24 小时内向深圳外运分公司或中铁外服深圳分公司发送传真，通知货物已经起运。如果在广州附近装车，也应以电话通知深圳外运或中铁外服。

深圳口岸和驻港机构接到起运电传后可以及时做好接运准备，必要时，还可以将起运电传作为补制有关单证的依据，这是供港货物运输的必备文件。

货物发运后，如对原委托书、报关单及起运电传等文件的内容有所更改时，发货单位或发货人应立即以急电或电话及时通知深圳外运分公司或中铁外服深圳分公司。

（三）承运货物收据

由于内地铁路部门与香港九龙铁路部门没有货运直接通车运输协议，各地铁路发往香港的货物，不能一票直达至香港，银行不同意用内地铁路运单作为对外结汇的凭证。有鉴于此，为了解决各外贸专业公司结汇的需要，各地外运分公司或中铁外服分公司则以运输承运人的身份向各外贸专业公司提供经深圳中转至香港的“承运货物收据”，作为向银行结汇的重要凭证和香港收货人提货的凭证。

签发承运货物收据主要依据供港货物委托书和内地铁路运单的领货凭证。

（四）出口货物报关单

出口货物报关单是发货人向海关申报的依据，其寄发的时间和方式同供港货物委托书。

除以上单证外，对香港地区的铁路货物运输尚有出口许可证、商检证书、文物出口证明书、内地铁路运单等单证。这些单证应当做到份数齐全、填制准确、寄发及时。

五、快运货物列车

（一）供应港澳鲜活冷冻商品三趟快运货物列车的概念

“供应港澳鲜活冷冻商品三趟快运货物列车”简称“三趟快车”，是为了适应供应港澳鲜活冷冻商品多、按配额发运和两票运输的特点，由我国外贸和铁路部门共同创造并组织的一种独特的对外贸易运输方式。对于港澳市场，我国外贸部门提出了供应工作的“优质、适量、均衡、应时”八字方针，其中“适量、均衡、应时”主要通过外贸运输手段来调节、控制和落实。

三趟快车包括 82751 次、82753 次、82755 次，其装车点大多处于经济发达的中南、华东地区，而运行线路集中在京广、沪杭、浙赣三条主要干线上。其中，82751 次列车逢单日由江岸车站始发，逢双日由长沙北站始发，承担两湖供港物资的发运任务；82753 次列车由上海新龙华车站始发，承担江苏、上海、浙江、江西等省、市供港物资的发运任务；82755 次列车由郑州北站始发，承担河南省以及三北（东北、西北、华北）地区经郑州中转供港物资的发运任务。

（二）“三趟快车”的特点

三趟快车自 1962 年开行以来，从未因国内任何事件的发生而中断过，其定时、定点、定线、定速（相当于客车的速度）的特点和定型作业要求，保证了内地鲜活冷冻商品源源不断地运送港澳，基本上满足了港澳市场的需求。目前，港澳市场上99%的活禽和一半以上的冻肉、水产品、瓜果蔬菜基本上都是靠三趟快车运去的。

（三）“三趟快车”的优越性

三趟快车开行的优越性是突出的，主要表现在：提高了运送速度，经济效益明显；有利于对港澳市场的均衡供应，保护了供求双方的利益；降低了鲜活商品在运输途中的残次死亡率，保证了商品质量；改善了押运条件；方便了陆空、陆海联运的开展。

六、对香港地区铁路货物运输运费的计算与核收

（一）内地段运送费用的计算与核收

（1）内地段铁路运送费用包括铁路运费、深圳过轨租车费、货物装卸费、货运代理劳务费等。以上费用均按人民币计算。

（2）内地段铁路运送费用的计算。从发站到深圳北站属于内地段铁路，其运送费用实行“一次起票，分段计算，两端核收”的办法。

其中，发站至广州北站的运费须按铁道部制定的《铁路货物运价规则》计算，即先确定货物从发站至广州北站的运价里程，按货物品名查“货物定价分类表”，确定货物运价号，然后根据运价里程和运价号确定运价率，再确定计费重量，最后用运价率乘以计费重量就得到运费额。这段运费在发站向发货人核收人民币。其计算公式如下：

$$\left.\begin{matrix}\text{运价里程}\\\text{货物运价号}\end{matrix}\right\}\rightarrow \left.\begin{matrix}\text{（货物发到基价＋运行}\\\text{基价）×运价里程}\\\text{×计费重量}\end{matrix}\right\}=\text{运费}$$

公式中各因素可参照第五节国际铁路货物联运国内段运送费用的计算来确定。

计算广州北站至深圳北站（广深段）的运费时，须首先按照《铁路货物运价规则》计算出一个交费额，然后再加成50%即可。这段运费在深圳向发货人核收人民币。

（二）香港段运送费用的计算与核收

1. 香港段铁路运杂费用

香港段铁路运杂费用包括铁路运费、香港段终点调车费、卸车费及香港段劳务费等。以上各项费用均按港元计算。其中，铁路运费包括整卡（整车）货物运费、集装箱货物运费、牲口运费及特殊货物运费等几种。

2. 香港段铁路整车运费计算程序

（1）按商品名称在“港段铁路货物分类表”中找出相应的运费等级。

（2）按该运费等级查出相应的运费率（如混装两种或两种以上的货物，则适用较高的费率）。

（3）将运费率与车皮标重相乘，即为该批货物在香港段的运费额。其计算公式为：

运费（港元）＝等级运费率×车皮标重（吨）

港段铁路整车货物的最低运费为每车每程 415 港元。

集装箱运费按个数计费，不分货类，但区分重箱与空箱；通过直接查找《集装箱费率》可以确定运费，如 20 英尺重箱的港段运费 750 港元，空箱港段运费 150 港元。

牲畜运费按头计费，通过直接查找牲口费率表可以确定运费。

第四章　国际航空货物运输

第一节　航空货物运输发展概况

航空货物运输是指采用商业飞机运输货物的商业活动，是目前国际上安全迅速的一种运输方式。

一、航空货物运输业的产生和历史发展

世界上第一架飞机是在1903年由美国人莱特兄弟发明制造的，并于同年12月17日试飞成功，从此开创了航空史的新局面。1909年，法国最先创办了商业航空运输。接着，德国、英国、美国等国家也相继开办了航空货物运输服务。但由于机型小和经济不发达等原因，当时的货运仅限于少量的邮件、军需品等，而飞机的载量也不过一二百公斤。航空货物运输在全球范围内的发展是在第二次世界大战期间，由于战争的需要，飞机得到了很大的发展，主要用于运输军火及军用物资。战争结束后，大批军用飞机转入了民用运输，战争中发展起来的军事技术纷纷转为民用，战争中经过培训的人员、富余的零部件和积累的后勤管理经验迅速地转为航空运输业的生产力，带动民用航空业进入了飞速发展的时代。与此同时，一些经济技术实力较强的资本主义国家在努力发展经济的同时，开始大力发展航空工业，改进航空技术，增添航空设备，开辟国际航线，逐步形成了全球性的航空运输网络。航空货物运输就是在这种情况下作为国际贸易运输的一种方式出现了。随着国际贸易的发展和扩大，由于航空运输具有迅速、安全、手续简便等优点，使航空货物运输在国际贸易运输中的作用越来越显著，航空货物运输得到了迅速发展，空运货物量也越来越大。根据国际民航组织的统计，从1962年至1971年，国际航空货物运输平均每年增长17%，几乎每四年增长一倍，这是世界航空货运史上增长最快的一段时间。70年代以后，由于石油危机引发的全球经济萧条，使得航空货运增长率有所减慢，但仍以每年

10%左右的速度增长。1997年夏天的亚洲金融危机，1998年的俄罗斯金融危机，1999年初的巴西金融危机，对航空货运产生了相当大的负面影响，使全球航空货运量增长减缓，其中以亚洲的损失最大，甚至出现了下降。据统计，1993年世界航空货运量是2 100万吨，1998年为2 820万吨，增长了34%以上，但仅比1997年增长了1%；而亚洲的航空货运量下降了3.8%。1992年至1997年间，全球航空货运量年平均增长率为9.8%，超过同期全球经济、贸易的增长速度。国际机场理事会的一项最新研究表明，受经济全球化的影响，从现在起到2010年，国际航空货运量将以每年6.4%的速度递增，其中亚太地区空运量的增长最快，将达到每年7.7%。据不完全统计，国际航空货运量近20多年来增长了13倍。国际贸易中的电子设备、计算机、医药等，几乎百分之百地使用空运方式。近年来，日常生活用品，如纺织品、食品等，使用空运方式的也大大增加，适于航空运输的商品越来越多。航空货物运输已经成为国际货运特别是洲际货运的重要方式，成为现代物流管理者实现管理目标的重要手段。

据多边航空公司航班指南公布的航班时刻表统计，截止到2000年底，全球约有716家定期航空客运承运人和91家定期航空货运承运人。世界航空定期航班完成货邮周转量1 175.8亿吨公里，世界性的航空网络四通八达。随着航空工业技术的迅速发展，飞机的速度和载运能力不断提高，航空货物运输业在整个国际贸易运输中的地位越来越重要。

二、航空货物运输的特点

航空运输之所以发展很快，是与其所具有的优越性分不开的：

第一，与其他运输方式相比，它具有较高的运送速度，从而可以提高商品在世界市场上的竞争力。到目前为止，飞机仍然是最快捷的交通工具，常见的喷气式飞机的经济巡航速度大都在每小时850公里～900公里左右。当今国际市场上商品竞争异常激烈，市场行情瞬息万变，为了抢行就市、卖得好价以获得较高的经济效益，必须争取时间把货物运到急需的市场。这只有依赖航空运输，才有可能形成商品在国际市场上的竞争力。

第二，航空运输最适合于鲜活易腐商品和季节性强的商品的运送。这些商品由于性质特殊，对时间要求极为敏感，如运送时间过长致使腐烂变质，商品就会失去价值或错过季节无法销售，滞存在仓库还要负担仓储费用，积压资金。采用航空运输，为这类商品的运输和销售争取了时间，并有利于开辟运输距离较远的市场，这是其他运输方式所无法比拟的。

第三，安全、准确。由于航空运输管理制度比较完善，空运时间短，货物破损率低，被偷窃机会少，所以是比较安全的运输方式。如使用空运集装箱运送，则更为安全。另外，飞机航行有一定的班期，可按时到达目的地，安全、快速、准确。

第四，可节省包装、保险、利息等费用。表面看来，航空运输的费用要高于其他形式运输的费用，但由于运输速度快，商品在途时间短，周转快，库存期可相应缩短，因而可节省仓储费用；另一方面，资金可迅速回收，这就大大节省了利息费用；再加上航空运输保管制度完善，货损货差少，因而商品包装可较其他运输方式简化，使包装费和保险费均可减少。

第五，不受地面条件影响，可深入内陆地区。由于航空运输的通道在空中，不受地理条件的限制，对于地面条件恶劣、交通不便的内陆地区非常合适，有利于当地资源的出口，促进当地经济的发展。

三、中国航空货物运输业的产生和历史发展

在我国，航空运输业起步较晚，民用航空事业直到新中国成立以后才开始发展起来，而航空货物运输业则是伴随着整个航空运输业的崛起而发展起来的。近十年来，随着国民经济的持续增长，人民生活水平日益提高，对外贸易不断扩大，航空货物运输业得到了迅速的发展，航空货物运输已逐步成为航空运输的重要组成部分，为繁荣国民经济和促进外贸发展发挥着重要的作用。

新中国成立之初，民航规模小，底子薄。1950 年中国民航“八一”开航时，只有 12 架飞机、12 条短程航线和 40 个简易机场，年运输总周转量仅为 150 多万吨公里，载客量 1 万人次，货邮运输量 500 多吨。1974 年，中国民航开通国际航线，这是中国民

航运输业的重大突破，标志着中国民航开始进入国际航空运输发展的行列。改革开放以来，民航一直保持着较快的增长速度。经过五十多年的风雨历程，目前已形成了一个以北京为中心的四通八达的航空运输网络。2003 年，中国民航的航线总条数已达 1 155 条，其中国内航线 961 条（港澳 43 条），除台湾省外，全国 31 个省、市、自治区的主要城市都有定期航班飞行，定期航班通航机场 126 个，通航城市 125 个；国际航线 194 条，通往亚洲、欧洲、非洲、北美洲和大洋洲的 34 个国家和地区的 64 个城市；与 80 多个国家签订有航空运输协定，还有 20 多个国家与我国草签了协定和备忘录，与近 200 家航空公司建立了业务联系。截至 2003 年底，全行业在册运输飞机总数为 661 架，其中客机 643 架，座位数 11 万个；货机 18 架，运载能力 1 080 吨。2003 年，全国民用航空运输机场共有 143 个，其中航班机场 131 个，停航保管机场 12 个；能起降波音 737、A320 等飞机的机场 90 个；能起降波音 747 等大型飞机的机场 19 个；对外开放机场达 37 个，其中可起降波音 767 以上大型飞机的机场 34 个。我国航空运输网已成为世界航空运输网的有机组成部分。

与国内其他运输方式比较。2003 年，全社会完成的旅客周转量较上年下降 2.3%，其中航空旅客周转量降幅较铁路、公路和水运分别少 5.1%、1.1%和 21.5%。航空旅客周转量在国家交通运输中所占比重为 9.7%。全社会货物周转量较上年增长 13.1%，其中航空运输货物周转量增幅分别高于铁路和公路 1.3%和 8.1%，低于水运 5.8%。2003 年我国各种交通运输方式运量增长情况见表1—4—1。

与世界航空运输增长比较。2002 年，我国航空运输总周转量在国际民航组织各缔约国的位次排名为第五位，旅客周转量在世界排名为第四位。当年总周转量增长率为 16.8%，高于世界平均增长水平 15.2%；旅客周转量增长率为 16.3%，高于世界平均增长水平 15.9%。2003 年上半年，突如其来的"非典"疫情对民航业造成巨大冲击，运输生产大幅度下降。2003 年，全行业完成运输总周转量 171 亿吨公里，旅客运输量 8 759 万人，货邮运输量

219万吨，分别比上年增长3.6%、1.9%和8.4%。在改革开放20年间，中国民航运输总周转量年均增长速度，约为国民经济增长速度的2倍，中国交通运输业增长速度的3倍，世界民航业增长速度的4倍。

表1—4—1　2003年我国各种交通运输方式运量增长情况

类别	项目	实际完成	比上年增长%
旅客周转量（亿人公里）	全社会	13 795	—2.3
	民航	1 263	—0.5
	铁路	4 789	—5.6
	公路	7 679	—1.6
	水运	64	—22.0
货物周转量（亿吨公里）	全社会	57 152	13.1
	民航	58	11.5
	铁路	17 092	10.2
	公路	7 010	3.4
	水运	32 275	17.3

数据来源：《中国航空运输发展报告》（2003—2004）。

近年来，中国航空货运技术发展迅速。地面货运设施，货物分拣、装卸等设备得到改善；大部分航空公司建立了专门的货运部门，配备了相应的人员和设备，初步形成一支货运专业队伍；货运计算机管理系统得到广泛应用；货运代理市场健康有序。我国民航已基本形成了货运舱位、地面设施、专业人员、管理规章和货运代理的航空货运体系，为21世纪中国航空货运业大发展奠定了坚实的基础。

从世界范围特别是亚太地区来看，中国航空货运业规模仍然较小，发展潜力极大。中国航空货运业在世界市场占有率比较低。目前，中国航空货运业以客机腹舱载货为主，货机为辅，货机数量少，而用于腹舱载货的客机也有80%左右为窄体客机。中国的货运网络主要连接了东部沿海大中城市和中西部地区的省会、自治区首府和直辖市，许多地区还存在网络空白，运量分布也不均衡。

据波音公司2000年预测：未来20年，世界航空客运年增长率为4.8%，货运为6.4%，中国的增长速度将大大高于世界平均增长速度。进入21世纪，中国的航空运输业将继续高速发展，国内航空市场的年增长率将达到9.2%。在今后20年，中国将成为除美国之外最大的民用航空市场。到2019年，中国将拥有2 200多架客机，占全球机队的10%以上，机队规模是现在的4倍，将新增飞机1 790架。① 随着我国对外关系和国际贸易的发展，航空货物运输业必将会得到更大的发展。

第二节　国际航空货物运输基本知识

一、航空运输设备

（一）航线

航空器在空中飞行，必须有适于航空器航行的通路。经过批准开辟的连接两个或几个地点，进行定期和不定期飞行，经营运输业务的航空交通线即为航线。航线不仅确定了航行的具体方向、经停地点，还根据空中管理的需要规定了航路的宽度和飞行的高度层，以维护空中交通秩序，保证飞行安全。

航线按飞机飞行的路线有国内航线和国际航线之分。国内航线是指飞机的起讫点和经停点均在一国国境内的航线，一般由国家民用航空管理机构指定。国际航线是指飞机的起讫点和经停点跨越一国国境，连接其他国家的航线。国际航线因需经过其他国家的领空，因此必须事先洽商，获得同意后方可开航。此外，我国还有地区航线之称，主要是根据我国的特殊情况，目前内地到香港之间的航线，被称为地区航线。

航线要适航，必须有安全飞航的保障。因此，航线上要设置

① 参见《北京日报》，2000-11-5。

必要的助航设施，以提供通讯、气象和飞航情报，协助航空器能依一定的航线飞航，否则将因无目视标的而迷失方向。

（二）航班

所谓航班，是指飞机根据班机时间表在规定的航线上使用规定的机型、按照规定的日期、时刻进行飞行。从基地站出发的飞行叫去程航班，返回基地站的飞行为回程航班。

航班有定期航班和不定期航班之分。定期航班公布运价和班期，按照双边协定经营，向公众提供运输服务，对公众承担义务。如开航我国的法航、德航、日航、英航等航空公司。不定期航班是按包机合同，个别申请、个别经营，不对公众承担义务。如飞虎航空公司、马丁航空公司，它们拥有货机，对运输大批量货物、超重货物以及活种畜等十分方便。

（三）航空站

航空站即机场，是供飞机起飞、降落和停放及组织、保障飞行活动的场所。通常由跑道、滑行道、停机坪、指挥调度塔、助航系统、输油系统、维护修检基地、消防设备、货站及航站大厦等建筑和设置组成。

近年来，随着航空站功能的多样化，航空站内除了配有装卸客、货的必要设施外，一般还配有商务、娱乐中心、货物集散中心等设施，以满足往来客户的需要，同时吸引周边地区的生产和消费。

航空站按所处位置可分为干线航空站和支线航空站，按服务对象分为军用航空站和民用航空站，按业务范围则可分为国内航空站和国际航空站。国内航空站是仅供国内航线的航空器使用，除特殊情况经批准外，不准外国航空器使用的航空站。国际航空站则是政府核准对外开放，并设有海关、移民、检疫及卫生机构，供国际航线上的航空器起降和营运的航空站。如我国的北京首都国际机场，位于北京市东北顺义县境内，距市区 25 公里。它是我国目前规模最大、最繁忙的现代化国际航空港，始建于 1955 年，经过多次扩建，建筑面积达 32.7 万平方米，通信、导航、气象、供油、消防救护设施先进齐备，可供各类飞机安全起降。2000 年，首都机场旅客吞吐量达 2 169 万人，起降飞机 18.7 万架次，货邮吞吐量 77 万多吨，均列全国第一位。候机大楼里餐厅、免税商店、商场等各类服务设施齐全，布局合理，方便旅客，并配有大型地下停车场，可同时停放 5 000 多辆汽车，是亚洲最大的停车楼。北面还建有可供 500 人食宿的宾馆。

（四）航空器

航空器主要是指依靠大气的力量升空飞行的物体的总称。这里主要指的是飞机。

飞机的构造包括机身、机翼、操纵装置、起落装置和推进装置。

飞机一般分为普通型和高载量型；同时，按航行速度分类又可分为短途型和洲际型；按用途分又可分为客机、货机和客货混合型机。

目前，世界上用于商业飞行的机型主要有波音、空中客车 AIRBUS、DC、三星和英国生产的几种飞机。表 1—4—2、1—4—3 分别表示飞机的分类和载量。

表 1—4—2　　飞机分类表

种类	普通型/中短途	高载型/洲际
客机	DC—8，DC—9 B707，B720，B727，B737，BAC111	DC—10 LH—1011，A300
货机	DC—10，DC—9，DC—8，B707	DC—10，B747
客货混合机	分为两种：1. 前仓运客，后仓运货，如 B747Combi； 2. 上仓运客，下仓运货，一般航班飞行飞机。	

飞机的舱位一般分为上舱和下舱。除全货机外，一般都是上舱运客，下舱运货。如空中客车 A340－300 和 B747－Combi 飞机。A340－300 为超远程客机，载客量为 370 名，其长度为 63.6 米，翼展 60.3 米，双通道客舱宽 5.64 米，最大起飞重量达 275 吨，底层货舱是集装箱式，运货能力为 13.8 吨。满载客货时，该

机可连续不间断飞行 11 800 公里，是目前世界上航程最远的客机。B747－Combi 机，载客量为 266 名，在 B747－Combi 机客舱后的主舱板上，通常可以放置 7 个货盘，可以承载 40 吨的货物。

表 1－4－3　　　　　　　　　飞机的载量

机　型	载　量
B737	货仓 1.45 吨/8m^3
B727	货仓 3.3 吨/18m^3
A310	货仓 7.8 吨/45m^3
A300	货仓 10 吨/58m^3
DC—10	货仓 14 吨/80m^3
B747E	货仓 15 吨/102m^3
B747—Combi	货仓 35 吨/195m^3
B737　全货机	15.1 吨/102m^3
DC—8 全货机	48.8 吨/271m^3
B747　全货机	104.7 吨/591m^3

此外，也有一些飞机的舱位为可变形舱，即将上舱的椅子拆除后可装货，运客时再装上椅子。

飞机下舱的空气调节一般分为两种：一种是在较新的飞机下舱有空气调节，可承运活动物等；另一种机型较陈旧的飞机，下舱没有空气调节，只能承运普通货物。

二、重要的国际、国内航空运输机场及世界主要航线

目前，世界航空货物运输已形成一个全球性的运输网络和若干运输枢纽。

（一）世界重要的航空站及航空货运机场

亚洲：北京、上海、东京、香港、马尼拉、曼谷、新加坡、雅加达、仰光、加尔各答、孟买、新德里、卡拉奇、德黑兰、贝鲁特、吉达；

欧洲：伦敦、巴黎、法兰克福、苏黎世、罗马、维也纳、柏林、哥本哈根、华沙、莫斯科、布加勒斯特、雅典、里斯本；

北美：纽约、华盛顿、芝加哥、蒙特利尔、亚特兰大、洛杉

矶、旧金山、西雅图、温哥华以及位于太平洋上的火奴鲁鲁（檀香山）；

非洲：开罗、喀土穆、内罗毕、约翰内斯堡、布拉柴维尔、拉各斯、阿尔及尔、达喀尔；

南美：墨西哥城、加拉加斯、里约热内卢、布宜诺斯艾利斯、圣地亚哥、利马；

大洋洲：悉尼、奥克兰、楠迪、帕皮提。

目前，世界上的主要航空货运机场有美国的芝加哥机场、德国的法兰克福机场、荷兰阿姆斯特丹的希普霍尔机场、英国的希思罗机场、法国的戴高乐机场、日本的成田机场、香港的启德机场等，都是现代化、专业化程度较高的大型国际货运空中枢纽，每年货运量都在数十万吨以上。这些机场有现代化的导航设备、足够的跑道和庞大的客货运中心。尤其是货运的发展，使每个国际机场都备有现代化的全货机码头、仓库，专门用于货运，大大提高了货机的装卸速度。

（二）世界主要航线

世界上最繁忙的航空线有：

西欧—北美间的北大西洋航空线。该航线主要连接巴黎、伦敦、法兰克福、纽约、芝加哥、蒙特利尔等航空枢纽。

西欧—中东—远东航空线。该航线连接西欧各主要机场至远东的香港、北京、东京等机场，并途经雅典、开罗、德黑兰、卡拉奇、新德里、曼谷、新加坡等重要航空站。

远东—北美间的北太平洋航线。这是北京、香港、东京等机场经北太平洋上空至北美西海岸的温哥华、西雅图、旧金山、洛杉矶等机场的航空线，并可延伸至北美东海岸的机场。太平洋中部的火奴鲁鲁是该航线的主要中继加油站。

此外，还有北美—南美、西欧—南美、西欧—非洲、西欧—东南亚—澳新、远东—澳新、北美—澳新等重要国际航空线。

在我国，航空运输是个正在成长的年轻事业。对外贸易的航空货运工作开始于20世纪50年代中期以后，先后开辟了飞往独联体、缅甸、朝鲜、越南、蒙古、老挝、柬埔寨、日本、巴基斯坦、法国、伊朗、罗马尼亚、阿尔巴尼亚、埃及、埃塞俄比亚、南斯拉夫、瑞士、德国、菲律宾、阿拉伯联合酋长国、伊拉克、泰国、美国、英国、澳大利亚等国及通达香港地区的航线。到 2003 年底，中国民航共有航线 1 155 条，其中国内航线 961 条（港澳 43 条），国际航线 194 条，与世界 200 个左右的国家和地区的航空公司有业务往来。目前，主要在北京、上海、天津、沈阳、大连、哈尔滨、青岛、广州、昆明和乌鲁木齐等机场接办国际航空货运任务。

三、国际航空运输组织

航空运输从其发展至今，在世界上主要形成了三大航空运输组织，其有关的当事人也有所增加。

（一）国际民用航空组织（International Civil Aviation Organization，ICAO）

国际民用航空组织成立于 1944 年 4 月 4 日。它是联合国所属的专门机构之一，也是政府间的国际航空机构。它是根据 1944 年芝加哥《国际民用航空公约》（又称《芝加哥公约》）设立的，总部设在加拿大的蒙特利尔，现有成员国 160 多个。中国在 1974 年正式加入该组织成为其成员国，也是理事国之一。它的大会是最高权力机构，至少每三年举行一次全体成员国大会。常设机构是理事会，由大会选出的 33 名缔约国代表组成。它还在巴黎、达卡、曼谷、利马、墨西哥城、开罗等地设有 6 个现场办事处，作为国际民用航空组织和它的成员国之间的联络机关。该组织下设航行、航空运输、联合供应空中航行设施、财务和关于非法干扰国际民用航空及其设施委员会，另有常设的法律委员会协助工作。国际民用航空组织是负责国际航空运输的技术、航行及法规方面的机构，它所通过的文件具有法律性，各成员国都必须严格遵守。

国际民用航空组织的宗旨和目的是①：发展国际航空的原则和技术，并促进国际航空运输的规划和发展，以保证国际民用航空的安全和秩序。

---

① 参见《国际民用航空公约》第二部分第七章，第 44 条。

（二）国际航空运输协会（International Air Transport Association，IATA）

国际航空运输协会是各国航空运输企业之间的联合组织，会员必须是国际民用航空组织成员国的空运企业。参加国际航空运输协会的航空公司的所属国一般都是联合国成员。国际航空运输协会于 1945 年 4 月 16 日在哈瓦那成立，下设财务、法律、技术和运输等委员会。国际航空运输协会共有两个总部，一个在蒙特利尔（负责美洲地区），另一个在日内瓦（负责欧洲和中东地区）；同时设有四个地区办事处，分别是安曼、圣地亚哥、新加坡和哥伦比亚特区华盛顿。协会的最高权力机构是每年召开的全体会议。

国际航空运输协会的目的是①：促进安全、定期的和经济的航空运输，以利世界人民，扶助发展航空运输业，以及研究与此有关的问题；提供各种方式以促进直接或间接从事国际空运业务的空运企业之间的合作；促进与国际民用航空组织和其他组织的合作。该协会的主要任务是：制定国际航空运价，统一载运规则，简化运输手续，协助航空公司之间的财务结算，执行国际民航组织制定的国际标准和程序等。

半个多世纪以来，国际航空运输协会充分利用航空公司的专门知识，在多个方面做出了重大贡献，包括：推动地空通讯、导航、航空器安全飞行等新技术；制定机场噪音、油料排放等环境政策；与国际民航组织密切合作，制定一系列国际公约；协助航空公司处理有关法律纠纷；筹建国际航空清算组织；推进行业自动化，促进交流；对发展中国家航空运输企业提供从技术咨询到人员培训的各种帮助；在航空货运方面制定空运集装箱技术说明及航空货运服务有关章程；培训国际航协代理人，等等。

国际航空运输协会向其成员提供广泛的出版物，这些出版物为航空公司在乘运旅客、行李、货物、邮件及联运工作方面提供了基本操作要求和行之有效的章程。

中国国际航空公司（CA）、中国东方航空公司（MU）、中国

---

① 参见《国际航空运输协会章程》第三章。

南方航空公司（CZ）、中国西南航空公司（SZ）、中国西北航空公司（CJ）、新疆航空公司（XO）、云南航空公司（3Q）等八家航空公司，近年来陆续加入了国际航空运输协会，成为其正式会员。

（三）国际货物运输代理协会（International Federation of Freight Forwarders Association，FIATA）

国际货物运输代理协会是国际发货人协会和世界上私人发运公司的组织。其会员不仅限于货运代理企业，还包括海关、船务代理、空运代理和仓库、卡车集中托运等部门，因为这些部门都是国际航空运输的一部分。

国际货物运输代理协会于1926年5月31日在维也纳成立。其总部设在瑞士苏黎世。其创立的目的是为了解决由于日益发展的国际货运代理业务所产生的问题，保障和提高国际货运代理在全球的利益，提高货运代理服务的质量。在国际货物运输代理协会的指导下，许多国家筹建了本国的货运代理人协会，成为该组织的正式会员；而在没有货运代理人协会的国家里，各有关企业可成为其联系会员。截止到1996年，国际货物运输代理协会已有95个正式会员和2 400多个联系会员，业务活动遍及世界130个国家和地区的从事运输工作的近4 000家公司。国际货物运输代理协会是世界范围内运输领域中最大的非政府和非营利性质的组织，它是公认的国际货运代理的代表。其主要任务是协助各国的货运代理组织和同行业联系起来，在各种国际会议中代表货物发运人的利益。

国际货物运输代理协会下设多个技术委员会，如：公共关系委员会，运输和研究中心委员会，法律、单据和保险委员会，铁路运输委员会，公路运输委员会，航空运输委员会，海运和多科运输委员会，海关委员会，职业训练委员会，统计委员会，等等。其中航空运输委员会是惟一的永久性机构。

第三节　国际航空货物运输方式

航空货物运输方式，主要有下列几种：

一、班机运输

班机是指定期开航的定航线、定始发站、定途经站和定目的站的飞机。一般航空公司都使用客货混合型飞机开设正常航班，一方面搭载旅客，一方面又运送小批量货物。但一些规模较大的航空公司在一些航线上也开辟有使用全货机运输的定期的货运航班。

由于班机固定航线和停靠港，并定期开航，收发货人可确切掌握起运和到达的时间，使国际贸易货物能安全、迅速、准确地到达世界上各通航地点并投入市场，特别是对运送国际市场上急需的商品、鲜活易腐货物以及贵重货物是非常有利的，因此，颇受贸易界人士的欢迎。但由于班机运输大多使用客货混合机，因此，舱位有限，不能满足大批量货物的及时出运，只能分期分批运输。如三叉戟机货舱只有 1 吨～2 吨舱位，B707 只有 3 吨～6 吨，B747-SP 只有 8 吨～10 吨。近几年，有些航线上使用 B747—Combi，可载货 35 吨，满足了一些货物运输舱位的要求，但在旅游旺季，航空公司往往先满足旅客的要求，这样货运舱位就不够了。这是班机运输的不足之处。

二、包机运输

包机运输可分为整架包机和部分包机两种形式。

（1）整架包机，或称整包机，即包租整架飞机。整架包机是指航空公司或包机代理公司，按照与租机人事先约定的条件和费率，将整架飞机租给租机人，从一个或几个航空站装运货物至指定目的地的运输方式。这种方式适合于运输大批量货物。但整包机的租期，要在货物装运前一个月向航空公司联系，以便航空公司安排飞机运载和向起降机场及有关政府部门申请入境及办理有关手续。

包机运输的费用是一次一议，随国际市场供求情况而变化。中国民航包机运费，是按每 1 飞行公里固定费率核收，并对空驶里程按每 1 飞行公里运价的 80％收取空驶费。

（2）部分包机，是指由几家航空货运代理公司（或发货人）联合包租一架飞机装载货物，或者是由航空公司把一架飞机的舱位分别卖给几家航空货运代理公司装载货物。这种部分包机形式适合于1吨以上、但不足装一整架飞机的货物。

部分包机的运费较班机低廉，但运送时间则比班机要长。尽管部分包机有固定的时间表，但往往因其他原因而不能按时起飞。另外，包机运输方式的活动范围比较狭窄，主要是因为各国政府为了维护本国航空公司的利益，往往对别国航空公司的业务实行各种限制，如在申请入境通过领空以及降落地点上，均必须得到有关国家政府批准同意后方可。若需降落非指定地点外的其他地点时，一定要向当地政府有关部门申请，同意后才能降落。这种部分包机方式，目前在西欧和香港之间开办较多。

三、集中托运

集中托运方式是指集中托运人把若干批单独发运的货物组成一整批货物，集中向航空公司托运，填写一份航空总运单发送到同一到达站，由集中托运人委托到达站当地的代理人负责收货、报关，并按集中托运人签发的航空分运单分拨给各实际收货人的一种运输方式。这种集中托运方式可争取到比零星托运低廉的运价，在国际航空货物运输界使用比较普遍，也是航空货运代理公司的主要业务之一和营利的主要手段。但下列物品不能办理集中托运：贵重物品、危险物品、活动物以及文物等。

由于航空公司有按不同重量等级公布的多种运费，一般来说，托运的每批货物越多或越重，则按每公斤或每磅收取的费率就越低。这就使航空货运代理公司可以把从不同的发货人那里收集的小批量货物，集中起来以后作为一整票货物，使用航空公司的较低廉的运价办理空运。对航空公司来说，若干批货物集中托运，可减少许多手续；对货主来说，可免于自行办理托运之麻烦，且可节省费用（航空货运代理公司公布的集中托运运价一般都低于航空协会的运价）；对货运代理人来说，既可争取业务，收取手续费，又可从运费差价中获得利益。

集中托运业务在国际航空运输界开展比较普遍，也是航空货运代理公司的主要业务之一和营利的主要手段。我国外运公司也开展此项业务，目前，北京、上海、广州三个口岸开展得比较普遍。

四、联合运输方式

这里指的联合运输方式主要是指陆空联运，即指包括空运在内的两种或两种以上的运输方式紧密结合的运输。主要有三种类型：

(1) 火车—飞机—卡车的联合运输方式，简称 TAT（Traing—Air—Truck）。

(2) 火车—飞机的联合运输方式，简称 TA（Tnain—Air）。

(3) 卡车—飞机的联合运输方式，简称 TA（Truck—Air）。

我国空运出口货物经常采用陆空联运方式，这是因为，我国幅员辽阔，而可开辟国际航线的航空港（即口岸）却较少，主要有北京、上海、广州等。虽然省会城市和一些主要城市每天都有班机飞往北京、上海、广州，但班机所带货量有限，费用比较高。如果采用国内包机运送，费用昂贵，手续联系也比较复杂。因此，在货量较大的情况下，内地空运出口货物一般都采用联合运输方式，即先采用陆运至国际航空口岸，再与国际航班衔接。由于汽车具有机动灵活的特点，在运送时间上更可掌握主动性，因此，国际贸易中的出口货物一般都采用陆空联运的方式组织出运。

我国长江以南的外运分公司目前办理陆空联运的具体做法是：用火车、卡车或船将货物运至香港，然后利用香港航班多、到欧美运价较低的条件（普通货物），把货物从香港经飞机空运至目的地或中转地航空站，再通过当地代理，用卡车将货物运至目的地。整个运输期间一般至欧洲在 15 天左右，且费用约为正常班机运费的一半或三分之二。因此，从 1974 年开始，每年我国有几百吨货物经由香港陆空联运出口。长江以北的公司多是用火车或卡车将货物运至北京、上海航空口岸出运。

五、航空快递业务

航空快递业务又称快件、快运或速递业务，是指具有独立法人资格的企业将进出境的货物或物品从发件人所在地通过自身或代理的网络运达收件人的一种快速运输方式。具体来说，就是由专业经营该项业务的航空货运公司与航空公司合作，派专人以最快的速度，在货主、机场、用户之间传送急件的运输服务业务。这种运输方式特别适用于急需的药品和医疗器械、贵重物品、图纸资料、货样和书报杂志等小件物品，是目前航空货物运输中最快捷的运输方式。

航空快递业务主要有三种运送形式：

1. 门/桌到门/桌（Door/Desk to Door/Desk）的服务形式

发件人在发货时打电话给快运公司，快运公司接到客户发件通知后，立即派人到发件人所在地取件，然后将所有收到的所需发运的快件集中到一起，根据不同的目的地进行分拣、整理、核对、制单、报关，直接送到机场交航空公司赶装最快航班（或快运公司自己的班机），将快件运往世界各地。快件发出后，马上通知目的地快运公司（或代理）按时办理清关、提货手续，并将快件及时送交收件人手中。快件送交完毕，立即将有收件人签字的回执送回发件人手中，或者向发件人回电详告快件交接时间以及签收人姓名等情况。

2. 门/桌到机场（Door/Desk to Airport）的服务形式

也就是快件运输服务只能到达收件人所在地或附近的机场。快件到达目的地机场后，不是由快运公司去办理清关、提货手续，并送达收件人手中；而是由快运公司及时将到货信息通知给收件人，收件人需自己去办理相关手续。

3. 派专人运送（Courier on Board）

也就是由发件地快运公司指派专人携带快件随机送货，直到货物安全送达收货人手中。

门/桌到机场的形式对收件人来说并不方便；派专人运送服务周到，但费用较高。因此，这两种方式用得都不是很多。而门/桌到门/桌的服务则综合了上述两种方式的优点，因此，大多数货主、航空公司、航空货运代理公司以及航空快运公司都乐于采用此种运输方式。门/桌到门/桌的服务形式是航空快运中最常用的一种服务形式。

首先，由于快运公司办理快运业务对货物的整个运输过程有专人负责，从而使货物衔接时间大大缩短。其次，快件运输途中对货物的监管从未中断过，比一般货物安全。再次，从登门取货，送货上门，服务到办公桌，并代办各种运输和报关手续，给发、收货人带来了极大的方便。第四，及时提供货物运输交接信息，对货物的查询能做到及时答复。这些特点是任何其他运输方式所无法比拟的。

第四节　国际航空货物运输单证

一、航空运单的性质和作用

航空运单是进行航空货物运输必不可少的单据，是承运人和托运人之间的运输契约，是由承运人或其代理人出具的一个重要的货物单据。它不同于海运提单，不是代表所托运货物的所有权的物权凭证，也是不可议付的单据。货运单不可转让，对货运单上注明的“NOTNEGOTIABLE”字样不得随意删除。每一批货物或集合运输的货物均要填写一份航空货运单。

航空货运单的作用和用途主要有以下几点：

（1）作为承运合同，是承运人和托运人缔结运输契约的书面证据。

（2）是承运人签发的已接收货物的证明。

（3）是承运人据以核收运费的单据。

（4）是保险证明（如果托运人要求承运人代办保险，则航空运单即可用来作为保险证书）。

（5）是报关凭证。

（6）是承运人办理货物的发货、转运、交付的依据，即路单。

航空货运单的有效期：从货运单填制完毕，托运人（或其代理人）和承运人（或其代理人）签字后即开始生效；货物运至目的地，收货人提取货物并在货运单交付联（或提货通知单）上签收认可后，货运单作为运输的凭证，其有效期即告结束。但作为运输契约，其法律依据的有效期应延至运输停止后两年内有效。

二、航空货运单的种类

航空运单分为两种：一种是由航空公司签发的运单（Air Waybill，简称 AWB），在航空货运界又称总运单或主运单（Master Air Waybill，简称 MAWB）；另一种是由航空货运公司签发的运单（House Air Waybill，简称 HAWB），又称分运单，航空货运公司在办理集中托运、联运及门到门运输时使用。

三、航空运单的内容

航空运单通常每套十二联，其中三联正本，六联副本，三联额外副本。三联正本背面印有承运条款，当发货人签署后，意味着发货人承认并同意承运合同的条款。

目前，世界上各航空公司所使用的航空运单基本相同，大多采用 IATA 所推荐的标准格式，差别不大。下面就以中国国际航空公司航空货物运单（Master Air Waybill）为例简要说明航空货运单的各项填写内容。

参阅货运单样本，具体填写方法如下：

（1）发货人名称和地址；

（2）发货人账号；

（3）收货人姓名、地址；

（4）收货人账号；

（5）承运人代理的名称和所在城市；

（6）代理人的国际航协代号；

（7）代理人账号；

（8）始发站机场（起运港）及要求的航线；

（9）路线和目的地；

（10）货币；

（11）收费代号；

（12）其他费用；

（13）供运输的声明价值；

（14）供海关的声明价值；

（15）会计事项；

（16）目的地机场；

（17）航班及发出日期；
（18）保险金额；
（19）操作信息；
（20）货物的件数和运价组合点；
（21）毛重；
（22）重量单位；
（23）运价类别；
（24）商品品名编号；
（25）计费重量；
（26）运价/运费；
（27）运费总额；
（28）货物的品名和数量（含尺码或体积）；
（29）其他费用；
（30）需预付的各种费用；
（31）需到付的各种费用；
（32）货币兑换率；
（33）目的地兑换率；
（34）目的地机场费用；
（35）到付总额；
（36）发货人或代理人签字；
（37）承运人或代理人签字。

第五节　国际航空货物运输的运价和费用

一、国际航空货物运输区划

在国际航空货物运输中，与运费有关的各项规章制度以及运费水平都是由国际航空运输协会统一协调、制定的。国际航空运输协会在制定运价规章及其有关规定的过程中，考虑到世界上各个不同地区的社会经济、贸易等情况，将世界各地划分为三个区域，即通常所说的航协区（IATA Traffic Conference Areas），每个航协区内又分成几个次区。航空公司按国际航空运输协会所制定的三个区域的费率收取国际航空货物运费。国际航空运输协会所划分的三个区域分别如下：

一区（即 TC1）：北起格陵兰岛，南至南极洲。

主要包括南、北美洲及邻近岛屿，格陵兰岛、百慕大群岛、西印度洋及加勒比海群岛以及夏威夷群岛（含中途岛巴尔拉环礁）等。其中主要分为四个次区、加勒比次区、墨西哥次区、远程次区和南美次区。

二区（即 TC2）：北起北冰洋诸岛，南至南极洲。

主要包括欧洲大陆（包括俄罗斯的欧洲部分）及毗邻岛屿，冰岛、亚速尔群岛，非洲大陆及毗邻岛屿，亚洲的伊朗及伊朗以西的地区。其中主要分为三个次区：欧洲次区、非洲次区和中东次区。

三区（即 TC3）：北起北冰洋，南至南极洲。

主要指亚洲大陆及毗邻岛屿（已包括在二区的部分除外），澳大利亚、新西兰及毗邻岛屿，太平洋岛屿（已包括在一区的部分除外）。其中包括四个次区，即南亚次大陆次区、东南亚次区、西南太平洋次区和日本、朝鲜次区。

二、计费重量

在计算航空货物费用时，要考虑货物的计费重量、有关的运价和费用以及货物的声明价值。其中，计费重量是指据以计算运费的货物的重量。在航空货物运输中，计费重量是按实际重量和体积重量两者之中较高的一种计收。在货物体积小、重量大的情况下，以实际重量（即毛重量）作为计费重量；在货物体积大、重量小的情况下，则以货物的体积重量作为计费重量。

（一）实际重量（Actual Weight）

实际重量是指一批货物包括包装在内的实际总重量。在航空货物运输中，凡重量大而体积相对小的货物，用实际重量作为计费重量。具体界限是每 6 000 立方厘米或 366 立方英寸的体积（个别地区使用的界限是 7 000 立方厘米或 427 立方英寸），其重量大于1千克，或者166立方英寸的体积（个别地区使用194立方英寸），其重量大于1磅的，称为重量货物。具体计算时，当货物的实际重量以千克表示时，计费重量的最小单位为0.5千克。重量不足0.5千克的，按0.5千克计算，超过0.5千克不足1千克的按1千克计算。当货物的实际重量以磅表示时，计费重量的最小单位为1磅，不足1磅的则按1磅计算。

（二）体积重量（Measurement Weight）

体积重量，对于体积大而重量相对小的轻泡货物，即凡1千克重量体积超过6 000立方厘米或366立方英寸（个别地区为7 000立方厘米或427立方英寸），或1磅重量体积超过166立方英寸（个别地区使用194立方英寸）者，以体积重量作为计费重量。体积重量的计算方法是：

（1）不考虑货物的几何形状，分别量出货物的最长、最宽和最高的部分，单位为厘米或英寸，测量数值的尾数四舍五人；

（2）算出货物的体积；

（3）将体积折算成千克或磅。

如一批货物体积为360 000立方厘米，则其体积重量为360 000÷6 000＝60（千克）。

（三）计费重量（Chargeable Weight）

计费重量是按货物的实际毛重量和体积重量两者之中较高的计算。当一批货物由几件不同的货物所组成时，如集中托运的货物，同一运单项下会有多件货物，其中有重货也有轻泡货，其计费重量则采用整批货物的总毛重或总的体积重量两者之中较高的一个计算。

如上例中若货物实际重量是40千克，则计费重量应以60千克计算费用。

三、航空货物公布直达运价

公布直达运价是指航空公司在运价本上直接注明货物由始发地机场运至目的地机场的航空运输的价格。见表1—4—4。

表 1－4－4　　航空货物公布直达运价（节选）

Date/Type	Note	item	min. weight	Local curr.
BEIJING			CN	BJS
Y. RENMINBI		CNY		KGS
PARIS		FR	M	320.00
			N	50.37
			45	41.43
			300	37.90
			500	33.42
			1 000	30.71
			2 000	28.33

注：本表摘自 IATA *The Air Cargo Tariff* rates June 1998 issue 128。

（一）公布的直达运价的种类

1. 普通货物的运价（General Cargo Rates）

普通货物运价，又称一般货物运价，它是为一般货物制定的，仅适用于计收一般普通货物的运价，是航空货物运输中使用最为广泛的一种运价。按普通货物运价收取运费的货物，称普通货物或一般货物。

普通货物运价，通常针对所承运货物重量的不同，规定几个计费重量分界点（Breakpoints）。一般以 45 千克（或 100 磅）作为重量划分点，将普通货物运价划分为：45 千克（或 100 磅）以下的普通货物运价，运价类别代号为 N（Normal Rate）；45 千克（或 100 磅）及 45 千克（或 100 磅）以上的普通货物运价，运价类别代号为 Q（Quantity Rate）。45 千克以上的普通货物运价低于 45 千克以下的普通货物运价。另外，根据航线货流量的不同，为了吸引更多的货载，世界上许多地区的航空公司对更高的重量点又进一步公布更低的运价，如 100 千克、200 千克、300 千克、500 千克、1 000 千克和 1 500 千克等各档运价。从表 1－4－4 中可以看出，以北京—巴黎航线为例，所托运货物越多，则每千克的运价越低。

货物的运费一般是以货物的实际毛重量或体积重量乘以相对应的重量等级的运价计算而得的。但由于航空公司对较高的重量等级提供较低的运价，因此，一批 40 千克重的货物按 45 千克以下的普通货物运价所计收的运费，可能反而高于一批 45 千克重的货物按 45 千克以上的一般货物运价所计收的运费。所以，当一个较高的起码重量能够提供较低的运费时，则可使用较高的起码重量作为计费重量，并使用较高的计费重量分界点的费率计收运价。这个原则也适用于那些以一般货物运价加或减一个百分比的等级运价。

例：普通货物一件毛重 285 千克，从北京运至巴黎，计算应收运费。

根据表 1—4—4 所示运价计算运费如下：

(1) 用 45 千克以上运价计算：41.43 元/千克×285 千克＝11 807.55 元

(2) 用较高一级重量分界点计算：37.90 元/千克×300 千克＝11 370.00 元

二者比较取其低者，故该件货物可按 300 千克以上运价计得的运费 11 370.00 元收取。

2. 等级货物运价（Class Rates or Commodity Classification Rates）

等级货物运价，是指适用于规定地区或地区间的指定等级的货物的运价。等级货物运价是在普通货物运价的基础上增加或减少一定百分比而构成的。换言之，等级货物运价实际上就是对某种特定的商品或货物在普通货物运价的基础上进行提价或优惠的价格。

等级货物运价大致分为两种：

(1) 等级运价加价（Surcharged Rate）①，用 S 表示，适用商

---

① 详细内容参见 TACT—Rules 3.7.2，3.7.6，3.7.9。

品包括：活动物；贵重物品；尸体。这些物品的运价是在普通货物运价的基础上增加一定的百分比计收。

（2）等级运价减价（Rebates Rate）[①]，用 R 表示，适用商品包括：报纸、杂志、书籍等出版物；作为货物托运的行李。这些物品的运价是在普通货物运价的基础上减少一定的百分比计收。

3. 特种货物运价（Specific Commodity Rates）

特种货物运价，又称指定商品运价，是指自指定的始发地至指定的目的地而公布的适用于特定商品、特定品名的低于普通货物运价的某些指定商品运价。

特种商品运价是由参加国际航空运输协会的航空公司，根据在一定航线上有经常性特种商品运输的发货人的要求，或者为促进某地区的某种货物的运输，向国际航空运输协会提出申请，经同意后而制定的。

制定特种商品运价的主要目的是向发货人提供一个具有竞争性的运价，以便发货人充分使用航空公司的运力。

国际航空运输协会公布特种商品运价时，将货物划分为以下各品类：

0001—0009　食用动物和植物产品；
1000—1999　活动物和非食用动物及植物产品；
2000—2999　纺织品、纤维及其制品；
3000—3999　金属及其制品，但不包括机械、车辆和电器设备；
4000—4999　机械、车辆和电器设备；
5000—5999　非金属矿物质及其制品；
6000—6999　化工产品及相关产品；
7000—7999　纸张、芦苇、橡胶和木材及其制品；
8000—8999　科学和专业精密仪器、器械及其零配件；
9000—9999　其他货物。

其中每一组又细分为 10 个小组，每个小组再细分，这样几乎

① 详细内容参见 TACT—Rules 3.7.7，3.7.8。

所有的商品都有一个对应的组号，较详细地解释了各种商品。如：7000：纸及纸制品；7010：印刷纸，包括照相纸、感光纸；7021：包装纸；7031：封面纸；7050：棉纸；7105：书、目录、小册子；7107：新闻纸等。

公布特种货物运价时，同时公布起码重量。如中国民航与日本航空公司商定，北京至东京的普通货物运价和特种货物运价为表1—4—5：

表1—4—5

BJS—TYO		M	90.00
		N	23.23
		45	17.44
	0003	100	11.26
	0300	500	10.46
	0300	1000	9.65
	0670	100	10.27
	0799	100	7.98
	|	|	|
	|	|	|
	|	|	|
	2195	100	10.27
	6000	100	10.27
	9989	45	11.63

由以上运价表可以看出，特种货物运价往往低于普通货物运价。

在使用特种货物运价时，首先是确定在货物所要求的航线上有没有适用的特种货物运价；然后确定货物是属于哪一类特种货物，查阅“特种商品分类表”，找出所运货物的编号；进而查阅

“航空货物运价表”上的“货物明细表”①，选择与货物一致的号码，如果该货物号码有更详细的内容，则选择最合适的细目；最后，根据适用该货物的起码重量，选择合适的特种货物运价。

4. 起码运费（Mirumum Charge）

起码运费，是航空公司承运一批货物所能接受的最低运费，不论货物的重量或体积大小，在两地之间运输一批货物应收取的最低金额。起码运费的类别代号为 M。它是航空公司根据办理一批货物，即使是一笔很小的货物，所必须产生的固定费用而制定的。

一批货物运费的计算，是使用货物的计费重量乘以所适用的运价，不管使用哪一种运价，所计算出来的运费都不能低于公布的起码运费。当计算出来的运费少于起码运费时，则以起码运费计收。

不同的国家和地区有不同的起码运费，各个国家的起码运费的多少，可以从 TACT Rates 第 2、3、4 节中查到。

中国民航的起码运费是以货物从始发港到目的港之间的普通货物运价 5 千克运费为基础或根据民航和其他外国航空公司洽谈同意的起码运费率征收的。

（二）公布的直达运价的使用及特点

（1）除起码运费外，公布的直达运价都以千克或磅为单位；

（2）航空运费计算时，如果遇到几种运价均可使用时，选择的顺序应首先使用特种货物运价，其次是等级货物运价，最后是普通货物运价；

（3）如货物运费计算结果少于起码运费，则应按起码运费支付；

（4）公布的直达运价是指从一个机场至另一个机场的运价，而且只适用于单一方向；

（5）公布的直达运价仅指基本运费，不包括其他额外费用，如提货、进出口报关、接交和仓储费用等；

---

① 见 TACT Rates 第 2.4 节。

（6）运价的货币单位一般以起运地当地货币单位为准，费率以承运人或其授权的代理人签发航空运单的时间为准；

（7）原则上公布的直达运价与飞机飞行的路线无关，但可能因承运人选择的航路不同而受到影响。

四、非公布的直达航空运输

在 TACT Rates 中，如果货物的始发地至目的地之间没有公布的直达运价时，可以采用比例运价或分段相加运价的办法，组成最低的全程运价，这些统称为组合非公布直达运价。

1. 比例运价

货物的始发地至目的地之间无公布直达运价时，可采用比例运价与已知的公布的普通货物运价、特种货物运价相加构成非公布直达运价。比例运价可在 TACT Rates 第二部分或《ABC 航空货运指南》中查到。TACT 中的比例运价英文叫“Construction Rate”，而《ABC 航空货运指南》中则称为“ADD-ONAMOUNTS”。

在利用比例运价时，普通货物运价的比例运价只能与普通货物运价相加，特种货物运价、集装设备的比例运价也只能与同类型的直达运价相加，不能混用。此外，也可以用比例运价加直达运价，或用直达运价加比例运价，也可以在计算中使用两个比例运价，但这两个比例运价不可连续使用。

2. 分段相加运价

如果从始发地到目的地之间无公布的直达运价，同时也不可能采用比例运价构成全程直达运价时，可以在货物始发地和目的地之间选择较合适的运价计算点，分别找到始发地至该点及该点至目的地的运价，按分段运价相加的办法，组成最低的全程运价。这种运价就叫做分段相加运价，英文中叫做“Combination of Rate”。

在采用分段运价相加组成全程运价时，可以选择几个不同的运价计算点，对构成的分段相加运价进行比较，取其最低者使用。

五、航空附加费

（一）声明价值附加费

航空运输的承运人与其他提供服务的行业一样，要向货主承担一定程度的责任。《华沙公约》规定，对由于承运人的失职而造成的货物损坏、丢失或延迟等，承运人所承担的责任，其最高赔偿金额为每千克毛莺货物 20 美元，或 7.6754 英镑（或每磅 9.07 美元），或同等价值的当地货币。

如果货物的价值毛重每千克超过 20 美元时，就增加了承运人的责任。在这种情况下，如果发货人要求在发生货损、货差时全部赔偿，则发货人在交运货物时，就应向承运人或其代理人声明货物的价值，该价值称为“供运输用的声明价值”，该声明价值为承运人应负责赔偿责任的限额。承运人或其代理人根据货物的声明价值向托运人收取一定的费用，该费用就称为声明价值附加费。一般按超过部分的 0.5%收取，并与航空货物运费一同支付。如果发货人不愿宣布货物的价值，而且进口国的海关也可接受，也可以不办理声明价值，在这种情况下，需在运单的有关栏中填上“N. V. D.”（No Value Declared）字样，即表示无声明价值。此种情况下，即使出现更多的损失，承运人的最高赔偿金额每千克毛重不超过 20 美元。

托运人办理货物声明价值时，须按整批货物办理，不得办理部分声明价值或整批货物中办理两种不同的声明价值。

声明价值附加费的计算方法如下：

声明价值附加费＝（整批货物的声明价值－20 美元/千克×货物毛重）×声明价值附加费费率。声明价值附加费的费率通常为 0.5%。

例：北京（BJS）至纽约（NYC）银器一件，货物毛重 25 千克，托运人声明价值是人民币 15 000 元。

声明价值附加费的计算如下：

（1 美元按人民币 8.56 元折算）

声明价值附加费＝（15 000 元－20 美元/千克×8.56×25 千克）×0.5%

＝53.60 元

大多数的航空公司在规定声明价值附加费费率的同时，还要规定声明价值附加费的最低收费标准。如果根据上述公式计算出来的声明价值附加费低于航空公司的最低收费标准，则航空公司也要按照最低收费标准向托运人收取声明价值附加费。

（二）其他附加费

包括货到付款劳务费、货运单费即制单费、中转手续费、地面运输费等。一般只有在承运人或航空货运代理人提供服务时才收取。

第六节　航空货物运输的国际公约和法律

一、有关航空货物运输的国际公约

航空活动从一开始就需要一定程度的法律规则，航空业的跨国特征，使其必须具有调整这种运输方式的统一实体法律规范的国际公约。有关航空运输的国际法规，比较有影响力的主要有以下几种：

1. 1929年的《华沙公约》（全称《统一国际航空运输某些规则的公约》）。

2. 1955年的《海牙议定书》（全称《修改1929年10月12日在华沙签订的统一国际航空运输某些规则的公约的议定书》）。

3. 1961年的《瓜达拉哈拉公约》（全称《统一非缔约承运人所办国际航空运输某些规则以补充华沙公约的公约》）。

4. 1971年的《危地马拉议定书》（全称《修改经1955年9月28日在海牙签订的议定书所修改的1929年10月12日在华沙签订的统一国际航空运输某些规则的公约的议定书》）。

5. 1975年的《蒙特利尔第一号附加议定书》（全称《修改1929年10月12日在华沙签订的统一国际航空运输某些规则的公约的第一号附加议定书》）。

6. 1975年的《蒙特利尔第二号附加议定书》（全称《修改经1955年9月28日在海牙签订的议定书所修改的1929年10月12日在华沙签订的统一国际航空运输某些规则的公约的第二号附加议定书》）。

7. 1975年的《蒙特利尔第三号附加议定书》(全称《修改经1955年9月28日海牙议定书和1971年3月8日危地马拉议定书所修改的1929年10月12日在华沙签订的统一国际航空运输某些规则的公约的第三号附加议定书》)。

8. 1975年的《蒙特利尔第四号附加议定书》(全称《修改经1955年9月28日在海牙签订的议定书所修改的1929年10月12日在华沙签订的统一国际航空运输某些规则的公约的第四号附加议定书》)。

以上这些有关航空货物运输的法律规则中，《华沙公约》是最基本的，随后的各项议定书都是对《华沙公约》的修改或补充。由于这些修改《华沙公约》的议定书和补充《华沙公约》的公约的全称都比较冗长，为了方便，国际上就把《华沙公约》及其随后的7个修改或补充共8个文件统称为华沙体系，它们彼此内容相关却又各自独立。《华沙公约》的缔约国并不自然成为以后各个议定书的参加国，也不一定受其管辖。

华沙体系统一了国际航空运输的某些规则（包括定义、运输凭证、责任赔偿、管辖权等），是迄今国际航空运输史上的重要法典。在华沙体系的8个文件中，现在生效的只有头3个（即《华沙公约》、《海牙议定书》和《瓜达拉哈拉公约》)，其中以《华沙公约》和《海牙议定书》的适用最为广泛，已经为世界大多数国家所认可。其余5个都还没有生效。国际民航组织1983年在其第二十四届大会上通过决议，敦促各国尽早批准蒙特利尔各议定书，以使整个华沙体系能早日生效。

另外，对航空运输比较有影响的还有1944年的《芝加哥公约》。

本书仅对《华沙公约》中的主要条款及《海牙议定书》的有关修改内容介绍如下。

(一)《华沙公约》及《海牙议定书》

《华沙公约》的全称是《统一国际航空运输某些规则的公约》(Convention for the Unification of Certain Rules Relating to International Carriage by Air)，是1929年10月12日由德国、英国、

法国、瑞典、苏联、巴西、日本、波兰等国家在波兰首都华沙签订的，所以简称《华沙公约》(The Warsaw Rules 1929)。《华沙公约》是国际上第一部重要的航空私法，也是目前为止世界上大多数国家接受的航空公约。其目的是为了调整不同国家之间“在航空运输使用凭证和承运人责任方面”[①] 的有关问题。《华沙公约》规定了以航空承运人为一方和以旅客、货物托运人、收货人为另一方的航空运输合同双方的权利、义务关系，确定了国际航空运输的一些基本原则。公约于 1933 年 2 月 13 日生效，到 1999 年初共有 127 个国家加入。我国于 1958 年 7 月 20 日送交了加入书，该公约于同年 10 月 18 日开始对我国生效。公约的有效文本是法文文本，存档国是波兰。

《海牙议定书》的全称是《修改 1929 年 10 月 12 日在华沙签订的统一国际航空运输某些规则的公约的议定书》(Protocol to Amend the Convention for the Unification of Certain Rules Relating to International Carriage by Air Signed at Warsaw on 12 October, 1929)，简称为《海牙议定书》(The Hague Protocol 1955)。这是一份修正《华沙公约》的文件，共 27 条。该议定书签订于 1955 年 9 月 28 日，并已于 1963 年 8 月 1 日生效。到 1999 年初，已有 109 个国家加入。我国于 1975 年 8 月 20 日宣布参加并送交议定书，同年 11 月 28 日开始对我国生效。该议定书的有效文本是英文、法文、西班牙文三种文字的文本，但遇有分歧时仍以法文文本为准。议定书存档国是波兰。

《华沙公约》生效后，对处理国际私法问题发挥了良好作用。但从 1929 年到 1955 年间，由于航空运输事业的迅猛发展，因此也出现了一些法律问题和实际问题，需要对原有条文作出一些改进，于是产生了《海牙议定书》。议定书对《华沙公约》作了重要修改。

（二）《华沙公约》中的主要条款及《海牙议定书》的有关修改

---

① 参见《华沙公约》总则。

1. 适用范围和定义

(1)《华沙公约》的适用范围和定义。

《华沙公约》共计 41 条，只适用于国际性的运输，适用于对所有的人员、行李与货物的收取报酬的国际运输以及航空运输企业的以航空器办理的免费运输，但按照国际邮政公约的规定而办理的运输除外。对于一部分用航空运输，一部分用其他运输方式联合办理的运输，公约只适用于符合公约规定条件的航空运输部分。

《华沙公约》第 1 条第 2 款对“国际运输”作了如下定义：就本公约而言，国际运输是指：根据有关各方所订契约，不论在运输中有无间断或转运，其出发地和目的地是处在两个缔约国的领土内，或处在一个缔约国的领土内而在另一国的主权、宗主权、委任统治权或权力管辖下的领土内有一个协议的经停地点的运输，即便该国不是本公约的缔约国。在同一缔约国的主权、宗主权、委任统治权或权力管辖下的领土间的运输，如果没有这种协议的经停地点，就本公约而言，不得作为国际运输。①

(2)《海牙议定书》修改后的适用范围。

经修改的公约适用于公约第 1 条所确定的国际运输，但以出发地和目的地须在本议定书的两个当事国的领土内，或在本议定书的一个当事国领土内，而在另一国家领土内有一约定的经停地点者为限。

2. 运输凭证

(1)《华沙公约》中的规定。

运输凭证包括客票、行李票和航空货运单，分别适用于运送旅客、行李和货物。在《华沙公约》中，航空货物运输的凭证被称为“航空托运单”(Air Consignment Note，简称 ACN)，是订立契约、接受货物和承运条件的初步证明②。所以，航空托运单就是双方当事人订立的航空运输契约。

---

① 参见《华沙公约》第 1 条第 2 款。

② 参见《华沙公约》第 11 条第 1 款。

(2)《海牙议定书》的修改。

《海牙议定书》以航空货运单代替原用的航空托运单。但原《华沙公约》关于航空托运单的一切规定均适用按《海牙议定书》所使用的航空货运单。

《海牙议定书》规定：承运人应在货物装上航空器以前签字①，而《华沙公约》规定：承运人应该在接受货物时签字。

《海牙议定书》增列一条：本公约不限制填发可以流通的航空货运单。②

3. 托运人和收货人的权利和义务

(1)《华沙公约》中的有关规定。

根据《华沙公约》，托运人应对在航空货运单上所填有关货物的各项说明和声明的正确性负责任。托运人还应提供各种必需的资料，以便在货物交付收货人以前完成海关、税务或公安手续。这些必需的有关证件应附在航空货运单的后面。③

托运人在履行契约所规定的一切义务的条件下，有权在起运地航空站或目的地航空站将货物提回；或在途中经停时中止运输；或在目的地或运输途中交给非航空货运单上所指定的收货人；或要求将货物退回起运地航空站。④

收货人在货物到达目的地，并在交付了应付款项和履行运单上规定的运输条件后，有权要求承运人移交航空货运单并将货物交付予他。⑤

(2)《海牙议定书》对此条没有进行修改。

4. 承运人的责任

(1)《华沙公约》中的规定。

对于旅客因死亡、受伤或身体上的任何其他损害而产生的损失，和对于交运的行李或货物因毁灭、遗失或损坏而产生的损失，

---

① 参见《海牙议定书》第5条。

② 参见《海牙议定书》第9条。

③ 参见《华沙公约》第16条第1款。

④ 参见《华沙公约》第12条第1款。

⑤ 参见《华沙公约》第13条第1款。

如果造成这种损失的事故发生在航空运输期间，承运人应负责任。①

另外，《华沙公约》根据航空运输的特点，在第19条中明确规定：承运人对旅客、行李或货物在航空运输过程中因延迟而造成的损失也应负责。②

(2)《海牙议定书》的修改。

《华沙公约》第20条第2款原规定，承运人如能证明货物或行李的损失发生是由于驾驶上、航空器的操作上或领航上的过失，并在其他一切方面采取必要的措施以避免损失时，可不负责任。《海牙议定书》删除了这一免责条款，增加了承运人的责任。

5. 承运人的责任限制

(1)《华沙公约》的规定。

《华沙公约》第22条第1款和第2款规定，承运人对每一旅客的赔偿责任以125 000法郎为限，对交运的行李或货物的赔偿责任以每千克250法郎为限，除非托运人在向承运人交运时曾声明价值，并已缴付必要的附加费。在第22条第3款中规定，对旅客自己保管的物件，承运人对每个旅客的责任以5 000法郎为限。

上述法郎是指含有千分之九百成色的65.5毫克黄金的法国法郎。③ 这些金额可以折合成任何国家的货币，取其整数。

承运人在下列情况下，可免除或减轻责任④：

1）证明承运人自己和代理人为了避免损失的发生，已经采取了一切必要的措施，或不可能采取这种措施时；

2）证明损失的发生是由于驾驶上、航空器的操作上或领航上的过失；

3）证明损失的发生是由于受害人的过失引起或助成，法院可按照法律规定，免除或减轻承运人的责任。

---

① 参见《华沙公约》第17条，第18条第1款。

② 参见《华沙公约》第19条。

③ 参见《华沙公约》第20条第4款。

④ 参见《华沙公约》第21条。

（2）《海牙议定书》的修改。

《海牙议定书》把对旅客最高赔偿限额由《华沙公约》中的125 000法郎提高为250 000法郎；在司法诉讼中把黄金折合成非金本位国家的货币时，应按判决之日的黄金对本国货币的比值计算。①

对损失是由于承运人代理人之一在执行他的职务范围内所造成的，按《华沙公约》第25条的规定，承运人无权引用责任限额；而《海牙议定书》规定承运人有权引用规定的责任限额。②

6. 争议和诉讼的条款

（1）《华沙公约》中规定。

收货人在收受货物时没有异议，就确认为行李或货物已经完好地交付，并符合运输凭证的初步证据。③如果发现有损坏，收货人应立即向承运人提出异议，若是行李，最迟在收到后3天内提出，货物则为7天。如果是延迟交货，则最迟应在货物交由收货人支配之日起14天内提出异议。以上任何异议应在规定的期限内写在运输凭证上或以书面提出，否则就不能再向承运人起诉。④诉讼时效为两年，过期即丧失追诉权。⑤但如果承运人方面有欺诈行为则不在此限。

（2）《海牙议定书》的修改。

对《华沙公约》第26条规定的提出异议的时间，《海牙议定书》加以放宽。对行李的时限由3天延长到7天，对货物由7天延长到14天，对延误引起的损害索赔期则由14天延长到21天。⑥

二、《中华人民共和国民用航空法》中的有关规定

《中华人民共和国民用航空法》于1995年10月30日经第八届全国人大常委会第十六次会议审议通过，并于1996年3月1日起

---

① 参见《海牙议定书》第11条。
② 参见《海牙议定书》第14条。
③ 参见《海牙议定书》第26条第1款。
④ 参见《华沙公约》第26条第2、3、4款。
⑤ 参见《华沙公约》第29条。
⑥ 参见《海牙议定书》第15条。

正式施行。该法是适用于民航企业航空器试航、人员管理、飞行安全保障、机场建设等的综合性法规，是我国民航史上的第一部规范民用航空活动的大法。该法第九章主要针对公共航空运输（包括旅客、行李和货物运输）作了具体的规定。

在对航空货物运输的有关规定中，《中华人民共和国民用航空法》吸收了《华沙公约》的主要精神，如国际航空运输的定义，承运人责任期间，发、收货人的权利和义务、诉讼时效等，同时采纳了《海牙议定书》中的合理内容，删除了承运人的驾驶过失免责，延长了索赔时效。针对承运人对货物灭失或损坏的责任，《中华人民共和国民用航空法》还采取了更为严格的规定。在第125条第4款中规定：因发生在航空运输期间的事件，造成货物毁灭、遗失或者损坏的，承运人应当承担责任；但是，承运人证明货物的毁灭、遗失或者损坏完全是由于下列原因之一造成的，不承担责任：(1) 货物本身的自然属性、质量或者缺陷；(2) 承运人或者其受雇人、代理人以外的人包装货物的，货物包装不良的；(3) 战争或者武装冲突；(4) 政府有关部门实施的与货物入境、出境或者过境有关的行为。

可见，在这个问题上，《中华人民共和国民用航空法》不再以是否存在过失来判断承运人是否负责，转而采用了严格责任制为基础。

由此可见，我国制定颁布的民用航空法，其最大的特征是依据民用航空活动国际性强的特点，并从我国改革开放的实际需要出发，认真研究并借鉴了国际航空的立法经验，使我国的民用航空法与国际通行的航空规则接轨，并使之有利于我国航空运输业和国际航空运输业的发展。

第五章　公路运输、内河运输、管道运输和邮政运输

第一节　公路货物运输

公路运输（Road Transportation）是现代运输的主要方式之一，也是构成陆上运输的两个基本运输方式之一。在国际贸易货物运输中，公路运输既是一种独立的运输方式，又是连接车站、港口和机场，集、疏运输外贸货物的重要手段，更是“门到门”运输不可或缺的一部分。它在整个运输领域占有重要的地位，并发挥着越来越重要的作用。

一、公路运输发展概况

公路运输始于19世纪末期。第二次世界大战后，公路运输的发展速度空前高涨，在所有的运输方式中，公路运输可谓后来居上。在一些工业发达国家，公路运输的货运量、周转量在各种运、输方式中都名列前茅。目前，全世界机动车总数已达4亿多辆。全世界现代交通网中，公路线长占整个运输线路总里程的2/3，约达2 000万公里，公路运输所完成的货运量占整个货运量的80%左右，货物周转量占10%。公路运输已成为所有运输方式中不可缺少的一个重要组成部分。

公路运输在我国国民经济中也发挥着重要的作用。无论在短途货物运输中，在边境口岸的国际贸易运输中，还是在国际集装箱、超大件货物的运输中，公路运输均是不可或缺的。目前，我国的公路网已覆盖全国，其中98%的乡、镇以及83.5%的行政村通了公路，由国道和省道构成的全国公路干线网已初步形成。随着公路网的扩大和公路质量的提高，公路的客、货运量和客、货周转量也在逐步增加。《中国物流发展报告》的统计结果表明，2000年全国公路总里程已达到140.27万公里，公路运输完成货运量达到103.90亿吨，货物周转量达到6 129亿吨公里，分别比

1999年增加4.9%和7.1%，货运量和货物周转量在综合运输体系中的比重分别达到了78.3%和14.2%，其中货运量在五种运输方式中为第一位。到2000年底，全国公路运输货车达到486万辆，比1999年增长6.2%；大型货车达到191.5万辆，集装箱专用汽车达到1.96万辆，比1999年增长26.6%；城乡个体（联户）拥有的公路运输货车达到了206.9万辆。

二、公路运输的特点和作用

公路运输是一种机动灵活、简捷方便的运输方式，在短途货物集散运转上，它比铁路、航空运输具有更大的优越性，尤其在实现“门到门”的运输中，其重要性更为显著。尽管其他各种运输方式各有特点和优势，但或多或少都要依赖公路运输来完成起讫两端的运输任务。例如，铁路车站、水运港口码头和航空机场的货物集疏运输都离不开公路运输。

我国陆地广阔，与朝鲜、俄罗斯、蒙古、哈萨克斯坦、印度、尼泊尔、巴基斯坦、吉尔吉斯斯坦、缅甸和越南等国以及港澳地区相毗邻，同上述国家和地区之间的货物运送有相当部分是通过公路运输来完成的。长期以来，公路运输为发展我国与周边国家和地区的经济贸易联系提供了十分有利的条件，是我国与周边国家和地区之间重要的运输方式之一。

但公路运输也具有一定的局限性。如：载重量小，不适宜装载重件、大件货物，不适宜长途运输；车辆运行中震动较大，易造成货损、货差事故；运输成本费用较水运和铁路高。

三、公路运输基础知识

公路运输由公路和汽车两部分组成。

（一）公路

1. 定义

公路是指经交通主管部门验收认定的城间、城乡间、乡间能行驶汽车的公共道路。公路包括公路的路基、路面、桥梁、涵洞、隧道。

2. 公路的类别

公路可以从不同的角度进行分类。按技术等级分类，公路可分为等级公路和等外公路；按行政等级分类，公路可分为国道公路、省道公路、县道公路、乡道公路和专用公路；按路面等级分类，公路可分为有路面公路和无路面公路。

2000年底，全国公路总里程达到140.27万公里。在公路总里程中，按公路技术等级分组，高速公路达到了1.63万公里、一级公路2.01万公里、二级公路15.27万公里、三级公路27.67万公里、四级公路75.03万公里，等外公路18.67万公里。全国等级公路占公路总里程的比重达到了86.69%；二级及以上技术等级公路达到18.9万公里，占公路总里程的比重达到13.48%。按公路行政管理等级分组，国道公路里程达到了12.05万公里、省道19.73万公里、县道40.67万公里、乡道62.35万公里、专用公路5.46万公里，全国通公路的乡（镇）和行政村的比重分别达到了98.3%和89.5%。按公路路面等级分组，高级路面里程达到了19.14万公里、次高级路面40.41万公里、中级路面33.97万公里、低级路面38.77万公里、无路面公路7.99万公里。其中有路面公路里程达到132.3万公里，占公路总里程比重达到94.3%；高级、次高级路面公路里程达到59.6万公里，占公路总里程比重达到42.5%。

（二）汽车

公路运输工具从马车到汽车，经历了一段漫长的时期。当前，汽车运输发展的总趋势是大型化、专门化和列车化。

1. 货运车辆的分类

（1）按载重吨位划分，可分为重型载货汽车、中型载货汽车、轻型载货汽车和微型载货汽车。

（2）按用途划分，可分为普通载货汽车和专用载货汽车。专用载货汽车又可细分为冷藏保温车、粉料物料运输车、散装水泥半挂运输车、保鲜厢式半挂车、帘布厢式半挂车、集装箱半挂车和小汽车专用车。

2. 出入境汽车运输

出入境汽车运输，主要是指我国同周边陆地毗邻的国家和地区之间进行的公路国际货物运输。我国与周边国家的公路货物运输，多以政府间的双边、多边汽车运输协定为依据。

截至1999年底，我国政府与周边国家签署的双边和多边汽车运输协定多达12个。这些协定的签署执行，对促进中国和周边国家和地区之间的经济贸易往来、人员和文化交流，促进中国边境地区的经济发展起到了良好作用。1999年，我国出入境汽车运输稳步发展，全年完成出入境货运量310万吨，客运量约303万人次，出入境车辆约70万辆次（不含广东与港、澳间数量）。

（三）公路货物运输方式

公路货物运输按照不同的划分方法，有不同的划分类型。若按办理货物种别划分，可将公路货物运输划分为整批货物运输、零担货物运输和集装箱汽车运输以及大型特型笨重物件运输，快件货物运输和特快件货物运输及保价货物运输等几种类型。

1. 整批货物运输

托运人一次托运的货物，其计费重量在3吨以上，或重量不足3吨，但其性质、体积或形态需要一辆汽车运输的，为整批货物运输。

2. 零担货物运输

托运人一次托运的货物，其计费重量在3吨及3吨以下的，为零担货物运输。

3. 集装箱汽车运输

以集装箱为单位办理托运且由专用汽车载运的，为集装箱汽车运输。

4. 大型特型笨重物件运输

因货物的体积重量的要求，需要用大型或专用汽车运输的，为大型特型笨重物件运输。

5. 快件货物运输和特快件货物运输

在规定的距离和时间内将货物运达目的地的，为快件货物运输。托运人要求即托即运的，为特快件货物运输。

6. 保价货物运输

在托运人托运货物时声明其价格并向承运人支付保价费用的条件下，货物假如发生损失，承运人按声明价格及货物损坏程度予以赔偿的，为保价货物运输。

（四）公路货物运输的经营方式

在市场经济条件下，公路货物运输的组织形式一般有以下几种类别：

1. 公共运输业（Common Carrier）。这种企业专业经营汽车货物运输业务并以整个社会为服务对象，其经营方式有：

（1）定期定线：不论货载多少，在固定路线上按时间表行驶；

（2）定线不定期：在固定路线上视货载情况，派车行驶；

（3）定区不定期：在固定的区域内根据货载需要，派车行驶。

2. 契约运输业（Contract Carner）。按照承托双方签订的运输契约运送货物。与之签订契约的一般都是一些大的工矿企业，常年运量较大而又较稳定。契约期限一般都比较长，短的有半年、一年，长的可达数年。按契约规定，托运人保证提供一定的货运量，承运人保证提供所需的运力。

3. 自用运输业（Private Operator）。工厂、企业、机关自置汽车，专为运送自己的物资和产品，一般不对外营业。

4. 汽车货运代理（Freight Forwarder）。本身既不掌握货源也不掌握运输工具，他们以中间人身份一面向货主揽货，一面向运输公司托运，借此收取手续费用和佣金。有的汽车货运代理专门从事向货主揽取零星货载，加以归纳集中成为整车货物，然后自己以托运人名义向运输公司托运，赚取零担和整车货物运费之间的差额。

四、公路货物运输合同及单证

公路货物运输合同由承运人和托运人本着平等、自愿、公平、诚实和信用的原则签订。

公路货物运输合同分为定期运输合同、一次性运输合同和公路货物运单三种。上述三种运输合同均以书面形式表示。

（一）定期运输合同

定期运输合同适用于承运人、托运人、货运代理人之间在商定的时期内和批量货物运输。运单被视为货物运输合同成立的凭证。

（二）一次性运输合同

一次性运输合同适用于每次货物运输。运单被视为货物运输合同成立的凭证。

（三）公路货物运单

在每车次或短途每日多次货物运输中，公路货物运单被视为运输合同。

1. 公路货物运单的性质和作用

公路货物运单是运输合同成立、承运人收到货物的初步证据，又是记录车辆运行和行业统计的原始凭证。

公路货物运单是承运人与发货人、收货人之间解决纠纷的依据。但公路运单不是物权凭证，不能转让。

2. 公路货物运单的分类

公路货物运输按照运输范围是否超越国境，可分为国内公路运输和国际公路运输。因此，公路运单也按是否超越国境，分为国内公路货物运单和国际公路货物运单。

（1）国内公路货物运单

国内公路货物运单分为甲、乙、丙三种。甲种运单适用于普通货物整车运输，以及大件货物、危险货物的运输；乙种运单适用于集装箱汽车运输；丙种运单适用于零担货物运输。

公路货物运单主要包括以下一些内容：

1）托运人、收货人的名称、地址、电话及邮编；

2）货物名称、性质、件数、重量、体积以及包装方式；

3）装、卸货地点；

4）承运日期；

5）装卸责任；

6）运输质量；

7）货物价值及是否保价、保险；

8）运输费用的结算方式；

9）违约责任；

10）争议解决方式。

（2）国际公路货物运单

国际公路货物运输合同以签发运单来确认，但无运单、运单不正规或运单丢失并不影响运输合同的成立或有效性。

国际公路货物运单一般为一式三份正本，在由发货人和承运人共同签字以后（也可以盖章代替签字），将第一份交发货人，作为货交承运人的收据；第二份跟随货物至目的地，随同货物一起交给收货人；第三份运单由承运人留存。

国际公路货物运单内容主要包括：

1）发货人、收货人、承运人的名称及地址；

2）货物接管的地点、日期及指定的交货地点；

3）货物的名称、件数、重量、尺码、包装、标志及号码；

4）运输费用；

5）是否允许转运的说明；

6）货物价值及保险；

7）运输期限；

8）运单签发的日期及地点等。

五、公路货物运输费用

公路货物运输费用包括运费和其他费用。运费是指公路承运人在运输货物时依照所运货物的种类、重量、距离而收取的费用。它是公路货物运输费用中的重要组成部分。其他费用也称杂费，主要是指包括装卸费在内的公路货物运输中产生的相关费用。

（一）公路货物运费

公路货物运输费用一般有两种计算标准：一是按货物等级规定基本运费费率；二是以路面等级规定基本运价。凡是一条运输路线包含两种或两种以上的等级公路时，则以实际行驶里程分别计算运价。特殊道路，如山岭、河床、原野地段则由承、托双方另议商定。

公路货物运输的基本费率分为整车货物基本费率（FCL）和零担货物基本费率（LCL）两种，后者一般比前者高30%～50%。我国公路运输部门规定，一次托运货物在3吨以上的为整车运输，适用整车费率，单位为元/吨千米；不满3吨的为零担运输，适用零担费率，单位为元/千克千米。凡1千克重的货物，体积超过4

立方分米的为轻泡货物（或尺码货物 Measurement Cargo）。整车轻泡货物的运费按装载车辆核定吨位计算；零担轻泡货物，按其长、宽、高计算体积，每 4 立方分米折合 1 千克，以千克为计费单位。此外，还有包车费率（Lump Sum Rate），即按车辆使用时间（小时或天）计算，单位为元/吨位小时；集装箱基本费率，即各类标准集装箱在等级公路上运输的每箱千米运价；特种货物运价和快运货物运价等。

（二）公路货物运输其他费用

公路货物运输其他费用包括装卸费、调车费、装货（箱）落空损失费、道路阻塞停运费、车辆处置费、运输变更手续费、车辆通行费、货物检验费、报关手续费、集装箱租箱费及取箱、送箱费等。

六、国际公路货物运输公约和协定

（一）《国际公路货物运输合同公约》

为了统一公路运输所使用的单证和承运人的责任，联合国所属欧洲经济委员会负责草拟了《国际公路货物运输合同公约》，简称 CMR，并于 1956 年 5 月 19 日在日内瓦由欧洲 17 个国家参加的会议上一致通过签订，因此又称《日内瓦公约》。该公约旨在统一公路运输所使用的单证和承运人的责任。《日内瓦公约》共有 12 章 51 条，就适用范围、承运人责任、合同的签订与履行、索赔和诉讼以及连续承运人履行合同等内容都作了较为详细的规定。

1.《国际公路货物运输合同公约》中有关承运人的责任规定①

承运人的责任期间为自接管货物时起至交付货物时止。

承运人对整个运输过程中发生货物全部灭失或部分灭失、货物的损坏以及货物的延迟交付负责。因承运人用于运输的车辆状况不良，或因向承运人出租车辆的人（或出租车辆人的代理人、受雇人）的错误行为或过失引起的货物灭失或损坏，应由承运人负责。如一份运输合同需由多个公路承运人来完成，则每一个承运人都应对运输全过程负责，第二承运人和每一个连续承运人在

---

① 参见《国际公路货物运输合同公约》第 4 章第 17 条。

接受货物和运单时，自动成为该运输合同的当事人。但由于下列原因造成的货物灭失、损坏或延迟，承运人不予负责：

（1）索赔人的错误行为或疏忽，或执行了索赔人的错误指示（但承运人应负举证责任）；

（2）货物的固有缺陷；

（3）货物的包装不善，包装上的标志或号码不足或不当；

（4）合同中明确规定使用无盖敞车；

（5）发货人、收货人或其代理人对货物进行搬运、装载、积载和卸载；

（6）承运活动物。

2.《国际公路货物运输合同公约》中有关索赔和诉讼时效的规定①

（1）索赔时效

1）收货人在提取货物时，如果出现以下三种情形：

a. 收货人未与承运人及时检验货物状况；

b. 货物有明显的灭失或损坏，但未迟延交货；

c. 货物灭失或损坏不明显。

在交货后 7 日内（星期日或节假日除外），收货人未向承运人就灭失或损坏状况提出保留性说明，则收货人接收货物的事实，即应作为其收到运单上所载明的货物的初步证据。如果货物灭失或损坏不明显，则其保留性说明应以书面形式作出。

2）在收货人与承运人就货物状况作了及时检验之后，如果货物灭失或损坏不明显，只有在收货人自检验货物时起 7 日内（星期日和节假日除外），及时以书面形式提出保留意见的情况下，与检验结果相反的证据的提出才会被接受。

3）在自货物交付收货人处置时起 21 天内，如果收货人没有向承运人提出书面保留意见，则对延迟交货不予赔偿。

（2）诉讼时效

按照本公约，货物运输所引起的诉讼，其诉讼时效为一年。

---

① 参见《国际公路货物运输合同公约》第 4 章及第 5 章。

但如是故意的不当行为，或根据受理案件的法院或法庭地的法律，认为过失与故意的不当行为相等同时，诉讼时效为三年。

（二）《国际公路车辆运输规定》

为了有利于开展集装箱联合运输，使集装箱能原封不动地通过经由国，联合国所属欧洲经济委员会成员国之间于 1956 年缔结了关于集装箱的关税协定。参加该协定的签字国，有欧洲 21 个国家和欧洲以外的 7 个国家。协定的宗旨是相互间允许集装箱免税过境。在这个协定的基础上根据欧洲经济委员会的倡议，还缔结了《国际公路车辆运输规定》（Transport International Routine 简称 TIR）。根据该规定，对集装箱的公路运输承运人，如持有 TIR 手册，允许由发运地到达目的地，在海关签封下，中途可不受检查、不支付关税、也可不提供押金。这种 TIR 手册是由有关国家政府批准的运输团体发行，这些团体大都是参加国际公路联合会的成员，它们必须保证监督其所属运输企业遵守海关法规和其他规则。协定的正式名称是《根据 TIR 手册进行国际货物运输的有关关税协定》。（Customs Convention on the International Transport of Goods under Cover of TIR Carnets）。该协定欧洲有 23 个国家参加，并已从 1960 年开始实施。

尽管上述公约和协定有地区性限制，但它们仍不失为当前国际公路运输的重要国际公约和协定，并对今后国际公路运输的发展具有一定影响。

（三）中华人民共和国《汽车货物运输规则》

为保护汽车货物运输当事人的合法权益，明确承运人、托运人、收货人以及其他有关各方的权利、义务和责任，维护正常的公路货物运输秩序，中华人民共和国交通部依据国家有关法律、法规，于 1999 年 11 月 2 日制定、通过了《汽车货物运输规则》（Truck Transport Code），并于 2000 年 1 月 1 日起施行。

中华人民共和国《汽车货物运输规则》共 8 章 93 条，就运输基本条件、运输合同的订立与履行、承运人的责任、货运事故和违约处理等内容作了较为详尽的规定。

第二节　内河货物运输

一、内河运输的发展

在人类历史上，内河运输是人类较早采用的一种运输方式，而且历来被作为一种重要的运输方式。早期的人类只能利用自然河道，后来逐渐认识掌握了河流的运动规律，才开始整治河道，挖掘运河，建筑船坝，使河流适合人类运输的需要。现代内河航道水流平稳，畅通宽直，吃水较深，一些大的内河可以容纳大型船舶直驶上游。早期的内河运输都是单一船舶运输。尽管可以改进船舶结，增大载重量吨位，但载重量受内河条件制约有一定的限度。19 世纪中叶，开始采用拖带方法，内河运输量成倍增长，成为内河运输发展的一个重要里程碑。至 20 世纪，内河运输方式又发生了一次巨大的变化，传统的拖带运输方式逐渐退出历史舞台，一度蓬勃发展的货船运输开始有所下降，代之兴起的是顶推运输方式。目前，一般高功率的推船已能顶载重量高达三四万吨的驳船。

造船工业的发展，使船舶的结构性能日趋完善。现代化载驳船的出现，使内河驳船运输与海洋运输紧密衔接，融为一体，减少了中间环节，加速了船货周转，降低了运输成本。

内河运输适宜装运大宗货物，如矿砂、粮食、化肥、煤炭等，而且由于航运平稳，在运送石油等危险货物时也较为安全。

二、内河运输的特点和作用

内河运输是水上运输的一个重要组成部分，也是连接内陆腹地和沿海地区的纽带。它具有运量大、投资少、成本低、耗能少的特点，对一个国家的国民经济和工业布局起着重要作用，故世界各国无不重视本国内河运输系统的建设。

三、内河运输船舶

内河运输使用的船舶，由于内河吃水浅、河道狭、弯道多、水位涨落幅度大等特点，其结构和要求与海上船舶有所不同。内河运输使用的船舶主要有以下四种：

1. 内河货船

内河货船，是指本身带动力，并有货舱可供装货的船舶。这是内河运输的主要工具之一。内河货船的载重吨位、长度和吃水深浅，视河道条件而异，但一般均比海船小。内河货船具有使用方便、调度灵活的特点，但载重量小、成本大，一般多数作为内河定期经营船使用。

2. 拖船和推船

拖船（Tug boat）和推船（Tow boat）都是动力船，本身一般不装载货物，而起拖带和推动驳船的作用。前者在驳船前面，拖带驳船前进；后者在驳船后面，顶推驳船往前行进。以前内河运输的驳船主要使用拖船带动，称为拖带法。目前，推船已逐渐取代拖船，而成为内河运输的主要发展方向。这是因为顶推法比拖带法具有阻力小、推力大、操纵性强的优越性。

3. 驳船

内河驳船按有无动力可分为机动驳船和非机动驳船，按拖带和顶推方法分为拖驳和推驳。推驳船是一种一定尺度的标准型驳船，便于编队分节，所以又称为分节驳。分节驳上没有舵、锚以及生活设施和救生设备，整个驳船是一个长方形的货舱，以供装货。近年来，驳船的发展具有标准化、系列化和专业化的特点。

4. 河/海型船

这类船既可在内河又可在沿海航行，现已发展成为一种独立的船型。在结构上除了吃水较浅外，基本上与海船相似，它的好处是可以河海直达。

四、我国内河运输的发展

我国有 5 000 多条大小河流和众多湖泊，天然河道 40 余万公里，发展内河运输的自然条件十分优越。新中国成立以后，国家大力整治河流，疏通水道，沟通水系。据《中国物流发展报告》载，截至 2000 年底，全国内河航道通航里程已达 11.9 万公里，比新中国成立初期的 2.7 万公里增长了 4.4 倍，已初步形成一个内河航运网。其中，等级航道达 6.14 万公里，占总里程的比重为 51.4%；能够通航千吨级以上船舶的航道 7 000 余公里，通航 500

吨级以上船舶的航道达1.24万公里；增加内河港口吞吐能力9 500多万吨，主要内河港口拥有万吨级深水泊位50余座，使水运主通道上的重点港口完善了散货、杂货、外贸码头建设。2000年，全国内河船舶达到22万艘、2 052万净载重吨位、752万千瓦功率，基本与1999年持平。全国内河航运货物运输量6.87亿吨，完成货物周转量1 551亿吨公里，内河港口完成货物吞吐量9.1亿吨，比1999年增长8.3%。

为了适应我国对外贸易迅速发展的需要，国家已批准公布长江等一些内河港口正式对外开放，这将有利于外贸商品直接通过内河运进和运出，并促进我国内河运输的进一步发展。

我国与外国相通的河流有：(1) 对俄罗斯及独联体国家有黑龙江、乌苏里江、松花江、额尔齐斯河、伊犁河。(2) 对朝鲜有鸭绿江和图们江。(3) 对越南有红河和黑水河。(4) 对老挝有湄公河（我国境内叫澜沧江）。

第三节　管道运输

一、管道运输的发展

管道运输是货物在管道内借高压气浆的压力向目的地输送的一种运输方式。管道运输是随着石油的生产而产生和发展的，它是一种特殊的运输方式，与普通货物的运输形态完全不同：普通货物运输是货物随着运输工具的移动，货物被运送到目的地；而管道运输的运输工具本身就是管道，是固定不动的，只是货物本身在管道内移动，换言之，它是运输通道和运输工具合二为一的一种专门运输方式。

现代管道运输起源于美国。1861年，美国宾夕法尼亚州最初使用木制油槽，从油矿把原油输送至聚迪塔，因木制油槽阻力大、易渗漏，随后改以铁制管道代替。直至20世纪初期，管道运输才得到了迅速发展。为了增加运量、加速周转，现代管道管径和气压泵功率都有很大增加，管道里程越来越长，最长达数千公里。现代管道不仅可以输送原油、各种石油成品、化学品、天然气等液体和气体物品，而且可以输送矿砂、碎煤浆等。

目前，世界上各类管道干线的总里程约 180 多万公里，其中输气管道占管道总里程的 50%以上，输油管道约占 40%，化工及其他管道约占 10%。世界管道运输网分布很不均匀，主要集中在北美和欧洲。美国、俄罗斯及独联体国家的管道运输最发达。

二、管道运输的优缺点

管道运输与其他运输方式不同，概括起来有以下特点：

（1）运输通道与运输工具合二为一；

（2）高度专业化，适于运输气体和液体货物；

（3）永远是单方向运输。

根据管道运输的上述特点，可以概括出管道运输的优点：

（1）不受地面气候影响，并且可以连续作业；

（2）运输的货物无需包装，可节省包装费用；

（3）货物在管道内移动，货损、货差小；

（4）费用省、成本低；

（5）单向运输，无回空运输问题；

（6）经营管理比较简单。

但管道运输也存在如下局限：

（1）运输货物过于专门化，仅限于液体和气体货物；

（2）永远单向运输，机动灵活性差；

（3）固定投资大。

三、管道运输的种类

（1）管道运输就其铺设工程可分为架空管道、地面管道和地下管道，其中以地下管道应用最为普遍。视地形情况，一条管道也可能三者兼而有之。

（2）管道运输就其地理范围可分为：原油管道（Crude Oil Pipeline），即从油矿至聚油塔或炼油厂的管道；成品油管道（Product Oil Pipeline），即从炼油厂至海港或集散中心的管道；系泊管道（Buoy Oil Pipeline），即从海港至海上浮筒的管道。

（3）管道运输就其运输对象可分为液体管道（Fluid Pipeline）、气体管道（Gas Pipeline）和水浆管道（Scurvy Pipeline）。

(4) 管道运输依其制造材料可分为玻璃钢管道、不锈钢管道和塑料管道。

(5) 管道运输依其直径大小可分为从51毫米～102毫米、152毫米直至1 422毫米等几十种不同管径的管道。

此外，管道运输同铁路运输、公路运输一样，也有干线和支线之分。

四、管道运输的经营管理

在西方资本主义国家，管道运输大都为大石油公司所占有和控制，它们为了垄断石油的产供销，均投资建设自己专用的管道，运输自己的产品，管道运输实际上已成为石油公司内部的运输部门，成为石油垄断组织的一个不可缺少的组成部分。

第二次世界大战后，铁路兼营管道运输的现象逐渐增多，这是因为随着管道运输的迅速发展，铁路油罐车运输业务受到很大影响，铁路为了寻找出路，提高竞争能力，挽回失去的货运量，有些铁路也投资建设石油管道，兼营管道运输业务。铁路兼营管道运输较其他单独经营管道运输具有有利条件：首先，铁路可在铁路沿线原有土地上铺设管道，不必投资另找土地；其次，可以利用铁路原有人员和设备；再次，可以解决铁路本身所需燃料。因此，可以收到投资少、成本低的良好经济效果。

管道运输由于管道路线和运输是固定的，所以运输费用计算比较简单。按油类不同品种规格规定不同费率。其计算标准多数以桶为单位，有的以吨为单位。此外，一般均规定每批最低托运量。

五、我国管道运输的发展

我国的石油天然气管道工业的发展是随着我国石油工业的创建而发展起来的。我国最早的一条石油管道于20世纪40年代初期铺设，是从印度边境通到我国云南昆明的石油管道。由于该管道质量较差，效率很低，使用时间不长便弃之不用了。新中国成立后，随着我国石油工业的发展，我国的管道运输也有了较大的发展。我国在1958年建设了克拉玛依—独山子炼油厂双线输油管道，全长300公里，管径159毫米，这是我国第一条长输管道。在

70 年代，我国主要立足于原油自给，建设了一系列原油输送管道，这些管道构成了我国管道运输的基础，不少油田已有管道与海港相通。我国向朝鲜出口的石油主要是通过管道运输来完成的。《中国物流发展报告》统计结果表明，目前中国已经建成和正在建设的原油管道、成品油管道和天然气管道共有 22 019 多公里，其中原油管道 13 415.4 公里，成品油管道 2 711 公里，天然气管道 5 893 公里。可以说，管道运输在我国石油运输方面起了很大的作用，并将会随着我国石油工业的发展而日益发展。

第四节　国际邮政运输

世界各国的邮政业务均由国家办理，而且均兼办邮包运输业务。国际上，各国邮政之间订有协定和公约，通过这些协定和公约，使邮件包裹的传递畅通无阻，四通八达，形成全球性的邮政运输网，从而使国际邮政运输成为国际贸易中普遍采用的运输方式之一。

一、国际邮政运输的特点和作用

国际邮政运输（International Parcel Post Transport）是国际贸易运输不可缺少的渠道。根据其性质和任务，概括起来主要有以下几个特点：

（一）具有广泛的国际性

国际邮政是在国与国之间进行的，在多数情况下，国际邮件需要经过一个或几个国家经转。各国相互经转对方的国际邮件，是在平等互利、相互协作配合的基础上，遵照国际邮政公约和协定的规定进行的。为确保邮政运输安全、迅速、准确，在办理邮政运输时，必须熟悉并严格遵守本国和国际间的各项邮政规定和制度。

（二）具有国际多式联运性质

国际邮政运输过程一般需要经过两个或两个以上国家的邮政局和两种或两种以上不同的运输方式的联合作业才能完成。但从邮政托运人角度来说，它只要向邮政局照章办理一次托运，一次付清足额邮资，并取得一张包裹收据，全部手续即告完备。至于邮件运送、交接、保管、传递等一切事宜，均由各国邮政局负责办理。邮件运抵目的地，收件人即可凭邮政局到件通知和收据向邮政局提取邮件。所以，国际邮政运输就其性质而论，是一种国际多式联合运输。

（三）具有“门到门”（Door to Door）运输的性质

各国邮政局如星斗密布于世界各地，邮件一般可在当地就近向邮政局办理；邮件到达目的地后，收件人也可在当地就近邮政局提取邮件。所以邮政运输基本上可以说是“门到门”运输。它为邮件托运人和收件人提供了极大的方便。

但国际邮政运输与其他运输方式还是有所不同。国际邮政运输的主要任务是通过国际邮件的传递，沟通和加强各国人民之间的通讯联系，促进相互间的政治、经济、文化交流。这与国际贸易大量货物的运输在业务性质上是存在差别的。

国际邮政运输对邮件重量和体积均有限制，如每件包裹重量不得超过 20 公斤，长度不得超过 1 公尺。所以邮政运输只适宜于重量轻、体积小的小商品，如精密仪器、机器零件、金银首饰、药品以及各种样品和零星物品等。

二、万国邮政联盟组织

万国邮政联盟（Universal Postal Union）简称邮联。其宗旨是根据邮联组织法的规定，组成一个国际间邮政领域，以便相互交换邮件；组织和改善国际邮政业务，以利国际合作的发展；推广先进经验，给予会员国邮政技术援助。

邮联的组织机构有：大会，为邮联的最高权力机构，每五年举行一次；执行理事会，为大会休会期间的执行机构；邮政研究咨询理事会，研究邮政技术和合作方面的问题，并针对问题提出改进建议以及推广邮政经验和成就；国际局，为邮联的中央办事机构，设在瑞士伯尔尼，其主要任务是对各国邮政进行联络、情报和咨询，负责大会筹备工作和准备各项年度工作报告。我国于 1972 年加入邮联组织。

三、邮包种类

国际邮件按运输方法分为水陆路邮件和航空邮件。按内容性质和经营方式分为函件和包裹两大类。按我国邮政规定，邮包分为：

（1）普通包裹，凡适于邮递的物品，除违反规定禁寄和限寄的以外，都可以作为包裹寄送。

（2）脆弱包裹，容易破损和需要小心处理的包裹，如玻璃器皿、古玩等。

（3）保价包裹，邮局按寄件人申明价值承担补偿责任的包裹。一般适于邮递贵重物品，如金银首饰、珠宝、工艺品等。

此外，国际上还有快递包裹、代收货价包裹、收件人免付费用包裹等。目前我国邮政暂不办理这些项目。

以上包裹如以航空方式邮递，即分别称为航空普通包裹、航空脆弱包裹和航空保价包裹。

邮政局在收寄包裹时，均给寄件人以执据，故包裹邮件属于给据邮件。给据邮件均可以办理附寄邮件回执。回执是邮件投交收件人作为收到凭证的邮件。回执可按普通、挂号或航空寄送。

四、邮资和单证

邮资是邮政局为提供邮递服务而收取的费用。各国对邮资采取不同的政策：有些国家把邮政收入作为国家外汇收入来源之一；有些国家要求邮政自给自足，收支大致相抵；有些国家对邮政实行补贴政策。从而形成不同的邮资水平。

根据《万国邮政公约》（Universal Convention of Post）的规定，国际邮资应按照与金法郎接近的等价折成其本国货币制定。邮联以金法郎为单位，规定了基本邮资，以此为基础，允许各国可按基本国情增减。增减幅度最高可增加70%，最低可减少50%。

国际邮资均按重量分级为其计算标准。邮资由基本邮资和特别邮资两部分组成。基本邮资是指邮件经水陆路运往寄达国应付的邮资，也是特别邮资计算的基础。基本邮资费率是根据不同邮件种类和国家地区制定的，邮政局对每一邮件都要照章收取基本邮资。特别邮资是为某项附加手续或责任而收取的邮资，如挂号费、回执费、保价费等，是在基本邮资的基础上按每件加收的，但是保价邮资须另按所保价值计收。

邮政运输的主要单证是邮政收据（Post Receipt）。邮政收据是邮政局收到寄件人的邮件后所出具的凭证，也是邮件灭失或损坏时凭以向邮政局索赔的凭证，也是收件人凭以提取邮件的凭证。

五、邮政运输的有关规定

为了执行国家政策法令，保证邮政运输的顺利进行，邮政局对邮件的禁寄、限寄和其他要求都有明确严格的规定。

（一）禁寄、限寄范围

国际邮件内容，除必须遵照国际间一般禁止或限制寄递的规定外，还必须遵照本国禁止和限制出口的规定，以及寄达国禁止和限制进口和经转国禁止和限制过境的规定。

根据我国海关对进出口邮递物品监督办法和国家法令，如武器、弹药、爆炸品、受管制的无线电器材、中国货币、票据和证券、外国货币、票据和证券、黄金、白银、白金、珍贵文化古玩、内容涉及国家机密和不准出口的印刷品、手稿等，均属于禁止出口的物品。限制出口的物品是指有规定数量或经批准方可向外寄递的物品，如粮食、油料等，每次每件以一公斤为限。对商业性行为的邮件，则按进出口贸易管理条例规定的办法，如规定需要附许可证邮递的物品，寄件人必须向有关的对外贸易管理机构申请领取许可证，以便海关凭以放行。有些物品，如肉类、种子、昆虫标本等按规定须附卫生检疫证书。

（二）有关重量、尺寸、封装和封面书写要求规定

按照国际和我国邮政规定，每件邮包重量不超过 20 公斤，长度不得超过 1 公尺。所以要作这样的规定，是基于国际邮件交换的需要，是邮政业务和交通运输业的分工所在。如不加以限制，邮政业务就无异于货运业务。

邮件封装视邮件内所装物品性质的不同，要求亦有所不同。对封装总的要求以符合邮递方便、安全并保护邮件不受损坏丢失为原则。对封面书写则要求清楚、正确、完整，以利准确、迅速和安全地邮递。

六、邮政运输的责任范围

邮政部门与寄件人之间是委托与被委托的关系。双方的权利义务和责任豁免是由国家法律和国家授权制定的邮政规章予以明确规定，并受其制约的，与此同时，还要受到国际公约和协定的约束。这种关系自邮政部门接受寄件人的委托起建立，并一直至邮政部门交付邮件于收件人而告终止。

根据邮政法规，寄件人应遵守邮政有关规定，办理邮件委托手续并照章交付邮资；邮政部门负有安全、准确、迅速完成接受委托的邮递责任，并对邮件的灭失、短少、损坏负有补偿责任。但非因邮政部门的过失所造成的邮件灭失、短少，损坏，邮政部门可免于负责。

根据我国的规定，凡由于下列原因所造成的损失，邮政部门可免于负责：

（1）不可抗力。

（2）寄达邮局按法令予以扣留或没收的。

（3）违反了禁寄、限寄规定而被主管当局没收或销毁的。

（4）寄达国声明对普通包裹不负补偿责任的。

（5）属于寄件人的过失，所寄物品性质不符，以及邮件封装不妥。

（6）虚报保价金额。

（7）属于海关监督查验所作的决定。

（8）寄件人未在规定期限的一年内办理查询的。

关于补偿范围和补偿金额，根据规定，凡保价包裹和普通包裹，如由于邮政部门责任，邮政部门都负责予以补偿，对保价包裹的补偿金额，最多不超过货价金额。普通包裹的补偿金额，每件不超过下列标准，如实际损失低于该标准，则按实际损失补偿：

包裹重量 5 公斤以下补偿 40 金法郎；

包裹重量超过 5 公斤至 10 公斤补偿 60 金法郎；

包裹重量超过 10 公斤至 15 公斤补偿 80 金法郎；

包裹重量超过 15 公斤至 20 公斤补偿 100 金法郎；

但如有双边协定的，则按双边协定的补偿规定办理。

七、中国邮政运输的发展

中国邮政无论从邮政网点、邮路，还是从物流配送设备、运输工具等方面看，都已经形成世界上规模最大的邮政网络。中国邮政实物传递网目前拥有覆盖全国的236个物流配送中心和6.7万多个邮政局所。这些邮政网点和邮件处理中心通过2.2万多条、298万公里邮路，以及3万多辆邮政运输车和火车、轮船、邮政航空和民用航空等多种运输手段连接，构成了一个相当大的现代邮政快速传递网。中国目前已经与世界上150个国家和地区建立了通邮关系，函件和包裹可以通达全世界，特快专递可以通达200个国家和地区，国际汇兑业务能够通达20个国家和地区。

第六章　国际集装箱运输与多式联运

第一节　集装箱运输

一、集装箱运输的概述

（一）集装箱的定义

集装箱（Container）又称货柜或货箱，是具有一定的强度和刚度，专供周转使用并便于机械操作和运输的大型货物容器。

关于集装箱的定义，在理论上存在着不同的看法。有人认为集装箱是货物包装，另有人认为集装箱是运输工具。根据国际标准化组织（ISO）的规定，集装箱必须具备如下条件：

（1）具有耐久性，其坚固程度足以反复使用；

（2）它是为了便于商品运送而专门设计的，利用它以一种或多种运输方式运输时无须中途换装；

（3）具有便于装卸和搬运的装置，此种装置尤其有利于货物从一种运输方式转换到另一种运输方式；

（4）设计时注意到便于货物装满或卸空；

（5）内容积为1立方米或1立方米以上。

我国及美国、法国等一些国家均引用上述定义。世界上有关集装箱的国际公约以及各国的有关规章对集装箱应具备的条件均作了规定，但内容基本上大同小异。

（二）集装箱运输的产生及发展

1. 国际集装箱运输的产生及发展

集装箱运输是运输现代化的重要标志，它的出现被认为是运输领域的一场革命。虽然只是在现代运输中才大规模地运用集装箱，但集装箱却有自己较长的发展史。集装箱运输最早出现于铁路运输。早在19世纪中期，在英国和美国铁路上即开始用载货的容器装载煤和杂货。到了19世纪末期，为运输棉纱和棉布，英国的兰开夏使用了一种带有活动框架的载货设备，被称为“兰开夏托盘”（Lancashire Flat），这大概是集装箱的雏形。

20 世纪初期，一些资本主义国家由于货物运量的增加，铁路运输得到了较快的发展。先是在英国的铁路上出现了较简单的集装箱运输，随后集装箱运输在德国、法国、意大利和美国也相继出现。

1931 年至 1939 年期间，由于公路运输的迅速发展，铁路运输地位相对下降。在进行集装箱联运时，铁路和公路不能相互协调与配合。加之其他种种原因，集装箱运输发展缓慢，基本上处于停顿状态。

第二次世界大战以后，运输领域发生了两极分化。一方面，以原材料为主的大宗货物因其标准、规格一致，装卸机械化、自动化程度高，而呈现出高生产效率和良好的经济效益；另一方面，由于标准、规格参差不齐，以工业产品为主的件杂货，在货物装卸过程中机械化、自动化程度低，其生产效率和经济效益受到严重影响。

1956 年 4 月，前身为大西洋轮船公司的美国海陆运输公司，将一艘油轮改装后进行集装箱试营运，在纽约至休斯敦航线上作首次航行，试航三个月，取得了巨大的经济效益。随后，该公司又陆续开辟了纽约—洛杉矶—旧金山航线和纽约—阿拉斯加航线。1966 年 4 月，海陆运输公司又用改装的全集装箱船，开辟了纽约—欧洲的集装箱国际航线，揭开了国际集装箱运输的序幕。继海陆公司之后，美国的马托松公司也作了美国太平洋沿岸至夏威夷航线的试运行，并于 1967 年 9 月开始了北美至日本太平洋航线的集装箱运输。由于高效率与高效益，集装箱运输深受货主和船公司的青睐，得到迅速发展，很快由北美、欧洲扩展到世界各主要航线。目前，发达国家的件杂货运输大多实现了集装箱化。

进入 20 世纪 90 年代，电子计算机技术被广泛应用于运输领域。运输部门通过计算机联网，实行集装箱动态跟踪管理，提高了集装箱货运管理的效率。集装箱运输管理的科学化和现代化，推动了集装箱多式联合运输的发展。

2. 我国集装箱运输发展概况

我国集装箱运输始于20世纪50年代。早在1955年，铁道部及其下属单位就成立了集装箱运输管理部门，在国内办理小型集装箱运输。1973年，我国开辟了由上海至日本的小型集装箱试运，这是我国第一条国际海上集装箱运输线。第二年，在从天津至美国、加拿大的航线上第一次采用国际标准箱的试运。直至1978年，我国才正式开辟由上海至澳大利亚的定期集装箱班轮航线。

海运集装箱的快速发展，必须有相适应的内陆集疏运系统。1983年，我国铁路正式接运经港口进出的国际集装箱。面对国际集装箱的快速发展，1986年10月，我国铁道部运输局同中国远洋运输公司、中国对外贸易运输总公司先后签订了海铁联运协议，办理国际集装箱的海铁联运业务。为适应海铁联运的需要，铁道部扩大投资，改善货运条件，扩建和新建铁路车站、货场和集装箱货运站，同日益增长的港口吞吐能力相匹配，以保证内陆集疏运系统的畅通。经过20多年的努力，我国集装箱运输取得了骄人的成绩。至2001年底，全国港口共完成集装箱吞吐量2 748万标准箱，比2000年增长17%。有8个港口的集装箱吞吐量超过了100万标准箱，它们是上海港、深圳港、青岛港、天津港、广州港、厦门港、大连港和宁波港。其中上海港达634万标准箱，居世界第5位；深圳港508万标准箱，居世界第8位。

（三）集装箱运输的优越性

集装箱运输优于传统的件杂货运输。在传统杂货运输的情况下，由于杂货的包装各异，规格、标准不一，不适合机械化、自动化装卸。货物从发货人的工厂或仓库运交到收货人的工厂或仓库，需要使用多种不同的运输工具，通过多种环节和部门，办理繁杂的手续，才能最后完成整个运输过程。因此，传统的件杂货运输存在装卸速度慢、环节多、手续复杂、时间长、效益低、货损货差严重等弊端。相比之下，集装箱运输将包装各异，标准、规格不一的杂货装入标准的、规格统一的集装箱内，以集装箱作为运输单位加以运输，有专门的装卸设备从事搬运和装卸，可以迅速方便地从一种运输工具转换到另一种运输工具，并无须搬动箱内的货物。因此，集装箱运输的主要优越性可概括为：

（1）装卸效率高，车、船周转快

集装箱运输是将单件货物集合起来，装入集装箱，使运输单位成组化，便于机械操作，从而大大提高装卸效率，加快船舶周转。

（2）手续简便，货物运送迅速

由于集装箱运输提高了装卸效率，特别适合“门到门”运输。货物在发货地在海关监管下装箱铅封以后，交给承运人，一票到底，途中无需倒载，大大减少了中间环节，简化了货运程序，加快了货运速度，缩短了货运时间。

（3）提高货运质量，减少货损货差

集装箱坚固耐用，强度大，能对货物起着很好的保护作用。由于集装箱在转换运输工具时，不用拆箱，倒载，加之杂货箱水密性好，不怕风吹日晒雨淋，也不易被偷盗。

（4）节省包装费用

采用集装箱运输，可大大简化货物的包装，节省包装费用。

（5）便于国际多式联运，实现“门到门”运输

因集装箱运输便于机械操作，提高装卸效率，非常方便地从一种运输工具转换到另一种运输工具，最适合“门到门”运输。

（四）集装箱运输的主要航线

目前，世界上规模最大的国际集装箱航线主要有：

远东至北美航线，也被称为北太平洋航线。该航线又可分为两条：一条是往来于远东和北美西岸的航线；另一条是往来于远东和北美东岸的航线。

远东至欧洲、地中海航线。该航线也包括远东地区至欧洲航线及远东至地中海地区的航线。

北美至欧洲、地中海航线，又被称为北大西洋航线。该航线又可分为三条航线：往来于北美东岸与欧洲之间的航线；北美东岸与地中海之间的航线；北美西岸与欧洲、地中海之间的航线。

（五）集装箱标准

集装箱标准化是指集装箱的各种基本技术条件标准一致，使集装箱适合于在不同运输工具之间的互通、互换，它为集装箱的

装卸设备和运输工具的造型、设计和制造提供了理论依据。对“门到门”多式联运而言，集装箱的标准化起了关键的作用。为了有效地开展国际集装箱多式联运，集装箱的标准化建设至关重要。

按其使用范围划分，集装箱标准有国际标准、地区标准、国家标准和公司标准四种。

集装箱的国际标准是由国际标准化组织（ISO—International Organization for Standardization）第 104 技术委员会制定的。根据该技术委员会制定的国际标准所制造的集装箱，目前通用于国际间。

国际标准化组织自 1961 年成立以来，致力于国际集装箱的标准化建设，对集装箱的国际标准作过多次修改、补充和删减。现行的国际标准集装箱的箱型见表 1—6—1。

集装箱的地区标准，指由地区组织根据该地区的情况，制定并在该地区推广使用的集装箱标准。如欧洲国际铁路联盟（UIC）制定的集装箱标准，只适用于欧洲地区的铁路运输。该标准是世界上最早的集装箱标准。

集装箱的国家标准是由各国政府参照国际标准并考虑本国的具体情况而制定的，主要供各国国内使用。我国的集装箱标准化工作开始于 1976 年，全国集装箱标准化技术委员会负责该项工作。我国现行的集装箱标准见表 1—6—2。

集装箱的公司标准主要是一些大的船公司根据本公司的具体情况而制定的标准。

（六）集装箱标志

为了方便集装箱运输管理，国际标准化组织拟订了集装箱标志方案。根据国际标准化组织的规定，集装箱的标志应在规定的位置上标出三组标记，内容如下：

第一组标记包括箱主代码、顺序号和核对数等内容。

箱主代码表示集装箱所有者的代码，用四位拉丁字母表示。前三位字母由箱主自定，需向国际集装箱局登记后才能使用，第四位字母表示运输方式种类，如海运集装箱以 U 表示，中国远洋运输（集团）公司的箱主代码为 COSU。

表 1—6—1 **国际标准集装箱现行箱型系列表**

集装箱箱型	长度(L)				宽度(W)				高度(H)				总重	
	mm	公差 mm	ft in	公差 in	mm	公差 mm	ft in	公差 in	mm	公差 mm	ft in	公差 in	kg	lb
1AA	12 192	0 −10	40	0 −3/8	2 438	0 −5	8	0 −3/16	2 591	0 −5	8 6	0	30 480	67 200
1A	12 192	0 −10	40	0 −3/8	2 438	0 −5	8	0 −3/16	2 438	0 −5	8 6	0 −3/16	30 480	67 200
1AX	12 192	0 −10	40	0 −3/8	2 438	0 −5	8	0 −3/16	<2 438	0 −5	<8		30 480	67 200
1BB	9 125	0 −10	29 11. 5	0 −3/8	2 438	0 −5	8	0 −3/16	2 591	0 −5	8 6	0 −3/16	25 400	56 000
1B	9 125	0 −10	29 11. 5	0 −3/8	2 438	0 −5	8	0 −3/16	2 438	0 −5	8	0 −3/16	25 400	56 000
1BX	9 125	0 −10	29 11. 5	0 −3/8	2 438	0 −5	8	0 −3/16	<2 438		<8		25 400	56 000
1CC	6 058	0 −6	19 10. 5		2 438	0 −5	8	0 −3/16	2 591	0 −5	8 6	0 −3/16	24 000	52 900

续前表

集装箱箱型	长度(L)				宽度(W)				高度(H)				总重	
	mm	公差 mm	ft in	公差 in	mm	公差 mm	ft in	公差 in	mm	公差 mm	ft in	公差 in	kg	lb
1C	6 058	0 −6	19 10. 5		2 438	0 −5	8	0 −3/16	2 438	0 −5	8	0 −3/16	24 000	52 900
1CX	6 058	0 −6	19 10. 5		2 438	0 −5	8	0 −3/16	<2 438		<8		24 000	52 900
1D	2 991	0 −5	9 9. 75	0 −3/16	2 438	0 −5	8	0 −3/16	2 438	0 −5	8 6	0 −3/16	10 160	22 400
1DX	2 991	0 −5	9 9. 75	0 −3/16	2 438	0 −5	8	0 −3/16	2 438	0 −5	<8		10 160	22 400
1AAA	12 192	0 −10	40	0 −3/8	2 438	0 −5	8	0 −3/16	2 896	0 −5	9 6	0 −3/16	30 480	67 200
1BBB	9 125	0 −10	29 11. 2	0 −3/8	2 438	0 −5	8	0 −3/16	2 896	0 −5	9 6	0 −3/16	25 400	56 000

资料来源：刘鼎铭：《国际集装箱及其标准化》，北京，人民交通出版社，1998。

表 1－6－2　　我国现行的集装箱外部尺寸、极限偏差及额定重量

型号	高度（H）mm		宽度（W）mm		长度（L）mm		额定重量（最大重量）kg
	尺　寸	极限偏差	尺　寸	极限偏差	尺　寸	极限偏差	
1AA	2 591	0 －5	2 438	0 －5	12 192	0 －10	30 480
1A	2 438	0 －5	2 438	0 －5	12 192	0 －10	30 480
1AX	＜2 438		2 438	0 －5	12 192	0 －10	30 480
1CC	2 591	0 －5	2 438	0 －5	6 058	0 －6	20 320
1C	2 438	0 －5	2 438	0 －5	6 058	0 －6	20 320
1CX	＜2 438		2 438	0 －5	6 058	0 －6	20 320
10D	2 438	0 －5	2 438	0 －5	4 012	0 －5	10 000
5D	2 438	0 －5	2 438	0 －5	1 968	0 －5	5 000

资料来源：刘鼎铭：《国际集装箱及其标准化》。

说明：1. 5D 和 10D 两种箱型主要用于国内运输，其他 6 种箱型主要用于国际运输；2. C 型箱总量仍为 20 320kg，实际使用中已采用 24 000kg；3. 除上述箱型外，铁路部门使用的总重为 1 吨、2 吨和 10D－1 型小型集装箱不在此系列。

顺序号表示集装箱的编号。按照我国规定，集装箱顺序号用六位阿拉伯数字表示，不足六位数字的，以 0 补之。

核对数主要用于计算机核对箱主号与顺序号，以保证其记录的正确性。核对数一般位于顺序号之后，用一位加方框的阿拉伯数字表示，以醒目。

第二组标记包括国籍代号、集装箱的尺寸代号和类型代号。

国籍代号以三位拉丁字母表示，用以表明集装箱的登记国。如 CHN 为中华人民共和国的代号。

集装箱的尺寸代号由两位阿拉伯数字组成，用于表示集装箱的尺寸大小，如 20 表示该集装箱是 20 英尺的集装箱。

类型代号由两位阿拉伯数字组成，用以说明集装箱的类型。如 G0—G9 为通用集装箱；R0—R9 为保温集装箱；U0—U9 为开顶集装箱。

第三组标记为集装箱的最大总重和自重。

集装箱的自重是集装箱自身的重量，即空集装箱的重量，它的重量大小会影响装货的重量。集装箱的最大总重包括集装箱的自重和箱内所装货物的重量，也是集装箱允许的最大载货量。任何人装箱都不允许超过集装箱的最大总重。

（七）集装箱的种类

1. 按用途分类

为适应装载各种不同货物的需要，集装箱可分为：

（1）干货集装箱

干货集装箱又称杂货集装箱，为一种通用集装箱。适于装载各种干杂货，包括日用百货、食品、机械、仪器、医药及各种贵重物品等。这种集装箱使用范围极广，常用的有20英尺和40英尺两种箱型。其结构多为封闭式，一般在箱体的侧面或一端设有箱门，用来装卸货物。

（2）冷藏集装箱

这种集装箱附有冷冻机，用以装载冷冻货物或冷藏货物。其温度可以在＋26℃至－28℃之间调节。在整个运输过程中，启动冷冻机可以保持指定的温度。

（3）开顶集装箱

开顶集装箱也称敞顶集装箱，是一种没有箱顶的集装箱，但有可折式顶梁支撑的帆布、塑料布或涂塑布制成的顶篷，其他构件与干货集装箱类似。开顶集装箱适于装载较高的大型货物，如玻璃板、钢制品、机械等，可以使用起重机从顶部装卸。为了使货物在运输中不发生移动，一般在箱内底板两侧各埋入几个索环，用以穿过绳索捆绑箱内货物。

（4）散货集装箱

这是用以装载大豆、大米、麦芽、面粉、饲料以及水泥、化学制品等各种散装的粉状或粒状货物的集装箱。这种集装箱的箱底有制成漏斗型的，便于卸货；有从箱门处卸货的，一般在箱门内侧分上、下两半开启，以防卸货时货物急剧倾出。在箱顶部还设有 2 至 3 个装货口，适于装载粉状或粒状货物。使用散货集装箱，可以节约包装费用，提高装卸效率。

（5）框架集装箱

指用以装载不适于装入干货集装箱或开顶集装箱的长大件、超重件、轻泡货、重型机械、钢管、裸装机床和设备的集装箱。这种集装箱没有箱顶和箱壁，箱端壁也可卸下，只留箱底和四角柱来承受货载，既可从箱上、也可从箱侧用铲车进行装卸。

（6）罐式集装箱

这是适于装载酒、油类、液状化学品等液体货物的集装箱。它由罐体和箱体框架两部分组成，通过罐顶部装货孔装货；通过底部的排货孔卸货（流出），或通过顶部装货孔卸货（吸出）。

（7）动物集装箱

指专供装运牲畜的集装箱。为了通风，侧壁用金属丝网制造，箱壁下方设有清扫口和排水口，并设有喂食装置。

（8）通风集装箱

通风集装箱一般在侧壁或端壁上设有通风孔，适于装载不需要冷冻但需通风、防止汗湿的货物，如水果、蔬菜等。如将通风孔关闭，亦可作为杂货集装箱使用。

（9）汽车集装箱

指专为装运小型轿车而设计制造的集装箱。其结构特点是无侧壁，仅设有框架和箱底，可装载一层或两层小轿车。

（10）挂衣集装箱

为专门用以挂运衣服的集装箱。箱内设有吊挂服装的横杆、绳扣和衣架，可节省大量包装、熨烫和仓储费用。

2. 按制造材料分类

（1）钢制集装箱

钢制集装箱的框架和箱壁板皆用钢材制成。这种集装箱的优点是坚固、耐用、强度高、结构牢、焊接性和水密性好、制造成本低、易修理、不易损坏，缺点是自重大、抗腐蚀性差、易氧化。

（2）铝制集装箱

在铝制集装箱中，既有钢架铝板结构的，又有仅框架两端用钢材，其余用铝材制造的。铝制集装箱的优点是美观、坚固、自重轻、不生锈、不易氧化腐蚀，缺点是造价高、投资大。

（3）不锈钢制集装箱

一般多为用不锈钢制作的罐式集装箱。不锈钢制集装箱的主要优点是强度高、不生锈、耐腐性好，缺点是投资大。

（4）玻璃钢制集装箱

玻璃钢制集装箱是在钢制框架上装上玻璃钢复合板构成的。其优点是美观、坚固，隔热性、防腐性和耐化学性均较好，易清扫，修理简便，集装箱内容积较大等，缺点是自重大、造价高。

（八）集装箱运输的关系方

集装箱运输所涉及的关系方主要包括：

（1）集装箱运输的实际承运人。包括经营集装箱运输的船公司、铁路集装箱运输公司、公路集装箱运输公司及航空集装箱运输公司等。

（2）无船承运人。在集装箱运输中，以承运人的身份接受托运人的货载，签发自己的提单或者其他货运单证，向托运人收取运费，通过国际船舶运输经营者完成国际海上货物运输，承担承运人责任的国际海上运输企业。

（3）集装箱租赁公司。指专门经营集装箱租赁业务的公司。

（4）集装箱堆场经营者。集装箱堆场一般设在码头的前沿，是集装箱装船前或卸船后临时堆放的场所，也是集装箱堆场经营者与货方责任和风险划分的地方。

（5）集装箱货运站。一般设在内陆交通比较便利的大中城市。集装箱货运站的业务主要是为拼箱货提供装箱、拆箱、集装箱中转、交接或其他运输服务的专门场所，也是承运人与货方办理拼箱货运输时责任和风险划分的地方。

二、集装箱运输实务

（一）集装箱的装箱方式及注意事项

1. 集装箱的装箱方式

集装箱的装箱方式分为整箱和拼箱两种。

（1）整箱（Full Container Load，FCL）

指货方自行将货物装满整箱后，以箱为单位办理托运的集装箱。这种情况是在货主有足够货源装载一个或数个集装箱时才使用的装箱方式。除有些大的货主自己置备有集装箱外，一般是托运人向承运人或集装箱租赁公司租用一定数量的集装箱，将空集装箱运到发货人的工厂或仓库后，在海关人员监管下，由货主把货物装入箱内，加锁或加铅封后交承运人。承运人在收到集装箱以后，给托运人签发场站收据（Cargo Receipt，D/R），托运人凭场站收据换取提单。

（2）拼箱（Less Than Container Load，LCL）

指托运人托运的货物数量少，不够装一个整箱，托运人以杂货的形式将货物送交承运人，承运人根据货物的性质和目的地进行分类整理，将去同一目的地的货物集中到一定数量，拼装入箱。由于一个集装箱内有不同货主的货物拼装在一起，所以叫拼箱。拼箱货的分类、整理、集中、装箱、拆箱、交接等工作均在集装箱货运站（Container Freight Station，CFS）或内陆集装箱转运站进行。

2. 集装箱货物装载注意事项

集装箱货物在装箱之前，需要注意以下一些问题：

（1）集装箱的选择

采用集装箱运输货物，应根据货物的种类、包装、性质、体积、重量及对运输的特殊要求，选择适当的集装箱。选择集装箱时，主要应考虑集装箱是否适合要装载的货物，与货物所要求的运输条件是否相符。

（2）集装箱的检查

集装箱在装货之前，必须经过严格检查，才能保证货运安全。因此，发货人、收货人、集装箱管理人员、承运人等在办理集装箱交接的时候，除了对集装箱要进行检查外，还应填写集装箱设备交接单，作为确认集装箱交接时的状态的依据。

对集装箱检查的内容包括：

集装箱的外部检查。主要针对箱子的外部进行检查，要对箱子外部进行六面查看，看外部是否有损伤、变形、裂缝、破口等情况。

集装箱的内部检查。主要对箱子内侧进行六面查看，看箱子是否漏水、漏光、有无污渍等。

箱门检查。检查箱门的四周是否水密，门锁是否完整，箱门是否开启自如。

箱体内清洁检查。检查箱体内有无污染、不洁残留物，异味、锈蚀、水湿等。

集装箱附属件的检查。

(3) 集装箱货物装箱应注意的事项

随着集装箱运输的不断发展，适箱货源越来越多。为保证货物运输安全，做好集装箱货物的积载工作非常重要。因此，对于集装箱货物的装箱工作应注意：

1) 根据货物的不同种类、性质、包装，选用不同种类和规格的集装箱。

如果不同的货物须混装在一个集装箱里．要考虑货物的性质、种类、重量、包装等情况。不同种类、性质的货物如果相互有影响，则不应装在同一集装箱内。

2) 货物在箱子内的重量分布要均衡，以防箱子某一部位装载过重而导致集装箱结构变形，造成货物的损失。

3) 装箱时，要根据货物的包装强度来决定货物在箱内的堆码层数。为了防止装在下层的货物不致被放在上层的货物压坏，在货物与货物之间应放置隔垫物料，同时也可避免货物之间相互摩擦，造成货物的污损。隔垫物料应选择清洁、干燥的，以防止物料对货物的污染。

4) 装在箱内的货物要堆码整齐严密，这样既可以节省空间，又可防止货物在箱内移动而造成货物的损坏。

5) 货物装箱完毕，应对货物采取加固措施，以防卸货时货物倒塌，造成人员伤亡和货物的损坏。

(二) 集装箱的交接方式

集装箱的交接方式可根据集装箱的装箱方式及集装箱的交接地点进行分类。

1. 按集装箱的装箱方式分，集装箱的交接方式分为：

（1）整箱交，整箱接（FCL/FCL）

货主在工厂或仓库把装满货物的集装箱整箱交给承运人，收货人在目的地以整箱接货。也就是说，承运人以整箱为单位负责交接，货物的装箱和拆箱工作均由货方负责。

（2）拼箱交，拆箱接（LCL/LCL）

货主将不足整箱的零星小票货物送到集装箱货运站或内陆转运站交给承运人，由承运人负责拼箱和装箱。货到目的地的集装箱货运站或内陆转运站后，由承运人负责拆箱后交给收货人。货物的装箱和拆箱工作均由承运人负责。

（3）整箱交，拆箱接（FCL/LCL）

货主在工厂或仓库把装满货物的集装箱整箱交给承运人，货到目的地的集装箱货运站或内陆转运站后，由承运人负责拆箱后交给收货人。

（4）拼箱交，整箱接（LCL/FCL）

货主将不足整箱的零星小票货物送到集装箱货运站或内陆转运站交给承运人，由承运人负责拼箱和装箱。货到目的地后，承运人以整箱交，收货人以整箱接。

2. 按集装箱的交接地点分，集装箱的交接方式分为：

（1）门到门（Door to Door）

从发货人的工厂或仓库至收货人的工厂或仓库。

（2）门到场（Door to CY）

从发货人的工厂或仓库至目的地或卸货港的集装箱堆场。

（3）门到站（Door to CFS）

从发货人的工厂或仓库至目的地或卸货港的集装箱货运站。

（4）场到门（CY to Door）

从起运地或装箱港的集装箱堆场至收货人的工厂或仓库。

（5）场到场（CY to CY）

从起运地或装箱港的集装箱堆场至目的地或卸货港的集装箱堆场。

（6）场到站（CY to CFS）

从起运地或装箱港的集装箱堆场至目的地或卸货港的集装箱货运站。

（7）站到门（CFS to Door）

从起运地或装箱港的集装箱货运站至收货人的工厂或仓库。

（8）站到场（CFS to CY）

从起运地或装箱港的集装箱货运站至目的地或卸货港的集装箱堆场。

（9）站到站（CFS to CFS）

从起运地或装箱港的集装箱货运站至目的地或卸货港的集装箱货运站。

以上九种不同的交接方式，可归纳为以下四种方式：

门到门。这种运输方式的特征是，在整个运输过程中，完全是集装箱运输，没有货物运输，故最适宜于整箱交，整箱接。

门到场站。这种运输方式的特征是，由门到场站为集装箱运输，由场站到门是货物运输，故最适宜于整箱交，拆箱接。

场站到门。这种运输方式的特征是，由门到场站为货物运输，由场站到门是集装箱运输，故最适宜于拼箱交，整箱接。

场站至场站。这种运输方式的特征是，除中间一段为集装箱运输外，两端的内陆运输均为货物运输，故最适宜于拼箱交，拆箱接。

（三）集装箱运输进出口程序

1. 集装箱运输出口程序

（1）订舱。发货人根据贸易合同及信用证条款的规定，在货物出运之前向班轮公司办理订舱手续。

船公司确认订舱以后，就着手编制订舱清单，分送给集装箱码头堆场、集装箱的空箱堆场等有关部门，据以安排空箱和办理货物的交接工作。

（2）提取空箱。订舱以后，如果是整箱货物，由发货人向船公司领取空箱。如果是拼箱货，则由集装箱货运站领取空箱。领取空箱时，提箱人要与集装箱堆场办理空箱的交接手续，并填写集装箱设备交接单。

（3）拼箱货装箱。拼箱货装箱在集装箱货运站进行。集装箱货运站根据订舱单核收发货人托运的货物并签发场站收据，经分类整理后，在集装箱货运站内装箱。

（4）整箱货装箱。发货人提取空箱后，一般在其工厂或仓库，在海关的监管下由发货人自行装箱、铅封，并填制集装箱货物装箱单。

（5）集装箱货物交接。发货人装箱后，将集装箱货物通过其他的运输工具运送到集装箱堆场。集装箱堆场根据订舱单和装箱单验收货物，签发场站收据（Dock Receipt）给发货人。

（6）换取提单。发货人凭班轮公司签发的场站收据向船公司换取集装箱提单，凭提单到银行办理结汇。

2. 集装箱运输进口程序

（1）收集货运单证。收货人收到从启运港寄来的有关货运单证后，即着手安排接货的准备工作。

（2）分发单证。发货人将收集的货运单证分别送交有关关系方，如货运代理人、集装箱堆场、集装箱货运站。

（3）到货通知。通知收货人有关船舶到港的时间，便于收货人准备接货。船舶到达目的港后，会给收货人发出到货通知。

（4）报关、报验。根据国家有关法律、法规的规定，进口货物必须在办理报关、报验等验放手续后，收货人才能提取货物。因此，收货人必须及时办理货物的报关、报验手续。

（5）提货单。收货人提取货物前需付清所有费用，凭船公司签发的提单换取提货单，向承运人提取货物。

（四）集装箱货物运输主要货运单证

集装箱运输的货运单证和传统杂货班轮运输货运单证差不多，都包括商业发票、报关单、检验检疫证书、磅码单、装箱单、货物托运单、装货单、提单等各种单证。但在集装箱班轮运输中，也有自己特有的一些单证与传统杂货班轮运输的单证不同，它们是：

1. 设备交接单（Equipment Interchange Receipt，EIR）

设备交接单是集装箱进出港区及集装箱堆场时，发货人、集装箱货运站与集装箱堆场之间办理集装箱和设备交接的单证。设备交接单分出场和进场两种。出场的设备交接单是提取空箱时用；进场的设备交接单是将重箱送集装箱堆场时用。

2. 集装箱装箱单（Container Load Plan，CLP）

集装箱装箱单是记载集装箱内所有装载的货物的名称、重量、尺码、数量等内容的单证，它是装箱人根据实际装进集装箱内的货物制作的。集装箱装箱单的主要作用有：

（1）作为发货人、集装箱货运站与集装箱堆场之间货物交接的单证。

（2）是船公司了解集装箱内所装货物的明细表。

（3）是卸货港集装箱货运站安排拆箱、理货的单据之一。

（4）是处理货损、货差索赔时的重要单据之一。

3. 场站收据（Dock Receipt，D/R）

场站收据又称码头收据，相当于传统杂货班轮运输的大副收据。在集装箱运输情况下，发货人将集装箱送至集装箱堆场，取得场站收据，并用以换取提单。

（五）集装箱运输的运费计算

集装箱运输的运费与传统班轮杂货的运费计算是一样的，也是根据货物的等级不同有不同的费率。但集装箱货物运输的最低运费和最高运费计算有它自己的特点。

1. 最低运费（Minimum Freight）的计算

集装箱的最低运费有拼箱货的最低运费和整箱货的最低运费之分。

（1）拼箱货的最低运费

拼箱货的最低运费与传统班轮杂货的最低运费计算是一样的，即在每一航线上各规定一个最低运费额。任何一批货物的运输，承运人收取的运费金额低于规定的最低运费额时，则按最低运费金额计算。

（2）整箱货的最低运费

整箱货的最低运费与拼箱货的最低运费计收的规定不同。整箱货的最低运费计收的标准不是按金额计收，而是规定运费吨。凡以整箱托运的货物，为避免运费的收入低于运输成本，船公司对不同规格的集装箱分别规定计收运费的最低应计收的运费重吨和尺码吨。如实际收取的运费低于最低运费，则运费按最低运费标准计收。最低运费的规定，各船公司的规定都不一样，有的以绝对数表示。如有的规定，20 英尺标准干货箱重货的最低运费吨为 17.5 吨，尺码货为 21.5 立方米；有的以百分比计算方法计收，如装重量货按集装箱载货净重量的 95%计算，尺码货按集装箱的内容积的 85%计算。

2. 最高运费（Maximum Freight）的计算

最高运费的规定是集装箱运输所特有的特点。它是在集装箱运输中，为了鼓励托运人采用集装箱装运货物，并能最大限度地利用集装箱的内容积，而采用的一种计算集装箱运费的方法。因此，集装箱的最高运费只能按尺码吨计算。对于最高运费的规定，各船公司也不一样。在计算运费时，班轮公司对不同规格及类型的集装箱规定一个最高运费吨，即按集装箱的内容积计算，如 20 英尺干货箱的最高运费吨为 31 立方米，40 英尺干货箱的最高运费吨为 67 立方米。如果托运人实际装入集装箱内货物的尺码超过了规定的最高运费吨时，班轮公司按最高运费吨计收运费，超过的尺码吨不收运费。如果整个集装箱所装货物的品种多，而这些货物的运价又分属不同的运价等级，则免收运费的货物应以运价等级低的货物为准。如果托运人只提供部分货物的运费资料，这部分货物按规定的运价等级和费率计收，其余没提供资料的货物的运费，则按最高计费吨减去已提供资料的货物运费吨计算。

在集装箱运输实践中，还有的班轮公司对集装箱运费规定一个综合费率，即不管集装箱内装有几种货物，也不管这些货物的运价等级是否不同，则一律按一个综合费率来收取。

三、有关集装箱运输的法规

关于集装箱运输的法规主要有：

（一）《日内瓦集装箱海关公约》

该公约由欧洲的 21 个国家和 7 个欧洲以外的国家参加。公约规定，凡在本公约成员国之间进行集装箱货物运输，相互之间允许集装箱免税进口。该公约已于 1959 年生效。

（二）《1972 年集装箱海关公约》和《国际集装箱安全公约》

联合国政府间海事协商组织于 1972 年在瑞士日内瓦召开国际集装箱运输会议，会上一致通过了《1972 年集装箱海关公约》和《国际集装箱安全公约》。公约对集装箱的结构、种类、标志等都作了详细规定。《国际集装箱安全公约》于 1981 年 9 月对我国生效。

（三）《中华人民共和国海上国际集装箱运输管理规定》

为了加强海上国际集装箱运输管理，明确有关各方的责任，适应我国对外贸易的需要，1990 年 12 月 5 日由国务院公布并施行《中华人民共和国海上国际集装箱运输管理规定》。《中华人民共和国海上国际集装箱运输管理规定》共 6 章 34 条，主要包括总则、海上国际集装箱运输企业的设立和班轮航线的审批、货运管理、承运人与托运人或收货人之间有关货物的交接和责任的划分以及有关罚则的规定。《中华人民共和国海上国际集装箱运输管理规定》已于 1998 年 4 月 18 日进行了修改。

第二节　大陆桥运输

作为运输设备的集装箱出现以后，在整个货物运输过程中，以集装箱为媒介，采用机械装卸、搬运，不仅装卸效率高，货运质量好，而且货物在转换不同运输工具的时候，不需移动箱内的货物。由于这些特点，集装箱最适合“门到门”的多种方式的联合运输。

一、大陆桥运输的定义

大陆桥运输（Land Bridge Transport）是指以横贯大陆的铁路或公路运输系统作为中间桥梁，把大陆两端的海洋连接起来的集装箱的连贯运输。人们从地理概念上将海—陆—海的陆地部分，形象地比喻为连接两边海洋的一座桥梁，大陆桥之称号则由此而来。实际上，大陆桥运输是以国际标准集装箱为运输单位，通过海、陆不同运输方式，一票到底，实现“门到门”的多式联合运输。由于大陆桥运输的陆运部分多以铁路运输系统来运送，因而又称为国际铁路集装箱运输。

二、大陆桥运输产生的历史背景

大陆桥运输是集装箱运输面世以后的产物。1967 年，由于阿以战争，苏伊士运河封闭，航运中断，而巴拿马运河因运输能力有限而堵塞，远东与欧洲之间的海上货运船舶，不得不绕航非洲好望角或南美合恩角，致使航程和运输时间倍增，加上油价上涨，航运成本骤升。此时正值集装箱运输兴起，大陆桥运输也应运而生。1967 年底，首次开辟了使用美国大陆桥的运输路线，实现从远东港口至欧洲的货运。这是世界上第一条大陆桥运输线，它将原来全程使用海洋运输的方式更改为海—陆—海运输方式。20 世纪 70 年代初，由日本至欧洲的货物又改用西伯利亚铁路过境运输。从日本至英国的货物，自日本装船，运至俄罗斯远东地区港口，转装西伯利亚及欧洲铁路，再装船至英国港口。这条路线就是闻名世界的西伯利亚大陆桥运输线，它的西端延伸至整个欧洲大陆及伊朗、阿富汗等国，东端包括日本、中国、韩国在内的整个东南亚地区和北美的西海岸。

三、大陆桥运输的优势

大陆桥运输是以集装箱为媒介，将海运和陆运结合起来、一票到底的多式联合运输。因此，大陆桥运输将多种运输方式的优点融为一体，具体表现为以下几方面。

（一）缩短运输里程，节省运输时间

大陆桥运输与海上运输相比，大大缩短了运输里程。以日本至英国的运输为例，日本至英国的海运，有几条海运路线可供通行。西行可经过苏伊士运河，东行可穿过巴拿马运河，也可绕道非洲好望角，或者南美合恩角，上述各路线的海运里程折算成公里长度分别为：

苏伊士运河航线	20 807 公里
巴拿马运河航线	23 061 公里
好望角航线	27 389 公里
合恩角航线	31 484 公里

而大陆桥运输路线里程为：

北美大陆桥	17 831 公里

西伯利亚大陆桥	13 400 公里
新亚欧大陆桥	10 837 公里

以上两组数字的对比表明，大陆桥运输线的里程，大大短于海运里程。里程的缩短又明显节省了运输时间。

再以中国天津港至德国汉堡港为例，海上运输距离为 21 175 公里，而大陆桥运输距离仅为 10 155 公里，不及海上运输距离的一半。再从时间看，海上运输一般约需 60 天左右，而大陆桥运输只需 35 天左右。

（二）加快运输速度，降低运输成本

大陆桥运输尽管中途须转换运输工具，但在换装作业中，集装箱装卸效率高，加之铁路运输速度快，时间准确，使货运速度加快，相应地又降低了运输成本。

（三）保证货运质量，节省包装费用

大陆桥运输充分体现了集装箱运输的优越性。集装箱运输有利于保证货运质量，减少货损货差。利用大陆桥运输方式，在转换不同运输工具时，只对集装箱进行装卸，无需搬动箱内货物。另外，集装箱本身坚固耐用、强度大，能很好地保护货物，装入集装箱的货物不必再作运输包装，因此又节省了包装费用。

（四）简化货运手续，利于资金周转

在“门到门”运输方式下，发货人只需将货物交给总承运人（或多式联运经营人），办理一次托运，无须费时费力，即可取得货运单据，货物的全程运输则由总承运人负责。大陆桥运输同海上运输相比，可提前结汇，有利于发货人的资金周转。

四、国际大陆桥运输线概况

（一）北美大陆桥

北美大陆桥包括美国大陆桥和加拿大大陆桥。

1. 美国大陆桥

建于 20 世纪 60 年代的美国大陆桥，是世界上最早出现的大陆桥。美国有两条大陆桥运输线；一条从西部太平洋口岸的西雅图、旧金山、洛杉矶等港口至东部大西洋口岸的纽约；另一条从西部太平洋口岸的上述港口至南部墨西哥湾口岸的休斯敦、新奥尔良等港口。

由于东部港口拥挤等原因，美国的大陆桥运输基本陷于停顿状态。但在大陆桥运输的过程中，派生并形成了小陆桥运输和微型陆桥运输方式。小陆桥运输（Mini-land Bridge，缩写为 MLB），比大陆桥的海—陆—海运输缩短了一段海上运输距离，称为海—陆或陆—海形式。例如，远东至美国东部大西洋口岸或美国南部墨西哥湾口岸的货运，由原来全程海运，改为由远东装船运至美国西部太平洋口岸，转装铁路（公路）专用车运至东部大西洋口岸或南部墨西哥湾口岸，以公路或铁路为桥梁，把美国西海岸同东海岸或墨西哥湾连接起来。

微型陆桥运输（Micro-land Bridge 或 Interior Point of Inter-modal，缩写为 IPD）又称为内陆点多式联运，与小陆桥运输相比，其陆上运输里程更短。由于只利用了部分陆桥而没有通过整条陆桥，微型陆桥运输又称半陆桥运输，它是指海运加一段从海港到内陆城乡的陆上运输或相反方向的运输形式。

2. 加拿大大陆桥

加拿大大陆桥运输线起自加拿大太平洋沿岸的温哥华，终结于接近大西洋沿岸的蒙特利尔，它开通于 1979 年。日本至欧洲的货物，可用集装箱船运至温哥华，然后换装到铁路列车上运至蒙特利尔，最后再装船运至欧洲各港口。由于种种原因，同美国大陆桥一样，加拿大大陆桥也处于停顿状态。

（二）西伯利亚大陆桥

西伯利亚大陆桥是利用俄罗斯西伯利亚铁路作为陆地桥梁，把太平洋远东地区与波罗的海和黑海沿岸以及西欧大西洋口岸连接起来的大陆桥。该大陆桥运输线东自前苏联的纳霍特卡港或东方港起，横贯欧亚大陆，至莫斯科后，桥分三路：第一路自莫斯科至波罗的海沿岸的圣彼得堡港，转船至西欧、北欧港口；第二路从莫斯科至俄罗斯西部国境站，转欧洲其他国家铁路（公路）直运欧洲各国；第三路从莫斯科至黑海沿岸，转船至中东、地中海沿岸。所以，从远东地区至欧洲，通过西伯利亚大陆桥的运输有海—铁—海、海—铁—公路和海—铁—铁三种运送方式（见图1—6—1）。

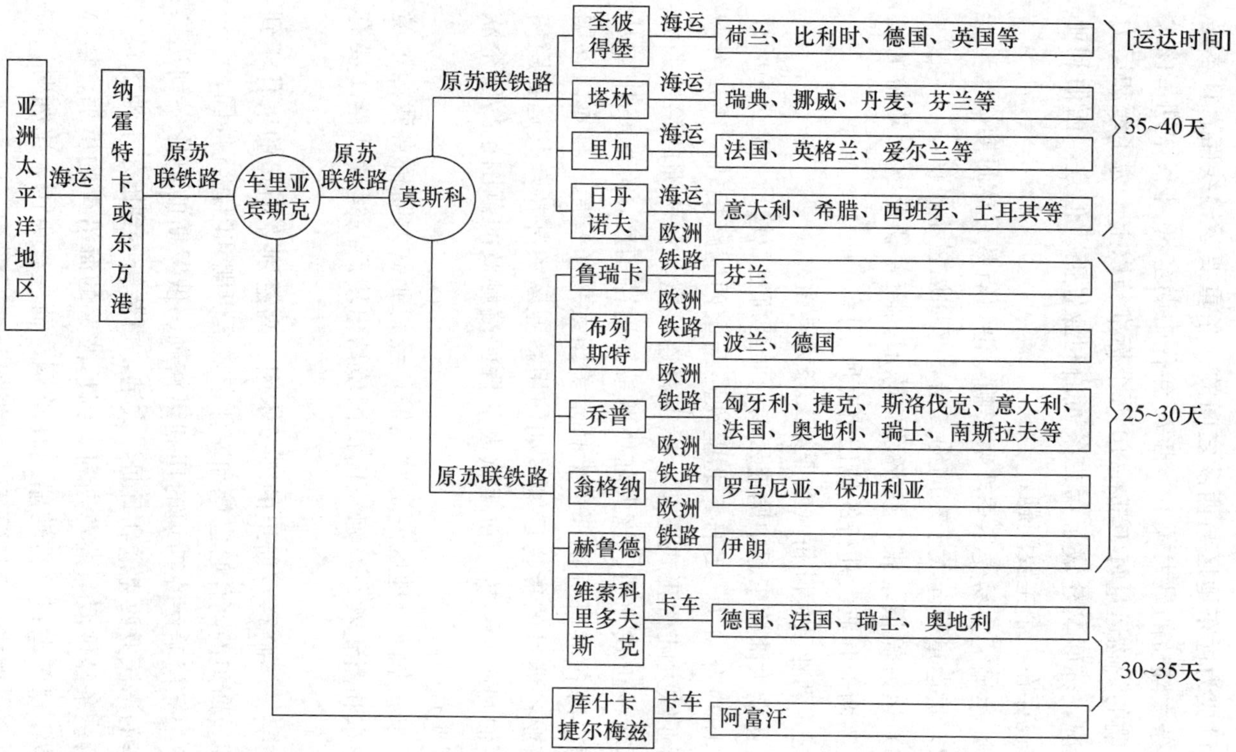

图1-6-1 西伯利亚大陆桥运输形式图

资料来源：徐淑芬：《大陆桥运输》，北京，中国铁道出版社，1997。

20世纪70年代初以来，西伯利亚大陆桥运输发展很快。目前，它已成为远东地区与西欧之间的一条重要运输线路。日本是利用此条大陆桥的最大顾主。自70年代中期至80年代中期，该大陆桥运输的货物运量每年都在10万个标准箱以上。为了缓和运力紧张状况，苏联又建成了第二条西伯利亚铁路。但是，西伯利亚大陆桥也存在三个主要问题：

（1）运输能力易受冬季严寒影响，港口有数月冰封期。

（2）货运量西向大于东向约二倍，来回运量不平衡。

（3）运力仍很紧张，铁路设施陈旧。随着新亚欧大陆桥的正式营运，西伯利亚大陆桥的地位将有所下降。

（三）新亚欧大陆桥（欧亚第二条大陆桥）

新亚欧大陆桥东起中国连云港，西至荷兰鹿特丹，全长10 837公里。1990年9月11日，北疆铁路与土西铁路接轨；1992年9月，新亚欧大陆桥正式通车，标志着连接欧、亚两洲的第二条大陆桥运输线正式开通。该大陆桥两端辐射范围广，东端的中国从北至南沿海各港口货物都可上桥。美国太平洋口岸、日本、韩国和东南亚各港口的货物运输，如使用新亚欧大陆桥，其运输距离短于西伯利亚大陆桥。新亚欧大陆桥西端触及的范围包括整个欧洲及中亚各国。

远东和东南亚地区的货物运输，经新亚欧大陆桥自我国过境运往中东和西北欧，经阿拉山口国境站出境后的运输线路主要有六条：

第一条经哈萨克斯坦的阿拉木图、乌兹别克斯坦的塔什干到达土库曼斯坦的阿什哈巴德和库什卡，至伊朗和阿富汗等国；

第二条经哈萨克斯坦的切利诺格勒、俄罗斯的奥伦堡到达黑海沿岸的诺沃罗西克港和日丹诺夫港，再装船运到巴尔干地区；

第三条经俄罗斯的莫斯科，到达波罗的海沿岸的里加、塔林和圣彼得堡等港口，再转船运往德国、荷兰、英国、比利时、瑞典、丹麦、挪威、葡萄牙等国家的港口；

第四条经俄罗斯的莫斯科、白俄罗斯的西部国境站布列斯特，再通过欧洲铁路或公路运往波兰、德国、法国等；

第五条经哈萨克斯坦的克孜勒奥尔达、俄罗斯的伏尔加格勒、乌克兰的基辅，通过乔普国境站，运至捷克、斯洛伐克、匈牙利、奥地利、瑞士等国；

第六条经乌克兰的基辅，通过翁格纳国境站运至罗马尼亚、保加利亚、土耳其、希腊等国。

五、我国开展大陆桥运输的情况

我国的大陆桥运输始于 1980 年。当时由于两伊战争，船舶进出波斯湾非常困难，加之港口拥挤，运、保费用高等原因，造成我国对伊朗进出口货物运输的困难。中国对外贸易运输总公司于是开辟了西伯利亚大陆桥运输线，试运中、伊之间的进出口货物。试运行深受广大货主的欢迎。随后，中外运与苏联正式签订过境苏联段集装箱运输协议，而过境西欧则委托欧洲货运代理，办理大陆桥运输事宜。目前，我国利用西伯利亚大陆桥和新亚欧大陆桥可办理我国与欧、亚大陆许多国家之间的进出口货物运输。我国利用西伯利亚大陆桥和新亚欧大陆桥的运输主要有铁—铁、铁—海和铁—卡三种方式。铁—铁运输路线是：从中国内地各站运至满洲里、二连浩特或阿拉山口，过境俄罗斯、蒙古或哈萨克斯坦国境站，运至俄罗斯及独联体西部国境站，再转欧洲铁路运至欧洲各地，或通过独联体运至伊朗。铁—海运输路线是：从中国内地各站运至满洲里、二连浩特或阿拉山口，过境俄罗斯、蒙古或哈萨克斯坦，运至俄罗斯及独联体的波罗的海港口（圣彼得堡、塔林、里加）或黑海港口（日丹诺夫），再转船至欧洲各主要港口。铁—卡运输路线是：从中国内地各站运至满洲里、二连浩特或阿拉山口，过境俄罗斯及独联体国境站，运至俄罗斯或独联体的维索科里多夫斯克、库什卡、捷尔梅兹，转汽车运至西欧或阿富汗。上述三种运输路线见图 1—6—2。

1.铁—铁路线

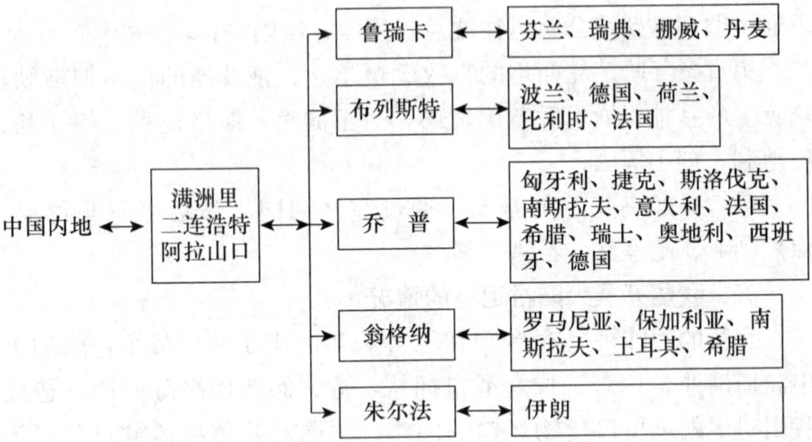

2.铁—海路线

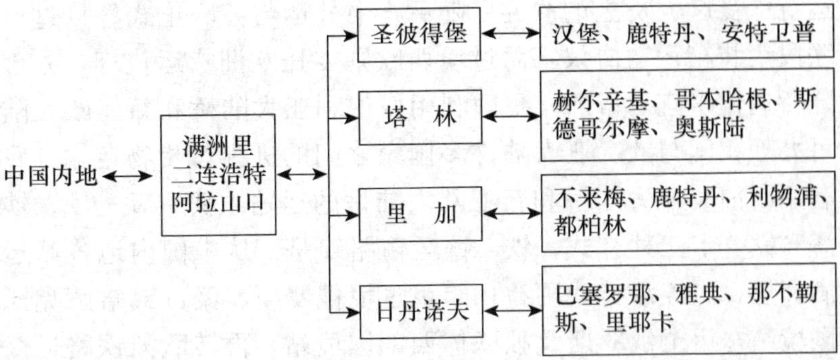

3.铁—卡路线

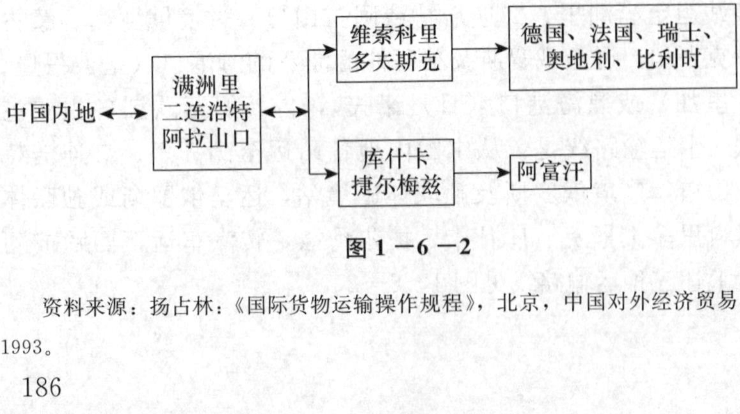

图 1—6—2

资料来源：扬占林：《国际货物运输操作规程》，北京，中国对外经济贸易出版社，1993。

六、大陆桥运输单证

大陆桥运输以集装箱为运输单位，以多式联运经营人为总承运人，以铁路为实际承运人。因此，大陆桥运输的单证除了包括其他运输方式应有的单证外，还有集装箱装箱单、联运提单和铁路联运运单。

（一）集装箱装箱单（Container Load Plan，CLP）

此为集装箱所装货物明细单，其内容主要包括：货物名称、件数、包装、重量、尺码、经由口岸、发箱站、到达站、运单号、集装箱号、铅封号、集装箱规格、提单号、唛头、发货人、收货人及通知人、代理名称、运输方式、集装箱来源、装箱日期、集装箱总重（货重加集装箱自重）等内容。装箱单的内容应和联运提单、铁路联运运单的内容相一致，否则将影响货物的交接和费用结算。

（二）联运提单（Combined Transport Bill of Lading）

联运提单是承运人收到货物后签发给托运人的单证，其性质和作用与海运提单相同。它是承运人签发给托运人的货物收据，是承运人与托运人之间运输合同的证明，是收货人或提单持有人凭以提取货物的所有权凭证。中国对外贸易运输总公司在办理大陆桥运输时，签发给托运人的联运提单的主要内容包括：发货人、收货人或指示、通知地址、前段运输工具、海运船只、卸货港、收货地点、装货港、交货地点、运费支付地、正本提单份数、货物名称、重量、尺码、件数和包装、标志和号码、运费和其他费用、提单签发地点及日期、提单编号等。

（三）国际铁路货物联运运单

国际铁路货物联运与大陆桥运输存在区别，因此，二者运单的填法也不一样。在大陆桥运输中，国际铁路货物联运运单的填法可见以下各栏。

第1栏，发货人及其通信地址

填写大陆桥运输的总承运人，一般为发货省、市的外运分公司及其地址。

第4栏，发货人的特别声明

填写转发送代理的名称及最终到站名称，如俄罗斯的全苏过境运输公司或各国的外运公司。

第5栏，收货人及其通讯地址

填写各铁路负责转发送的代理的名称及其地址。

第6栏，对铁路无约束效力的记载

填写委托欧洲段国外代理的名称、地址等。

第9栏，记号、标记、号码

填写集装箱标记及号码。

第10栏，包装种类

填写20英尺或40英尺集装箱。

第11栏，货物名称

填写实际装箱货物名称。

第12栏，件数

填写集装箱箱数。

第13栏，发货人确定的重量（公斤）

填写货物重量、集装箱的自重及总重。

第14栏，共计件数

填写第12栏集装箱箱数。

第15栏，共计重量

填写总重（货物重量与集装箱的自重之和）。

第18栏，种类、类型

填写20英尺或40英尺集装箱。

第20栏，发货人负担下列过境铁路费用

填写支付过境铁路费用的代理名称。

第21栏，办理种别

选择填划大吨位集装箱。

七、大陆桥运输的运送费用构成

大陆桥运输的运送费用与国际铁路货物联运运费的构成和计算方法不同。现以西伯利亚大陆桥为例加以说明。西伯利亚大陆桥运送费用由国内段运费、过境俄罗斯和独联体以及过境蒙古铁路段的运费、过境欧洲段的运费以及集装箱使用费、代理费或佣金等组成。

（一）国内段运费

指从国内发站至出口国境站或反方向的铁路或公路运送费用，它按国内《铁路货物运价规则》和《公路货物运价规则》核收。

（二）俄罗斯和独联体段的过境运费

此段运费以一揽子运价（FAK，不分货类价）向大陆桥总承运人收取。蒙古段运费由蒙铁国际运输代理公司按其对外报价计收。

（三）欧洲段运费

欧洲段运费，是指从俄罗斯和独联体的西部国境站至欧洲最终到站或相反方向的运送费用。该段运费由负责欧段铁路运输的国际铁路集装箱运输公司制订统一运价，鉴于我国大陆桥运输经营人尚未同该公司签订运输协议，该段运费由欧洲货运代理向国际铁路集装箱运输公司支付。

第三节　国际多式联运

一、国际多式联运的定义与特征

国际多式联运，是以集装箱为媒介，将海上运输、铁路运输、公路运输、航空运输等四种运输方式中的两种或两种以上方式加以组合而形成的连贯的、门到门的货物运输。按照这种运输方式，承、托双方只需办理一次托运，一票到底，由承运人负全程责任。国际多式联运一改海、铁、公、空等单一运输方式不连贯的传统做法。

《联合国国际多式联运公约》和我国交通部、铁道部共同颁布的《国际集装箱多式联运管理规则》给国际多式联运下的定义为：国际多式联运是按照多式联运合同，以至少两种不同的运输方式，由多式联运经营人将货物从一国境内接管货物的地点运至另一国境内指定交付货物的地点。

根据以上定义，多式联运必须具备以下条件：

（1）必须具有一份多式联运合同，明确规定多式联运经营人

（承运人）和托运人之间的权利、义务、责任、豁免的合同关系和多式联运的性质。

（2）必须使用一份全程多式联运单据，证明多式联运合同已经成立，多式联运经营人已经接管货物并负责按照合同条款交付货物。

（3）必须是至少两种不同运输方式的连贯运输。这是确定一票货运是否属于多式联运的最重要的特征。为履行单一方式运输合同而进行的货物接送，则不应视为多式联运。如航空运输中从仓库到机场的这种陆空组合则不属于多式联运。

（4）必须是国际间的货物运输。

（5）必须由一个多式联运经营人对全程运输负总的责任。

（6）必须执行全程单一运费费率。多式联运经营人在对货主负全程运输责任的基础上，还需制定一个货物从发运地至目的地的全程单一费率，并以包干形式一次向货主收取。

二、国际多式联运经营人的性质和责任范围

（一）国际多式联运经营人的性质

办理国际多式联运离不开多式联运经营人。多式联运经营人不是发货人的代理人或代表，也不是参加联运的承运人的代理人或代表，而是多式联运的当事人，是一个独立的法律实体。对于货主来说，它是货物的承运人，但对分承运人来说，它又是货物的托运人。它一方面同货主签订多式联运合同，另一方面它又与分承运人以托运人身份签订各段运输合同，所以它具有双重身份。在多式联运方式下，根据合同规定，多式联运经营人始终是货物运输的总承运人，对货物负有全程运输的责任。

（二）国际多式联运经营人的责任范围

国际多式联运经营人的责任期间是从接受货物时起至交付货物时为止。在此期间内，对货物负全程运输责任，但在责任范围和赔偿限额方面，根据目前国际上的做法，可以分为以下三种类型。

1. 统一责任制

在统一责任制下，多式联运经营人对货主负不分区段运输的

统一原则责任。货物的灭失或损失，包括隐蔽损失（即损失发生的区段不明），不论发生在哪个区段，多式联运经营人按一个统一原则负责，并一律按一个约定的限额赔偿。

2. 分段责任制

分段责任制又称网状责任制，多式联运经营人的责任范围以各区段运输原有责任为限，如海上区段按《海牙规则》，航空区段按《华沙公约》办理。在不适用国际法时，则按相应的国内法办理。赔偿也是分别按各区段的国际法或国内法规定的限额执行，对不明区段货物隐蔽损失，或作为海上区段，按《海牙规则》办理，或按双方约定的原则办理。

3. 修正统一责任制

修正统一责任制，是介于上述两种责任制之间的责任制，故又称混合责任制。它在责任范围方面与统一责任制相同，而在赔偿限额方面又与分段责任制相同。

三、国际多式联运的经济效益

（1）手续简便。国际多式联运从根本上简化了单一运输方式中的种种繁杂手续，货主只需办理一次委托，支付一笔费用，取得一张全程运输单证，即可实现全程运输。在运输过程中假如出现问题，货主只需同总承运人（即多式联运经营人）交涉即可。

（2）货运安全。多式联运是以集装箱为运输单位，虽经多段运输和多次装卸，但无需倒载箱中货物，保证了货物安全。

（3）运送迅速。由于集装箱自身的标准化和规格化，以及集装箱装卸和转换过程中高度机械化，国际多式联运运输成本大大降低，运输时间明显缩短。

（4）节省包装。货物使用集装箱装载，简化了外包装，使发货人节省了包装费用。由此货价降低，又使收货人从中得利。

（5）提早收汇。货物装上第一程运输工具后，发货人即可取得联合运输单据，并凭此向银行办理收汇手续。而过去在单一方式运输下，只有等货物装船后才能取得装运单据，然后再去办理结汇。

（6）运输合理。多式联运经营人在业务实践中积累了丰富的经验，建立了合理的、经济的联运路线。货主向联运经营人托运，即可利用他们经过选择和多次试验建立起来的联运路线，组织合理运输，缩短运输里程和运送时间，降低运输成本，增强货物在国际市场上的竞争能力。

当前，国际贸易竞争日趋激烈，航运技术日新月异，国际多式联运把各种不同的运输方式连贯起来，提供了实现“门到门”运输的条件。它具有安全、迅速、简便、省费、准确等优点，深受国际贸易界的欢迎，发展前景十分广阔。

四、国际多式联运的组织形式

国际多式联运的组织形式主要有：

1．海陆联运

这是国际多式联运的一种形式。其做法是，以海运为主，由海上货物运输公司签发联运提单，与航线两端的内陆运输部门开展联运业务。

2．陆桥运输

陆桥运输是国际多式联运最主要的一种运输方式。它采用集装箱专用列车或卡车，将大陆两端的海洋连接起来，实行连贯运输。目前，国际上的陆桥运输分为大陆桥、小陆桥和微桥运输几种类型。在欧亚大陆的一些国家，陆桥运输又分为铁—海、铁—铁和铁—卡几种方式（详见第二章第二节——大陆桥运输）。

3．海空联运

海空联运开始于20世纪60年代。当时由远东地区运往美国东海岸和内陆地区的货物，先海运至美国西部口岸，再航运至目的地。采用这种运输方式，运输时间比全程海运时间节省，运输费用又比全程空运低廉。目前，由远东至欧洲、中南美、中近东及非洲的货物运输，多采用这种海空联运方式。

五、联合国国际货物多式联运公约

《联合国国际货物多式联运公约》是国际上第一个关于多式联运的公约。1980年5月，84个贸发会议成员国在日内瓦召开的联合国国际多式联运公约会议上，一致通过了该公约。我国参加了公约的起草并在最后文件上签了字。

《联合国国际货物多式联运公约》旨在调整多式联运经营人和托运人之间的权利、义务关系以及国家对多式联运的管理。该公约在关于多式联运经营人的赔偿责任期间、赔偿责任基础、赔偿责任限制权及其丧失、非合同赔偿责任、诉讼时效的管辖等方面，同先于它的《汉堡规则》的规定大体相似。

《联合国国际货物多式联运公约》包括序言、8个部分40条以及《有关国际货物多式联运的海关事项条款》的附件。其中关于多式联运经营人和发货人各自的赔偿责任，《公约》作了具体规定。

（一）多式联运经营人的赔偿责任

1. 赔偿责任基础

公约对多式联运经营人的赔偿责任，采取推定过失的原则，即除非多式联运经营人能够证明他和他的受雇人或代理，为避免损失事故的发生及其后果已经采取了一切所能合理要求的措施，否则就推定多式联运经营人有疏忽或过失，多式联运经营人就应对货物在其掌管期间发生的灭失、损坏或延迟交货负赔偿责任。

2. 赔偿责任期间

公约规定，多式联运经营人对于货物所负责任的期间，是从其接收货物时起到交付货物时止，也就是指货物在多式联运经营人的掌管之下这一期间。

接收货物时间是指多式联运经营人从下列各方接收货物的时间：发货人或其代表；适用接收货物地法律或规章规定的运输当局或其他第三方。

交付货物时间是指多式联运经营人将货物以下列方式交付的时间：将货物交给收货人；若收货人不向多式联运经营人提取货物，则按多式联运合同或按照交货地点适用的法律或特定行业惯例，将货物置于收货人支配之下；将货物交给适用接收货物地法律或规章规定的运输当局或其他第三方。

3. 赔偿责任限额

（1）关于多式联运经营人赔偿的责任限额，公约规定如下：

联运如果包括海运在内，每件货物或其他每个货运单位不超过 920 记账单位（SDR），或毛重每公斤 2.75 记账单位（SDR），以较高者为准。

（2）鉴于空运承运人和铁路、公路承运人对货损的赔偿责任限额应高于海运承运人的责任限额，国际多式联运如不包括海运或内河运输在内，赔偿责任限额为毛重每公斤 8.33 记账单位（SDR）。

（3）如果能够确定损失发生的运输区段，而该区段所适用的某项国际公约或强制性的国内法律所规定的赔偿限额高于联运公约规定的赔偿限额，则适用该公约或该国国内法律的规定。

（4）多式联运经营人对延迟交货造成损失所负的赔偿责任限额，相当于延迟交付货物应付运费的两倍半，但不得超过多式联运合同规定的应付运费的总额。

（5）如果多式联运经营人和发货人双方同意，可在多式联运合同中规定超过本公约所规定的赔偿限额。

（二）发货人的赔偿责任

1. 发货人的基本责任

公约对发货人应负的基本责任分别从一般规则和对危险货物的特殊规则两个方面加以规定：

公约在第 22 条"通则"中规定：如果多式联运经营人遭受的损失是由于发货人的过失或疏忽，或者他的受雇人或代理人在其受雇范围内行事时的过失或疏忽所造成，发货人对这种损失应负赔偿责任。但如果发货人的受雇人或代理人由于其本身的过失或疏忽给多式联运经营人带来损失，则应由该受雇人或代理人对这种损失负赔偿责任。

公约第 23 条规定了发货人对危险货物的责任。发货人一方面应以适当的方式在危险货物上加明危险标志或标签；另一方面，在将危险货物交给多式联运经营人或其代表时，应将货物的危险特性以及应采取的预防措施告知多式联运经营人。如果发货人没有尽到上述职责，同时多式联运经营人又无从得知货物的危险特性，则发货人必须赔偿多式联运经营人因载运这类货物遭受的一切损失；多式联运经营人还可根据情况需要，随时将货物卸下、销毁或使之无害，而无须给予任何赔偿。

2. 发货人的保证

公约对发货人就多式联运合同所应负的责任作了以下具体规定：

发货人应向多式联运经营人保证其所提供的货物品类、标志、件数、重量和数量以及危险货物的特性等资料的准确性。如上述资料不准确或不适当而使多式联运经营人遭受损失，发货人应负责予以赔偿，即使发货人已将多式联运单据转让给他人，仍须负赔偿责任。但是，多式联运经营人对发货人的这种索赔权，并不限制其按照多式联运合同对发货人以外的任何人应负的赔偿责任。也就是说，多式联运经营人不得以发货人申报不实为理由来对抗善意第三者。

（三）多式联运单据

公约第 5 条规定，多式联运经营人接管货物时，应签发多式联运单据。该单据依发货人的选择，为可转让单据或为不可转让单据。

（四）诉讼时效

公约第 25 条规定诉讼时效为两年。时效期间自多式联运经营人交付货物或部分交付货物之日的次日起算。如果货物未交付，则自货物应当交付的最后之日的次日起算。

第七章　运输代理人和第三方物流

第一节　货运代理人和代理关系

一、货运代理人的概念

国际货物运输是从事国际间的货物运输业务，其业务范围遍布国内、国外的广大地区。不仅涉及面广、头绪多，而且情况复杂。任何一个运输承运人或货主都不可能亲自处理每一项具体的运输业务，不少工作需要委托代理人代为办理。为了适应这种需要，在国际货物运输领域里产生了很多从事代理业务的代理行或代理人。它们接受委托人的委托，代办各种运输业务并按提供的劳务收取一定的报酬，即代理费、佣金或手续费。

“货运代理人”一词来源于英文“Freight Forwarder”和“Forwarding Agent”。由于英文“Freight”和“Forward”各包含多种含义，因而不同的国家和地区对货运代理人有不同的称呼和不同的理解。仅在我国，有人译为“运输代理人”、“货物运输行”，也有人译为“货运代理”、“货运代理人”，还有人译为“承揽运输人”、“运输承揽人”、“货运承揽人”等。到目前为止，尚未形成一个各国公认的、统一的货运代理人的定义。

《中华人民共和国国际货运代理业管理规定》中对国际货运代理业的定义为：国际货运代理业是指接受进出口货物收货人、发货人的委托，以委托人的名义或者以自己的名义，为委托人办理国际货物运输及相关业务并收取服务报酬的行业。

尽管世界各国因货运代理业的历史发展、管理体制和法律文化等的不同，对于货运代理人的称谓、定义有所不同，但是，基本上都认为货运代理人是受运输关系人的委托，为了运输关系人的利益，安排货物的运输，提供货物的交运、拼装、接卸、交付服务及其他相关服务，并收取相应报酬的人。其本身不是运输关系的实际当事人，而是运输关系实际当事人的代理人。

随着国际贸易和运输的发展，国际运输代理行业也得到迅速的发展，成为国际货物运输业不可缺少的重要组成部分，并逐渐成为国际货物运输领域的独立行业。

只有具备代办各种运输事项的能力和条件的代理人，才能从事国际运输代理业务。

国际上从事运输代理业务的代理人一般都经营运输业务多年，熟悉各种运输规章制度和手续，经验比较丰富，并与交通运输部门以及贸易、银行、保险、海关等有着广泛的联系和较为密切的关系。因此，委托代理人去完成某项运输任务，往往比委托人自己亲自处理更为有利。虽然委托人需花费一些酬金，但一般能从代理人提供的服务中得到一定的补偿。如订舱、洽谈运费，由运输代理人办理往往会在时间和费用等方面更合理。更重要的是能迅速地办理委托的事项，保证货物的安全运输，所以代理行业能得到迅速的发展。另外，货运代理是工贸企业的顾问，它能就运费、包装、进出口业务必需的单证、海关、领事要求、金融等方面提供咨询，还能对国际市场销售的可能性提出建议。

二、代理关系的建立及种类

国际货物运输的业务性质决定了需要建立代理关系，委托代理人办理有关业务。

代理关系是由委托人和代理人两方组成的。代理关系的成立必须是一方提出委托（书面或口头），经另一方接受（书面或口头），方告成立。代理关系确立以后，委托人与代理人的关系是一种委托与被委托的关系，有关双方的权利和义务按代理协议或合同规定办理。在办理代理业务中，代理人是作为委托人的代表，对委托人负责，代理人必须在委托人授权范围内行事，否则由此产生的一切后果委托人不予负责，而由代理人自己负责。因此，在代理协议（或合同）中，需明确规定有关委托事项的范围。

代理人根据委托办理代理业务时，有的由自己直接办理，有的自己不办理实际业务而转委托有关方面办理，也有以中间人身份为委托人与第三方促成交易，签订合同的。这种代理人称为经纪人。租船代理人即属于这类代理。因此，每一个代理协议或合同可能会产生三种关系：

1. 委托人和代理人的关系。这是代理协议（或合同）的主体。

2. 委托人和第三者的关系。如通过租船代理，由委托人与船东签订租船合同。

3. 代理人和第三者的关系。在代理人与第三者的关系上，根据法律和习惯做法，代理人在与第三者发生关系时，可以不向第三者公开其代表身份，从而从第三者的角度来看，代理人的性质和地位又有三种可能，即：

（1）代理人不公开委托人，而以自己的名义与第三者签订合同。在这种情况下，代理人代理的是未公开的委托人（Under Closed Principal）。

（2）代理人公开自己的身份是代理，但不公开其委托人的姓名。在与第三者签订的合同上，他在自己的签字后面加注“仅作为代表”（As Agent Only）字样。这样，他代表的是隐名的委托人（Unnamed Principal）。

（3）代理人既公开他是代表委托人，也公开其委托人的姓名。在与第三者签订的合同上，他在自己的签字前加注“经×××（委托人姓名）电传授权”，并在签字后加注“仅作为代表”字样，他代表的是显名委托人（Named Principal）。

在上述第一种情况下，第三者只能向代理人起诉。在第二、第三种情况下，第三者只能对委托人起诉，对代理人来说，他不负个人责任，但代理人鉴于某种原因如果不愿公开委托人的姓名，则第三者亦可以向代理人起诉。在上述三种情况下，按英国法律，委托人都有权用自己的名义对第三者进行起诉。有些国家的法律规定，如合同是由代理人以自己名义签订的，则只有代理人才能提出诉讼。

鉴于上述情况，在代理协议（或合同）中，除规定代理工作范围外，一般还规定：“未经委托人授权，代理人不得以任何方式代表委托人与第三者签订合同，否则所签合同对委托人无效”。

第二节　代理人和委托人的责任与义务

一、代理人的责任与义务

（一）按照代理协议（或合同）的规定和委托人的指示负责办理委托事项

代理必须以通常应有的责任心努力履行代理职责，尤其必须在委托人授权范围内行事。如果违反这些准则而造成损失，代理人须向委托人负责。

（二）如实汇报一切重要事宜

在办理代理工作中，代理人向委托人提供的情况和资料必须真实。如果有任何隐瞒或提供的材料不实而造成损失，委托人有权向代理人追索并撤销代理协议。

（三）负有保密义务

代理人在代理协议有效期间，不得把代理过程中所得到的保密情报和重要资料向第三者泄露。例如，委托人需要大量船位，代理人就有义务对外保密，以免造成市场剧烈波动。

（四）如实向委托人报账

代理人有义务对因代理业务而产生的一切费用提供正确的账目，并向委托人收账，个别特殊费用的开支应事先征得委托人的同意。

二、委托人的责任与义务

（一）及时给予代理人明确具体的指示

除按照代理协议（或合同）的规定办理外，委托人要求代理人应做的工作，必须及时给予明确具体的指示，以便代理人凭以执行。尤其代理人征询对某项工作的处理意见时，委托人必须及时答复。如由于指示不及时或不当而造成工作上的损失，代理人是没有责任的，应由委托人负责。例如，船舶突然到港，代理人事先一无所知，也未接到任何必要的运输单证，以致无法办理船舶进港手续，致使延误船期，造成损失，对此代理人是没有责任的。

（二）支付代理佣金

委托人必须按事先的约定支付代理人佣金，作为对代理人所提供服务的报酬。

（三）支付费用和补偿

委托人必须支付代理人由于办理代理工作而产生的有关费用，除非代理协议另有规定。此外，如由于委托人的责任，使代理人造成经济上的损失，一般应由委托人给予补偿。例如，代理人根据货主要求向船公司订妥舱位，由于货主备货不足，造成空舱损失，货主应予补偿。

第三节　运输代理的种类

按照运输代理业务的性质和范围的不同，运输代理有各种各样的代理行业，名称繁多，类型各异，但归纳起来主要有租船代理、船务代理、货运代理和咨询代理四大类型。

一、租船代理（Shipping Broker）

租船代理又称租船经纪人。他是以船舶为商业活动对象而进行船舶租赁业务的人。其主要业务活动是在市场上为租船人寻找合适的运输船舶，或为船东寻找货运对象，他以中间人的身份使船、租双方达成租赁交易，从中赚取佣金。因此，根据他所代表的委托人身份的不同又可分为船东代理人和租船人代理人。有些租船代理人还兼营船舶买卖、船舶代理业务。

（一）租船代理人的主要业务

1. 按照委托人（船东或租船人）的指示或要求，为委托人提供最合适的对象和最有利的条件，并促成租赁交易的成交。这是租船代理最主要的业务。

2. 根据双方洽谈确认的条件确立租船合同，并按委托方的授权代签合同。

3. 为委托人提供航运市场行情、国际航运动态以及有关资料信息等。

4. 为当事人双方协调解决纠纷，以达成公平合理的解决方案。

（二）租船代理佣金（Address Commission）

租船代理佣金，按照惯例是由运费或租金收入方支付，也就是由船东支付。代理佣金一般均按租金的1%～2.5%在租船租约中加以规定。

二、船务代理（Shipping Agent）

船务代理是指接受承运人的委托，代办与船舶有关的一切业务的人。

（一）船务代理的主要业务

船务代理业务范围很广，主要包括以下几个方面的业务：

1. 船舶进出港业务

（1）办理船舶进出港口的各项手续，包括引水、拖轮、靠泊、报关等；

（2）办理船舶检验、修理、洗舱、熏舱以及海事处理等。

2. 货运业务

（1）办理揽货、订舱和代收运费等；

（2）编制有关运输单据；

（3）安排组织货物的装卸、检验、交接、储存、转运、理货等。

3. 供应工作

（1）代办船用燃料、淡水、物料以及食品供应等；

（2）代办绳索、垫料等。

4. 其他服务性业务

（1）办理船员登岸或出境手续；

（2）安排船员医疗、住宿、交通、参观游览等。

除上述一般业务外，其他临时发生的事情，经委托船务代理均可代为办理。船务代理人一般按规定收费标准向委托人收取船舶和货物的代理费。

（二）船务代理的种类

船务代理关系根据委托方式的不同一般分为两种：

1. 航次代理（Agency on Trip Basis）

航次代理是指委托人的委托和代理人的接受均以每船一次为限，即逐船逐航次办理委托手续。

一般做法，船东在船舶到港前的一定时间用书信或电报提出委托，当代理人复电同意接受代理后，航次代理关系即告成立。在船务代理人按照委托人的指示办妥该船在港一切业务并在该船驶离该港时，航次代理关系即告终止。该船在港的费用和代理费用均由代理人以航次结算单与委托人一次结清。

当船舶驶往不是经常挂靠的港口时，船方往往采取航次代理方式进行委托。

2. 长期代理（Agency on Long-term Basis）

期代理关系下，一般在船方和代理人之间签订有长期（1年～5年或更长时间）的代理协议。如班轮公司与某些港口的船务代理人之间多数签订有较长期的代理协议。在长期代理关系下，凡是该船东所有船舶到达该港时，均由长期代理人代理，无需办理逐船逐航次委托和代理人同意接受的手续。船方只需把船舶预计到港时间、船货安排计划以及其他特殊要求通知代理人，代理人即可按照办理。

长期代理关系也有不签协议的，而是以长期业务合作的关系形成。如我国外轮代理公司与大多数外国轮船公司的长期代理关系，一般都不签订协议，但性质上属于长期代理关系。

多数班轮公司和拥有船舶较多的船东，在船舶经常挂靠的港口，往往采用长期代理方式。

除上述两种代理关系外，尚有一种第二委托方代理关系。例如，按照租船合同运输货物时，如合同条款规定，由租船人委托港口代理并负责结算港口费和代理费，则租船人即为委托方，如该船的船东也委托办理有关业务时，则船东就为第二委托方。一般船舶的委托只有一个，他应该是负责结算港口费和代理费的人，但第二委托方可以有多个，可以是船方、租方、货方或其他有关方。作为第二委托方所要委托的工作事项主要有以下几个方面：（1）提供船舶各种单证；（2）按时电告船舶抵离港期间动态；（3）提供船舶装卸通知；（4）按租船合同的规定分别向船方、租方或其他有关方办理费用结算等工作。

我国港口的船务代理工作，长期以来，是由交通部中国外轮代理公司独家经营。随着我国经济改革的深入，我国对外贸易运输体制的改革，实行船务代理和货运代理互相兼营和多家经营的政策。1985 年 4 月，中国对外贸易运输总公司正式成立“中国船务代理公司”，并在全国主要港口设立分支机构，随后，船务代理出现多家经营的局面。截至 1995 年底，经交通部批准的船务代理共 161 家，分布于我国沿海、沿江的主要港口城市，承担外轮和国轮的船务代理业务。

三、货运代理（Freight Forwarder）

货运代理是指接受货主的委托，代表货主办理有关货物的报关、交接、仓储、调拨、检验、包装、转运、订舱等业务的人。他与货主的关系是委托与被委托的关系。在办理代理业务中，他是以货主的代理人身份对货主负责，并按代理业务项目和提供的劳务向货主收取代理费用。

（一）货运代理的主要业务

国际货运代理企业可以接受委托，代为办理下列部分或者全部业务：

（1）订舱、预订车辆、货物仓储。

（2）货物监装、监卸、转运、集装箱拼箱及拆箱等。

（3）商品检验、卫生检疫、动植物检疫、报关及保险。

（4）缮制有关单证，结算及交付运费和杂费。

（5）国际快递业务（私人信函除外）。

（6）国际多式联运业务。

（7）其他国际货物运输的代理业务。

国际货运代理企业之间也可以相互委托代为办理上述业务。

（二）货运代理的种类

货运代理人的业务范围有大有小，大的兼办多项业务，如办理海、陆、空货运代理业务，小的则专办一项或两项业务，如空运货运代理、陆运货运代理、海运货运代理。较常见的货运代理主要有以下几类：

（1）订舱、揽货代理。这类代理与国内外货方和海、陆、空运输公司有广泛的联系。有的代表货主向承运人办理订舱，有的代表承运人向货主揽货。他们是承运人和托运人之间形成承托关系的媒介。

（2）货物装卸代理。

（3）货物报关代理。有些国家对这种代理条件规定得很严格，如美国规定必须向有关部门申请登记，必须是美国公民并经过考试合格，发给执照才能营业。

（4）转运代理。

（5）理货代理。

（6）储存代理。包括货物保管、整理、包装以及保险等业务。

（7）集装箱代理。包括装箱、拆箱、分拨、转运以及集装箱租赁、维修等业务。

四、咨询代理（Consulting Agent）

咨询代理是指专门从事有关国际货物运输的咨询工作，根据委托人的委托，提供有关咨询（包括情报、情况、资料、数据）和信息服务而收取一定报酬的人或机构。这类咨询代理人不仅拥有研究人员和先进的设备，而且与世界各贸易运输研究中心有广泛而密切的联系，能及时掌握世界各国国际货物运输的最新动态。因此，它们可根据委托人的需要研究解释有关法律、规章条款，调查有关企业的财政信誉；核算运输成本；帮助选择经济合理的运输方式、运输工具和运输路线。

以上所列的代理人类别，仅仅是从他们各自业务的侧重面加以区别。实际上，他们之间的业务范围并不划分得很清楚，往往互有交叉。例如，不少船务代理也兼营货运代理，有些货运代理也兼营船务代理、租船代理和咨询代理工作。各类代理的业务范围，各个国家有具体规定。

第四节　国际货运代理的发展和作用

一、国际货运代理的发展历史

货运代理是社会经济关系复杂化和社会分工发展的产物，国际货运代理则是国际贸易和国际运输发展的直接结果。随着人类社会从产品经济向商品经济的过渡，人们经济贸易往来的频繁，涉及地域的扩大，贸易环节的增加，以及社会经济关系的日趋复杂和社会分工的细化，公元10世纪欧洲大陆开始出现以报关行名义从事运输代理服务的货运代理人。并且随着公共仓库在港口、城市的建立，以及海上贸易的扩大和欧洲交易会的举办，国际货运代理业开始逐步发展。由于国际贸易在世界范围内的迅速发展，国际货运代理的作用越来越重要，国际货运代理业成为独立的行业，在欧洲已有一百多年的历史，不少国家成立国家级国际货运代理协会。1880年在德国莱比锡召开了第一次国际货运代理代表大会。进入20世纪20年代，国际合作有了更大的发展。1926年5月31日，16个国家的国际货运代理协会在奥地利的维也纳成立了国际货运代理协会联合会（International Federation of Freight Forwarders Association），英文缩写代号为FIATA，总部设在瑞士苏黎世。这一非营利性的民间国际货运代理行业组织成立的目的是保障和提高国际货运代理在全球的利益。经过几十年的发展，目前，“FIATA”已联合了世界130多个国家的40 000多个国际货运代理公司，从业人员达800万人～1 000万人之众。中国对外贸易运输总公司于1985年加入了该组织。目前，世界上80%左右的空运货物，70%以上的集装箱运输货物，75%的杂货运输业务，都控制在国际货运代理人手中。

国际货运代理在其发展的历史中，除了促进海上运输向更大规模发展外，也曾先后对铁路运输、航空运输、公路运输、集装箱运输和国际多式联运的产生和发展起了推动作用。在世界上，国际贸易和国际货物运输比较发达的国家和地区，国际货运代理企业的数量曾一度增多，规模增大。随着代理行业之间的剧烈竞争和相互合并联营，国际货运代理企业将逐渐向业务范围广、在国外设有代理和分支机构网点的大企业发展，而在数量上有逐渐减少的趋势。

在我国，国际货运代理行业发展较为缓慢。虽然早在公元前2世纪的西汉，我国就开辟了从新疆经中亚到中东和欧洲的丝绸之路，开始与欧亚各国开展国际贸易活动，并随着国际贸易的发展逐渐出现了具有国际货运代理人性质的报关行。但是在鸦片战争以前，国际货运代理行业的发展十分缓慢。1840 年鸦片战争以后，随着帝国主义列强的入侵，具有资本主义色彩的国际贸易、航运、保险、海关等行业被引进，现代意义的国际货运代理制度才开始在我国出现。

新中国成立以后，中央人民政府为了加强进出口货物运输工作的组织和管理，逐渐形成了全国国际货运代理行业集中统一管理、垄断经营的局面。1956 年，我国政府对旧的私营报关行和运输行等从事国际货运代理业务的企业实行了私营工商业社会主义改造，将其并入各地的对外贸易运输公司。在 1984 年前，中国对外贸易运输总公司一直作为各专业进出口公司惟一的国际货运总代理，承担全国对外贸易运输的组织工作。

此后，随着我国改革开放的不断深入，对外贸体制和交通运输体制进行了改革，实行了互相兼营和多家经营的改革政策，允许多家经营国际货运代理业务。从此结束了我国国际货运代理独家经营的局面，增加了出口渠道，促进了企业管理，提高了服务质量，为我国对外贸易的进一步扩大起了积极作用。

为了加强国际货运代理行业的监督管理，对外经济贸易部在 1988 年 6 月 25 日颁发了《关于审批国际货物运输代理企业有关问题的规定》，国务院于 1995 年 6 月 6 日颁发了《中华人民共和国国际货物运输代理行业管理规定》等一系列法规性文件。这些文件的颁布，进一步规范了我国国际货运代理市场的秩序，促进了我国国际货运代理行业的健康、稳定发展，国际货运代理业在我国得到了迅速的发展。截至 2002 年 10 月，经外经贸部批准成立的国际货运代理企业已达 3 500 多家（包括分公司），从业人员近 30 万人。我国的国际货运代理行业已形成一定的规模，成为国际贸易和对外贸易运输不可缺少的重要组成部分。目前，我国 80%的进出口贸易货物运输和中转业务，以及 90%的国际航空货物运输业务都是通过国际货运代理企业来完成的。

二、国际货运代理的作用

国际货运代理企业通晓国际贸易环节，精通各种运输业务，熟悉有关法律、法规，业务关系广泛，信息来源准确、及时，与各种承运人、仓储经营人、保险人、港口、机场、车站、堆场、银行等相关企业，以及海关、商检、卫生检疫、动植物检疫、进出口管制等有关政府部门，存在着密切的业务关系；不论对于进出口货物的收货人、发货人，还是对于承运人和港口、机场、车站、仓库经营人，都有重要的桥梁和纽带作用。不仅可以促进国际贸易和国际运输事业的发展，而且可以为国家创造外汇，对于本国国民经济的发展和世界经济的全球化都具有重要的推动作用。仅对委托人而言，国际货运代理的作用主要表现在以下几个方面：

(1) 能够安全、迅速、准确、节省、方便地组织进出口货物运输。根据委托人托运货物的具体情况，选择合适的运输方式、运输工具、最佳的运输路线和最优的运输方案。

(2) 能够就运费、包装、单证、结关、检查、检验、金融、领事要求等提供咨询，并对国外市场的价格、销售情况提供信息和建议。

(3) 能够提供优质服务。为委托人办理国际货物运输中某一个环节的业务或全程各个环节的业务，手续简单方便。

(4) 能够把小批量的货物集中为成组货物进行运输，既方便了货主，也方便了承运人。货主因得到优惠的运价而节省了运输费用，承运人接受货物时省时、省力，便于货物的装载。

(5) 能够掌握货物全程的运输信息，使用现代化的通讯设备随时向委托人报告货物在途的运输情况。

(6) 货运代理不仅能组织和协调运输，而且影响到新的运输方式的创造、新的运输路线的开发以及新的费率的制定。

总之，国际货运代理是整个国际货物运输的设计师和组织者，特别是在国际贸易竞争激烈、社会分工越来越细的情况下，其地位越来越重要，作用亦越来越明显。

三、国际货运代理具备的基本条件

《中华人民共和国国际货物运输代理业管理规定》明确规定：国务院对外贸易经济合作主管部门负责对全国的国际货运代理业实施监督管理。在我国，从事国际货物运输代理的企业，必须具备以下条件：

（1）必须依法取得中华人民共和国企业法人资格。

（2）有与其从事的国际货物运输代理业务相适应的专业人员。

（3）有固定的营业场所和必要的营业设施。

（4）有稳定的进出口货源市场。

（5）有与经营的业务项目相适应的注册资金。

国际货运代理企业的注册资本最低限额应符合下列要求：

经营海上国际货物运输代理业务的，注册资本最低限额为 500 万元人民币；

经营航空国际货物运输代理业务的，注册资本最低限额为 300 万元人民币；

经营陆路国际货物运输代理业务或者国际快递业务的，注册资本最低限额为 200 万元人民币；

经营上述两项以上业务的，注册资本最低限额为其中最高一项的限额；

国际货物运输代理企业每设立一个从事国际货物运输代理业务的分支机构，应当增加注册资本 50 万元。

第五节　第三方物流服务

由于世界经济和国际贸易一体化进程的日益加快，以及电子数据交换（EDI）技术的广泛应用，国际货运代理作用的扩展已经成为必然，经营理念的创新和服务产品的创新已经成为国际货运代理进一步生存与发展的关键。长期以来，我国的国际货运代理一直处于船、货之间，以中间人的身份提供服务，业务范围仅局限于订舱、报关、转运等简单环节性劳务。随着市场的发展，这种经营模式受到来自各方面的冲击，传统的货运代理服务已经难以满足市场竞争的需要，国际货运代理企业应该逐渐抛弃传统的“中间人”的身份，通过服务创新，提供增值服务，构筑新的竞争优势，开拓新的业务领域——第三方物流。

一、第三方物流服务的定义

“物流”一词源于日本。20 世纪 50 年代，流行于美国的实物分拨的概念传人日本后，日本学者平原直先生将之翻译为“物的流通”，简称“物流”，后被广泛接受。而现在通行的“物流”一词对应的英文为 logistics，其中文直译为“后勤”，最早专门指军事后勤学。根据一些学者的考证，英语中的“logistics”一词来源于法语的“logistiqu”，是拿破仑军队中负责安置部队、为战马搜寻粮草的军官的名称。1905 年，某位将军曾经提到“物流是军事科学的一个分支，负责军用物资的运送和供给”。第二次世界大战期间，美国根据军事上的需要在对军火进行的战时供应中，对军火的运输、补给、屯驻等采取全面的后勤管理策略，运用当时新兴的运筹学方法与电子计算机技术对军需品供应、运输线路、库存量进行科学规划，并形成系统的管理科学，称之为 logistics，在当时为保证战争的胜利起了重要作用。

第二次世界大战结束后，军事后勤管理的概念和技术慢慢渗透到工商企业，经发展、演变形成了今天现代物流管理的概念，并逐渐发展起外包、第三方物流、逆向物流等。

当前，美国物流协会（Council of Logistics Management，CLM）对物流管理的最新定义是：物流管理是供应链管理的一部分，是为满足客户需要，对产品、服务和相关信息由产地到消费地正向、逆向高效、低成本的流动、存储而进行的规划、实施和控制。而一般认为，物流管理的目的就是将客户所需要的产品或服务在合适的时间、地点，以他们所需要的数量和质量送达客户手中，同时为企业创造一定的经济效益。这就是人们通常所谈到的物流管理所实现的 7R，即：

Right customer　适当的客户；

Right time　适当的时间；

Right place　适当的地点；

Right product or service　适当的产品或服务；

Right quantity　适当的数量；

Right quality　适当的质量；

Right cost　适当的成本。

20 世纪 80 年代以来，由于经济全球化趋势越来越明显，开放的市场带来不断加剧的市场竞争，企业竞争压力越来越大。与此同时，竞争优势概念的提出，对成功企业的剖析，使人们重新认识到将力量集中在核心业务、保持企业长期市场优势的重要性，为避免资金、人力、物力的分散，许多企业纷纷抛弃“大而全”、“小而全”、多业并存的战略，转而采取集中主业、外包包括物流在内的各项辅业的新型管理思路，成功地降低了企业经营成本，减少了资金占用，同时创造了更好的经营业绩。

所谓“外包（Outsourcing）”，是指将企业的某一种经营活动或者经营活动的某一部分以契约的形式承包给其他专业经营机构完成。

具体到物流管理，就是指由其他企业来运作以前由本企业机构承担的全部物流功能或物流的某一环节（如运输和/或仓储），这种模式又称做第三方物流（Third Party Logistics，3PL），或称契约物流（Contract Logistics）。提供这一服务的企业就称为第三方物流供应商。与之类似，我国的《物流术语》则将第三方物流定义为“由供方与需方以外的物流企业提供物流服务的业务模式。”

当前，无论在国内还是国外，随着供应链管理的影响越来越深入，充分利用第三方物流，在双赢的基础上与第三方物流供应商形成战略伙伴关系已成为物流发展的新动向和重要推动力。

二、第三方物流业的发展

（一）第三方物流服务供应商的来源

第三方物流服务商，也称物流企业或简称为 3PL，其主要来源有以下几类：

（1）传统的公路、铁路、航空、海运企业，以及承揽多式联运服务的多式联运经营人、无船承运人，甚至运输代理人；

（2）传统的仓储企业；

（3）原工商企业（制造商或经销商）内部的物流管理部门，后独立出来对外承接物流服务；

（4）其他企业，一些传统咨询企业转向物流领域成为提供物流咨询、物流方案制订的第三方物流服务提供者；另一些传统 IT 企业则逐渐发展，提供专业化的物流技术支持服务；还有一些原专门从事港口服务的码头经营人涉足物流，为港口集疏的货物提供综合性物流服务。

（二）第三方物流服务为企业提供的优势

随着市场竞争的日趋激烈，每一个企业都面临着缩短交货期、控制库存、降低成本和改进服务的压力，第三方物流服务以其独立化、专业化的特征改变了传统的物流模式，并为企业加强管理、提高竞争力创造了条件。概括起来，使用第三方物流可以在以下方面帮助企业提高竞争力：

1. 使企业能集中精力于主业

随着市场竞争的加剧，越来越多的企业意识到集中精力于主业、加强核心竞争力是制胜的重要法宝。物流活动包括各种物料、成品的运输、仓储等各项内容，几乎所有企业都或多或少有所涉及。但对大多数企业来讲，物流活动是企业经营管理的重要支撑和保障，却并不是其核心业务。因此，利用第三方物流服务可以使工商企业将有限的资源充分利用于主营业务，提高自身的竞争能力。

2. 可以降低工商企业的物流成本，提高服务水平

运输、仓储成本一直是企业物流成本的重要组成部分，又是规模经济效益较为突出的两项活动。以运输为例，由于商品流向总是从原材料所在地到生产地、由产地到使用地，所以自营运输的企业往往由于货物流向的单向性而导致车辆回程时的空返现象，或者由于货量不足造成不能满载，这些都是造成运输成本过高的原因。第三方物流企业因为面向各类企业提供包括运输在内的物流服务，可以充分配载，降低成本。

同时，由于货量增多，物流企业的服务频次会更高，可以更好地满足企业多频次、少批量的要求。第三方物流企业更庞大的配送网络，更专业化的服务队伍，也有助于企业实现全程、全网络的标准化服务，提高服务的质量。

3. 改进物流管理技术，利用最新科技成果

工商企业由于资源的有限性，多数无法在运输、仓储等方面及时更新设备，采用最先进的技术手段，如当前货主普遍关心的在途货物跟踪查询技术、现代化的仓储管理技术等。而第三方物流企业的专业化特征则要求它们时刻跟踪技术的发展，通过不断改进技术以获得竞争优势。因此，使用第三方物流企业的服务可以直接利用最新的技术成果，提高经营管理的效率。

4. 减少企业在物流基础设施方面的投资，减少资源占用，降低投资风险

自营物流往往要求工商企业在物流基础设施（车辆、仓库等）方面大量投资。这些投资挤占了企业有限的资源，而且由于投资大，灵活性差，带来更多的风险。使用第三方物流服务则避免了这些方面的弊端，减少了基础设施投资，增强了企业经营的灵活性。

5. 解决企业由于需求波动导致的物流设施短期不足的难题

多数工商企业所面对的市场都呈现出一定的周期性变化。旺季和淡季市场需求的巨大波动使得淡季出现资源的大量闲置，旺季则无论是基础设施，还是人力等资源，都出现明显的不足。使用第三方物流服务可以最大限度地解决这方面的难题，既保证资源的有效使用，也不会因设施不足影响市场供应。

第三方物流是一个新兴的领域，已得到越来越多的关注。第三方物流服务商在一期限内，提供企业所需的全部和部分物流服务，为外部客户提供物流活动的管理、控制，实施集成物流服务。与单一的国际货运代理服务，如仓储、运输等相比，第三方物流所提供的服务更为复杂，包括了更广泛的物流功能。

目前，世界范围内的第三方物流业务发展得十分迅速，欧美等发达国家的物流管理与技术已日臻完善，实现了物流系统设计合理化、仓储管理自动化、运输高效化、装卸分拣机械化、包装标准化、加工配送一体化、信息管理网络化等。我国的第三方物流市场尚处于初步形成阶段，发展潜力巨大。随着我国向“经济大国”的迈进，我国的物流需求将大量增加，并逐渐成为“物流大国”。以第三方物流服务为基础的现代产业，已成为衡量一个国家现代化程度和综合国力的重要指标。

第八章　合理运输

第一节　合理运输概述

一、合理运输的意义

交通运输是国民经济的大动脉，是发展国民经济的重要基础之一，是保证工农业生产持续发展必不可少的条件，也是最重要的物流活动之一。要使交通运输适应国民经济的发展，一方面要加快发展交通运输以扩大运力，促进工农业的发展；另一方面要挖掘潜力，合理地使用运力，使有限的运力发挥较大的效益。

运输业是一个特殊的物质生产部门。作为商品经济的一个重要环节，它虽然不通过改变产品的形式以增加商品的内涵，但却通过产品的位移，为商品提供了“地域效用”（Place Utility）和时间效用（Time Utility）。

运输成本是商品最终作价的有机组成部分。据国内外有关资料统计，在社会产品最终成本中，运输费用占10%～30%，有些低值产品甚至大大超过这一比例。由此可见，开展合理运输，节约运输耗费，降低流通费用，提高运输经济效益，对降低社会产品的最终成本，从而对提高产品在市场上的竞争能力起着直接的作用。

“运输是生产过程在流通领域的继续”。开展合理运输，缩短运输时间，可以加快货物周转，缩短货物待运和在途时间，使商品迅速地从生产领域进入消费领域，使生产企业的产品能尽快销售出去，及时收回货币，购进所需要的原材料，这实际上节约了国民经济流动资金，加速了社会扩大再生产的过程，从而促进工农业生产的高速度发展。

合理组织商品运输，还可以提高运输工具的装载量，加速运输工具的周转，充分发挥运输工具的能力，避免运力和劳动力的浪费，使节约出来的运力和劳动力去完成更多的社会运量，达到最佳的经济效益。

就国际贸易运输来说，它本身是一项庞大的系统工程。从范围上讲，它涉及国内外交通运输部门、国内外客户、各式各样的单据以及诸多的政策和法规。从性质上讲，它在很大程度上又是对外贸易的服务部门，要求做到迅速、安全、准确、节省、方便。这些要求是根据对外贸易运输工作的性质和任务所提出的，也是为多年来外贸运输实践所证明了的。组织合理运输是达到这些要求的有力手段，也是提高货物运输的科学管理水平，加速货运周转，取得最高经济效益所必不可少的。

二、合理运输的概念

运输是使货物或旅客发生空间上的位移。而合理运输旨在建立运输要素的最佳组合，从而取得最大的运输经济效益。

所谓合理运输，就是按照货物的特点和合理流向以及交通运输条件，走最少的里程，经最少的环节，用最少的运力，花最少的费用，以最快的时间，把货物运到目的地。

国际贸易运输是中间环节很多、涉及面很广、情况复杂多变的长途运输，组织合理运输是贯彻执行“迅速、安全、准确、节省、方便”的方针，完成运输任务，提高经济效益所必不可少的有力的科学管理手段。

三、决定合理运输的五个要素

（一）运输距离

运输距离的长短，是决定运输合理与否诸因素中一个最基本的因素。在运输过程中，运输时间、运输费用、货损、车辆或船舶周转等运输的若干技术经济指标，都与运输距离有一定的比例关系。因此，应尽可能就近运输，避免舍近求远甚至迂回运输，以免浪费。

（二）运输工具

各种运输工具都有其使用的优势领域。要根据不同货物的特点，分别利用海运、陆运和空运，选择最适合的运输工具、最佳路线，按运输工具的特点进行装卸运输作业，最大程度地发挥所用的运输工具的作用，同时还要不断提高装载技术。

（三）运输环节

围绕着运输业务活动，还要进行装卸、搬运、包装等工作。每增加一道环节，不但会增加起运的运费和总运费，而且必然会增加运输的附属活动。所以，应尽可能组织直达、直拨运输，使货物越过一切不必要的中间环节，减少二次运输。

（四）运输时间

运输是物流过程中需要花费较多时间的环节，尤其是国际贸易的远程运输，市场瞬息万变，时间问题尤为突出。如果运输不及时，就容易失去销售机会，造成商品积压或脱销。此外，运输时间短，还有利于加速运输工具的周转，从而充分发挥运力的作用。

（五）运输费用

运输费用是衡量运输经济效益的一项重要指标，在全部物流成本中占有很大的比例，也是组织合理运输的主要目的之一。运输费用的高低，不仅关系到运输企业的经济效益，也影响到商品的销售成本。运输费用的高低，也是各种合理化措施是否行之有效的最终判断依据之一。

上述五个要素，既相互联系，又相互影响，有时甚至是矛盾的。这就要求运输部门进行综合比较分析，选择最佳运输方案。在一般情况下，运输时间快、运输费用省，是考虑合理运输的两个主要因素，它集中体现了运输经济效益。但在任何情况下，安全运输必须放在首位。

第二节　不合理运输的表现和类型

合理运输和不合理运输是两个对称的概念。在各种物资的流通过程中，我们会经常看到许多怪现象，如同一种货物在同一运输线路上相向运输；由甲地可直达乙地的货物在中途卸装；沿江河地区的货物本可利用水运，却用陆运；铁路沿线地区长途运输使用汽车、短途运输反而使用火车，等等。造成这些现象的原因十分复杂，但除了国家运输条件紧张因素以外，主要的问题还是由于经营管理人员素质不高，经济核算思想不强，各部门信息不能沟通或配合不当。由此造成的迂回运输、对流运输、重复运输、往返运输、过远运输和无效运输等现象，都是不合理运输的表现形式。在国际贸易货物运输工作中，不合理运输可以归结为下列几种类型。

（1）生产、加工、包装、仓储选点布局不合理，造成迂回、过远运输。

（2）在收购货源和集运货物时，不同程度的地区封锁和地方保护主义，以及行政性的条块分割，增加了不必要的储运环节，造成迂回、往返和重复运输。

（3）对外签订进出口合同时缺乏考虑，运输条款不合理。如运输条款中选择港口不当，或对货源的产地和发运情况了解不够。这就必然导致履约上的困难和运输费用的增加。

（4）出口货物在产地检验不严，或在单证不齐的情况下盲目发运，货到口岸不能及时出口，以致压车、压船、压库，结果就地处理或原货退回，造成无效运输、往返运输。

（5）货物和运输工具以及运输方式的选择不配套。如宜陆从水、宜水从陆，或不必要的长途汽车运输，或没有充分利用直达车船、快运列车等情况，都会偏离合理运输的目标。货物与运输工具不相适应又会造成运输容积的浪费和可能的货损。

（6）物流组织不当，增加不必要的中转环节，造成迂回运输。

（7）由于车、船调配不当，一方面有货无车（船）；而另一方面有车（船）无货，车、船等货，造成货物积压。车辆非生产时间增加，使运力不能得到充分发挥。

（8）出口商品包装不合理，装运时配载不当，造成货物的损耗和运输容积的浪费。

上述种种类型的不合理运输，不仅存在于外贸运输工作中，在内贸运输中也是屡见不鲜的。这不仅增加了不必要的运输路程和中转环节，延长了在途时间，浪费了运输能力，影响了商品质量，增加了经营成本；甚至影响了出口商品的对外成交、合同履行和商品及时供应市场，对对外贸易的发展是极为不利的。

第三节　组织合理运输的措施

组织合理运输的措施要由生产、交通运输和流通等各个部门共同协作组织实施。从国际贸易运输的角度来说，主要应做好以下几个方面的工作。

一、合理选择运输方式和运输工具

各种运输方式有着各自的适用范围和不同的技术经济特征及优势，为了充分发挥各种运输方式的作用，必须通过比较来鉴别和确定其使用范围。

首先，要考虑运输成本的高低和运行速度的快慢。一般情况下，航空运输的成本最高，公路次之，海上运输成本最低。就运输速度而言，航空运输速度最快，其经济巡航速度每小时可达 800 公里～900 公里，甚至更高；其次是汽车运输，平均每小时 40 公里～100 公里；铁路机车平均每小时 32 公里～90 公里；海船平均每小时 18 公里～50 公里，内河机动船最低，平均每小时为 7 公里～20 公里。

我们在选择运输方式时，一般采用运费就低不就高的原则，以节约运费降低出口商品的成本。

其次，在选择运输方式上，除考虑运输成本和运行速度外，还要考虑商品的性质、数量、运输距离、客户的具体要求、风险程度、国际政治经济形势的变化等多方面因素。例如，鲜活易腐商品要求争取时间，贵重物品体积小但需要保险系数高，在这种情况下，采取航空运输最为适宜；对中转环节多的，可利用集装箱以加速中转并避免货物的损坏；对样品和宣传品可采用航邮；对大宗货运可租赁整条船舶。我国过去在选择运输方式和运输工具方面已积累了一些经验，如从东欧进口货物，利用陆运较海运既节省时间又节省运费；而对东欧出口的大宗货物，如大米、水泥等，则以海运出口较为便宜。即使同一运输方式，选择利用不同种类的运输工具，充分发挥它们各自的特点，也是行之有效的办法。如铁路运输、公路运输，就可以针对不同的商品选用不同类型的运输车辆；海运可选择班轮或不定期船；内河运输可选择轮船或木帆船等。发展多式联合运输和充分利用运输工具回空运输货物，也是组织合理运输的有效措施。

二、正确选择运输路线和装卸中转港口

在整个运输过程中，除了合理选择运输方式和运输工具之外，还有正确选择运输路线的问题。正确地选择运输路线，消除增大运输总里程的各种不合理运输，避免迂回、相向、重复、倒运，最大限度地缩短进出口商品运输的平均里程，是节约国家运力、降低出口成本费用的一项重要内容。

在一般情况下，运费与运输里程成正比，商品的流向越远，运输里程就越长，运价就越高。将货物从甲地运往乙地，可能会有许多种运输线路，有的可直接运达，有的则需要中途转载。在一般情况下，应尽量安排直达运输，既可节省运输费用，减少货损货差，又可以缩短运输时间。在签订买卖合同时，就需要详细了解可供选择的运输路线和各自的收费标准。此外，还要掌握运输工具的班次，以保证如期履约。近年来，我国出口商品采用就地加工、就地包装、就地检验、就地出口的“四就”工作法，以及采用三列直达香港的特快列车和各条海运直达航线的开辟，就是减少出口环节、组织合理运输的好措施。

如果现实条件下的确不能利用直达的运输线路，必须进行中转运输，应该选择适当的中转港、中转站，了解中转的额外费用和中转所需的时间。如果承运人不负责安排中转，自己还应妥善委托中转地的代理人。

对进出口货物装卸港口的选择，在签订贸易合同时也要谨慎，一般应选择有班轮航线经常挂靠、自然条件好、装卸设备齐全、费用较低的港口。至于进口货物的卸港，应根据货物的流向、用户的所在地来考虑。如安排得当，对于减少在港停滞、满足用户需要关系重大。对出口货物的装港，应以靠近产地或供货地为原则，以减轻内地发运的困难。对东欧的陆运出口，应根据收发货和发到站决定从满洲里、绥芬河还是二连浩特国境站出口。

三、提高货物包装质量，改进包装方法

货物的包装可分两种，一种是销售包装，一种是运输包装。

销售包装旨在满足消费者的购买心理，要求精美别致，是促销手段的一部分；而运输包装的作用在于保证货物在运输途中的安全，并且为大规模装卸提供条件。由此可见，运输包装要求牢固、经济、科学和标准化。由于进出口货物运输路线长，装卸次数多，对包装的要求较高。特别是危险品货物，对包装的要求更高。1985 年，国家经委、经贸部、交通部、国家检验局曾特别发布了一项《海运进出口危险货物包装检验管理办法》，责成商品检验局负责监督管理本地区的海运出口危险货物包装的检验工作。

对其他非危险性货物，要根据运输方式、运输路程远近和商品的性质，合理地选择包装物料，以提高包装质量，保证商品的安全。在大力发展集装箱运输的今天，开展包装标准化，对减少货物损失、降低运费支出和商品成本，具有明显的效果，也是组织合理运输的必要措施。

四、提高装载技术

根据货物的体积、重量、包装，结合运输工具的特点，在不影响安全的前提下，进行合理搭配装载，有利于充分利用运力，达到满载足吨。进行技术配载时，要考虑货物本身的各种规范指标和特点，运载工具的容积规范，货物接收地的先后顺序，以及装货完毕后运载工具的平稳性。例如，可采用轻重配装，即将实重货物和轻泡货物组装在一起。在组织轻重配装时，应先装重质进出口货物，后装轻质进出口货物，禁止以重压轻，造成轻质货物毁损。还可采用解体运输，即对大的进出口货物进行解体装载，在不影响商品质量的前提下，将其拆解为几个部分分别包装，然后装运。这样可大大缩小货物所占的空间，提高运输工具的装载能力，也便于装卸和搬运。

第四节　合理运输的衡量标准

多年来的运输实践证明，开展合理运输对国家和企业收益极大。因此，要大力推广并扩大合理运输的范围。但这里首先要解决一个认识问题，即用什么样的标准来衡量合理运输。现提出一些初步看法，仅供进一步探索参考。

一、从全局出发，注重社会整体效益

运输业是一个庞大的系统工程，它需要交通运输部门、工业部门、商业部门、物资管理部门和外贸部门的共同努力，必须搞好各有关部门和单位的协调工作。因此，在宏观上衡量合理运输，就要从全局利益出发，从社会整体的效益出发，而不是仅考虑某个部门的利益。

二、综合利用各种运输方式，发挥各自的特点

现代交通运输业可以分为铁路、公路、水运、航空和管道运输五种基本的运输方式。各种运输方式有它们自己的特点，因而也各有自己的适用范围。我们应充分发挥不同运输方式的特殊作用。一方面，应建立运输业的总体规划，将运力和运量进行统筹安排，在各种运输方式之间合理分配；另一方面，各种运输方式之间又具有很强的互补性，同一项运输任务可以利用多种运输方式来完成，关键是要使它们之间相互协调，以取得最佳的经济效益。

三、合理运输的经济效益要从全局考察

开展合理运输的效益是多方面的，如有的节省运输能力，有的降低运输费用，有的减少中转环节，有的缩短运输时间，有的保证了商品质量，等等。但所谓“合理”，是相对而言的。例如选用空运，运输速度无疑是提高了，但费用却增大了；弃路从水，本应节省费用，但目前某些地区水运运费反而比铁路运费高；为了国防或抢险救灾，要及时完成任务就不能过多地考虑代价，就得全力以赴。由此可见，衡量合理运输的标准不宜教条化、公式化，而要根据具体运输任务的轻重缓急和客观条件作出周密安排。在宏观上，要以国民经济计划、企业总体计划的完成情况来考核运输安排的合理性，要站在整个社会的利益上来正确评价。

四、合理运输的方案要具备充分的可行性

货物运输的方案，要考虑现实的客观条件和可行性，不能仅凭主观愿望。制定任何计划和考核标准都不能脱离客观现实，否则就是空话。当前有些运输方案可能不合理，但必须努力创造条件才能改善。例如，同一目的港、同一合同项下一票大宗货物，我们当然希望用一条整船拉走，可航运市场上偏巧不能租到足够吨位的船舶，而合同的交货期已逼近，这时我们不能坐等错过交货期后的索赔，而应积极选定“次优”方案，如租用两条小一些的船，或改寻其他的运输方式。

总之，组织合理运输的效益必须从全局考虑，既要考虑经济效益，也要考虑社会效益。在制定运输方案时，则必须考虑客观现实条件的可行性，不能仅凭主观愿望。最优的运输方案，也有一定的相对性，只能在一定的条件下、一定的时间里和一定的范围内适用，随着时间、地点、范围和其他条件的变化，合理的程度会随之产生变化。我们必须不断研究新情况，采取新措施，持续有效地开展合理运输。

第二部分

国际货物保险

第一章　风险与保险概述

研究保险必须从风险入手，风险是保险存在的基础，保险是对风险进行管理的一种方法。

第一节　风险概述

一、风险（Risks）的概念

关于风险的概念，迄今为止还没有一个被业界所普遍接受的、统一的说法。随着人们对风险的认识的发展与不断完善，风险的概念也经历了一个不断变化、不断发展的过程。在日常生活中，人们用“风险”描述没有把握的、结果不确定的事情。如学生在填报高考志愿时，面临学校和专业的选择，因为不知道其他考生填报的志愿，因此，对于大多数考生而言，填报志愿就是一项有风险的行为。投资者在进行股票投资时，对股票的走势没有把握，对股票市场的变化无法作出准确的判断，这种情况下，购买股票是有风险的。驾驶员在驾车行驶过程中，车况、道路及路上其他驾驶员的状态是变化的，因此导致发生碰撞事件的不确定性，这是驾驶风险。在保险行业，风险是指“保单承保的标的”，或“寿险保单项下的被保险人发生的提前死亡事件”，或“保险事件或事故发生的概率超出保险精算确定的损失概率”，等等。

概括而言，风险是指将来发生的结果不确定的事件、状态和情况等。当我们需要对将来发生的情况作出判断、作出选择时，我们就面临着风险，因为将来充满了不确定性。由于不确定性的存在，人们很难对将来发生的事情作出准确的判断，将来发生的实际情况与人们对将来的预期可能存在着差异性，这种实际结果与预期结果的差异性也是风险的一种表现。

我们可以用很多方法来衡量这种差异。差异越大，风险越大。

风险是人类对将来的认知能力与客观事物发生的实际结果之间的差异性。人类认知客观世界的能力因人不同而存在着明显的差异性。不同的人对同一事件有不同的认识。不同行业对风险的认识也不尽相同。由于保险对风险的研究只考虑损失的情况而不涉及收益的情况，因此，从保险的角度来看，风险是指客观存在的发生损失的不确定性。

所有的政府、企业、家庭及个人都要对将来作出预测、判断和选择，这是我们生活和工作的主要内容。在不确定的情况下作出判断和选择，就是进行风险决策。虽然我们就将来发生的事情作出的判断和选择是基于我们对将来的预测，我们对将来发生的结果都有一个或几个合理的预期，但是只要实际结果还没有发生，我们就不知道实际的结果，而实际结果与预期结果的差异就是风险。因此，风险就在我们身边，我们的生活充满了风险。

人类社会发展到今天，随着科学技术的发展，人类认识自然和认识自我的能力已经达到了前所未有的水平。人类在各个领域取得的进步和研究成果使得我们可以预测未来，但是我们仍然没有能力准确地预知将来，即使是预言学家也无法准确地预知将来。对人类而言，将来发生的情况充满了未知与不确定性。这种现象在社会科学领域和经济领域表现得尤其突出。例如，我们不能确切地预测出来提高利率或降低利率1%对国民经济各个部门的实际影响；美国不能确切地预测到在伊拉克战争中，在侯赛因·萨达姆政权被推翻后，美国面临的来自伊拉克各种武装势力的顽强抵抗行为；中国的汽车制造商没有预测出 2004 年 4 月以来中国汽车市场上汽车价格的变化。

二、不确定性的概念

在绝大多数情况下，风险与不确定性是可以相互替换的。要理解风险，就必须理解什么是不确定性。不确定性是人们对未来发生的结果无法作出预测时无奈和困惑的主观感受。不确定性的重要性在于它影响着企业和个人的决策过程，使决策过程变得复杂。对于不确定性一般从两个方面来解释：

第一，一个事件或一个行为将来可能会出现几种结果是不确定的。例如，行驶中的汽车发生碰撞意外事故，而碰撞导致的损失可能是车身的轻度损坏，也可能是车身的严重损坏，还可能是驾驶员的轻度损伤或是驾驶员的严重损伤甚至死亡，等等，各种结果都可能出现。

第二，就每一种可能出现的结果而言，其出现的概率是不确定的。仍以汽车碰撞为例，上述的四种结果中每一种结果出现的概率都不确定，但是根据经验可知，汽车碰撞导致的车身损坏发生的概率较大。

三、风险的特性

研究风险的特性是为了进一步了解风险。风险是指未来发生的结果的多样性或不确定性。任何事件或行为只要将来有可能出现不同的结果，它就是风险。对风险的理解，必须强调以下四个特性：

1. 风险的客观性

无论人们是否意识到，风险都普遍地、客观地、时时刻刻地存在于我们生活中的方方面面。风险存在的客观性是我们认识风险与管理风险的前提。历史的发展证明，我们人类有能力认识客观世界、适应并改造客观世界。因为风险是客观存在的，所以人们可以认识风险，可以预测并管理风险。

2. 风险的损失性

风险是一种无形的客观存在，是看不见、摸不着的。人们往往是通过损失来认识风险，意识到风险的存在。客观存在的风险一旦发生，往往表现为各种财产损失和人身伤亡。这也正是人们关心风险、研究风险的原因所在。

虽然风险本身是客观存在的，是中性的，没有好与不好的区别。但将来可能发生的各种结果对当事人而言，有好结果与坏结果、希望的结果与不希望的结果、肯定的结果与否定的结果等等的区别。因此人们往往将不好的、不希望的、否定的结果的出现视为风险，将风险与不好的、不希望的、否定的结果联系在一起。

3. 风险的不确定性

风险的不确定性是指人对客观风险的主观感受的不确定性。

这种主观感受的不确定性具体表现为风险发生与否不确定，发生的时间、地点不确定，发生的原因不确定，发生的后果不确定。人们在面临风险时，在进行风险选择时，对于风险的总体感受是不确定的。

4. 风险的社会性

无论是自然界的规律性运动、社会的发展和变化还是生理现象，就其本身而言无所谓风险，风险是相对于人身及其财产的危害而言的。风险的发生给人类社会带来各种不同形式的损失，如人身伤害和财产损失。风险是一个社会范畴，而不是自然范畴。没有人，没有人类社会，就没有风险。

四、风险的分类

对风险进行分类是全面认识风险的一种有效方法。

由于风险具有的上述特性，人们必须对风险进行系统地、全面地分析和研究，以有效地控制风险，减少风险给人类的生命和财产造成的损失。在对风险的研究中，人们将风险按不同的标准进行了各种分类。

风险分类如图 2—1—1 所示[①]：

- 风险
  - 纯风险
    - 静态风险
      - 客观风险
      - 主观风险
    - 动态风险
      - 客观风险
      - 主观风险
  - 投机性风险
    - 静态风险
      - 客观风险
      - 主观风险
    - 动态风险
      - 客观风险
      - 主观风险

图 2—1—1

（一）按照风险的性质划分，风险被分为纯风险和投机性风险

1. 纯风险

纯风险是指一种只有损失机会而无获利机会的不确定性状态。

① James S. Trieschmann, Sandra G. Gustavson, Robert E. Hoyt, *Risk Management And Insurance*, 11th Edition, South-Western College Publishing, 2001.

纯风险一旦发生，导致的后果只有两种，或者损失，或者无损失，而没有任何获利的可能性。例如，房屋发生火灾，要么大火烧毁了房屋及物品造成了损失；要么扑救及时，没有造成损失；而不会出现任何获利的结果。

2. 投机性风险

投机性风险是指一种既存在损失可能、也存在获利可能的不确定性状态。投机性风险一旦发生，导致的后果有三种可能：损失、无损失和获利。例如，投资购买股票，在一个限定的时间内，可能赚，可能赔，也可能既没赚又没赔。

将风险划分为纯风险与投机性风险是保险业对风险进行分类的一种重要方法。保险只对纯风险提供保障，而不对投机性风险提供保险保障。保险区分纯风险与投机性风险的原因是一般只有纯风险才具有可保性，而对于投机性风险，在现有的承保技术水平下保险一般不予承保。

（二）按照研究风险的方法不同（影响风险的因素不同）将风险划分为静态风险与动态风险

1. 静态风险（Static Risks）

在一个相对稳定的、均衡的社会环境里，自然界自身的运动和发展，人或组织的行为上的错误给人的生命、财产及社会财富造成的损失的不确定性为静态风险。静态风险存在于社会、经济发展的任何阶段，存在于人类社会的不规范的行为中。如地震、洪水、雷电、热带风暴等自然灾害，盗窃、杀人、放火、欺诈等社会风险，以及生病、死亡等生命现象。静态风险一般按照自身发展和运动的规律客观地存在着，与社会经济、政治、科技及国家政策的发展及变化之间没有必然的联系。自然风险往往是静态风险。

2. 动态风险（Dynamic Risks）

动态风险是由于社会发展、政治制度变化、科学技术发展、国家政策的改变以及法律的变化等引起的变动和带来的不确定的影响。如人口增长、利率的变化、汇率的变化、股票市场的波动、环境污染、恐怖主义活动、战争等风险。动态风险表现了风险的发展性，社会风险、经济风险、政治风险往往都是动态风险。

（三）主观风险与客观风险

1. 主观风险（Subjective Risks）

主观风险是指人对客观风险在主观认识上存在的偏差或不确定性。主观风险源于人对风险的认识。主观风险的产生还包括人们在风险衡量过程中由于采取的方法不正确或有关风险数据的有限性而导致的风险。

主观风险是一种重要的风险，它可以解释为什么对于同一风险，不同的人、不同的企业采取了完全不同的风险管理方法。

2. 客观风险（Objective Risks）

风险本身都是客观的，客观风险这一提法是相对于主观风险而言的。风险存在的客观性是人们认识风险、预测风险和管理风险的前提。

（四）按照风险损害的对象来划分，风险可分为人身风险、财产风险、责任风险和信用风险

1. 人身风险（Personal Risks）

人身风险是指与人的生命和身体有关的风险，由于人的提前死亡、疾病、伤残、失业或年老等的发生造成的经济收入的减少、丧失收入来源或增加了生活的负担而遭受损失的不确定性状态。人身风险一方面源于生、老、病、死等生理现象的发生与人们对此的预期，另一方面源于各种原因导致的人身意外伤害事件的发生。

2. 财产风险（Property Risks）

财产风险是指因财产发生损毁、灭失和贬值而使财产的价值减少和丧失，并使财产的所有人、使用人和责任人遭受相应损失的不确定性状态。这种损失既有直接的，也有间接的。如果一辆汽车在碰撞事故中受损，修理费用就是车主的直接损失，而为修理汽车所花费的时间和努力，以及造成的误工等，都属于间接损失。

3. 责任风险（Liability Risks）

责任风险是指因人们的过失或侵权行为造成他人的财产损毁

或人身伤亡时，依法必须承担的经济赔偿责任的不确定性状态。在法制健全的社会里，任何一个人都要依法承担由于自己的疏忽或过失给他人造成的损害的赔偿责任。

4. 信用风险（Credit Risks）

信用风险是在商品赊销或货币借贷行为中，买方或借款人不能按照合同规定的付款期限或还款期限支付到期债务而给卖方和贷款人造成的收不回货款和贷款的损失。

（五）按照风险的来源划分，风险可分为自然风险、社会风险、政治风险和经济风险

1. 自然风险（Physical Risks）

自然风险是指由于自然界的运动和变化给社会的生命和财富造成伤亡和损失的自然现象。例如雷击、暴风雪、暴雨、地震、洪水等。

2. 社会风险（Social Risks）

社会风险是指由于集团和个人的某些违法行为、破坏行为造成社会的不安定以及人身伤亡和财产损失的风险。例如偷盗、抢劫、暴乱等。

3. 政治风险（Political Risks）

政治风险是指由于国家政权变动、政治斗争、法律和政策的改变而造成的社会的不安定以及人身伤亡和财产损失的风险。例如战争、社会动荡、政权改变等。

4. 经济风险（Economic Risks）

经济风险是指在生产、流通、交换、分配领域等各种经济活动中，由于经营不善、信息不准、决策失误、市场变化等造成的收入减少、经营亏损、企业破产的风险。

（六）按照风险造成的损失影响的范围的不同，风险可分为基本风险与特定风险

1. 基本风险（Fundamental Risks）

基本风险是指一旦发生能够同时造成大量的财产损失和人身伤亡事件的风险。对于基本风险，往往是由政府或社会负有管理风险的责任。基本风险是从一个社会的宏观经济层面上来进行界

定和判断的。每一个社会都有其基本风险。在我国，每年汛期的洪水、地震、热带风暴等都是基本风险。

2. 特定风险（Particular Risks）

特定风险是指某一组织、企业、家庭或个人由于其某一方面的特殊性而导致的风险。如中国某大型建筑公司承包了巴基斯坦的建设项目，面临着恐怖分子和武装分子的武装袭击给其在当地的财产和员工生命造成的损失和伤亡的风险。由于家族的遗传疾病史，导致某些人天生就是特定病毒和基因的携带者。对于特定风险，应由面临风险的组织、企业、家庭和个人采取相应的风险管理措施，对风险进行有效的管理。

五、与风险有关的概念

在对风险的研究中，人们发现风险因素及风险事故对损失的发生有重要的影响作用。

（一）风险因素（Hazards）

风险因素是指任何可能促使或增加损失发生的频率或严重程度的条件、情况和状态。构成风险因素的条件越多，发生损失的可能性就越大，损失的程度就越严重。风险因素又可进一步划分为有形风险因素和无形风险因素。

1. 有形风险因素（Physical Hazards）

有形风险因素也称实质风险因素或客观风险因素，是指导致损失发生的各种客观存在的、有形的、物质方面的因素。例如，对于汽车碰撞损失而言，汽车的性能、汽车行驶的路线及路面条件、天气情况等因素都是汽车发生碰撞损失的有形风险因素。在上述因素都有利的情况下，从理论上讲，汽车发生碰撞损失的概率很小；如上述因素中的一项或几项是不利的，则汽车发生碰撞损失的概率就大。

2. 无形风险因素（Intangible Hazards）

无形风险因素是指人们生活的自然、社会和经济环境，人们所受的教育及对待工作及生活的态度，处理事情的方法，等等，这些非物质的、无形的因素，也会影响损失发生的可能性大小及损失的严重程度。在深入的研究中人们又将无形风险因素进一步细分为道德风险、主观风险和社会风险。

（1）道德风险（Moral Hazards）。道德风险产生的根源是委托—代理问题，是由于激励措施不平衡或失效导致的。投保人投保后，就将其面临的风险转移给了保险公司。投保人没有任何积极性采取有效措施降低损失发生的概率或降低损失发生的严重程度。

在保险人接受了投保人的投保申请后，投保人或被保险人的行为往往直接影响到保险标的遭受损失的程度。保险中的道德风险特别指投保人或被保险人的不诚实、不良企图或欺诈等故意行为或不行为，导致保单承保的风险事故的发生，或扩大已经发生的风险事故所造成的损失的情况。主要表现在投保人或被保险人利用保险牟取不正当利益，如保险诈赔行为等。

道德风险在经济领域中广泛存在。道德风险的存在不仅改变人们的行为，并且导致经济的无效率。

（2）主观风险（Subjective Hazards）。主观风险是指由于人们行为上的疏忽、过失等无意识的行为或不行为或人的不良的心理状态，如不注意、不关心、侥幸或存在依赖心理等易于引发风险事故或扩大损失程度的因素。例如，人的不注意、不关心、侥幸或存在依赖心理，驾驶员的技术和精神集中状态，驾驶员在驾驶时是否系安全带等，对车祸的发生及车祸损失的大小都有直接的影响。

（3）社会风险因素（Societal Hazards）。所谓社会风险因素是指一个社会的历史、文化、宗教信仰、社会习俗、社会价值观念等包含的不安全、不珍惜生命、冒险等理念和信仰。在这种社会环境中受到教育和熏陶的人往往无视风险的存在。

（二）风险事故（Perils）

风险事故也称风险事件，灾害事故是指造成损失的直接原因。例如地震、洪水、火灾、爆炸、疾病、死亡等。任何损失的出现都是由风险事故直接造成的。只要有损失，就一定有造成损失的风险事故。我们仍以开车为例。驾驶员在路上开车存在着汽车发生碰撞的风险，只要汽车没有发生实际的碰撞，碰撞就是一种客观存在的风险（因为汽车是否会发生碰撞、什么原因导致碰撞、碰撞造成损失的程度等都是不确定的）。而在汽车行驶过程中，一旦发生碰撞事故，并且造成了实际损失，如车体严重撞坏、驾驶员受伤，则碰撞就是造成损失的直接原因。这时我们称碰撞为风险事故。

（三）损失（Loss）

在风险的研究中，实际结果比预期的结果差的状态被认为是损失。损失是风险的一种表现形式，损失有多种表现形式，如经济损失、精神损失、名誉损失等。

保险研究的损失是指人或物体的经济价值的减少或丧失，它必须是一种可以用货币计量的经济损失。在风险管理中，损失是指“非故意的”、“非预期的”、“非计划的”经济价值的减少或丧失。因此，固定资产的折旧、企业经营中支出的成本等都不是损失。

（四）风险、风险因素、风险事故同损失的关系

风险不是损失，风险是损失的不确定性或可能性。客观存在的风险变成损失的过程必须有风险因素这种媒介的存在，风险因素的存在引发风险事故，风险事故导致损失的出现。以汽车碰撞为例说明风险因素、风险事故同损失发生的关系。在汽车碰撞事故的调查过程中，司机无照驾车或酒后驾车，是造成碰撞事故发生的主观风险因素，经调查证实，汽车刹车已失灵，是造成撞车发生的实质风险因素。风险因素的存在导致或增加了风险事故发生的可能性，它并不直接造成损失，风险事故是造成损失的直接原因。在损失没有发生之前，没有风险事故，只有风险因素；损失一旦发生，直接造成损失的风险因素就变成了风险事故。

对风险因素的研究就是要采取措施控制风险因素的出现，减少风险事故的发生，进而降低损失的发生频率，减小损失的程度，并且对发生的损失采取有效的补救手段，这样一个过程就是风险管理。

（五）危机（Crisis）

危机是风险的最后表现（外化）形式，是风险经过量变的积累达到一定程度并借助某一突破口而爆发的，它反映了风险的积累及其发

展的大致规律。风险与危机具有同质性，风险是危机的基础和前提，危机是风险的集中表现形式。风险是量的积累，是量变的过程；危机是风险的质变结果。危机的出现必然导致损失的发生，危机的蔓延与恶化一般会伴有较严重的人身伤亡和财产损失，或名誉损失；而风险是损失的不确定性并与收益密切相关，没有风险的收益是不存在的。只要把握适当，冒险可以带来与之相关的收益。

第二节　风险管理

一、风险管理的概念

风险管理是指风险主体在对风险进行了全面的识别、分析与衡量的基础上，采取合理的技术措施对风险进行预防与损失控制，并安排相应的融资措施对损失进行补偿，以最小的成本使风险造成的损失降到最低限度，使风险主体的利益获得最大安全保障，实现利润最大化的一系列管理活动。风险管理也可以被描述为一个组织或个人采取的降低风险成本、实现利润最大化的一系列决策和措施。风险成本是指风险控制成本、风险融资成本、风险的社会成本和风险的心理成本。

二、风险管理的特点

风险管理是研究在风险主体的经营活动中各种风险的发生规律和风险控制的一门管理科学。风险管理活动是一个管理过程。风险管理通过制定风险管理的计划和目标，组织、协调、指挥和控制企业的各种资源，有效地管理企业经营活动中面临的各种风险。风险管理与企业战略管理、企业经营管理共同构成企业的核心管理。风险管理活动的本质是事先的预测而非事后的反应。风险管理活动以风险主体的财务安全为中心。

风险管理与企业其他管理活动的关系图，如图 2－1－2 所示。①

---

① C. Arthur Williams, JR., Michael L. Smith, Peter C. Young, *Risk Management And Insurance*, 8th Edition, Irwin McGraw-Hill, 1998.

图 2－1－2

风险管理还是一个决策过程。风险管理通过风险识别、风险衡量、风险分析与评价等方法的使用及风险管理咨询系统的建立来充分了解风险主体自身的风险状况，根据实际情况采取最优的风险管理技术组合，以最小的成本获得最大的安全保障。

三、风险管理的步骤

作为一种管理活动，风险管理是由风险识别、风险分析、风险衡量、风险损失、损失补偿以及风险管理措施效果评价等一系列过程、方法和措施构成的。风险管理包括以下几个主要步骤。

（一）制订风险管理的目标和计划

风险管理的目标是以风险和收益之间的平衡作为出发点，选择经济和有效的措施使风险的成本最小。企业还可以将以下内容列为风险管理的目标，如节约经营成本，减少雇员的忧虑情绪，保证企业经营的连续性，防止雇员在工作时发生意外伤害，有效地利用资源，保证收入的稳定性，树立企业的社会形象，等等。企业在发展的不同时期，将根据企业和社会的变化，根据企业的经营目标对风险管理的具体目标进行调整。企业在其经营活动的不同时期会确定不同的风险管理目标和计划。如采煤企业为了实现安全生产的目标，制定了一系列严格控制采煤作业中的不安全行为的计划和实施措施，对生产的每一个环节、井下工人的每一项操作都制定了规范的流程和标准。

风险管理计划是指企业为完成已确定的风险管理目标制定的具体的措施和方案。风险管理计划具体规定哪些风险企业要自留，哪些风险企业要进行转移。对于企业自留的风险，还要进一步明确采取什么具体的防灾防损方法，及对可能发生的损失采取的损失融资安排，如建立损失准备金账户来保证损失补偿，准备金的来源怎么解决。对于企业要进行转移的风险，安排什么样的非保险转移方法；对采用保险转移的风险，必须制订详细的购买保险的计划。

企业为实现风险管理目标而推广的安全生产活动周，为职工安排身体检查，对职工进行安全培训等，都属于风险管理计划的内容。

（二）风险的识别、分析与衡量

1. 风险识别（Risk Identification）

确立了风险管理的目标之后，企业的风险管理人员将对企业拥有的各种资产、雇用的所有员工、从事的各项经营活动进行全面地调查和分析，寻找出企业在各个方面所面临的各种风险。风险识别的方法主要有财务报表分析法、生产流程图分析法、组织机构图分析法、风险清单分析法、法律合同分析法等。各种风险识别方法都有其特点。风险管理人员可以根据企业的性质、规模和风险的特点选择不同的方法进行风险的识别。

2. 风险分析（Risk Analysis）

在识别了风险的基础上，还要对风险进行进一步的分析和研究，了解和掌握风险发生的原因、条件，风险造成的损失后果，等等。通过对风险的分析，使人们对风险有一个更全面的认识，为要采取的风险管理措施提供定性分析的依据。

3. 风险衡量（Risk Measurement）

风险衡量是对风险进行定量分析的重要手段。只有对风险进行了正确的定量分析，才能够为风险控制和风险融资提供科学的依据。风险的衡量主要从风险发生的频率及风险发生的严重程度两个方面进行衡量，如图 2—1—3 所示。风险发生的频率是指风

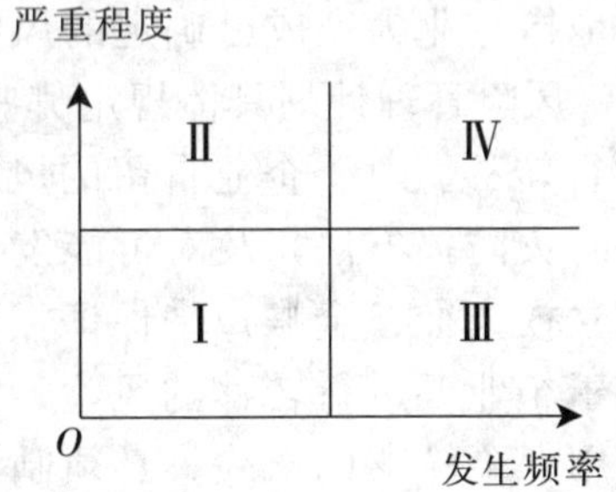

图 2－1－3

险在一个规定的时间内发生的次数，如一个月发生 2 起工伤事故，有一段山路一年发生 3 次交通事故，10 年一遇的特大洪水等，都是对损失发生频率的描述。对每次发生的损失都要衡量损失的严重程度，如某交通事故导致 21 人死亡，发生在乌拉圭超市的火灾造成近 600 人死亡，我国每年汛期都会发生洪水导致的财产和生命损失，等等。通过对风险发生的频率和严重程度的衡量，按照图示可以将风险进行四种分类：

第一类风险是风险发生的频率低，并且造成的损失也不严重的风险。此类风险也被称为双低风险，这类风险不是企业风险管理的重点。

第二类风险是风险发生的频率低，但造成严重损失的风险。此类风险一旦发生，不仅影响企业的正常经营活动，而且往往给企业的财务带来严重困难，是风险管理活动中重点管理的风险。

第三类风险是风险发生的频率高，但造成的损失不严重。这类风险也不是企业风险管理的重点。

第四类风险是风险发生的频率高，并且造成严重损失的风险。此类风险也被称为双高风险，此类风险往往导致企业破产。在企业的经营活动中应尽可能规避双高风险。

常用的衡量风险程度大小的方法有概率计算和概率分布及数理统计方法等。

（三）采取损失控制措施，安排损失补偿资金

根据风险本身的特性及企业对风险的控制能力，对不同的风

险要采取技术上的措施进行风险控制，并制定相关的规章制度规范员工的操作行为，有效控制损失。

在实际的风险管理工作中，即使采取了最有效的损失控制措施，有一些损失还会发生。因此，企业必须制定具体的损失补偿方案，对一旦发生的损失进行补偿。

（四）对风险管理措施进行检查、评估和调整

检查和评估就是对上述各个环节所做的工作进行检查，对采取的措施进行评估。风险管理过程是一个动态的管理过程，在这过程中，企业所面临的风险情况的任何改变都要求对风险管理计划和措施进行相应的调整。通过定期或不定期的检查和评估，可以使风险管理人员及时发现工作中存在的失误，提高风险管理水平，增强风险管理的针对性，进一步降低风险成本。虽然检查和评估是最后一个环节，但它却是很重要的。

四、风险控制与风险融资

从上述风险管理的全过程我们可以看出，损失控制和补偿损失安排是风险管理过程中的关键环节。

（一）风险控制措施

在企业的风险管理活动中，风险与损失的控制是核心的内容，也是风险管理部门做的最多的日常工作。每一个行业如建筑业、采矿业、机械加工制造业、食品生产与加工业、纺织业、造纸业等都有具有行业特色的损失控制和管理方法。每一种职业如医生、会计、代理人、银行家等都有其特定的职业规范和标准。企业的风险管理工作就是要针对企业的行业特点制定和实施有效的风险与损失控制措施。常用的风险控制措施有：

1. 风险规避（Risk Avoidance）

回避风险是指风险主体在充分认识、分析和衡量了风险的前提下，采取相应措施回避损失发生的可能性。例如，不吸烟可以避免吸烟造成的损失，不坐飞机可以避免飞机发生意外事故造成的损失。风险规避这一风险管理措施有以下的局限性：

（1）规避风险对于一些风险而言虽然是可能的，但却不可行；

（2）采取规避风险措施，虽然可以避免某一种（些）风险，

但却可能面临另一种（些）风险；

（3）采取规避风险的措施，也就意味着放弃了因这一风险的存在而产生的相关利益，因此采取避免风险措施必然带来利益损失。

2. 损失预防与减少损失（Loss Prevention and Reduction）

对不可回避的风险，有必要对其采取损失预防措施。损失预防措施是指对损失的发生频率和损失的严重程度进行有效地控制。它又具体分为以下两种：

（1）损失发生前的防灾防损措施。如：住房安装的防盗门，汽车方向盘安装气囊装置，气象预报，地震预报，等等。

（2）损失发生后的减灾措施。例如，1998年夏季长江特大洪灾后全面实施的防疫措施，发生人身意外事故后的紧急救助措施，自动喷洒灭火系统，等等。损失控制措施的有效实施，不但需要企业、家庭和个人进行必要的投资，而且还要掌握相应的知识。

3. 分散风险标的（Risk Separation）

分散风险标的，也称为分割或分离风险标的，是指将面临风险的标的在空间上和地理位置上进行分散，由于距离上的分散而有效减少损失的数量和程度。早在中国古代就有“分舟运米”的做法。这种减少损失的做法在现代金融理论中被称为组合投资，在企业经营活动中被称为多样化经营。这种减少损失的做法还被通俗地比喻为“不要将鸡蛋全部放在一只篮子中”。分散风险是最传统、最经典、最有效的减少损失的方法之一。

4. 备份（Duplication）

波音飞机配备多个发动机，发电厂装备多个发电机组，以及通信枢纽、交通枢纽、重要的文件、数据、证据、课件等都需要进行备份，这种做法可以有效地降低损失的严重程度。

5. 应急方案（Emergency Plan）

所有的组织、机构、企业都应制定一份完整的应急方案，如：在企业的主要管理者突然死亡或严重疾病的情况下，企业该如何维持正常运作；在企业遭遇严重自然灾害或重大意外事故的情况下，如何在人财物几个方面综合协调，减少灾害造成的损失后果；

当企业的主要供货商或重要客户发生意外的情况下，企业如何渡过难关，等等。针对上述各种情况，企业应该制定相应的对策和紧急应对方案。

6. 风险转移（Risk Transfer）

风险转移，即通过一定的方式，将风险从一方转移到另一方。通常采用的风险转移方法有保险转移法和非保险转移法两类。常用的非保险转移风险的方法有以下几种：

（1）股份公司

采取股份公司这种公司组织形式，企业是独立的法人。股东的个人财产同企业的财产是分离的。如果企业经营失败，股东的损失仅限于他们对该企业的投资部分，即股东的损失是有限的。由于采用了股份公司的形式，使企业的股东解除了承担企业的全部损失的责任。而个人企业、合伙公司则不具有这种分离财产、转移风险的特点。

（2）合同条款

通过合同的形式转移风险，是指一方在合同中规定相应的承担风险责任的条款，而将承担的风险和责任转移给合同对方。如房屋租赁合同、工程承包合同，多在合同中规定了承租人、承包人承担责任的条款。在委托保管合同中，委托人通过合同将保管财产的责任风险转移给受托人，合同规定受托人对因自己的过失而造成委托人的财物损失负赔偿责任。

（3）担保合同

按照担保合同的规定，如果义务人不履行其向权利人承担的合同义务，作为第三方的担保人必须承担义务方的合同义务。在这里，义务人通过担保合同将其向权利人承担的义务责任转移给了担保人。

（二）风险融资措施

风险融资是风险管理步骤中最重要的一个环节，因为风险管理的最终目的是要对可能发生的损失如何补偿做合理的安排。风险融资主要有以下三种渠道：

1. 自担风险

风险管理中的自担风险，是指风险主体在其力所能及的范围内主动地、有意识地、有计划地承担风险造成的损失的赔偿责任。企业、家庭和个人一旦决定自担风险，一定要对损失控制作出全面的安排，并就可能出现的损失所需的补偿资金作出财务安排。

自担风险情况下，企业采取的资金安排措施主要有：

（1）现收现付制

现收现付制作为一种补偿损失的资金安排，是指企业对于可能发生的损失事先不做特别的资金安排，一旦损失发生，企业采取用当期的经营收益来补偿当期发生的损失。这种方法补偿损失的效果取决于企业当期获得的经营利润与当期损失的程度之间的关系，因此，这种方法适合于对小额损失进行的补偿。

（2）建立负债类的损失基金账户

建立负债类的损失基金账户是指企业针对可能发生的损失，根据会计准则的要求，设立一个专门的损失补偿账户，按照会计准则的要求，定期向这个账户内拨入资金，一旦企业遭受损失，及时从此账户中划拨资金用于损失的补偿。这种专门用于损失补偿的负债类账户积累的损失补偿资金，按照现行的会计准则是作为经营成本列支的项目，是在税前扣除的项目，这个账户项下积累的资金可以获得免税的好处。由于这一特点，使用此账户记提的损失项目受到审计和税务部门的严格监控。

（3）建立资产类的损失基金账户

企业建立资产类的损失基金账户不受会计制度的制约，也不受税务与审计部门的监控，企业可以根据自身的经营情况和对风险的预测，自主决定记提损失基金的额度。但是，此账户积累的资金不能给企业带来免税的好处，并且采用此种方法还给企业带来资金使用的机会成本。因此，企业往往不会采用这种方式积累损失补偿资金。

（4）设立自保公司

自保公司的最简单、最通俗的定义，就是由工商企业出资成立的专门或主要为其母公司及其分支机构办理保险业务的保险公司。大型企业往往选择在专门的自保公司注册地注册一家自己的保险公司，全权负责本企业的所有保险业务。这种方法可以有效地促进企业的风险管理工作，同时也会获得一定的税收上的优惠。

2. 保险

从风险管理的角度来看，保险是风险主体对风险可能造成的损失采取的一种风险融资的财务安排。保险是指被保险人以支付保费的方式将自己面临的风险造成的损失的赔偿责任转移给保险公司，由保险公司承担损失的赔偿责任。

3. 可选择的风险转移方法

可选择的风险转移方法是 20 世纪 90 年代中期发展起来的一种新型的风险融资方法。这种方法是针对风险主体面临的实际风险状况和其财务能力量身定作的风险融资解决方案，是由投资银行和保险公司（再保险公司）对风险进行结构性改造，通过对风险进行证券化，将风险改造成一种证券产品投放到资本市场进行风险融资的做法。这种风险融资方案与传统的保险转移风险方法的主要区别在于，保险公司不再是损失的最终赔偿者，而成为风险评估和风险结构化的专家。

企业对不同损失程度的风险采取的风险管理措施如图 2—1—4 所示①。

损失的严重程度 \ 损失发生的频率	低	高
低	自担风险 只要成本可以控制，企业还应采取必要的预防和减少损失的措施	损失预防 企业必须采取预防和减少损失的措施
高	保险 采取必要的风险控制措施并购买相应的保险	风险规避 只要可能，企业应尽量规避此类风险

图 2—1—4

① Mark S. Dorfman, *Introduction to Risk Management and Insurance*, 6th Edition, Prentice Hall, 1998.

第三节　保险概述

从风险管理的步骤和方法来看，保险是风险融资的方式之一，是风险管理的一种方法。

一、保险的概念

由于人们研究保险的出发点和目的不同，对保险的理解和认识也就不完全相同。

从字面上来解释，“保险”一词是指对危险的保障。

从经济学的角度来解释，“保险”一词是指一种补偿损失的经济制度。

从社会保障的角度来解释，“保险”一词是指一种互助的社会保障制度。

从法律的角度来解释，“保险”一词是指保险人与被保险人之间签订的补偿损失或给付保险金的合同。

从风险管理的角度来解释，“保险”一词是指用财务手段转移风险的方法。

本书将保险的概念界定如下：保险是一种以合同为依据而建立起来的补偿损失的经济制度。被保险人根据合同，以交纳保费的方式将风险转移给保险人；保险人根据合同收取保险费，建立保险基金，履行合同规定的损失补偿或给付保险金的责任。通过保险补偿实现由多数被保险人分摊少数被保险人遭受的损失，达到社会互助共济的目的。

保险的概念可以从以下三个方面来理解：

保险是一种补偿损失的风险融资和管理方法。一项有效的风险管理，必须对损失如何进行补偿作出安排，在各种补偿损失的方法中，保险是最主要的一种方法。

保险是一种合同行为。投保人根据合同交纳保险费，保险人根据合同履行损失补偿或给付保险金的责任。

保险是一种社会互助行为。保险补偿损失的资金来自投保人交纳的保险费，保险补偿的目的是分摊损失，互助共济。

二、保险基金

（一）保险基金的概念

保险基金是保险公司以收取保险费的方式建立起来的损失补偿基金，专门用于被保险人遭受保险责任范围内的损失的补偿。

保险这种经济补偿制度，不同于社会上存在的其他的损失补偿方法，这种不同是由保险基金体现出来的。保险基金的形成方式和保险基金的使用方法，使得保险成为一种社会互助的损失补偿方法，成为社会保障体系的一个重要组成部分。

（二）保险基金的特点

1. 保险基金的互助性

保险是一种社会互助的损失补偿机制，保险补偿损失的结果是风险的分散和损失的共同分摊。购买保险的被保险人以交纳保险费的方式将自己面临的风险转移到保险公司；保险公司将保户交纳的保费集中起来建立保险基金，并以此来补偿少数被保险人遭受的保险范围内的损失。通过保险补偿，少数被保险人遭受的损失，由所有购买相同保险的被保险人共同分担了，这就是保险的互助性，它表现在遭受损失的被保险人同购买保险的被保险人之间的互助上。

2. 保险基金是社会保障体系的一个组成部分

从一个社会的社会保障体系来看，补偿损失的方法有很多种：有国家组织的赈灾、财政拨款、民政救济、慈善捐助、社会募捐、亲友帮助、储蓄存款等，这些都可以使遭受损失的一方获得一定的损失补偿，但上述各种方式对损失的补偿同保险补偿损失有着本质的区别。保险补偿损失的资金来源于由被保险人交纳的保险费而形成的保险基金。保险补偿损失是依据合同进行的有偿的、有条件的损失补偿行为。有偿的是指保险对被保险人的损失补偿是以被保险人交纳保费为前提的；有条件的是指损失必须是由保单承保的风险造成的；保险补偿金额的多少是由合同规定的，损失补偿是有保障的。而其他方式的损失补偿是无偿的，补偿金额的多少没有任何约束，损失补偿是无保障的，完全出于同情、善良和人道主义。

社会保障体系有多种形式，如通过多种方法而建立的法定社会保险、劳动保障、社会慈善机构的人道主义救济、国家民政部门的社会救济、各种机构组织的贫困保障、伤残救助制度以及保险公司组织的商业保险形式的保险制度。各种社会保障手段和制度的综合运用，形成了一个国家完整的社会保障制度，为社会秩序的稳定、经济的持续发展和人民安居乐业提供了坚实的保障。

3. 保险基金是社会后备基金的一种形式

一个社会的社会后备基金主要有三种形式，即集中的国家后备基金、分散自留的后备基金和保险基金。社会后备基金，是指一国用于补偿各种特大自然灾害和意外事故造成的损失，保障社会生产顺利进行，人民生活安定所必需的物质储备和资金储备。集中的国家后备基金，是指国家在财政预算中预留的后备基金，专门用于应付一国遭受特大灾害事故时的损失补偿及一国遭受外敌入侵时的备战需要；分散自留的后备基金，是指由机构、企业和个人自己提留的后备基金，用于所受损失的经济补偿；保险基金，是由保险公司以收取保险费的方式建立起的损失补偿基金，专门用于被保险人遭受保险责任范围内的损失补偿。各国政府都采取优惠的措施，扶持本国保险企业的发展，鼓励社会成员参加保险，提高社会的保险保障程度。

风险存在的客观性是保险产生的基础，损失发生的偶然性又使保险的经营成为可能。通过保险的方式对可保风险进行管理已成为一种重要的经济手段。保险在商品社会中的普遍应用是由保险补偿损失的社会性、经济性和有效性决定的。而这一切的核心是保险基金。

三、保险的职能和作用

（一）保险的职能

保险是以投保人交纳的保险费建立的保险基金补偿少数被保险人因承保的灾害事故发生造成的经济损失，或因死亡、丧失劳动能力带来的经济困难的一种补偿损失的方法。保险补偿损失的特殊性决定了保险所具有的基本职能，即分摊职能和补偿职能。

1. 分摊职能

分摊职能就是把参加保险的少数被保险人因自然灾害或意外事故所造成的损失，分摊给大多数被保险人来承担。保险的主要特征就是分散风险，分摊损失，起到了“千家万户保一家”的互助共济的作用。这是保险区别于补偿损失方法的根本标志。正因为保险具有这种分摊损失的职能，才使保险深受广大群众的欢迎。

2. 补偿职能

补偿职能就是把参加保险的被保险人交纳的保险费建立起来的保险基金，用于少数被保险人因遭遇自然灾害或意外事故所受损失的经济补偿。分摊损失本身不是目的，目的是为了补偿损失，通过补偿损失来抵抗灾害，保障经济活动的顺利进行，以及给予遭受损失的被保险人以经济帮助。

人类在认识自然、征服自然和改造自然的历程中创造了巨大的物质财富，有力地促进了社会的发展和进步。但是，客观存在的自然灾害和意外事故又往往使人类劳动所创造的物质财富遭受损毁和灭失，为了在经济上补偿这些损失，尽快地恢复生产或帮助受害者摆脱困境，客观上就产生了补偿损失的社会需要。分摊和补偿这两个保险固有的基本职能，是相互联系、相辅相成和不可或缺的。分摊是补偿的前提，补偿是分摊的目的；没有分摊就无法补偿，没有补偿也就无须分摊。

（二）保险的作用

保险的作用表现在社会经济生活的各个方面。这些作用可分为保险的宏观作用和保险的微观作用。保险的宏观作用是指保险对社会的稳定、对经济发展的作用。保险的微观作用是指保险对企业、家庭、个人的作用。保险的作用表现在以下各方面：

1. 保险保障社会再生产的进行

在商品经济社会，企业是相对独立的经济实体，经营效果的好坏，由企业自行承担。企业的经营活动要做到收支平衡，根据收入调节支出。但是，企业的经营活动往往会遭受由于自然灾害和意外事故发生造成的损失，使企业的生产过程无法正常进行。从产业资本循环的过程来分析，资本为了实现其价值增值的目的，必须不间断地运动。资本只有不断地从流通过程进入生产过程，又从生产过程进入流通过程，通过循环往复的运动，才能保证价值的增值。因此，为了保证企业的生产经营活动的持续进行，就必须对企业因遭受的自然灾害和意外事故造成的损失进行补偿，而保险是补偿损失的最有效的方法。通过保险转嫁风险，就成为保障社会再生产正常进行的必要条件。

2. 保险保障被保险人应享有的经济利益

风险造成的损失是将来发生的、无法确切估计的，通过保险可以将这种无法预测的损失以缴付保险费的形式固定下来。企业可以将保险费作为一项固定支出，列入产品成本，作为一种生产资金的开支，保证企业的财务核算和生产经营计划的执行；家庭则可以把保险费和伙食费、水电房租费等一样，作为一项必要的固定支出，解除对风险的恐惧和各种后顾之忧。由于保险费是按科学原则确定的，把它作为固定支出是合理和可行的；而且保险合同所规定的权利和义务具有法律效力，使被保险人在一旦遭遇保险责任范围内的风险损失时，可以得到及时和可靠的经济补偿或给付保险金，保障被保险人应该享有的各项经济权益或利益。

3. 保险促进社会的风险管理和防灾防损工作

保险公司作为专业经营风险的企业，积累了丰富的处理风险和防灾防损的经验。保险公司在为社会提供多种保险产品和服务的同时，从保险经营的稳定性和自己的经济利益出发，从社会安全出发，更加注重对保险标的防灾防损的控制工作，保险公司所进行的损失控制已成为保险减少损失赔款的重要手段，已成为社会风险管理的重要中坚力量，提高了全社会防范、预防和减少灾害事故的水平。保险公司进行的防灾防损、减少损失的工作主要采用以下各种形式：

（1）直接投资和参与风险的防范和预防研究工作；

（2）保险公司从业务收入中拨款赞助政府或企事业单位购置防灾设备；

（3）通过对保险标的的风险分析，运用掌握的损失统计资料，向社会各界宣传风险管理，并提供防灾防损的经验与措施；

（4）通过保险费率的确定，督促被保险人实行风险管理，注意防灾防损的杠杆，对损失率高的保险标的多收费，对风险管理和防灾防损工作做得好的被保险人采取优惠费率。

4. 保险保障财政收入的正常与稳定

由于风险存在的客观性和损失发生的偶然性，因此所有独立经营的经济实体，都不能排除遭受自然灾害和意外事故造成的损失的可能性。企业一旦遭受意外损失，必然影响国家当年的财政税收，使财政预算存在着潜在的不稳定因素，影响财政收支的平衡。企业通过参加保险，可以在发生灾害事故时，获得保险公司对损失的补偿，从而降低经营活动的波动性。稳定的经营活动给企业带来稳定的经营利润，从而保障国家财政收入的正常及稳定。另外，保险公司的经营活动也给国家带来大量的税收，扩大了国家财政收入来源的范围和渠道。

5. 成为国家建设的资金来源

保险在履行补偿经济损失职能的过程中，由于保险基金的特点使保险业集聚了大量的闲置资金。现代保险业在管理和运用保险基金的过程中，逐步发展起了保险基金的投资和风险融资的金融中介功能。在许多市场经济发达的国家，保险业已经成为最重要的非银行金融机构。保险公司的投融资功能的形成和完善，极大地促进了社会经济的发展，成为国民经济发展中的重要的资金来源。

6. 为社会提供大量就业机会

在经济不断发展的社会中，保险已经成为人们生活中必不可少的保障手段，保险业已成为国民经济发展中的重要产业。保险属于劳动密集型的金融服务行业，保险公司在为社会提供各种保险服务的同时，雇用了大量劳动力，为社会提供了大量就业机会。

四、保险的成本

随着保险的普及和发展，保险的触角已经深入到社会发展和社会经济活动以及人们生活的方方面面，保险已经成为现代社会的经济活动和人们生活中不可缺少的一部分。但是，保险同其他任何事物一样存在着两面性。作为最主要的风险管理方法，保险固然给社会带来了许多好处和正面影响，但保险的存在也给社会带来了一定的弊端和负面影响。只有在全面了解保险的基础上，才能更好地认识保险，才能趋利避害有效地利用保险，从而降低保险的经营成本和社会成本，减少保险的消极作用。

同其他风险管理方法相比，保险最大的缺点就是管理风险的成本比较高，也就是说选择保险是要付出代价的。保险的成本最主要的是经营成本。保险公司的经营是以营利为目的的，保险公司的所有经营成本最终都要由投保人交纳的保险费来承担，这就大大增加了投保人的保费支出，增加了社会管理风险的成本。

由于保险经营的风险的特殊性及保险企业自身的经营管理机制的约束，保险公司在承保环节不能完全避免逆选择（anti-selection）[①] 的出现。逆选择的产生是由于在保险公司同投保人签订保险合同之前双方存在着较大的信息差别，投保人、被保险人知道自己存在的风险，具有相对的信息优势，而保险人却处在信息劣势的位置，不能准确评估投保人或被保险人的真实风险水平。因此保险公司在实际经营中，只能向所有投保人提供大致相同的保险费率，结果是高风险者由于投保费率低于其实际风险对应的公平精算费率[②]而愿意投保；而低风险者由于投保费率高于其实际风险对应的公平精算费率，而理智地放弃投保，这就是保险的逆选择。逆选择的出现降低了承保风险的质量，抑制了保险需求，导致了市场的低效率，增加了保险的成本。

由于受到保险企业自身的经营管理机制及社会法律环境的限制，保险公司不能在理赔环节完全避免保险骗赔的出现，即保险公司赔偿了一些按照保险原则不应该赔偿的损失。各种为了获得保险赔款而引发的杀人案件、纵火案件，常常见诸于新闻媒体。保险诈赔不但增加了保险的经营成本，还败坏了社会的道德风气，已经成为世界各国保险业的一大公害。

---

① 由于信息的不对称，掌握信息较多的一方就会利用这些信息作出有利于自己而不利于合同对方的选择并以此获利。逆选择在保险上的表现是，具有较高风险的投保人利用其对保险标的的风险信息比保险人了解更多的优势，利用保险公司在定价时对风险的分类，试图以低于其实际风险的平均费率购买保险的行为。

② 保险公司收取的保险费等于损失的期望值。

保险的存在还在一定程度上增加了损失机会。由于购买了保险，一些被保险人减轻了保管和照顾保险标的的责任，放松了安全意识，减少了防灾防损的主动性，由此增加和/或扩大了保险标的的损失。

五、可保风险及其构成条件

作为一种最为普及的、使用最广泛的风险管理手段，保险不能将各种风险通通予以承保，这既有理论上的限制，也存在着保险经营理念、手段和经营方法上的限制。在这里必须清楚的一点是，只有可保风险才可以采用保险的手段进行风险管理。可保风险是指可以保险的风险，即可以采取保险的方法进行经营的风险。

从保险经营的角度来分析，并不是所有的风险都可以保险，对客观存在的大量的风险，只有符合一定条件的风险，才能成为保险经营的风险。保险公司对其经营的特殊商品——风险是有严格限制的。保险业经过几百年的经营，各国保险人积累了丰富的承保经验，总结出一套可保风险的条件。

1. 可保风险必须是纯风险，而不是投机性风险

纯风险与投机性风险是性质完全不同的风险，它们造成的后果是不同的。就保险行业的承保技术和手段而言，保险公司只承担纯风险发生导致的损失。由于投机性风险的发生可能带来获利的机会，所以投机性风险不具有可保性。

2. 可保风险必须是大量的、相似的风险单位都面临的风险

保险经营的重要数理依据是大数法则，大数法则是统计学中的一个重要定律。大数法则是指随着样本数量的不断增加，实际观察结果与客观存在的结果之间的差异将越来越小，这种差异最终将趋于零。因此，随着样本数量的增加，利用样本的数据来估计的总体的数字特征也会越来越精确。

大数法则在保险中的应用是指随着投保的保险标的数量的增加，保险标的的实际损失与用以计算保险费率的预测损失之间的差异将越来越小。

大数法则的运用必须存在大量的、相似的或同类的保险标的，因为只有这样才能体现出大数法则所揭示的规律性。那么，数量

多大就构成了大数？从保险经营的角度来看，大数不是一个具体的数量，它是保险公司愿意承受风险程度的函数。保险经营中所需的大数，多少取决于保险公司承受一项风险发生的实际损失偏离预期损失的程度的意愿。举例来说明，假设汽车发生碰撞并造成全损的概率是 1/1 000，则承保了 1 000 辆汽车保险的保险公司对其承保的汽车在明年发生碰撞导致的全损的预期是 1 辆。在一年期满时，如果 1 000 辆承保的汽车都没有发生碰撞损失，这对保险公司而言，则发生了实际损失与预期损失的偏差，但这种偏差是对保险公司有利的；与此相反，在一年期满时，1 000 辆承保的汽车中有 2 辆发生了碰撞导致的全损，这对保险公司而言，也发生了实际损失与预期损失的偏差，但这种偏差对保险公司是极为不利的；只要保险公司的保险费率是公平精算费率，则 1 000 辆汽车的保险费积累的汽车险保险基金不足以补偿 2 辆发生全损车辆的损失赔偿。因此，就保险公司的经营而言，承保数量 1 000 构不成大数。在保险费率不变的情况下，保险公司只能通过增加承保汽车的数量来减少实际损失超过预期损失的风险。当承保数量达到 10 000 辆、100 000 辆时，虽然预期的损失也在成比例地增加到 10 辆、100 辆，但实际损失与预期损失的差异大大降低，则保险公司经营汽车险的风险随之降低。承保标的的数量在保险经营活动中是至关重要的。参加保险的标的越多，实际发生的损失与预测的损失就越接近，而根据预测损失制定的保险费率，收取的保险费的积累就越多，保险公司补偿损失的能力就越强，经营效益也就越好。

3. 损失的发生具有偶然性

如果客观存在的风险一定会造成损失，这种风险保险公司不会承保。保险公司承保的风险必须只存在发生损失的可能性，而不是确定性，也就是说，损失的发生具有偶然性。之所以要求损失的发生具有偶然性，原因之一，是为了防止被保险人的道德风险和行为风险的发生；原因之二，是保险经营的基础是大数法则，而大数法则的应用是以随机（偶然）事件为前提的。

4. 损失是可以在发生时间、发生地点和损失程度上进行确定

和衡量的

损失是可以确定的，是指风险造成的损失必须在时间上和地点上可以被确定，因为只有这样，才能确认此项损失是否为保险承保的范围之内的损失。损失是可以衡量的，是指风险造成的损失程度必须可以用货币来衡量，只有这样，保险人才能对损失进行补偿。因此，从保险经营的角度来看，可保风险造成的损失一定是可以确定和衡量的。

5. 可保风险造成的损失必须是严重的

从风险管理的理论来看，风险管理的措施是多种多样的，保险只是其中之一。从理论上讲，人们只对发生频率低、而损失程度严重的风险采取保险的手段进行风险转移。因为这种损失一旦发生，人们无法依靠自己的力量来补偿损失，或自己补偿损失极不经济。判断损失的严重性是没有一个确定的数量标准的。它是相对于企业、家庭或个人能够并且愿意承担损失的大小而定的，不是绝对的。对于投保人来说，如果一种风险造成的损失的可能性很大，但损失结果并不严重，则对这种风险购买保险是很不经济的，人们可以通过自留风险和控制损失频率的方法来解决。

但可保风险造成的损失不应是巨灾损失。保险中的巨灾损失是指风险事故造成的损失在损失程度和损失范围上不仅超出了保险精算费率预期的损失严重程度，而且也超出了为该风险积累的保险准备金的数量。

6. 可保风险造成的损失的概率分布是可以被确定的

保险经营风险的前提是可以确定一个合理的保险费率，而保险费率的确定是建立在预期损失的基础上的。如果一种风险是可保的，它的预期损失必须是可以计算的。预期损失是根据损失的概率分布计算出来的。如果风险造成的损失的概率分布可以确定在一个合理的精确度以内，则这项风险就是可保的。

第二章　保险种类简介

在保险发展的不同时期，人们对保险进行分类所依据的标准是不同的。在保险发展的早期，人们将保险分为水险（Marine Insurance）与非水风险（Non-marine Insurance）。这是因为保险起源于海上保险，海上保险被称为水险；而所有的非海上保险业务则被称为非水险，如在海上保险之后出现的火灾保险、人身保险及其他保险。随着社会经济的发展，特别是工业化的发展，人寿保险成为重要的保险险种，人们将保险分为寿险（Life Insurance）与非寿险（Non-life Insurance）。非寿险是泛指除寿险以外的所有险种。世界保险业经过几个世纪的发展，特别是近一个世纪的高速发展，在现今的国际保险市场上，保险公司开办的险种已达几百种之多。

保险业的高速发展及其对国民经济发展的促进作用，引起了各国的保险学者、保险监管机构及保险公司的极大关注。由于人们研究保险的目的不同、角度不同，因此对保险分类所采用的标准也就不同。

按照保险实施的方式不同，保险被分为强制保险和自愿保险；按照保险经营的目的不同，保险被分为商业保险、政策保险和社会保险；按照经营保险的主体不同，分为私营保险与政府保险。

第一节　强制保险与自愿保险

一、强制保险（Compulsory Insurance）

（一）强制保险的定义

强制保险，也称法定保险，它是根据一国的法律、法规或行政命令的有关规定，强制被保险人必须参加的保险。

（二）强制保险的类型及特点

强制保险可根据立法的部门不同分为三种类型：

1. 在全国范围内实施的强制保险

根据法定程序，由国家立法机构通过的法律、由中央政府颁布实施的强制保险条例，这种强制保险一般由国家授权的保险机构提供保险，采取行政手段强制实施。

这类强制保险对保险人、被保险人及保险标的都规定了具体范围，不论被保险人或保险人是否同意，都没有选择的余地，双方在权利和义务方面均受法律的约束。例如，我国的《飞机、火车、轮船旅客的人身意外伤害强制保险条例》，以及失业保险、养老保险等社会保险。

这类保险的特点有：

（1）强制性；

（2）对未按规定交纳保险费者采取滞纳罚金；

（3）保障标准的统一性。

2. 在地方范围内实施的强制保险

根据国家的有关法律，由地方政府通过颁布实施的地方性法规规定必须参加的保险。例如，我国目前已经有 24 个省、市对机动车辆第三者责任保险采取强制保险的做法。

3. 在特定行业内实施的强制保险

根据政府某些行政机构发布的有关法令、法规，规定凡从事某种经营活动必须投保相应的保险，否则不允许从事生产和经营活动。例如，目前我国的各商业银行向企业或个人进行的抵押贷款规定，以不动产作为抵押品进行贷款时，必须对此抵押品进行保险。

上述第 2 和第 3 种强制保险的特点是，既有强制性的一面，即投保人必须按照有关的法律规定参加保险，也有非强制性的一面，即投保人可以自愿选择保险公司购买保险。这两类强制保险的法律、法规只规定某些行业、个人在从事经营或其他活动时必须参加保险，而对于保险关系的产生，则由被保险人选择合适的保险人来进行投保。

（三）开办强制保险的目的

各国政府在社会经济发展的不同时期会开办不同的强制保险，

开办强制保险一般可以实现以下目标：

（1）减轻政府承担的社会保障责任，解决某些普遍存在的社会问题所需的资金，如基本养老保险、失业保险和基本医疗保险。

（2）维护公共利益或无辜受害人的利益，如雇主责任保险、机动车辆第三者责任保险。

（3）解决某个领域特殊危险的保障基金的来源，如危险产品的生产、核电站的建设和使用，都必须有相应的保险。

二、自愿保险（Voluntary Insurance）

自愿保险是指保险人和被保险人双方在自愿的基础上签订保险合同而建立起的保险关系。自愿保险是相对于强制保险而言的。一般来说，绝大多数商业保险都是采用自愿保险的方式，而政策性保险和社会保险则主要采用强制保险的方式。

第二节　商业保险

商业保险（Commercial Insurance）是指由商业保险公司为获取保险经营利润，按商业经营原则组织经营的保险业务。

根据不同的分类标准，商业保险可进行下列分类：根据保险标的的不同，商业保险可分为财产保险、责任保险、保证保险和人身保险等；根据保险合同涉及的当事人不同，商业保险分为原保险和再保险；根据保险标的的性质不同，商业保险可分为个人保险和商务保险。

一、财产保险（Property Insurance）及其主要分类

（一）财产保险的概念

财产保险分为狭义的财产保险和广义的财产保险。狭义的财产保险就是指以各种有形的财产作为保险标的的保险。在财产保险发展的初期，保险标的仅限于房屋、商品、交通工具等有形的实物财产。随着保险业的发展，人们对与有形财产相关的各种无形的利益也提出了保障需求，财产保险的承保范围也不断扩大，发展成为广义的财产保险，即财产保险承保的对象不仅仅是各种有形的财产，还包括了与财产有关的各种无形的利益，如预期利益、运费、权益和与财产有关的损害赔偿责任。广义的财产保险是指以因财产的拥有、使用和管理而产生的利益，以及因财产的拥有、使用和管理而产生的法律责任作为保险标的的保险。各种财产是人类创造的物质财富的重要表现形式，对各种财产的拥有与使用既给人们带来各种经济利益，又给人们带来各种法律责任。因此，财产本身的损失以及因财产的损失而导致的利益损失、因财产而产生的责任损失，都是财产保险的对象。保险人承担各种保险财产及有关的财产利益和财产责任因保单承保风险造成的损失的赔偿责任。

（二）财产保险的种类

因财产的种类繁多，所以财产保险的种类也很多，而财产保险的险种更是难以计数。下面介绍的是世界保险业常用的财产保险的分类。

1. 海上保险（Marine Insurance）

海上保险是以海上的财产（如船舶、货物）以及与之有关的利益（如租金、运费）和与之有关的责任（如损失赔偿责任）等作为保险标的的保险。保险人对各种海上保险标的因保单承保风险造成的损失负赔偿责任。

海上保险是保险业中历史最悠久的保险业务，是现代保险业的起源。而海上保险也随着现代保险业的发展有了很大的变化，传统的海上保险业务范围不断扩大，增加了各种内地水陆运输保险、承运人责任保险。随着人类对海洋认识的不断深入，对海洋的利用和开发将越来越多，海上保险的种类与范围也将不断扩大。

目前，世界各国保险公司经营的海上保险业务主要有：海洋船舶保险；海洋货物运输保险；海上石油开发保险；保障和赔偿保险。

2. 货物运输保险

货物运输保险是以运输途中的货物作为保险标的的保险。保险人对运输途中的各种保险货物因保单承保风险造成的损失负赔偿责任。

根据货物运输采用的方式不同，货物运输保险分为：海洋货物运输保险（同上面介绍的海上保险中的海洋货运保险）；陆上货物运输保险；航空货物运输保险；邮包运输保险，等等。

3. 火灾保险（Fire Insurance）

火灾保险是指以各种处于固定地点或存放于固定地点的处于静止状态的物质财产以及有关的利益作为保险标的，以保险标的发生火灾损失作为保险事故的保险。保险人对各种保险标的因保单承保风险造成的火灾损失负赔偿责任。

火灾保险是继海上保险之后出现的重要的财产保险险种。进入19世纪以后，欧洲各国相继进行的工业化革命，极大地促进了资本主义经济的发展，刺激了社会对保险的需求。火灾作为最重要的财产损失原因，火灾保险得到了迅速发展，火灾保险业务范围不断扩大，具体表现在以下几个方面：

（1）从保险标的来看，早期的火灾保险只承保不动产，后来逐步扩大到承保动产，再发展到承保与动产和不动产标的相关的利益保险。

（2）从承保风险来看，早期的火灾保险只承保单一的火灾风险，后来逐步扩展到承保与火灾相关的爆炸、雷电和洪水等风险。进入现代社会以后，火灾保险的承保范围又扩展到包括火灾在内的各种自然灾害和意外事故。

（3）从承保的损失来看，火灾保险从只承保火灾造成的直接损失，发展到承保各种间接损失，如营业中断损失及租金损失等。

火灾保险已经成为最重要的财产保险险种。目前，我国开办的财产保险业务虽没有使用火灾保险这一名称，但是企业财产保险、家庭财产保险、机器损坏保险等，都是在火灾保险的基础上发展起来的保险险种。

4. 运输工具保险

运输工具保险是以各类运输工具，如汽车、飞机、船舶、火车等作为保险标的的保险。保险人对各种运输工具因保单承保风险造成的损失负赔偿责任。

运输工具保险主要包括以下险种：

（1）汽车保险。汽车保险是以汽车、驾驶员、乘客以及第三者责任作为保险对象的保险。保险人负责赔偿因保单承保风险造成的汽车车体损失、驾驶员意外伤害损失、车上人员的意外伤害损失以及对第三者应承担的赔偿责任损失。我国的汽车保险分为车辆损失险、第三者责任险、盗抢险、车上责任保险、玻璃破碎保险、自燃损失保险等。

（2）飞机保险。飞机保险是以飞机、机上乘客及第三者责任为保险对象的保险。保险人负责赔偿因保单承保风险造成的飞机机身损失、乘客的意外伤害及对第三者应承担的赔偿责任损失。飞机保险通常分为机身险、乘客意外伤害保险、第三者责任险等险别。

（3）船舶保险。船舶保险分为国内船舶保险和海上船舶保险（属于海上保险）。国内船舶保险是指以各种非远洋航行的船舶，指内河、湖泊及近海的各种船舶为保险对象的保险。包括各种机动与非机动船舶、在建造中和修理中的船舶、特殊专用船舶（包括渔船）。保险人负责因保单承保风险造成的船体损失以及由此支付的合理的施救、救助费用、共同海损分摊及船舶碰撞责任损失等。船舶保险分为船舶损失保险、乘客意外伤害保险等。

（4）铁路车辆保险。铁路车辆保险是以在铁路上运行的机车及车辆作为保险标的的保险。保险人负责赔偿由保单承保风险造成的机车及车辆损失及旅客的意外伤害损失。

5. 工程保险

工程保险分为建筑工程保险和安装工程保险两种。建筑工程保险是以各类将要或已经进行施工建设中的工程为保险对象的保险。安装工程保险是以安装各类机器、设备、各种结构的工程为保险对象的保险。保险人负责在建筑、安装过程中发生保单承保风险造成的物质损失、费用损失、第三者人身伤害以及财产损失引起的赔偿责任。

二、责任保险（Liability Insurance）及其主要分类

（一）责任保险的概念

责任保险是以被保险人的民事损害赔偿责任作为保险对象，以第三者（受害者）向被保险人（肇事者）提出损害赔偿请求为

保险事故的保险。保险人负责赔偿因被保险人的疏忽或过失，造成第三者的人身伤害或财产损失依法应负的经济赔偿责任。

（二）责任保险承保的风险

责任保险承保的风险是被保险人依法应承担的民事损害赔偿责任。从法律的角度来看，责任是指由于当事人的某种侵权或违约行为的发生而须依法承担的一定义务。责任保险承保的风险完全是由法律创造出来的。民事责任风险之所以存在是因为社会上存在着相应的法律规定。健全的社会法律制度，尤其是民法和各种专门的民事损害赔偿责任法律和法规导致人们对责任保险的需求。例如，如果没有产品质量法，产品的生产者就不会对因产品质量问题给消费者造成的损失，依法承担赔偿责任，产品的生产者也就不需要投保产品责任险。如果没有环境保护法，造成环境污染的企业和个人就不会对环境污染的受害者承担赔偿责任。在现代社会中，由于人们的一切社会活动都是在一定的法律规范之内进行的，所以才可能出现因违反法律而造成他人的财产损害或人身伤害，并由此而承担经济上的赔偿责任。责任保险业务的发展与一国的经济发展水平，特别是法律制度的完善程度是密切相关的。

责任风险源于民事损害赔偿的法律制度。根据各国的民事法律制度的有关规定，产生责任风险的法律主要包括过失侵权责任和绝对责任（严格责任）两种。

1. 疏忽（或过失）侵权责任

疏忽或过失责任是指当行为人的疏忽或过失行为违反了法律规定的应尽义务，或违背了社会公共行为准则，并造成了他人的人身伤亡或财产损失时，行为人对受害人依法应承担的损害赔偿责任。在这里，法律是用一个理智的人在相同的情况下会使用的适当的注意来判断肇事者的行为是否构成疏忽。由于过失行为的直接后果往往是使无辜的他人受到损害，在这种情况下，依照法律的规定，受损害的一方有权向肇事的责任方提出损害赔偿的要求。以疏忽或过失责任要求损害赔偿时，受害者必须举证证明致害者的疏忽或过失存在并且正是由于这种疏忽导致了损失。过失责任是责任保险所承保的主要责任风险。

2. 绝对责任和严格责任

绝对责任，在产品责任中称为严格责任，是指无论行为人有无过失行为，只要受害者的损害结果或事实存在，依照法律规定，行为人就必须对受害人受到的损失负赔偿责任。采用绝对责任制，损害的事实或后果是确定民事赔偿责任的决定性因素。许多国家的法律规定，雇主对雇员在工作时的意外伤害承担绝对责任，生产者对消费者在消费和使用产品时造成的伤害承担绝对责任，即雇员不需要证明雇主存在疏忽或过失，消费者不需要证明生产者在产品生产中存在疏忽或过失，只要雇员和消费者遭受损失的事实存在，雇主和生产者就要承担赔偿责任。法学的绝对责任原则是为了使受害者得到更充分、更全面的损失保障，是对致害人的一种非常严格的责任规定。因此，绝对责任也是责任保险所承保的主要责任风险。

（三）责任保险的特点

（1）从保险标的来看，责任保险的标的是被保险人对第三人依法应承担的损害赔偿责任。因为它是一项法律责任，而不是实体财产，故责任保险只有保险金额，没有保险价值。保险金额的多少是由当事人根据需要并参考有关的法律赔偿规定确定的。

（2）从保险事故来看，责任保险的保险事故，一方面需要被保险人对于第三人依法应负赔偿责任；另一方面又需要受害者向被保险人提出赔偿损失的请求，两者缺一不可。因此，责任保险虽以被保险人对于第三者的损害赔偿责任为标的，但如果该项赔偿责任虽已发生，第三者却并没有向被保险人提出赔偿请求，则被保险人仍无损失可言，保险人也不必对此负赔偿责任。换句话说，只有在被保险人收到第三者的赔偿请求时，保险人才对被保险人负有赔偿责任。

（3）从保险补偿的损失来看，在狭义的财产保险中，保险人补偿的是被保险人因保险财产的损失而遭受的经济损失。保险赔偿直接支付给被保险人，并归被保险人所有。在责任保险中，保险人补偿的是被保险人依法应对第三者履行的损害赔偿责任损失，保险赔偿直接支付给遭受损失的第三者。因此，第三者是享受责任保险利益的人。

（四）责任风险的种类

企业从事的各项经营活动，面临着各种责任风险，有企业自身的行为直接产生的责任风险，有他人的行为导致的间接的责任风险，还有合同责任风险。

1. 直接责任风险

直接责任风险是由企业自身的行为导致的风险。产生直接责任风险的情形有：企业的经营场所产生的责任损失，如大型超市的一块天花板突然坠落造成购物者的人身伤害事件；企业的经营活动产生的责任损失，如企业排放的废水导致的河流污染责任；企业生产的产品导致的产品责任赔偿，等等。

2. 间接责任风险

间接责任风险是指由与企业有合同关系的其他当事人的行为或企业的雇员的行为导致的责任损失。

3. 合同责任风险

责任保险承保的合同责任风险是根据合同双方签订的转移侵权责任的合同引起的责任风险。如某港务局同铁道管理部门签订了一份合同，根据该合同，由港务局全权负责其辖区内的铁路的安全运行、定期维护与保养工作，港务局辖区内发生的一切铁路运输交通事故，皆由港务局承担全部责任。港务局根据该合同承担的责任为合同责任风险，该风险可以通过购买责任保险获得保险保障。

（五）责任保险的种类

由于损害赔偿的法律规定广泛地存在于各种民事法律中，所以责任保险所涉及的范围是十分广泛的。就世界各国的责任保险业务来看，责任保险主要分为以下四大类：

1. 公众责任保险（Public Liability Insurance）

公众责任是指公共场所的管理人和经营人在经营公共场所时，对公共场所的消费者依法应承担的责任。公众责任保险主要承保被保险人在各种固定的经营场所或地点进行生产经营活动时，因意外事故的发生造成他人的人身伤害或财产损失时，依法应由被保险人承担的损失赔偿责任。

公众责任保险的适用范围非常广泛，各种公共场所如体育场馆、展览馆、影剧院、商场、医院、学校、饭店、车站、码头、机场等的经营人，可以将因经营公众场所而依法承担的责任投保公众责任险。工厂、办公楼、住宅的所有人或经营人，也可将其承担的公众责任投保公众责任险。

公众责任保险承保的责任主要有以下两种：

(1) 在被保险人经营的公众场所发生意外事故并造成他人的人身伤害或财产损失时，被保险人依法应承担的经济赔偿责任；

(2) 在责任事故发生后，如果引起法律诉讼，由被保险人承担有关的诉讼费用。

保险人对公众责任保险的最高赔偿责任既不能超过保单上所规定的每次事故的赔偿限额，也不能超过保单规定的总赔偿限额。

公众责任保险根据投保人投保的经营场所不同分为综合公众责任保险、场所责任保险、承包人责任保险、承运人责任保险和个人责任保险等。

2. 产品责任保险（Product Liability Insurance）

产品责任是指由于生产商或销售商生产或销售的产品存在缺陷，在消费和使用过程中发生意外事故造成消费者、用户或其他人的人身伤害或财产损失，按照有关的产品责任法律规定应由产品的生产商或销售商承担的经济赔偿责任。产品责任保险是承保产品的生产商和销售商因其生产、销售或修理的产品存在缺陷，致使用户或消费者在使用过程中发生意外事故，遭受人身伤害或财产损失，依法应由产品的生产商、销售商或修理商承担的经济赔偿责任。

产品责任保险中的产品缺陷是指产品存在的危及人身及财产安全的不合理的因素。一般包括产品在设计或制造上的不安全性，对产品的有关危险或正确使用产品的方法没有给予适当的警告或提示等。

早期的产品责任保险主要承保一些直接与人体健康有关的产

品，如食品、饮料、药品和化妆品。随着商品经济的发展以及科技在社会生活中特别是在保险领域中的广泛应用，法律制度的健全及保险意识的提高，保险人承保的产品范围也日益扩大，从各种日用、轻纺、家电、机械、石化、电子产品到大型飞机、船舶、成套设备、核电站、卫星等，均可投保产品责任险。

产品责任保险的承保责任包括以下两项内容：

（1）在保险期限内，被保险人生产、销售、装配或修理的产品发生意外或偶然事故，由此造成使用、消费或操作该产品的人或其他任何人的人身伤害、疾病、死亡或财产损失，依法应由被保险人承担的损害赔偿责任，保险人在保单规定的赔偿限额内予以赔偿。

（2）被保险人为产品责任事故所支付的法律费用及其他经保险人事先同意支付的合理费用，保险人也负责赔偿。产品责任事故发生后，是否应由被保险人承担经济赔偿责任以及赔偿数额的高低，原则上应通过法院来裁定。被保险人由此而产生的诉讼费用（抗辩费用、律师费用、取证费用）等，保险人应予负责。

近十几年来，随着我国对外贸易的扩大，我们向北美、西欧的出口不断增加，特别是对美国的出口贸易发展迅速，涉及产品责任的赔偿时有发生。1980 年，中国人民保险公司根据国际惯例对我国的出口产品开办了产品责任保险，这一保险的开办，增加了外商经营我国出口商品的积极性，提高了我国产品在国外市场上的竞争力，促进了出口贸易的发展。对出口产品投保产品责任保险，已成为扩大对外出口的保险手段。

3. 雇主责任保险（Employer Liability Insurance）

雇主责任是指按照一国劳动法或劳动者权益保护的法律规定，在雇员（职工）为雇主（企业）工作期间因发生与其工作有关的意外事故造成伤害时，雇主依法应向雇员承担的保险赔偿责任。雇主责任保险承保被保险人（雇主、企业）的雇员在保险期间内从事本职工作时，因遭受意外事故导致伤、残、死亡或患有与职业有关的职业性疾病，而依法或根据雇用合同应由被保险人承担的保险赔偿责任。

雇主责任保险始于19世纪80年代初的法国，是责任保险中最早的险种。雇主责任保险的普遍开办是广大工人阶级争取自身权利、保护自身利益的斗争取得的胜利。由于雇主责任保险为广大的无辜的不幸受害的劳动者提供了可靠的经济保障，也就为劳动力的再生产提供了保障，因此雇主责任保险为欧洲各国资本主义的发展做出了贡献。20世纪60年代以来，很多国家都通过立法将雇主责任保险规定为强制保险。

4. 职业责任保险（Professional Liability Insurance)

职业责任是指各种专业技术人员，如会计、律师、医生、设计师等，对因自身工作中的疏忽或过失或专业上落后而造成其客户的经济损失，及病人的身心痛苦，根据有关的法律规定应承担的赔偿责任。职业责任保险是承保各种专业技术人员因工作上的疏忽、过失或专业的落后造成其客户或他人的人身伤害或财产损失，依法应由专业技术人员承担的经济赔偿责任。

随着社会经济的发展，社会需要大量专业技术人员提供专业的优质服务。随着各种法律法规的建立与健全，法律对提供专业服务的技术人员应承担的责任规定越来越全面，越来越严格，社会对专业人员提供的服务要求越来越高。在这样的背景下，专业技术人员投保职业责任保险就是一种有效的规避风险的手段。

职业责任保险主要有：医疗责任保险；律师责任保险；建筑工程技术人员责任保险；会计师责任保险；代理人、经纪人责任保险，等等。

在这里需要注意的一点是，责任保险的开办不是为肇事者摆脱法律责任，而是在一定程度上减轻了肇事者的经济赔偿责任，最为重要的是，责任保险为受害人及时获得损失赔偿提供了一种有效的方法。开办责任保险的目的就是为了对无辜的受害人提供一个最基本的经济保障。从这个意义上讲，责任保险是衡量一个社会经济发展和法制建设的重要内容。

三、信用与保证保险

（一）信用保险（Credit Insurance)

1. 信用保险的概念

信用是指在没有抵押物或没有完全抵押物的情况下，商品交易或服务贸易中的延期付款的做法或货币的借贷行为。例如，合同一方当事人以协议或契约的方式赊销商品或贷出货币，合同另一方当事人则按协议规定的日期支付货款或偿还贷款并支付利息。其中赊销方或贷款方按期收回货款或贷款是建立在合同对方的信用的基础上的。

信用保险以在商品赊销和货币借贷中的债务人的信用作为保险标的，以还款人到期不能履行其契约中的债务清偿义务为保险事故，由保险人承担被保险人（即贷款人）由此遭受的经济损失的赔偿责任的一种保险。

信用保险承保的是企业应收账款的坏账风险，被保险人（投保企业）通过交纳一定的保费把其经营中的坏账风险转移给信用保险公司，在发生承保风险造成的坏账损失时，就可以通过信用保险公司的赔偿弥补应收账款的坏账损失，从而保障企业财务收支平衡以及流动资金的安全，不致因买方不付款而影响资金周转和经济效益。信用保险在减少企业坏账损失方面起到了重要作用。

信用保险还有助于企业向买方提供更长的信用期限或者更优惠的付款条件。随着贸易的发展和竞争的加剧，信用证付款条件虽然比较安全，但是由于手续繁杂、审查严格、成本较高，在很大程度上影响了企业销售的进一步增加。为了简化手续，减少资金占用，节约流通费用，买卖双方越来越多地采用非信用证付款的结算方式，比如付款交单（D/P）、承兑交单（D/A）、挂账赊销（O/A）等，同时也增加了贸易中的信用风险。信用保险则可以使企业采用这些付款条件而无后顾之忧，企业的产品价格也可以因为无须买方开立信用证而显得相当便宜，从而使企业在竞争中赢得有利的地位。

信用保险是在商品经济中，由于债务人信用危机的出现导致债权人的经济损失不断增加的情况下，债权人为了保障自己的债权利益而采取的一种保险手段。

2. 信用保险的分类

根据信用的种类不同，信用保险分为商业信用保险、银行信用保险和国家信用保险三种。商业信用保险又可分为贷款信用保险、赊销信用保险、预付信用保险及个人贷款信用保险等几个险种。其中以商品赊销方的信用为保险标的的保险是商业信用保险中最主要的险种。以借款银行的信用为保险标的的保险是银行信用保险。以借款国家的信用为保险标的的保险是国家信用保险。

根据被保险人的贸易范围不同，可以把信用保险分为国内信用保险和出口信用保险两类。国内信用保险承保的是被保险人在国内市场上销售产品或提供服务所产生的应收账款的风险。出口信用保险承保的是被保险人出口货物或对外提供服务所产生的应收账款的保险。

信用保险按保险期限的不同可以分为短期信用保险和中、长期信用保险。一般来说，短期信用保险是指信用期限不超过两年的信用保险，中期信用保险是指信用期限为二至五年的信用保险，长期信用保险是指信用期限在五年以上的信用保险。在信用保险市场上，短期信用保险主要由商业信用保险公司提供保险业务，而90%的贸易都是以短期信用为基础进行的。中、长期信用保险大都集中于对各种大型工程项目进行投保，其中很大一部分是由国有信用保险机构经营的。

（二）保证保险（Bonds）

1. 保证保险的概念

保证保险是指由于被保证人的作为或不作为致使被保险人遭受经济损失时，由保险人保证人向被保险人承担经济赔偿责任的保险。

2. 保证保险的特点

保证保险主要有以下三个特点：

（1）保证保险有三个方面的关系人：保证保险中的担保人即保险人，权利人即被保险人或受益人，义务人即投保人或被保证人。

权利人（债权人）与义务人（或债务人）之间事先已存在其他商务合同关系，为保证这项商务合同的顺利完成，合同的权利人要求合同的义务人为其能够按约履行义务提供担保，这种情况下，由义务人向保险人购买的保证其履行合同义务的担保就是保证保险（见图2—2—1）。

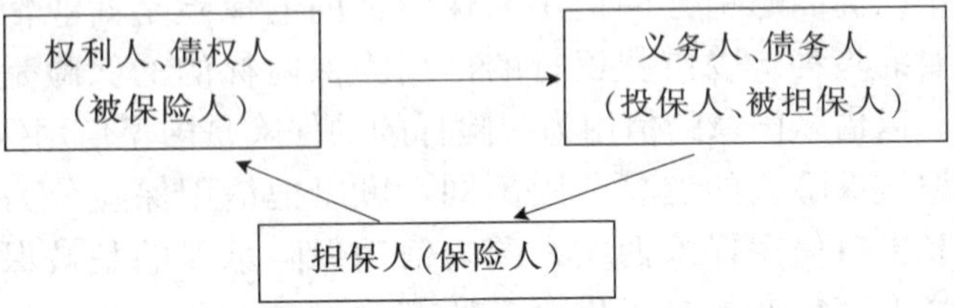

图2—2—1

（2）在保证保险中，当保险事件发生并使权利人遭受损失时，只有在被担保人不能履行损失赔偿责任时，才由保险人代为补偿。

（3）被担保人对保证人（保险人）为其向权利人支付的任何补偿均有返还给保险人的义务。

3. 保险与担保的区别

保证保险名为保险，实质上是由保险公司办理的一种担保业务。从理论上讲，担保业务与保险业务是截然不同的两种业务。担保与保险主要有以下四点区别：

（1）担保合同必须有三方当事人，即义务人、权利人和担保人，它是义务人为保证权利人的利益而向担保人提出担保的申请。而保险合同只有两方当事人，投保人（合同成立以后为被保险人）和保险人，即投保人为保障自己的利益向保险人购买保险。

（2）在担保合同项下，担保人赔偿后有权向被担保人追索。而保险合同项下的赔款是不能向被保险人或投保人追索的，只是在一定条件下可向应负责任的第三方追偿。

（3）担保合同中，担保人承担的赔偿责任通常是第二位的，即只有被担保人不能支付时，才由担保人代付。而保险人的保险赔款责任对保险人不存在第二位的问题。

（4）担保合同通常由义务人申请用来保障权利人的利益。而保险合同通常是由权利人申请用来保障自己的利益。

保证保险是保险公司开办的一种特定的担保业务，但它同银行办理的担保业务是不同的。保证保险是保险公司按照国际惯例办理的一种合同担保函。目前，保险公司只办理投标保函（保证申请人履行招标规定的义务）、预付保函（保证申请人按合同规定发货或开工）、履约保函（保证申请人履行合同规定的义务）、维修保函（保证申请人在维修期内履行合同规定的维修义务）等。

4. 履约保证保险（Surety Bonds）

履约保证保险是指当债务人（被保证人）不按合同规定履行其义务，而导致债权人（被保险人）的经济利益遭受损失时，由保险人（担保人）负责向债权人履行损失赔偿责任的保险。例如，某一建筑工程的业主同工程的承包人签订了建筑工程合同。为保证工程承包人按规定的质量和期限完成建筑工程，业主要求承包人提供一份担保，若承包人没有按规定完成任务，由担保人向工程的业主履行经济赔偿责任。

履约保证保险是一种担保业务，它涉及三方当事人，即债权人（权利人、业主）、承包人（义务人）及保险人（担保人）。其中业主同承包人之间订有工程承包合同，双方据此协议形成了权利、义务关系。承包人同保险人之间订有担保合同，即履约保证保险合同，保险公司是担保人，承包人是被保证人，是保险公司的委托人。根据履约保证保险合同，在被保证人（承包人）未能按其与业主的合同要求履行自己的义务，给权利人（业主）造成损失，而被保证人又不能补偿这一损失时，由保险人（担保人）向权利人补偿这一损失。为了保证日后能够向被保证人追回赔款，保险公司在提供担保时，可以要求被担保人提供反担保。

履约保证保险主要有合同履约保证保险、司法履约保证保险、特许履约保证保险等。

5. 保证保险与信用保险的区别

保证保险是由保险公司办理的具有特定范围的担保业务；而信用保险不是担保，是真正的保险。现以买卖合同为例说明两者的不同。买卖双方签订了一份买卖合同，卖方为保障自己的经济利益向保险公司投保买方不支付货款的风险，这是信用保险；如果买方通过银行向卖方提供保函，担保自己支付货款，这是银行提供的付款担保；如果卖方应买方的要求向保险公司投保自己不履行合同的风险，这是保证保险。

保证保险是一种特定的合同保函，保证保险的标的是卖方应尽的义务，保证保险承保的风险是卖方的不履约的行为，因此，保证保险与信用保险是保险标的与承保风险完全不同的两类保险业务。

四、人身保险（Personal Insurance）

各种以人的生命、身体和健康作为保险对象的保险统称为人身保险。人的一生中面临的主要人身风险有提前死亡、身体不健康、伤残、失业及养老。这些风险在人一生中的不同时期一旦出现，会给人带来经济损失和/或生活压力，因此，人们希望采取相应措施，减少这些风险给家庭和个人的生活和工作带来的负面影响，各种人身保险就成为有效的人身风险管理措施。按保障的对象和保障的范围不同，人身保险分为人寿保险、年金保险、健康保险和人身意外伤害保险四大类。

（一）人寿保险（Life Insurance）

人寿保险，通俗地讲就是以被保险人的死亡作为保险人给付保险金条件的保险。人寿保险承保的风险是一个人的提前死亡给其家庭和亲属带来的经济负担和困难。对于一个作为家庭经济主要来源的正常的健康的人而言，人寿保险可以有效缓解提前死亡给家庭造成的经济困难。传统的人寿保险分为定期寿险、终身寿险与两全保险。

1. 定期寿险（Term Life Insurance）

定期寿险通常是以被保险人在保单规定的期间内发生死亡事件为保险人给付保险金条件的保险。若在保单规定的期限届满时被保险人仍然生存，则保险人不承担给付保险金的责任，也不退还保险费。

定期寿险是一种针对死亡风险的纯保障型保险。它同一般的财产保险在经营机制上是一致的，即根据概率和大数法则的基本原理，发挥众人合一的保障作用，通过众人的力量和保险公司的经营与管理来帮助那些遭遇不幸的人。以一年期的定期寿险保单为例说明：在保单一年的有效期内，如果被保险人出现死亡，则保险公司按照保险合同的规定给付保险金；如果一年期满时，被保险人仍然生存，则保险人不承担给付保险金的责任，保险单到期自动失效。

根据保单有效期内保险金额是否变化，将定期寿险分为均衡保额定期寿险、保额递减的定期寿险和保额递增的定期寿险。

定期寿险的特点有：定期寿险的可续保性和可转换性。

可续保性：定期寿险保单的可续保性是指在保单规定的有效期满以后，保单持有人可以继续购买具有同样期限的寿险保单。保单的可续保性保证了被保险人的可保性。

可转换性：定期寿险保单的可转换性是指在保单有效期满时，保单持有人可以将保险单转换成终身寿险保单。将定期寿险保单转换成终身寿险保单有两种转换方式：按原保单生效时的年龄转换和按原保单期满时的年龄转换。保单的可转换性保证了保单持有人对寿险保单的新需求。

定期寿险的期限一般有一年期、两年期、五年期和十年期。投保定期寿险主要是解决投保人在一定时期内对经济保障的需求。如某人贷款 100 万购置房屋、汽车等消费品，贷款期限为 30 年，若此人在还款的 30 年内发生意外死亡，则他的贷款无法偿还，房屋和汽车的销售商就会采取强制手段收回房屋和汽车，他的家人就会无家可归，这时他需要购买定期寿险保单。一旦被保险人发生死亡，保险人支付的死亡保险金可以有效地解决还款问题。

由于人发生死亡事件的概率同人的年龄成正比例关系，因此，随着人的年龄增加，死亡风险发生的概率越来越大，即保险费率越来越高。当人达到一定的年龄之后，如 65 或 70 岁，由于死亡概率太高，使人丧失了可保性。定期寿险保单的使用受到了限制，终身寿险便应运而生。

随着社会经济的发展，人们对寿险保单的作用有了更多的要求，而定期寿险保单由于作用单一不能满足人们的需求，这也迫使保险公司设计出更能满足市场需求的其他的寿险产品。

2. 终身寿险（Whole Life Insurance）

终身寿险是一种不定期的死亡保险，只要投保人按规定交纳了保险费，则自保单生效之日起，被保险人无论何时死亡，保险人都给付保险金。

投保人一旦购买了终身寿险，保险人一定要向保单的受益人支付保险金。因为无论寿命长短，被保险人最终都要发生死亡，因此，终身寿险保单的费率较高。

终身寿险保单的特点有：

（1）终身寿险保单积累现金价值。

同定期寿险相比，终身寿险不但具有保障性，还同时具有储蓄性。终身寿险保单的储蓄性是由保单的交费方式产生的。终身寿险的交费方式有“平均保费”，“一次性趸交”和“规定交费期限”。其中，“平均保费”的交费方式，是指在被保险人的一生中，从购买保单之日起到被保险人死亡的整个保单有效期内，被保险人每年交纳的保险费是相同的。保险公司通过采用“平均保费”的方式将被保险人的死亡风险在保单的有效期内分散。这种交费方式是终身寿险的重要特点，这种交费方式使得终身寿险保单具有了储蓄性，并且使得终身寿险保单具有现金价值。寿险保单的现金价值，是指若保单持有人在保单项下的被保险人未发生死亡之前中途退保，则保单持有人可从保险公司获得该保单的退保金额。保单所有人可以享用保单的现金价值。

（2）终身寿险保单在被保险人 100 岁时期满。

终身寿险保单也是有有效期的。从保险精算的角度看，终身寿险保单假设的有效期是被保险人生存到 100 岁。当终身寿险保单的被保险人年满 100 岁时，保险单到期，保险公司支付保险金。

（3）终身寿险保单的“生存利益”。

保单所有人可享受保单的“生存利益”。由于终身寿险具有现金价值，保单持有人可以以保单为质押物向保险公司贷款。

3. 两全保险

两全保险是指在保单有效期内，如果被保险人发生死亡，保险人给付保险金；当保险有效期届满时，如果被保险人仍然生存，保险人也给付保险金。

两全保险有一个规定的保单有效期，在保单有效期内被保险人发生死亡，保险人给付保险金，这同定期寿险是相同的；保单有效期满，被保险人仍然生存，保险人也要给付保险金，这是因为两全保险单在设计时，将保险单的成熟期设计为有效期。

两全保险在以下几个方面同终身保险单具有相同之处：

（1）两全保险采用均衡保费制；

（2）两全保险也具有现金价值；

（3）两全保险保单项下积累的准备金和现金价值在保单有效期满时等于保单的保额。

与终身寿险保险相比较，两全保险保单的成熟期较短，即它须在较短的时间内积累较多的现金价值，因此，两全保险的保费较高。

由于死亡保险只能满足向被保险人的遗属提供经济保障的要求，而不能满足投保人本人生前的生活需要，于是又出现了生存保险以及各种健康保险和意外伤害保险。

（二）年金保险（Annuity Insurance）

在金融理论中，将有规则的、系列的、定期支付的规定数量的货币称为年金。商业保险公司经营的养老保险一般都采用年金保险的形式。年金保险是一种生存保险，是以年金领取者在约定的期限届满时仍然生存为保险人支付年金的条件。年金保险承保的风险是正常人出现的超正常的“长寿”。如果一个人活得太长超过了他的平均寿命的预期，并且其工作创造的经济收入不足以养活其到死亡，这种情况下的生存就面临着没有收入无法生活的风险。年金保险可以有效缓解活得太长给长寿者的生活造成的经济困难。

保险人给付的年金是按年金保险合同规定的周期和金额支付的。若被保险人（即年金额取者）在规定的期限内死亡，则保险人不承担支付年金的义务。如年金保险合同规定购买年金保险的被保险人年满 65 岁才可从保险公司领取年金，若购买年金保险的被保险人 64 岁时死亡，如果没有特别的约定，则保险公司不承担支付年金的义务。

根据购买年金的付费方式不同，将年金分为一次性趸交保费年金和按年交费年金；按领取年金的起始时间不同，将年金保险分为即期年金与延期年金；按可领取的年金数额的保证不同，将年金分为纯年金、确定期限年金与返还保费年金；按领取年金保障的人数不同，将年金分为单人年金、双人年金与生存者年金；按照领取的年金数额是否确定，将年金分为定额年金与变额年金。

保险公司一般将年金保险设计为储蓄型保险。它是一种积累，体现的是今日为明日做准备的现代保险理念。

除年金保险以外，子女教育保险、婚嫁保险等，都是以被保险人在保险期满时仍然生存或达到某一个条件，则保险人给付保险金的生存保险。

（三）健康保险（Health Insurance）

1. 健康保险的概念及特点

健康保险是指被保险人在保险有效期内因疾病而支出的医疗费用，或因疾病或意外事故而造成的短期的或长期的残疾不能从事正常工作而导致的收入减少，由保险人承担被保险人的医疗费用及伤残收入的赔偿的保险。

与一般的人寿保险相比，健康保险的特点是：健康保险的期限一般较短，通常为一年期；保险费率的确定是依据被保险人的职业、性别、年龄和保额，其中职业是最主要的因素，而年龄因素不像在人寿保险中那样重要；保单没有现金价值，如果被保险人在保单期满前退保，保险人退还已交纳的保险费。

2. 健康保险的种类

根据承保责任的不同，健康保险分为医疗费用保险和伤残收入保险两种。医疗费用保险又进一步分为基本医疗费用保险、大额医疗费用保险及补充医疗费用保险。

在伤残收入保险中，保险人对伤残收入的赔偿有一定的控制，这个控制是通过“等待期”进行的。“等待期”是指从被保险人发生伤残之日起，至获得伤残收入之日的这段期间。在这个期间，保险人对被保险人不给予收入损失赔偿，必须等到约定的等待期满后，才能获得保险金。

（四）人身意外伤害保险（Accident Insurance）

1. 人身意外伤害保险的概念与性质

意外伤害保险是指被保险人在保险有效期间，因遭遇非本意的、外来的、突然的意外事故，致使其身体蒙受伤害而残疾或死亡时，保险人依照合同规定给付保险金的保险。

在人身意外伤害保险中，最关键的是怎样理解对意外事故的三个限制。

（1）非本意的。

“非本意的”是指偶然的、非所预见、非能预料的事故。判断“非本意的”一般有以下标准：事故的发生是偶然的，发生的原因是偶然的，发生的结果是偶然的。

（2）外来的。

“外来的”是指伤害是由被保险人自身以外的原因所造成的。例如：在交通事故中被车撞伤，行走时被楼上人随手仍下来的东西砸伤等，都是由外来的原因引起的伤害。又如：抬举重物时，由于用力过猛，造成关节挫伤，也属于外来原因引起的伤害。但如果是因脑溢血摔倒后受伤，则应当属于健康保险的范畴，而不属于伤害保险的范畴。

（3）突然的。

“突然的”是指意外伤害的直接原因是突然出现的，而不是早已存在的。这一点强调的是在事故的原因和伤害的结果之间有着直接的因果关系，并且这种因果关系的出现是突发性的。像交通事故、天空坠落物体引起的伤亡，都是突然发生、瞬息造成的伤害。吸入剧毒气体立即使身体遭受损伤，也可作为意外伤害事故，但如果是由于长期在有毒气体的车间工作，逐渐形成了职业病，就不属于伤害保险的范畴。

只有在上述三个限制条件都满足的情况下，被保险人才能以意外伤害为由向保险公司提出索赔。例如，由于晕眩症而引起的摔伤，单从第一个因素“非本意”来看，可以说它不是故意的，它的结果也是不可预料的，但它不符合“外来的”的要求，因此不属于意外伤害。

2. 人身意外伤害保险的特点

人身意外伤害保险只承担意外伤害责任，不承担因病死亡等其他保险事故的给付义务。与人寿保险相比较，意外伤害险的主要特点是：

（1）意外伤害险的保险费率的制定一般不需要考虑被保险人的年龄、性别等因素，因此，不需要以死亡表作为依据。保险人主要是根据以往各种意外伤害事故发生概率的经验统计来确定其费率。

（2）在人寿保险中，保险人一般对高龄者不予承保，在承保时，被保险人通常需要体检。而在人身意外伤害保险中，高龄者也可以投保，被保险人也不必进行身体检验。

3. 意外伤害保险的种类

按照承保风险的不同，意外伤害保险可以分为普通意外伤害保险和特种伤害保险两种。

（1）普通意外伤害保险是专门为被保险人因意外事故所致身体蒙受损伤而提供的保险保障。它通常是一种独立经营的险种。这种保险大都采取短期保险的形式，以一年或不到一年为期，根据双方当事人的约定，决定保险内容、保险金额和保险方式。

（2）特种伤害保险的保险范围仅限于特种原因或特定地点所造成的伤害。它又可以分为旅游伤害保险、交通事故伤害保险、电梯乘客伤害保险、船员伤害保险、团体伤害保险、职业伤害保险等不同种类。

五、再保险

随着社会经济和科学技术的不断发展，社会财富的日积月累，保险人承担的责任越来越大，其保险经营所面临的风险也不断增加。为了分散风险、均衡业务、稳定经营，保险人需要将超过自身承受能力的一部分风险和责任转嫁给其他保险人分担，这种对“分散风险，分摊损失”的需求直接导致了再保险的产生。世界各国的保险公司均需根据自身的财力和承保业务的情况，并结合本国相应的法律法规，在本国或国际再保险市场上安排再保险。再保险在现代保险业务经营中已成为必不可少的重要环节。

（一）再保险（Reinsurance）的概念

再保险又称分保，它是保险人在原保险合同的基础上，通过签订分保合同将自己承保的风险责任的一部分或全部向其他保险人再进行投保的保险业务。通俗地讲，再保险就是对保险人的保险。

在再保险业务中，将自己承担的保险责任分出去的保险人称为原保险人或分出公司；与此相对应，接受业务或分入业务的公司称为再保险人、分入公司或分保接受人。原保险人向再保险人转移风险责任时需要支付一定的保费，这种保费称为分保费或再保险费。如果再保险人将所接受的业务再分给其他保险人，这种业务称为转分保，双方当事人分别称为转分保分出人和转分保接受人。在国际保险市场上进行分保的业务称为国际再保险。

（二）再保险的分类

1. 按责任分配方式划分

按责任分配方式可将再保险分为比例再保险（Proportional Reinsurance）和非比例再保险（Non-proportional Reinsurance）。

（1）比例再保险是指以保险金额为责任分配计算的基础，规定再保险双方承担责任的比例。故比例再保险又称为金额再保险（Sum Insured Reinsurance）。比例再保险又可细分为成数再保险、溢额再保险、成数和溢额混合再保险。

（2）非比例再保险是指以赔款金额为责任分配计算的基础，规定再保险双方承担的责任。故非比例再保险又称为损失再保险（Loss Reinsurance）。非比例再保险又可细分为险位超赔再保险、事故超赔再保险和积累超赔再保险。

2. 按安排方式划分

再保险安排方式主要有三种：临时分保、合同分保和预约分保。

（1）临时分保。分出公司根据业务需要，临时选择再保险人，经双方逐笔协商达成协议，签订再保险合同，这种安排再保险的方式称为临时分保，简称临分。临时选择再保险人之前，双方并无再保险合同存在。对于临时分保业务的分出与接受，分出公司与接受公司并无义务，可以自由选择。临时再保险是再保险的最初形态。

（2）合同分保。又称固定分保。原保险人与再保险人预先订立合同，凡是合同中规定的业务，分出人必须分出，分入人必须接受，对双方均产生约束。

（3）预约分保。分保双方对于再保险业务范围有预约规定，对合同中规定的业务，分出人有业务选择的自由，不必一定分出；分入人则无权选择，有义务接受分保业务。就分出人而言，预约再保险具有临时再保险的可选择性；就分入人而言，预约再保险具有合同再保险的强制性。

（三）再保险与原保险的关系

1. 再保险合同与原保险合同之间的关系

再保险合同以原保险合同为基础，同时又脱离原保险合同而独立存在。

（1）再保险合同以原保险合同的存在为前提条件。再保险合同的责任、保险金额和有效期均以原保险合同的范围和有效期为限；原保险合同解除、失效或终止，再保险合同也随之解除、失效或终止。

（2）再保险合同在法律上是独立的合同。虽然再保险合同源于原保险合同，但并不是原保险合同的从属合同，两者在法律上是各自独立的合同。

2. 再保险合同与原保险合同的区别

（1）合同的当事人不同。原保险合同的当事人是保险人和投保人；而再保险合同的当事人是原保险人和再保险人。虽然原保险合同中的保险人就是再保险合同中的原保险人，但他在不同的合同中扮演着不同的角色，履行着不同的权利和义务。在原保险合同中，他享有向投保人收取保费的权利，承担着向被保险人（受益人）支付赔款的义务；在再保险合同中，他承担着支付分保保费的义务，享有摊回赔款的权利。

（2）合同的性质不同。原保险合同具有补偿性或给付性，即在财产保险合同上表现为补偿性，在人身保险合同上表现为给付性；而再保险合同是再保险人对原保险人的赔偿责任承担分保的责任，因而不论是财产保险还是人身保险的再保险，都表现为分摊性合同。

六、个人保险与商务保险（团体保险）

商业保险中的财产保险、责任保险、人寿保险和健康保险，又可根据被保险人的性质不同将保险分为个人保险和商务保险。

（一）个人保险（Personal Insurance）

个人保险是指以单个的个人或家庭的财产、责任和人身作为保险对象，以单一的个人或家庭作为被保险人的保险。

（二）商务保险（Business Insurance）

商务保险是指以企业、机构和机关等经营性或非经营性单位的财产、责任和其雇员的人身作为保险对象，以企业、机构等为被保险人的保险。这种保险在人身保险中被称为团体保险。

第三章　运输保险应用的保险原则

保险作为一种重要的补偿损失的方法，在其上千年的发展历史及保险司法实践中逐渐形成了其特有的法律、法规和原则。在保险业务的每一个环节，在保险合同的每一个方面，都存在着保险的原则和相应的法律来指导和规范投保人、被保险人和保险人的行为。

第一节　可保利益原则

从保险发展的历史来看，自从有了保险这种补偿损失的经济手段，也就有了以保险为发财手段的保险赌博和保险诈骗行为。为了制止这些不良行为，防止滥用保险，世界各国都以立法的形式将保险赌博、保险诈骗列为违法行为，并通过立法确立了可保利益，以维护保险业的健康发展。有关可保利益的法律规定最早出现在1746年的英国《海上保险法》中，在此之前，海上保险人通常并不要求投保人对其投保的船舶或货物具有可保利益关系。因此，在当时出现了许多人以保险的船舶能否完成海上航行作为赌博对象，导致人为地破坏航程的顺利完成，海事欺诈行为大量出现。

一、什么是可保利益

可保利益，通俗地讲就是可以保险的利益，也称保险利益，是指投保人或被保险人对保险标的所具有的合法的经济利益。它体现了投保人或被保险人同保险标的之间存在着的合法的经济上的利益关系。

二、可保利益与保险标的的关系

任何一个保险合同都有一个特定的合同对象——保险标的，如财产保险单承保的某种有形财产，人寿保险单承保的某人的生命或责任保险单承保的某种法律赔偿责任。特定的保险标的是保险合同订立的必要内容，但是订立保险合同的目的并不是保障保险标的本身，而是保障投保人存在于保险标的之上的经济利益，即保险标的是这种经济利益的载体。只要投保人对保险标的所具有的经济利益是合法利益，就可以通过给保险标的购买保险而获得保险保障。例如，车主为自己的汽车投保的车身险和抢盗险，并不能保证他的汽车不会发生意外事故或被偷窃，而是一旦汽车发生了意外事故或被偷窃，车主可以根据保险单从保险公司获得其因汽车损失而造成的经济损失补偿。因此，保险合同保障的不是保险标的本身，而是投保人或被保险人对保险标的所具有的合法的经济利益，即可保利益。

保险标的与可保利益是两个完全不同的概念，但两者之间又是相互依存、密切相关的。可保利益以保险标的的存在为条件，只要保险标的存在，投保人或被保险人的经济利益也就存在，但如果保险标的遭受损失，投保人或被保险人也将承受经济上的损失。

三、可保利益原则及其作用

可保利益原则是指，投保人在投保时必须对保险标的具有可保利益，才能同保险人签订有效的保险合同；被保险人在进行索赔时，必须对遭受损失的保险标的具有可保利益，保险人才对被保险人进行损失赔偿。

将可保利益的要求应用于投保环节，可以判断投保人是否有资格就某一特定的标的进行投保。如果投保人对保险标的没有可保利益，则他同保险人所签订的保险合同是非法的、无效的合同，这样可以有效地控制保险的诈骗和赌博行为；将可保利益的要求应用于保险理赔环节用以判断被保险人是否有资格就某一受损的保险标的进行索赔，并衡量被保险人能获得多少赔偿。如果被保险人对保险标的没有可保利益，则保险人不承担损失的赔偿责任。可保利益原则可以有效控制被保险人利用保险获得不当得利的行为。

可保利益原则在保险实际业务中具有以下几方面的重要作用：

（一）可以防止变保险合同为赌博性合同

众所周知，保险不是赌博，划分保险合同与赌博性合同的界限在于投保人对其投保的标的是否具有可保利益。如果投保人或被保险人在没有可保利益的情况下与保险人签订了保险合同，则这个合同就是以他人的生命和财产进行赌博的合同。如果保险法对利用保险合同进行赌博没有任何限制，任何对保险标的没有利害关系的人都可以通过保险标的的损失获得损失赔偿，即被保险人不是获得损失赔偿而是通过损失发财，这就背离了保险的宗旨，并将保险引入歧途。可保利益原则的确立，要求投保人或被保险人必须对保险标的具有可保利益，才能同保险人订立有效的保险合同。这一规定可以从根本上避免变保险合同为赌博性合同的行为。

（二）可以防止被保险人的道德危险

所谓道德危险，是指被保险人为获取保险赔款而故意地作为或不作为，由此造成或扩大保险标的损失。如果保险法不规定保险必须具有可保利益，则保险的开办势必纵容了被保险人的道德危险，破坏了社会道德，导致社会道德标准的下降，增加了社会财富受损的机会。有了可保利益原则，在保险事故发生时，保险赔款的支付，以被保险人对保险标的具有合法的利害关系为前提，因而保险标的的损坏或灭失，只能给被保险人带来损失，不会带来好处，这样便可有效地防止道德危险的发生。

（三）可以限制保险补偿的程度

被保险人参加保险后，当保险标的发生损失时，保险人只能按照损失发生时被保险人对保险标的所具有的经济利益进行赔偿，即被保险人可以获得的赔偿金额，不能超过其对保险标的所具有的可保利益的金额，否则就违背了保险经济补偿的目的，并且会诱发被保险人的道德危险。所以可保利益应该是保险补偿的最高限度，有关这一点的详细解释请参阅本章第四节“保险的赔偿原则”。

四、构成可保利益的条件

投保人或被保险人通过保险手段进行风险转移并寻求保障的经济利益，必须是可以保险的利益。判断某一利益是否可以保险主要有以下三个条件：

（一）可保利益必须是合法的利益

受到法律保护的利益才能构成可保利益，任何不法利益如通过盗窃、非法占有和不当得利等手段获得的利益，不能构成可保利益。法律上不予承认或不予保护的利益也不能构成可保利益。

（二）可保利益必须是可以衡量、可以计算、可以估价的利益

保险的本质是对被保险人遭受的经济损失给予经济补偿。保险既不能保障保险标的不发生损失，也不能补偿被保险人遭受的非经济损失，如精神创伤、刑事处分、感情痛苦、政治迫害等，这些虽与当事人有利害关系，但这种利害关系不表现为直接的经济利益损失，因此不能够成为可保利益。

在这里值得一提的是，人身保险的标的是人的身体、生命和健康，而这一切虽然是无价的，但被保险人的生、死、伤、残等均可使被保险人或其受益人在经济上受到影响，而这种影响是可以用货币来计算的，因此人身是可以保险的。

（三）可保利益必须是确定的利益

可保利益无论是既得利益还是预期利益，都必须是客观上存在的、确定的、可以实现的利益，而不是仅仅凭主观的臆测、推断可能获得的利益。例如，投保人对某一（些）特定的财产具有所有权、共有权或使用权等，则其对这一（些）财产具有既得的可保利益。对于预期的利益，虽然在签订保险合同时尚不存在，但只要它是客观上可以实现的，并且在保险事故发生前或发生时是可以确定的，那么就可以成为可保利益。随着保险技术的发展与完善，预期利益已经可以比较准确地计算出来。例如，利润损失保险就是直接以预期利益作为保险标的的保险；又如，目前各国对货运保险的保险金额的确定是货物的 CIF 价格加 10％的预期利益。

五、财产保险的可保利益（财产保险在这里是指广义的财产保险）

（一）财产保险可保利益的产生条件

财产保险的可保利益比较容易确定，它通常产生于财产的所

有权，即投保人或被保险人由于对投保的保险标的具有合法的所有权，而对其具有可保利益。但财产保险的可保利益又不限于财产所有权，凡因财产发生意外事故而遭受经济损失，或因财产安全而获得利益或预期利益者，均对财产具有可保利益。具体地讲，财产保险的可保利益产生于以下法律关系：

（1）投保人对保险标的具有所有权，即财产的所有人对财产具有可保利益；

（2）投保人对保险标的具有收益权或预期收益权；

（3）投保人对保险标的有管理、维修责任，即财产的受托人对委托人的财产具有可保利益；

（4）投保人对保险标的承担有保证责任，即财产的保证人对财产具有可保利益；

（5）投保人对保险标的有法律连带责任；

（6）投保人对保险标的承担其他民事责任。

投保人投保财产保险，必须对投保标的具有上述法律关系之一，保险合同才是有效的合同。

（二）财产保险可保利益的存在时间

将可保利益原则的规定应用于财产保险中，不仅要求投保人在投保时必须对保险标的具有可保利益，还要求在保险标的发生损失时，被保险人必须对保险标的具有可保利益，否则，他不能行使索赔权。这样规定的原因在于，财产保险的目的是补偿被保险人因财产损失而造成的经济损失，如果某人在订约时对保险标的有可保利益，但发生保险事故时，可保利益已经不存在了，则说明他没有遭受损失，因而不能获得损失补偿。

（三）对财产保险可保利益的限制

投保人或被保险人存在于特定财产之上的可保利益是一种有限的利益，这种利益受到财产价值及实际经济利益的限制。这种限制不是表现在对投保金额大小的限制上，而是表现在保险人对赔偿金额的限制上。例如，某车主将其价值 10 万元的汽车投保车身险，投保金额为 15 万元。保险事故发生后，车主最多只能得到 10 万元的保险赔偿，因为他对超过汽车实际价值部分的保险金额没有可保利益。可保利益限制了保险赔偿，而实际利益又限制了可保利益的大小。

六、人寿保险的可保利益

（一）人寿保险可保利益的产生

各国法律对人寿保险的可保利益没有统一的规定，但一般都认为，只要被保险人的继续生存和身体健康对投保人具有现实的或预期的经济利益，即认为投保人和受益人对该被保险人具有可保利益。人寿保险的可保利益产生于下述几种关系中：

（1）每个人对自己的生命、身体和健康具有可保利益。

投保人可以以自己的生命、身体和健康为保险标的，以自己为投保人投保各种人寿保险。

（2）婚姻关系和血缘关系产生人寿保险的可保利益。

投保人对自己的配偶、子女和父母的生命、身体和健康具有可保利益。夫妻之间、父母与子女之间，相互都具有可保利益。法律允许投保人将自己的配偶、子女、父母作为被保险人为他（她）们投保各种人身保险。之所以这样规定，是因为按照伦理观念，投保人对自己的配偶或对有血缘关系的亲属不太可能产生道德危险。

（3）投保人对同自己有抚养、赡养关系的家庭其他成员或亲属具有可保利益。

（4）共同生活的亲属之间彼此负有法律规定的抚养或赡养义务，存在经济利益关系时，相互具有可保利益关系。

（5）投保人对与他具有经济利益关系的其他人具有可保利益，但投保人以其他人为被保险人投保人身保险时可保利益的大小是受到限制的。当投保人与某人之间不存在血亲或抚养、赡养关系时，投保人是否可以将其作为被保险人投保各种人身保险，各国法律对此都有具体规定。我国法律规定，投保人为他人投保人寿保险时必须符合下列条件：

第一，投保人与被保险人之间必须存在合法的经济利益关系。例如，债权人对债务人具有可保利益；在合伙关系中，合伙人之间具有可保利益；委托人对受托人具有可保利益；雇主对雇员具有可保利益，等等。

第二，保险金额必须在投保人对被保险人具有的可保利益的限度内，即这种可保利益是有限的。

第三，当投保以被保险人的死亡为给付保险金责任的险种时，要征得被保险人的书面同意。

（二）人寿保险可保利益存在的时间

各国的法律都规定，在人寿保险合同订立之时，投保人对被保险人必须具有可保利益。由于人寿保险不是补偿性保险，并且人寿保险单通常为定值保险单，保险金给付的数量一般不受可保利益的限制，而是受保险人愿意承保及投保人能够支付保费能力的限制，因此人寿保险中保险金的给付，不以受益人是否具有可保利益为条件。

七、海上保险的可保利益

海上保险的标的主要有船舶、货物、运费及承运人的法律责任和合同责任。海上保险的可保利益可以基于所有权而产生，也可以基于符合法律规定的其他权利与义务关系而产生。

（一）船舶

对船舶具有可保利益的人主要是船舶所有人即船东，以及对船舶具有合法的利害关系的其他人，主要有船舶的债权人，如船舶的抵押贷款人、租船人等。

（二）运费

对运费具有可保利益的人主要是船东、租船人及承运人。

（三）货物

对货物具有可保利益的人主要是买方和卖方、货物的抵押贷款人等。

（四）赔偿责任

承运人经营海上货物运输业务，根据有关法律和提单条款对货主和其他关系方承担了法律或合同责任，因此承运人在经营活动中的疏忽和过失将使其面临各种民事损害赔偿的请求，承运人对由此而产生的赔偿责任具有可保利益。

八、可保利益原则在国际贸易中的应用

（一）买卖双方对货物具有可保利益的划分标准

货物在从卖方仓库运送到买方仓库的整个运输过程中，是买方还是卖方对货物具有可保利益？应由买方还是卖方向保险公司投保？在国际贸易中，买卖双方对货物具有的可保利益是由双方所承担的货物在运输途中的风险决定的。而国际贸易中采用的贸易术语又具体规定了买卖双方对运输途中的货物承担的责任、费用和风险。

1. 工厂交货（……指定地点）(EXW)

工厂交货属原产地交货的贸易术语。在这一术语下，卖方在合同规定的日期或期间内，在指定地点将货物置于买方支配之下，风险即告转移。因此，对货物的可保利益也在此时转移给买方。在这一术语下，卖方一般不须办理货物的运输保险。而买方须办理将货物从指定地点运送到买方仓库的运输保险，对货物在运输途中所遭受的损失，买方可向保险人提出赔偿要求。

2. 目的港船上交货（……指定港口）(DES)，目的港码头交货、关税已付（……指定港口）(DEQ)，目的地未完税交货（……指定地点）(DDU)，目的地边境交货（……指定地点）(DAF)，目的地完税后交货（……指定地点）(DDP)

以上术语均属到货合同的贸易术语。在这几个术语下，卖方于规定日期或期限内，在目的港船上、目的港码头、边境或在指定目的地的约定地点将货物置于买方支配之下，风险即告转移。在此之前的风险由卖方承担，因此卖方对货物享有可保利益；卖方对其承担的风险可向保险公司办理投保，在此期间所发生的损失，只能由卖方向保险公司索赔。在货物被置于买方支配下之后，风险随即转移给买方，因此买方对货物享有可保利益；买方对其承担的风险可向保险公司办理投保，在这期间所发生的损失，也只有买方有权向保险公司要求损害赔偿。

3. 装货港船边交货（FAS）

在这一贸易术语下，卖方承担的货物的风险责任至货物运送到起运港船边为止。在货物有效地交到起运港船边之前，卖方对

货物享有可保利益。对于从卖方仓库至起运港的内陆运输的风险，应由卖方承担，所以卖方要投保陆上运输险。有时，因买方所租用的船舶吨位过大，吃水过深，无法停靠码头，卖方为履行船边交货义务，需用驳船将货运至船边，过驳的这段海上风险应由卖方承担，卖方可向保险公司投保相应的险别。若卖方不愿承担驳运风险，可以在合同中明确规定由买方负责。

FAS 条件下，买方负责的风险是从货物有效地交到船边开始的，买方也在此时对货物享有可保利益。买方只对货物有效地交到船边以后发生的损失，有向保险公司索赔的权利，因为在此之前买方对货物无可保利益。如果买方预定的装运船舶未能按时到港，或虽已到港却无法装运，则由买方负责在合同规定的交货期届满以后的一切风险。

4. FOB（装运港船上交货）和 CFR（成本加运费）

在这两种贸易术语下，按照 INCOTERMS 1990 的解释，卖方承担货物在装运港越过船舷之前的风险，即货物自发货人仓库运出至装运港码头越过船舷之前的风险，由卖方承担并且对货物具有可保利益。卖方应自行办理投保，或者委托买方在保险时代保。因此，对货物在装运港码头越过船舷之前发生的损失，只有卖方享有向保险公司索赔的权利。货物在起运港有效地越过船舷以后，风险转移给买方，对货物的可保利益也转移给买方。按照习惯做法，在 FOB 和 CFR 条件下，是由买方负责投保海上货物运输保险的，在此应该注意的是，买方投保的海上货运保险是自货物在起运港越过船舷之后才生效的，保险公司对买方所负的赔偿责任，仅限于货物在起运港有效地越过船舷以后，由承保风险所造成的损失。在这两种条件下，确切地讲是两张保单保了一个全程的仓至仓。

5. CIF（成本加运费、保险费）

在 CIF 贸易术语下，买卖双方关于货物风险转移时间的规定及可保利益的转移时间与 FOB、CFR 相同，也是从货物在起运港有效越过船舷时转移的。但是 CIF 与 FOB、CFR 不同的是，在 CIF 条件下，卖方以自己的名义投保海上货运保险，当货物越过船舷后，卖方以背书的方式将保险单的权利转移给买方。因此，货物自发货人仓库运出至越过船舷以前，这一段时间发生的损失，除了卖方可向保险公司提出索赔之外，买方也可凭背书转让的保险单向保险人索赔，亦即在 CIF 条件下，买方可按仓至仓的原则对全程运输中的损失享有向保险人索赔的权利。

（二）可保利益原则与仓至仓条款的关系

对于货物在运输途中发生的货损货差，应由买方还是卖方向保险公司索赔？根据可保利益原则的规定，保险标的发生损失时，被保险人必须对保险标的具有可保利益，否则不能向保险公司要求损失赔偿。对货物在运输途中发生的损失，无论是买方还是卖方向保险公司索赔，其前提是必须对保险货物具有可保利益。

按照海上货运保险条款的规定，保险人承担的责任期限采用的是仓至仓原则（即货物从运离卖方仓库起到运达买方仓库为止）。在处理货物损失的实际业务中，保险公司将仓至仓条款同可保利益原则结合起来。它们之间的关系是：货物在运输途中遭受的损失一定要发生在仓至仓的范围内；而对发生在仓至仓的范围内的损失，应该由买方还是卖方向保险公司提赔，要按照可保利益原则的规定作出选择，即在损失发生时，对货物具有可保利益的一方可向保险公司提出赔偿请求，对无可保利益的一方，保险公司有权拒赔。

（三）可保利益原则在海上货运保险中的特点

可保利益原则在海上货运保险中的特点表现为，在 FOB 和 CFR 条件下，不要求买方在办理海上货运投保手续时，必须对货物具有可保利益，因为只有货物在起运港有效越过船舷以后，货物的风险以及对货物的可保利益才转移给买方。而按照国际贸易的惯例，买方在货物在起运港有效越过船舷以前，必须为货物投保海上货运保险，以避免出现货物越过船舷以后发生的损失因买方没有及时投保而得不到赔偿。

第二节　最大诚信原则

诚信就是诚实和守信用。诚实信用原则要求人们在民事活动中要讲求信用，遵守诺言，在不损害他人和社会利益的前提下追求自己的利益。诚信是一切合同有效的内在要求，即合同双方在签订合同时以及在合同的履行过程中，任何一方当事人对合同的另一方当事人不得有隐瞒、欺骗行为，而必须善意地、全面地履行自己的合同义务。

诚信原则起源于罗马法。在罗马法的诚信契约中，债务人不仅要根据契约条款的规定，更重要的是要根据其内心的诚信观念履行契约规定的给付。

一、保险合同是最大诚信合同

保险合同作为一种补偿损失或给付保险金的合同，对合同双方的诚信要求，特别是对投保人的诚信要求非常严格，高于其他合同对合同当事人诚信的要求。这是由保险合同关系的特殊性决定的，因此各国的保险法律和实践都认为保险合同是最大诚信合同。

从理论上讲，最大诚信原则在保险中的普遍应用，是因为保险合同双方对保险标的遭受损失的风险程度存在着严重的信息不对称。保险合同承保的是保险标的发生损失的不确定性，而保险标的所面临的风险的大小在一定程度上是由投保人控制的，也就是说，只有投保人才知道保险标的的风险情况。当投保人采用保险的方式将保险标的的风险转移时，投保人必须将保险标的的一切情况全面地、如实地告诉保险人，以便保险人对保险标的的风险有所了解。对投保人有利而对保险人不利，为平衡双方因合同产生的不对等性，为了公平起见，法律规定投保人及被保险人必须向保险人履行最大诚信的义务。因此，保险合同是建立在投保人告知的基础上的，保险人要求投保人在告知时必须绝对诚实，不能有任何欺骗行为。同理，最大诚信原则也要求保险人在经营保险业务过程中，不能利用自己的专业优势及投保人对保险的无知诱使投保人购买保险。

从实践上来看，最大诚信原则在保险中的普遍应用，是源于海上保险的习惯做法。在古老的海上保险业务中，由于投保人在办理投保时，船舶和货物往往停泊或存放于遥远的港口或仓库，保险人不可能亲自去港口或仓库检验船舶和货物。在对保险标的一无所知的情况下，对投保人的投保要求是否接受，以及按什么条件接受，均需以投保人的投保申请为依据，因此在海上保险中，就要求投保人在填写投保单时必须诚实，不得有欺骗行为。

二、最大诚信原则的内容

在保险实践中，最大诚信原则对投保人和被保险人的约束是通过保险法中关于隐瞒、错误陈述和违反保证等的规定体现出来的。

（一）告知与不告知

1. 告知的概念

告知是指投保人在签订保险合同前或签订保险合同时，把其知道的有关保险标的的重要事项告诉保险人。按照英国《1906 年海上保险法》的规定，重要事项（也称重要事实）是指一切可能影响到一位谨慎的保险人作出是否承保，以及确定保险费率的有关情况。

在这里需要注意的是，对重要事项的判断以保险人对保险标的的风险分析为依据，而不是以投保人或被保险人对保险标的的认识为依据。换言之，有关保险标的情况是否为重要事项是由保险人决定的，而不是由被保险人决定的。

2. 告知的分类

按告知的内容不同，告知可分为确认告知和承诺告知两种。

（1）确认告知。

确认告知也称事实的告知，是指投保人向保险人告知已经存在的事实与情况。例如：在投保汽车险时，投保人告知保险人过去一年内汽车没有发生任何损失；在投保货运保险时，投保人告知保险人货物的航线、航期及货物的特性。这种告知属于事实的告知。

（2）承诺告知。

承诺告知也称企图的告知，是指投保人向保险人告知将来可能发生的事实或情况。例如：在投保寿险时，投保人告知保险人在今后一年内不拟出国旅行或工作；在投保货运保险时，投保人告知保险人由于货物用集装箱运输，发生货损货差的可能性很小。这种告知属于企图的告知。无论是确认告知还是承诺告知，投保人对重要事项的告知必须严格属实，不得存在错误。

3. 告知义务的种类

在实际业务中，为了避免投保人在投保时由于保险知识有限或由于疏忽和过失而将保险标的的重要事项遗漏，并且为了方便投保人全面地履行告知义务，保险公司针对每一种保险单所承保的标的的不同设计了专门的投保申请单。投保申请单上详细列明了保险人需要了解的有关保险标的的各种情况，其中包括重要事项。投保人如实地回答了投保单上所列的各项内容，是否就可视为履行了告知义务？这取决于有关的保险法律对投保人告知义务的具体规定。各国的保险法律将投保人的告知义务分为两类，即“无限告知义务”和“询问告知义务”。

（1）无限告知义务。

无限告知义务是指投保人应主动地将其知道的与保险标的有关的一切重要事项告诉保险人，而不仅限于投保单上所列的内容。

（2）询问告知义务。

询问告知义务是指投保人只需就投保单上所列出的各项内容进行逐项回答，凡属投保单上所列的事项均视为重要事项。投保人只要如实地回答了投保单上所列出的各项内容，即可认为已经履行了告知义务。

4. 不告知及隐瞒

（1）不告知的概念。

保险中的不告知是指投保人由于疏忽对保险标的的重要事项没有做说明。如果投保人对重要事项故意不告知，或投保人对重要事项的告知有错误或不全面，则构成了保险上的隐瞒（Concealment）。由于告知是投保人的一项义务，因此，不告知就意味着投保人没有履行其应尽的义务。

（2）不告知的法律后果。

不告知的法律后果是：只要不告知成立，保险人即可以此为据宣布保险合同无效，解除保险合同责任。我国《海商法》对于不告知有下列规定：如果被保险人的不告知是故意所为，保险人有权解除保险合同，并且不退还保险费；合同解除前发生的保险事故，造成损失的，保险人不负赔偿责任。如果被保险人的不告知不是故意所为，保险人有权解除保险合同或者要求相应增加保险费；保险人解除合同的，对于合同解除前发生保险事故造成的损失，保险人应当负赔偿责任，但是不告知或者错误告知的重要情况对保险事故的发生有影响者除外。

保险公司以投保人在投保时隐瞒了重要事项为由拒绝承担保险赔偿责任时，法律要求保险公司负有举证的责任。如果保险人的举证不被法庭接受，则保险公司不能拒绝赔偿。

（二）陈述与错误陈述

1. 陈述的概念。

陈述是指在保险合同签订之前或签订时，保险人及投保人双方在合同的磋商过程中，投保人就保险标的情况所做的全面的、详细的说明。根据陈述的内容不同，陈述可以分为以下三种：

1）对重要事实的陈述

投保人对重要事实的陈述必须真实，必须严格属实，不能有任何欺骗行为。《1906 年海上保险法》第 20 条第（2）款规定，凡能影响谨慎的保险人关于确定保险费的事项，或关于决定是否承保的事项，都是重要的陈述。第 20 条第（7）款进一步规定，凡特定的陈述是否属于重要的陈述，是一个须视事件的具体情况而定的事实问题。

（2）对一般事实的陈述。

投保人对一般事实的陈述只要基本正确即可视为真实。换言之，即使投保人所做的陈述与保险标的的实际情况不完全一致，也不视为错误陈述，保险人不得以此为由，解除保险合同。

（3）对希望或相信发生的事实的陈述

投保人对此类事实的陈述，只要出于善意和诚信，即为真实的陈述。这种陈述即使与实际情况有出入，保险人也不能解除合同。

根据《1906 年海上保险法》的规定，投保人所做的各种陈述，均可以在合同订立之前予以撤回或更正。

2. 错误陈述及其法律后果

如果投保人对重要事项所做的陈述是错误的，即构成错误陈述。只要错误陈述事实上成立，保险人即可以此为由，解除保险合同。

3. 陈述的形式

陈述的方式可以是口头的，也可以是书面的。但要注意的是，书面形式的陈述往往被视为保险合同的一种明示保证，被保险人必须严格遵守。

如果保险标的的实际情况与书面的陈述不符时，不论其内容是否重要，都被视为违反了保证，保险人有权解除保险合同。

（三）保证与违反保证

保险的最大诚信原则不仅仅体现在投保人投保时对告知义务的履行，还表现在保险合同的履行过程中，被保险人是否按照保险合同中的保证条款履行了相应的保证义务。

1. 保证的概念

保险中的保证，也称保险保证，是指投保人在签订保险合同时，向保险人保证做或不做某一事情，或者保证某种情况的存在或不存在，或者保证完成某一条件，等等。例如，某人在投保房屋火灾保险时，向保险人保证在合同有效期内不在房屋内堆放危险品；又如，在投保船舶保险时，船主向保险人保证冬季船舶不在封冰海域内航行等。

保险保证是保险合同的一项极为重要的内容，因为投保人所做的保证是保险人承保某一风险的前提条件。在有些情况下，如果投保人不做出保证，保险人可能不接受承保或将提高保险费率，因此对于有保证条款的保险合同而言，保证条款是保险合同成立的一个重要基础。若被保险人在保险合同有效期内，没有按照保证条款的规定履行合同义务，则该保险合同成立的基础被动摇，保险人有权解除这一保险合同。

2. 保证的种类

保险保证可以分为明示保证和默示保证两种。

（1）明示保证。

明示保证是指以书面的形式，或以特约条款的形式列于保险单之内的文字，保证条款是保单不可分割的组成部分。

（2）默示保证。

默示保证是指在保单上没有明文规定记录，但是按照行业惯例或法律规定，被保险人应当保证对某种事情的作为或不作为。默示保证在海上保险中具有重要的意义。根据英国《1906 年海上保险法》的规定，海上保险的两项默示保证为：被保险人（货主或船东）必须保证船舶航行的合法性以及船舶的适航性。

3. 违反保证的法律后果

对于保险保证，无论是明示保证还是默示保证，无论其对保险标的是否重要，也无论其本身的重要性如何，被保险人都必须严格遵守。如果被保险人违反了保险保证，保险人有权自保证被违反之日起解除合同义务；并且，即使被保险人在损失发生之前已对其违反的保证做出了弥补，也不能以此为由为其违反保证的事实提出辩护，保险人仍可按违反保证处理。被保险人违反保证，保险人虽有权解除保险合同，但对被保险人在违反保证之前发生的保险损失仍须承担赔偿责任。

被保险人违反保证，在某些情况下也可以免责。英国《1906 年海上保险法》第 34 条规定：

（1）由于环境的变更以致保证对于契约已不适用时，或因任何随后颁布的法律使履行保证成为违法时，可以免责；

（2）保险人放弃其追究被保险人的权利。

综上所述，保险合同要求投保人在申请保险时应该对保险标的的状况做出真实可靠的披露、陈述，或严格遵守保险合同规定的条件。如果投保人没有履行此项义务即使合同成立，保险人仍然可通过法律程序获得应有的保护。

保险的最大诚信原则是指，在保险合同签订时投保人必须诚实地履行告知义务，并进行正确的陈述；在保险合同有效期内，被保险人必须严格地履行其承诺的保证义务。一旦不告知、错误陈述或违反保证的情形出现，保险人有权解除保险合同。

第三节　近因原则

财产保险中关于承保风险的规定主要采取“一切风险”和“列明风险”两种做法，为了进一步明确保单的承保责任范围，保险人还规定了“除外责任”。在财产保险中，保险标的投保后，在保单有效期内发生了损失，保险人是否一定要赔偿呢？对这个问题的回答关键要判断保险标的的损失原因与保单列明的承保风险和除外责任中的各项风险之间的相互关系，这就涉及保险理赔的一个重要原则——近因原则。

一、什么是近因

保险中的近因是指造成损失的最主要的、最有效的、最有影响的原因。近因不一定是指时间上或空间上最接近损失的原因。

保险标的发生的损失可能是一个原因造成的，也可能是两个或更多的原因造成的；两个或两个以上的原因，可能是同时作用，也可能是连续作用或间断作用造成了损失。造成保险标的损失的原因可能是承保风险、不保风险，也可能是除外风险，等等。由于造成损失的原因是各种各样的，而保险标的的损失与造成损失的原因之间又可能存在着各种不同关系。所以保险人必须对损失和损失原因之间的关系进行限制。

二、近因原则

《1906 年海上保险法》第 55 条第（1）款规定：除本保险法或保险契约另有规定外，保险人对直接由于承保的风险所引起的任何损失，均负赔偿责任，对于非直接由于承保的风险所引起的任何损失，均不负赔偿责任。按照各国保险法及保险合同的规定，保险人只承担以保单承保风险为近因造成的保险标的的损失，这就是保险的近因原则。

由于近因原则对保险损失赔偿的限制，保险标的一旦发生损失，分析损失原因就成为保险理赔工作中的一项十分重要的内容，因为这直接关系到保险人与被保险人的经济利益。

三、损失近因的一般判断标准

谈到损失近因的判断，一定是存在两个或两个以上的原因共同作用造成了保险标的损失。分析这两个或两个以上共同作用的原因之间的相互关系是判断损失近因的重要方法。

（一）两个或两个以上共同作用的原因同时发生造成损失

两个或两个以上的原因同时发生作用，是指无法严格区分不同原因在发生时间上的先后顺序。它们对损失的发生都具有直接的、有效的作用，原则上每一个原因都是损失的近因。两个或两个以上同时发生作用的原因之间存在着以下几种关系：

1. 两个或两个以上的原因都是承保风险，则保险公司负损失赔偿责任。

2. 两个或两个以上的原因中，既有承保风险又有不保风险时，原则上，保险人要承担全部损失的赔偿责任，即承保风险优于不保风险。不保风险是指，既不是保险条款中列举的承保风险，也不属保险条款中规定的除外责任的风险。

3. 两个或两个以上同时作用的原因中，既有承保风险又有除外责任时，则要分析承保风险与除外责任之间的关系：

（1）两个原因之间是相互独立的关系，没有另一个原因任何一个原因都会造成损失。这种情况下当承保风险与除外责任造成的损失可以划分时，保险人只负责赔偿承保风险造成的损失部分，而对除外责任造成的损失部分不予赔偿。当承保风险与除外责任造成的损失责任无法划分时，原则上，保险人不负损失赔偿责任。

（2）两个原因之间是相互依存的关系，没有另一个原因，任何一个原因都不会单独造成损失。这种情况下除外责任优于承保风险。除外责任是指保险条款中明确规定的保险公司不予赔偿的责任。

（二）两个或两个以上共同作用的原因连续发生造成损失

两个或两个以上的原因连续作用是指，各原因在发生时间上存在着先后，并且相互之间存在着内在的、必然的因果关系，前因导致后果，形成链状因果关系或网状因果关系，其中最先发生并造成一连串事故的原因，即为损失近因。连续发生作用的原因之间存在着以下几种关系。

1. 前因和后因都是保单承保风险，保险人应负全部损失的赔偿责任。

2. 前因不属保单承保风险，后因是保险责任范围之内的风险，后因是前因导致的必然结果，则保险人不负赔偿责任。例如，花生含水量过高，在运输途中发生霉变。投保人虽投保了一切险，霉变属于保险责任，但近因是花生含水量过高，不在保险责任范围以内。因此，保险人不负赔偿责任。

3. 前因属保险责任范围内的风险，后因不是保险责任范围之内的风险，后因是前因导致的必然结果，则保险人应负全部损失的赔偿责任。例如，包装食品投保了水渍险，在运输途中遭受海水浸湿，食品的外包装受潮后导致食品发生霉变。霉变是由于海水打湿外包装，水汽侵入所造成的结果。因此，保险人应负赔偿责任。

4. 前因和后因均为保单除外风险，保险人一概不负赔偿责任。

（三）由两个或两个以上共同作用的原因间断发生造成损失

两个或两个以上的原因间断发生是指，造成损失的各原因之间在发生时间上存在着先后顺序，但相互之间没有必然的、内在的联系，彼此不形成因果关系，是完全独立的。如果新出现的独立原因具有现实性、支配性和有效性，那么，在此之前发生的原因就被新的独立原因所取代，变成远因而不予以考虑。这种情况下损失的近因就是这个新的独立原因。

1. 如果新出现而又完全独立的原因为承保风险，即使它发生在除外风险之后，保险人也承担赔偿责任。

2. 如果新出现而又完全独立的原因为除外风险，那么，即使它发生在承保风险之后，保险人也不承担赔偿责任。

以上所述，只是判断损失近因的一些理论上的方法，是保险公司和法官们在处理保险索赔或争议时的理论指导。由于保险标的发生损失时所处环境的不同，以及造成保险标的损失的各种原因的错综复杂性，使得损失近因的判断并不是完全可以按照理论来推导的。损失近因的判断是理论性和政策性都很强的工作，需要更多地了解实际情况，并进行具体分析，才能做出正确的判断。将近因原则作为保险理赔的指导原则，目的在于保护保险人的利益，明确保险人的赔偿范围。在实际工作中，近因的判断往往引起保险人与被保险人之间的争议和纠纷。近因的判断，既有一套完整的理论，又有多年保险理赔人员及法官们对理论的理解和诠释。对近因的判断，事实是第一位的，也是最重要的，但对事实的分析、判断及对近因原则的应用又有人为的因素，并且这也是一个重要因素。保险理赔工作不仅仅是判断保险人是否应该承担赔偿责任，更重要的是树立保险公司的形象，处理好同保户之间的关系。

第四节 补偿原则

从理论上讲，除人寿保险合同以外，各种保险合同都是补偿性合同。补偿合同的实质，就是补偿因保险标的的损失而给被保险人造成的经济损失。补偿性的保险合同都是根据补偿原则来履行保险的补偿职能。

所谓补偿原则就是指，当保险标的发生了保险责任范围内的损失时，保险人按照保险标的的实际损失对被保险人进行损失补偿，通过保险补偿使被保险人恢复到损失发生之前的经济状况。保险人的赔偿不应使被保险人因保险赔偿而获得额外利益。

保险补偿原则是对补偿性的保险合同的赔偿金额所做的各种限制性的规定，通过这些限制使得被保险人通过保险赔偿仅仅恢复到受损前的经济状态。防止因保险补偿而获利导致的道德风险的产生。补偿原则在保险合同中是通过可保利益、保险赔偿金额的确定及代位追偿的规定来体现的。

一、可保利益是保险补偿的依据

保险赔偿的损失必须是被保险人存在于保险标的之上的可保

利益的损失，没有可保利益就不存在损失，也就失去了获得保险补偿的基础。因此在损失发生时，被保险人必须对保险标的具有可保利益，才能获得保险赔偿。

二、影响保险赔偿金额的因素

补偿性的保险合同是通过对保险赔偿金额的限制来体现补偿原则的精神。保险人的赔偿金额既不能超过被保险人遭受的实际损失，也不能超过保单上的保险金额。影响保险赔偿金额的因素主要有：保险金额、保险价值、定值保单与不定值保单。

在解释保险的补偿原则时，保险金额和保险价值是两个重要的概念。

（一）保险金额

保险金额简称保额，是指投保人对保险标的的投保金额，是保单上确定的保险人负责损失赔偿的最高责任限额，是计算保险费的依据。

任何一个保险标的在投保时都要确定一个保险金额，财产保险的保险金额的确定，一般以保险价值为基础并围绕保险价值波动。

（二）保险价值

保险价值，即保险标的的经济价值。它是投保人或被保险人对保险标的所具有的可保利益的货币表现形式，是确定保险金额的依据。任何一个保险标的都有其保险价值，否则投保人无法通过对其保险的方式获得相应的经济保障。

（三）不定值保险单

不定值保险单是指在投保时投保人与保险人双方对保险标的的保险价值不加以确定，而留待损失发生后再具体核实的保险单。

使用不定值保险，在投保时虽然合同双方没有确定保险价值，但投保人却要为保险标的确定一个保险金额。这样一来，投保时确定的保险金额就有可能同保险事故发生后，经核实而确定的保险价值存在差异，出现不足额保险、超额保险和足额保险三种情况，而在不同的情况下，保险赔偿的依据是不同的。

1. 不足额保险

不足额保险，即保险金额小于保险价值的保险。当保险标的发生全损时，保险人以保单上确定的保险金额作为最高赔偿限额；当发生部分损失时，保险人在保险金额的限额内，按保险标的的实际损失程度确定赔偿金额。由于保险金额低于保险价值，投保人并没有将不足额部分的风险转移给保险人，因此，不足额部分应视为投保人或被保险人自保的部分。

出现不足额保险的原因大致有以下三种：

（1）投保人因没有正确估价保险标的的价值而发生的。

（2）在订立保险合同以后，因保险标的的市场价格上涨而发生的。

（3）投保人想节省保险费，或认为自己有能力承担部分损失而自愿承担一部分风险。

2. 超额保险

超额保险，即保险金额大于保险价值的保险。无论保险标的发生全损或部分损失，保险人均按保险标的遭受的实际损失履行赔偿责任。即以实际损失或保险价值作为损失赔偿的限额。

出现超额保险的原因大致有以下几种：

（1）出于投保人的善意，如投保人过高地估计了财产的价值，或不了解市场行情。

（2）出于投保人的恶意，如投保人希望在保险事故发生后获得多于实际损失的赔偿，或利用超额保险合同进行欺诈，以牟取不正当的利益。

（3）保险合同成立后，因保险标的的市场价值跌落而发生的。

由于超额保险极易诱发被保险人的道德危险，对保险业的发展危害极大，因此各国保险法律对超额保险均有严格的规定：

（1）对善意的超额保险，其超过部分无效，在保险事故发生前，投保人可以请求保险人返还超额部分的保险费。

（2）对恶意的超额保险，凡投保人以此来获得不法利益的，保险合同全部无效。

3. 足额保险

足额保险，即保险金额等于保险价值的保险。当保险标的发生了全部损失，保险人应按保险价值或保险金额履行赔偿责任。当保险标的发生了部分损失，保险人应按照实际损失履行赔偿责任。

由于财产保险标的的价值是由生产这一商品的社会必要劳动时间及市场供求关系决定的，因此，保险标的的价值是不断变化的。这是为什么财产保险单主要采用不定值保单的原因。

由于财产保险合同主要采用不定值保险单的形式，保险标的发生损失后如何确定保险标的的价值就成为财产保险中的一个重要内容，保险合同中规定的损失价值的衡量方法限制了保险的赔偿金额。常用的衡量受损标的保险价值的方法有：

（1）实际现金价值，即保险标的发生损失时的重置价值减去折旧所得的余额。

（2）重置价值，如果保险标的发生损失后，被保险人对该标的进行重置、重建或修复，则受损标的的价值以重置价值来计算。

保险标的发生损失后，首先要按照合同规定的方法衡量和计算保险标的的保险价值，然后要确定保险标的的实际损失。

（四）定值保险

与不定值保险相对的是定值保险，定值保险与不定值保险的区别关键在于是否考虑保险标的发生损失时的保险价值。使用定值保险的方式保险标的的保险价值在投保时保险合同双方就已经将其确定，投保人以双方确定的保险价值为保险金额投保，损失发生后，保险人按照确定的价值进行赔偿。

严格来讲，保险赔偿原则不适用于定值保险的损失赔偿。定值保险主要应用于损失发生时不易计算保险价值的保险标的的保险。定值保险合同多用于艺术品、矿石标本、贵重皮毛、古董等价值不易确定的财产保险中。海上货运保险也采用定值保险，这是因为保险货物的价值受时间和空间的影响很大，如果采用不定值保险，货物在海上运输途中一旦发生了损失，由于确定保险货物的价值存在不同的方法，很容易引起争议，不利于国际贸易的发展。

三、限制保险赔偿金额的其他合同条款

财产保险合同中的其他条款也限制了保险的赔偿金额，这些条款主要有：

（一）关于免赔额的规定

（二）关于共同保险的规定

（三）损失赔偿限额的规定

限额责任赔偿方式是指保险人对保险标的在约定限额以内的损失负赔偿责任的一种赔偿计算方式。这种赔偿方式一般应用于农业保险和责任保险的损失赔偿计算。在农业保险中发生了保险责任范围内的灾害事故，致使实际收获数量低于规定的限额标准时，保险人以两者的差额作为赔付额。

（四）重复保险比例分摊的规定（详见第六节重复保险分摊原则）

四、限制额外获利的规定

保险补偿原则对因保险赔偿而额外获利的限制是通过代位追偿原则来实现的。

这里需要注意的是，以上所述的补偿原则的各项内容只适用于补偿性的保险合同，这一原则不适用于给付性的保险合同。

第五节　代位追偿原则

根据保险的赔偿原则，保险是对被保险人遭受的实际损失进行补偿。当保险标的发生了保险承保责任范围内的灾害事故，而这一保险事故又是由保险人和被保险人以外的第三者承担责任时，为了防止被保险人在取得保险赔款后，又从第三者责任方取得赔偿，获得额外利益，在保险赔偿原则的基础上产生了代位追偿原则。

一、代位追偿的概念

按照英美法中的普通法的解释，所谓代位追偿是指，当保险标的发生了保险责任范围内的第三者责任方造成的损失时，在向被保险人履行了损失赔偿的责任后，保险人有权取得被保险人在

该项损失中，依法享有的向第三者责任方要求索赔的权利。保险人取得该项权利后，即可以被保险人的名义向责任方进行追偿。

代位追偿是保险中的一个非常重要的概念，并且是一个很形象的名词。“代位”通俗地讲，是指保险人站在被保险人的地位上；它在这里的法律含义是指，保险人以被保险人的名义向第三者责任方提出索赔要求。“追偿”在这里是指保险人把其已支付给被保险人的损失赔款，从第三者责任方追索回来。

按照我国《海商法》第 252 条，我国《保险法》第 44 条及《海事诉讼程序法》第 93、94、95 条的规定，保险人对第三者责任方造成的保险责任范围内的损失履行了损失赔偿的责任后，保险人应以自己的名义向第三者进行诉讼。

代位追偿这种做法若从被保险人的角度来看，又称为权益转让，即被保险人因其保险标的遭受损失而取得保险人的赔偿后，应将其依法享有的向第三者责任方要求索赔的权益转让给保险人，以便保险人进行代位追偿。

二、代位追偿产生的原因

代位追偿根源于保险补偿原则对保险不当得利的限制。当保险标的发生了保单承保责任范围内的损失时，被保险人有权向保险人要求损失赔偿，这种索赔权是根据保险合同产生的合同权利。如果这项损失又是由第三者的责任造成的，被保险人就有权根据民法中有关侵权的规定，要求肇事者对损失进行赔偿，被保险人的这一索赔权是建立在民法的基础上，根据民事法律关系产生的权利。被保险人的这两项赔偿请求权，均符合法律要求，均受到法律的保护。保险人不能以保险标的的损失是由第三者的责任所致为由而拒绝履行其保险合同责任；同样，第三者责任方也不能以受损标的已有保险为由解除自己的民事损害赔偿责任。在这两种法律权益同时依法并存的情况下，被保险人因依法享有双重的损害赔偿请求权而获得双重的补偿。这种双重补偿无疑会使被保险人获得超过其实际损失的补偿，而出现因损失而获得额外利益的情况。这种获利不符合保险的赔偿原则。为解决这个矛盾，保险法规定保险人按合同规定对被保险人履行了损失赔偿责任以后，可以采取代位追偿的方式向第三者责任方追偿，这样可以使被保险人既能及时取得保险赔偿，又可避免产生双重补偿，同时第三方也不能逃脱其应承担的法律责任。因此，代位追偿权是保险法律中所特有的一种法律关系。

三、构成代位追偿的条件

保险标的损失是否能构成代位追偿，有以下两个条件：

1. 损失必须是第三者因疏忽或过失产生的侵权行为或违约行为所造成的，而且第三者对这种损失，根据法律的规定或双方在合同中的约定负有赔偿责任。

2. 第三者的这种损害或违约行为又是保险合同中订明的保险责任。如果第三者的损害或违约行为不属保险承保责任范围，就构不成保险上的代位追偿的条件。

在货运保险业务中经常出现代位追偿的情况，例如，卖方以CIF条件出口100箱茶叶，为茶叶投保了海运一切险。在海上运输途中，由于承运人的工作疏忽，将茶叶同樟脑配载于相邻的货位上。当货物运抵目的港，收货人提货后，发现茶叶已经严重串味，不再具有饮用的价值。由于卖方已为茶叶投保了一切险，收货人随即凭保单向保险公司提出索赔申请。保险公司通过对茶叶串味损失的调查，发现船方在管理货物中存在过失。而根据《海牙规则》，船方对这种过失造成的货物损失，应承担赔偿责任。在这个例子中，茶叶的串味损失即属于一切险承保范围内的损失，又是船方依法应承担的责任。这一损失即构成了代位追偿的条件。保险人赔付后，有权以被保险人的名义要求船方对茶叶遭受的串味损失进行赔偿。

四、对保险人行使代位追偿权的限制

对保险人如何行使代位追偿权，各国法律都有相应的规定。

1. 对取得代位追偿权的时间限制

保险人从何时起可以取得代位追偿权？根据我国及国外保险法的规定，代位追偿权的取得，应以保险人的赔付为先决条件。即保险人在没有履行损失赔偿责任以前，无权取得代位追偿权；保险人只有在赔付了损失后，才可享有代位追偿权。我国《海商法》的具体规定如下：保险标的发生的保险责任范围内的损失是由第三者造成的，被保险人向第三者要求赔偿的权利，自保险人支付赔款之日起，相应转移给保险人。在实际业务中，为了便于代位权的取得，保险公司在支付赔款时，一般都要求被保险人签认“收款及权益转让书”。

2. 对追偿金额的限制

各国保险法律均规定，保险人履行了赔偿责任后，有权取代被保险人的一切法律及合同权益，向责任方提出索赔要求。由于保险赔偿损失的依据是保险合同，而保险人向责任方提出索赔的依据是有关的法律规定，如海运提单，因此保险人给被保险人的赔偿金额同保险人从责任方取得的追偿金额在数量上是不同的。法律规定保险人行使代位权向责任方要求的赔偿金额应以其赔付给被保险人的金额为限。按照英美国家的法律规定，若以代位追偿原则向第三者责任方提起诉讼时，必须以被保险人的名义进行，因此，法院判决的追偿金额大于保险人的赔偿金额的案件时有发生，保险人原则上只能对自己已赔付的数额享有追偿权，对超出部分应归还给被保险人。

五、应用代位追偿原则应注意的问题

（1）代位追偿是保险人履行了赔偿责任后而获得的一项权利，而被保险人在取得了保险赔偿后，其根据法律或合同享有的向责任方要求损害赔偿的权利自动转移给保险人。我国《保险法》规定：被保险财产的损失，应由第三人负责赔偿的，如果投保方向保险方提出要求，保险方按照合同规定先予赔偿，只要保险人向被保险人支付了赔款，保险人就自动获得了向第三者责任方追偿的权利，被保险人有义务协助保险方向第三者进行追偿。

（2）被保险人在向保险公司申请赔偿前不得损害保险公司行使代位追偿的权利，并应积极协助保险公司向责任方索赔。如果保险人在赔付被保险人的损失时，发现被保险人的行为已经损害了保险人的代位追偿权利，例如，被保险人事先免除了损害责任方应负的赔偿责任，或使得保险人丧失了代位追偿权，如被保险人向保险人提出索赔的时间已超过了向责任方索赔的时效，即保险人向被保险人赔偿以后，已不可能向责任方就该项损失进行追偿，对于这种损失保险人可以拒赔责任方应承担的损失赔偿部分。

（3）在这里需要明确的是，责任方依法承担的损失赔偿责任同保险赔偿的关系，是不是有了责任方就不需要保险了？对这个问题的回答应明确以下两点：

其一，任何责任方承担的责任都是有限的，如《海牙规则》及《华沙条约》均规定了海上承运人和航空承运人的责任限额。对超过限额的损失，承运人不承担责任。因此被保险人只有通过参加保险才能得到保险标的的全部损失的赔偿。

其二，造成保险标的损失的原因绝大多数都是自然灾害和意外事故，而这些灾害事故是没有责任方对其承担责任的，对这些灾害事故造成的损失只有通过参加保险，才能获得损失赔偿。

第六节　重复保险的分摊原则

保险合同中关于赔偿金额的规定是保险补偿原则的体现。为了限制被保险人从不同保险公司获得超出保险标的实际损失的赔偿，同时也为了在承保相同保险标的的各家保险公司之间公平分摊保险标的的实际损失，保险合同中都规定了其他保险条款。当保险标的存在其他保险时，对保险标的的损失赔偿应由各家保险公司共同分摊。这种做法在海上保险中被称为重复保险。

一、重复保险的概念

重复保险是指相同的可保利益方就相同的保险标的向两家或两家以上的保险公司投保了相同的风险，两张或两张以上的保险单具有相同的有效期，并且各家保险公司保单上的保险金额总和超过了该保险标的的保险价值，如果保险标的在共同的有效期间内发生了损失，就构成了重复保险。

在重复保险的情况下，当保险标的发生损失时，按照保险补偿原则，被保险人不能从几家保险公司那里获得超过保险标的实际损失的赔偿。为了防止出现被保险人因多处投保而获得重复赔偿，海上保险法规定了重复保险的分摊原则。重复保险的分摊原则是从保险补偿原则派生出来的一项原则。

按照英国《1906 年海上保险法》第 80 条的规定，当保单项下的保险标的出现了重复保险时，各保险人应按比例分摊被保险人遭受的损失，如果其中任一保险公司赔偿的损失金额超过了其应该分摊的份额时，该保险公司可以像债务保证人一样就其超额赔付的部分向其他保险公司进行追偿。并且当承保损失是由第三者责任方造成时，任何分摊了承保损失的保险公司有权取得与其分摊份额相适应的代位追偿权利。这就是重复保险的分摊原则。

二、重复保险分摊金额的计算方法

对重复保险分摊金额的计算，一般有以下几种方法：

1. 最大责任分摊法

几家保险公司按最大责任分摊法进行损失分摊时，以每一家保险公司承保的保险金额与各家保险公司承保的保险金额的总和的比例作为分摊损失金额的计算方法。因为保险金额是保单上规定的保险人负责损失赔偿的最高责任限额，因此这种分摊方法被称为最大责任分摊法。最大责任分摊法的计算公式如下：

$$\text{甲保险人的赔偿金额}=\frac{\text{甲保险人承担的保单项下最高赔偿责任}}{\text{各家保险公司承担的保单项下最高赔偿责任之和}}\times\text{损失金额}$$

例如，保险标的实际价值是 100 万元，投保人分别向甲保险公司投保了 40 万元，向乙保险公司投保了 60 万元，向丙保险公司投保了 20 万元。在这个例子中，各家保险公司承保的保险标的的保险金额总和为 40＋60＋20＝120（万元）。如果在这三张保单同时有效的期间内，该保险标的发生了 60 万元的实际损失，则三个保险人的分摊金额分别为：

甲保险人的赔偿金额＝40/120×60＝20（万元）

乙保险人的赔偿金额＝60/120×60＝30（万元）

丙保险人的赔偿金额＝20/120×60＝10（万元）

2. 单独责任分摊法

几家保险公司按单独责任分摊法进行损失分摊时，首先应计算出每一家保险公司在没有其他保险公司重复保险的情况下，按照保险单的规定应负的最高责任限额，然后以每一家保险公司的赔偿限额与各家保险公司的赔偿限额总和的比例作为分摊损失金额的计算方法。单独责任分摊法的计算公式如下：

$$\text{甲保险人的赔偿金额}=\frac{\text{甲保险人承担的保单项下的赔偿限额}}{\text{各家保险公司承担的保单项下的赔偿限额之和}}\times\text{损失金额}$$

例如，保险标的的实际价值是 80 万元，投保人分别向甲保险公司投保了 30 万元，向乙保险公司投保了 50 万元，向丙保险公司投保了 20 万元。如果在这三张保单同时有效的期间内，该保险标的发生了 50 万元的实际损失。各保险公司在无他保的情况下，应负的最高赔偿金额分别是：甲保险公司 30 万元，乙保险公司 50 万元，丙保险公司 20 万元。在这个例子中，各保险公司的赔款限额总和为 30＋50＋20＝100（万元）。三家保险公司的分摊金额分别为：

甲保险人的赔偿金额＝30/100×50＝15（万元）

乙保险人的赔偿金额＝50/100×50＝25（万元）

丙保险人的赔偿金额＝20/100×50＝10（万元）

最高责任分摊法与单独责任分摊法的共同点是，各保险公司都是按照比例来分摊损失金额，它们之间的不同点是，这两种方法计算分摊比例的基础不同，最高责任分摊法是以保险金额为分摊比例，单独责任分摊法是以赔偿限额为分摊比例。

3. 共同责任分摊法

几家保险公司按共同责任分摊法进行损失分摊时，首先将几张保单中最低保额部分的损失列为共同责任由几家保险公司平均分摊，然后将超出共同责任的损失部分由承保了较高保额的保险公司承担赔偿责任。

第四章　保险合同

保险合同，又称保险契约，它是投保人与保险人订立的一种在法律上具有约束力的协议。即根据当事人双方的约定，投保人向保险人支付保险费，当保险标的发生约定的保险事故时，由保险人承担经济赔偿责任，或者当约定的保险事件出现时，由保险人履行给付保险金的义务。

第一节　保险合同的特点

保险合同是经济合同的一种，具有一般经济合同的特点，但由于保险合同不同于一般经济合同，所以它又有自己的特殊性，保险合同的特点表现在以下几个方面：

一、保险合同是最大诚信合同

保险合同是最大诚信合同的解释请参阅本书第二部分第三章第二节“最大诚信原则”的相关论述。

二、保险合同是补偿性合同

投保人购买保险的目的就是保障其对保险标的所具有的经济利益。保险人收取保险费的承诺是，在保险标的遭受损失后，向被保险人提供保单规定的损失赔偿。保险的本质就是赔偿被保险人因特定灾害事故的发生遭受的实际损失。保险合同是补偿性合同是指通过保险对损失的赔偿使遭受损失的被保险人恢复到损失前的经济状况。保险合同的补偿性是保险补偿原则的体现。

三、保险合同是对人合同

保险合同是对人合同这一特点不是针对人寿保险和健康保险合同，而是针对财产保险合同而言的。保险标的面临的风险及可能遭受的损失是与保险标的投保人（或被保险人）本身的情况密切相关的。因为每个投保人（被保险人）的工作经历、文化教育背景、生活习惯、工作态度、个性、职业等都是不完全相同的，而这些因素影响人们对风险的认识和风险态度。每个人对其拥有、占有、使用或保管的财产的安全和损失的发生都有一定的控制能力，所以保险人在接受投保时，既要考虑保险标的本身的风险大小，也要考虑每个投保人对风险的认识和其风险态度等因素来决定是完全接受，或有条件地接受，或拒绝接受投保人的投保申请。对无形风险因素较大的投保人，保险人在接受投保时保险费率要高。正是因为保险合同是对人合同，所以财产保险合同非经保险人的同意是不能转让的。

四、保险合同是附和合同

按照保险行业的惯例，保险合同条款的制定是由保险公司的专业人员（主要是法律人员）在现有的法律框架内，参考世界各国的相关条款，充分考虑保险经营者及投保人的利益，对承保风险和除外责任的规定进行了科学的保险精算测试的基础上进行的。对于保险公司推出的保险条款，投保人要依附于该保险条款，要么购买，要么不买，投保人没有权力改变保险条款。针对家庭和个人保户设计的保险单在这一点上显得尤其突出。

保险合同双方在合同的许多方面，如保险标的的风险情况、保险知识、合同议价能力及风险控制能力等存在着信息不对称和能力不对等的情况。在保险合同条款的制定方面，这种不对等表现为投保人在保险知识和合同条款方面处于明显的弱势。

为了平衡保险人与投保人（或被保险人）在这一问题上的不对等的合同地位，法律规定保险合同是附和合同。附和合同与议商合同在合同争议的解释上存在着差异。对附和合同的解释使用的法律原则是，当法庭认为合同中使用的词语或条款模棱两可、模糊不清时，并且词义的不准确、不确定是固有的、本质的，应对含义模糊的用词做出合理的解释，对合同做出有利于非合同制订方的解释，以维护法律的公平性，保护投保人的利益。这是附和合同最突出的特点。

在处理合同双方就保险合同的责任范围产生的争议时，常常采用的法律原则是“合理期望原则”。“合理期望原则”可以说是“附和合同”这一合同特点在保险合同解释方面的进一步发展。这一原则不是简单地要求从有利于投保人或被保险人的角度去解释保险合同中的含义不清、模棱两可的用词，而要求从投保人在购买保险时对保险的“合理预期”为依据来确定保险合同的承保范围和除外责任。根据这一原则，保险人在保险交易中所具有的不公正、不合理的优势会遭到法庭的拒绝；而投保人、被保险人或受益人对保险合同条款的客观的、合理的预期会得到法庭的支持。

最早提出合理预期原则的美国保险学者柯顿对这一原则作了如下的表述：一般而言，法庭应保护投保人、被保险人和预期受益人对有关保险合同所提供的承保范围的合理期望，即使通过仔细研究保单条款表明这种期望违背了保险人的明示意图。①

五、保险合同是射幸合同

保险合同是射幸合同，也称为机会合同或运气合同，是指保险合同双方根据合同而产生的权利与义务是不对等的，不公平的，而这种不对等性是随机产生的。就某一个特定的投保人而言，购买了保险，交纳了保险费，如果在保单有效期内没有发生损失，则投保人是保险合同的输方；相反，如果在保单有效期内发生了损失，保险公司承担了损失赔偿责任，由于保险赔偿的损失大大超过投保人交纳的保险费，因此，保险公司是合同的输方。保险合同的这一特点与赌博是完全相同的。

六、保险合同是有条件的双务合同

保险合同是双务合同是指，保险合同双方当事人都因合同的签订而承担合同义务。投保人或被保险人的义务是，按时缴付约定数量的保险费及履行其他合同规定的义务；保险人的义务是承担保险责任范围内的灾害事故所致损失的经济补偿或给付保险金。

投保人或被保险人履行合同义务是无条件的，而保险人义务的履行却是有条件的，即只有当保险标的发生了保险责任范围内的损失，保险人才需要履行赔偿义务，若保险标的在保险有效期内没有发生损失，保险人则不必履行损失赔偿义务。因此保险合同是有条件的双务合同。在一定意义上讲，保险合同是一种非等

① 参见陈欣：《保险法》，31页，北京，北京大学出版社，2000。

价交换的合同。

第二节　保险合同的主体和客体

保险合同的主体是指合同中所确定的享有合同权利和承担合同义务的人。财产保险合同的主体有保险人、投保人和被保险人。人寿保险合同的主体有保险人、投保人和受益人。

一、保险人

保险人，也称承保人（Underwriter），是经营保险业务的组织或个人，是与投保人签订保险合同，按合同约定收取保险费，并履行赔偿损失或给付保险金义务的人。

各国法律一般都要求保险人应具有法人资格，采用的组织形式主要有：股份制保险公司、相互制保险公司和互助制保险公司以及国有保险公司等。以下介绍两种主要的保险公司的组织形式——股份制保险公司和相互制保险公司。

股份制保险公司（Stock Insurance Company）的所有人是持有保险公司股票的股东，公司经营获得利润后，保险公司以股息的方式向股东派发其经营利润。采用股份制的保险公司可以利用股票市场，通过发行股票募集其经营活动中所需的资金。采用股份制的保险公司也面临着被竞争对手通过控股的方式达到收购和兼并的目的。

相互制保险公司（Mutual Insurance Company）的所有人是该公司的保单持有人，公司经营获得利润后，保险公司往往以保单红利的方式向保单持有人分派利润。相互制保险公司的经营活动不以营利为目的，由于相互制保险公司属于其保单持有人所有，因此，相互制保险公司不能被其竞争对手收购和兼并。由于相互制保险公司的资本结构不够灵活，只能通过增加企业的经营利润来扩大企业规模，增加资本，这种所有制不利于企业利用资本市场募集资金，20 世纪 90 年代以来，有相当一部分相互制保险公司进行了股份制的改造，转变为股份制保险公司。

在世界各国的保险法律中，只有英国允许劳合社（Lloyd’s）

的承保会员以自然人的身份，以个人的名义向投保人提供保险业务。有关劳合社的介绍请查阅本书第五章的相关内容。

由于保险行业是涉及公众利益的金融服务行业，为保护广大被保险人的经济利益，保证社会的稳定，并推动保险业的发展，世界上几乎所有的国家都设立了专门的保险监管机构，制订了专门的监管法律，对保险人的从业资格、资金运用及业务经营活动等方面进行严格的管理。各国保险法律对保险人的监管主要包括保险人从业资格、保险业务经营及保险企业财务管理三个方面。

二、投保人

投保人又称要保人，是向保险人申请订立保险合同，并负有交纳保险费义务的人。除个别保险合同外，保险合同的投保人应对保险标的具有可保利益。从法律角度来看，只要具有完全的权利能力和行为能力的法人和自然人均可成为保险合同的投保人。

投保人同被保险人是否为同一人，要视具体的保险合同而定。如投保人为自己的财产投保，或以自己的生命和身体健康为保险标的投保，合同成立后，投保人即成为被保险人。

三、被保险人

由于保险合同不同，保险合同中的被保险人的概念也不完全相同。

财产保险中的被保险人是指受保险合同保障的，有权享受保险利益的人。即当保险标的发生损失后，被保险人的经济利益受到损失，他有权向保险人要求损失赔偿。由于保险标的不同，保险合同中的被保险人也不完全相同，有的保险合同涉及的被保险人可能不止一人。在保险合同有效期内，还可能出现被保险人变更等情况。投保人在投保时最好将被保险人在保险合同中做出明确规定。

财产保险合同的主体包括：投保人、保险人、被保险人。投保人为自己的财产购买保险时，财产保险合同的投保人与被保险人为同一人。

四、保险合同的客体

根据法律规定，民事法律关系的客体是民事法律关系中，主体的权利和义务共同指向的事物。保险合同的客体不是保险标的本身，而是投保人或被保险人对保险标的所具有的可保利益。例如，货物运输保险合同的客体是买卖双方对运输的货物所具有的可保利益。这一部分内容可参见“可保利益原则”。

第三节　保险合同的内容

根据法律的规定，民事法律关系的内容是民事法律关系的主体享有的权利和承担的义务。保险合同的内容就是保险人和被保险人因保险合同而产生的权利和义务。与一般商品的买卖不同，保险产品的买卖是无形的，是保险单的买卖。对投保人而言，了解保险产品就是要了解保险合同的各项内容的确切含义。一般而言，一份完整的保险合同应包括以下各项内容。

一、声明部分

保险合同的声明部分，也称为保险单格式，即保险单正面所列的各项内容，是保险合同的第一部分。保单格式因保险合同的种类不同而内容各有所不同。保险合同的声明部分包括的主要内容有：声明条款、投保人的名称与地址、被保险人的名称与地址、保险标的描述、保险金额、保险费、保险期限等内容。

对于保险期限的规定，除终身寿险保单外，所有的保险合同都规定了明确的保险人承担赔偿责任的时间期限，财产保单的保险期限一般为一年，除非合同中做了特别的规定。

二、保险条款

保险条款规定了保险人对被保险人承担的损失赔偿责任，是保险人对被保险人的承诺，是保险合同最重要的部分。因保险的种类不同，保险条款也有所不同。主要内容有：保单承保的风险事故，承保的各种损失和费用及损失、费用的确定标准和方法等。

（一）承保风险条款

承保风险条款是保险合同的一项重要条款。风险条款一般分为两类，一类是列明风险，一类是一切风险。

1. 列明风险

列明风险是指保险人将保险合同所承保的风险都明确地列举出来。保险人承担列明风险造成的保险标的的损失。对于采用列明风险的保险合同，凡是未被列入在风险条款中的灾害事故均为本保险合同不予承保的风险。

2. 一切风险

一切风险是指保险人承保除合同规定的除外责任以外的所有风险。对于采用“一切风险”的保险单，保险人为明确保单的承保风险，往往在保险单内列出一个详细的除外风险条款，如 ICC（A）中关于除外风险责任的规定。

（二）承保的损失和费用

承保的损失主要规定了保险赔偿的各种损失。财产保险一般赔偿保险标的的直接损失。对间接损失和费用损失的赔偿需特别规定。责任保险一般赔偿根据法律确定的赔偿责任及相关的法律费用的支出。

三、除外责任条款

除外责任是保险人用以明确和限制保险承保责任的一种方法。通常保险人采用除外责任条款对保险责任范围进行以下四个方面的限制。

（一）将特定的灾害事故或损失原因除外

几乎所有的保险合同都将某些特定的灾害事故列为除外责任，或限制造成损失的原因，之所以这样规定的原因有以下几种：

（1）造成损失的灾害事故本身是不可保的。

（2）造成损失的原因是被保险人的道德风险。

（3）有些灾害事故被列为除外责任，是因为有专门的保险条款承保这些灾害事故。例如，海洋货运保险将海洋战争险列为除外责任，因为有专门的海洋战争险条款承保战争风险。

（4）有些灾害事故被列为除外责任，是因为承保这些灾害事故需要多收保险费。对于这种除外责任，投保人可以通过增交保费而获得保险。

（二）将特定的损失列为除外责任

很多保险单都明确规定将特定的损失列为除外责任。如罢工险条款规定，只负责保单承保风险造成保险标的的直接经济损失，而对引起的间接损失不负赔偿责任。

（三）将某些标的列为除外不保的标的

很多保险合同根据承保对象的特性，在保险合同中明确规定了不予承保的标的。例如，中国人民保险公司的家庭财产险保险条款规定，现金、有价证券、信件等是家庭财产险保险不予承保的标的，汽车保险不保车内存放的个人财物。保险将某些标的列为除外不保的标的有以下几个原因：

（1）可能有专门的保险单承保这些标的。

（2）这些标的的价值难以衡量和计算。

（3）这些标的面临的风险因素很大。

（四）将保险标的的存放地点列为除外不保的地点

几乎所有的财产保险单都将保险标的的存放地点、活动范围作为衡量保险标的风险大小的一个重要因素，因此财产保险单对处于静态的保险标的的存放地点一般规定在其所在地，对处于动态下的保险标的的承保，保险合同对标的的运动或运输的地理范围加以限制，对保险标的发生的超出保单规定的地理范围的损失，保险人不承担赔偿责任。

四、要件条款

一般而言，所有保险合同中都规定了特定的条件。要件条款主要规定了合同双方必须履行的合同义务，如损失发生后，被保险人及保险人有义务采取措施保护和抢救保险标的。被保险人没有遵守保险合同中规定的要件条款将影响其获得的损失赔偿。保险合同的要件条款主要有以下一些规定。

（1）通知损失的规定。

（2）提供损失证明的要求。

（3）暂停保险责任的规定。

（4）保护受损标的的义务。

（5）对保险标的的损失检验和损失评估的规定。

（6）关于损失赔偿的规定。

五、保险批单与附加条款

规定了保险批单与附加条款的法律效力。

第四节 保险合同的成立、转让、变更、解除与终止的法律规定

一、保险合同的成立

从法律的角度看，保险合同的成立必须经过要约与承诺两个法律程序。要约，即订约建议。在保险业务中，投保人向保险人提出投保申请，填写了投保申请书，即构成了保险的要约。承诺，即无条件地接受订约建议。在保险业务中，保险人一经无条件地接受了投保人的投保申请，并据此签发了保险单，保险合同即告成立。因此，保险合同的成立，并不以保险人签发保险单为要件，保险单只是保险合同已经成立的书面证明。

从法律的角度来看，一个有效的保险合同必须满足下列条件：

（1）订立合同的目的合法。按照保险法的规定以保险为赌博的手段或进行保险诈赔等都是非法的。

（2）订立合同的投保人具有完全行为能力。

（3）必须经过要约与承诺两个环节。

（4）合同要有对价。保险合同的对价关系是投保人向保险人交纳的保险费和保险人在保单承保损失发生后向被保险人支付的损失赔款。众所周知，投保人交纳的保险费大大低于保险人支付的损失赔款，因此，保险合同是建立在绝对不对等的对价的基础之上的合同。

二、保险单的转让

（一）财产保险单的转让

由于保险合同是对人合同，因此，财产保险单原则上是不能转让的。

财产保险单的转让往往是因保险标的所有权的转移（包括买卖、让与和继承）而导致的。当保险标的的所有权发生转移后，投保人或被保险人对保险标的已没有可保利益，如不变更合同主

体，则保险合同将无效。为使保险标的继续得到保险保障，被保险人必须在保险标的的所有权发生转移时，书面通知保险人，对财产保险单主体进行变更。

各国法律一般都认为，保险单不是保险标的所有权的附属物，不能随保险标的所有权的转让而转让。保险单的转让必须经保险人的同意，否则保险合同从保险标的所有权转移之时起即告终止。

值得一提的是，货运保险合同的转让不需经保险人的同意，而只需由被保险人背书后，随着货物所有权的转让而转让。海洋货运保单之所以可以自由转让，原因之一是，运输途中的货物不在被保险人的保管和照顾之下，货物在运输途中的风险是由承运人控制的，因此被保险人的变更对货物在运输途中的风险没有影响。原因之二是，运输途中的货物流动性很强，从起运地到目的地的整个运输过程中，货权可能几经易手，保险利益也随之转移，如果每一次被保险人的变更都须征得保险人的同意，势必影响商品流转，影响国际贸易的发展。

关于海上货运保险合同的转让，各国的保险法律还作出了以下规定：

（1）海上保险单的转让，必须在保险标的的所有权转移之前或转移的同时进行，如果所有权已经转移，事后再办理保险单的转让，这种转让是无效的。

（2）在办理海上保险单转让时，无论损失发生与否，只要被保险人对保险标的仍然具有可保利益，保险单均可有效转让。

（3）保险单的受让人只能享有与原被保险人在保险单下所享有的相同的权利和义务。

（4）保险单转让后，受让人有权以自己的名义向保险人进行诉讼，保险人也有权如同对待原被保险人一样，对保险合同项下引起的责任进行辩护。

（5）保险单的转让，可以采取由被保险人在保险单上背书或其他习惯方式进行。按照习惯做法，采用空白背书方式转让的保险单，可以自由转让；采用记名背书方式转让的保险单，则只有被背书人才能成为保险单权利的受让人。

（二）人寿保险单的转让

与财产保险合同不同，人寿保险单可以自由转让，除非合同中有限制转让的规定。人寿保险单的转让不需经过保险人的同意。原因是，在很多情况下，寿险保单的所有人往往不是寿险保单的受益人，因此，理论上保单的转让往往不会影响被保险人发生死亡的概率，但在保单转让后，必须通知保险人。

保险合同的转让关系一经确认，原投保人与保险人的关系即告消除，而保单受让人与保险人的关系随即建立。

三、保险合同的变更

保险合同的变更是指在保险合同的有效期内，合同的内容发生改变的情况。保险合同依法成立，具有法律约束力，合同双方都必须全面履行合同规定的义务，不得擅自变更保险合同。但是在保险合同的有效期内，由于投保人、被保险人或保险标的的情况发生了改变，这就会产生改变保险合同的要求，各国法律一般都允许对保险合同的内容进行变更。

保险合同内容的变更，是指在合同主体不变的情况下，改变合同中约定的事项。如被保险人地址的变更，保险标的数量的增减，保险价值或存放地点的变化，保险金额、保险期限的变更，保险责任范围的变更，货运保险合同中的航程变更、船期的变化，等等，这些改变都会影响到保险人所承担的风险大小的变化。根据具体情况的发展与变化，变更保险合同中的相应内容，在保险合同有效期内是经常发生的。各国保险法律一般都规定，保险合同成立以后，投保人可以提出变更保险合同内容的请求，但必须经保险人同意并办理变更手续，有时还需增交保险费，变更合同方才有效。

保险合同内容的变更必须采取书面的形式。由投保人或被保险人提出书面的变更申请，经保险人同意后，由保险人出具变更合同内容的书面形式的批单附在原保险合同之上，构成原保险单的一个组成部分，若批单的内容与保险合同有抵触的地方，应以批单的内容为准。

四、保险合同的解除

保险合同的解除是指在合同没有履行或没有完全履行时，当事人一方基于合同成立后所发生的情况，使合同无效的一种单独行为。在实践中，保险合同的解除分为法定解除（保险人解除合同）、任意解除（被保险人解除合同）和约定解除（协议解除）三种情况。

（一）法定解除

法定解除是指当法律规定的原因出现时，合同当事人一方依法行使解除权，解除已经生效的合同关系。法定解除是一种单方面的法律行为。从程序上来说，依法有解除权的当事人向对方做出解除合同的意思表示，即可产生解除合同的效力，而毋须征得对方同意。保险合同一经签订，除非有符合解除合同的原因出现时，保险人不能随意解除保险合同，保险人解除合同是受到严格限制的。在保险合同关系中，保险人解除保险合同一般是由以下原因产生的：

（1）当被保险人对保险标的的可保利益已经消失，保险人可解除保险合同；

（2）投保人或被保险人违反合同中的保证条款，保险人可解除保险合同；

（3）投保人或被保险人违背了最大诚信原则，采取欺诈、隐瞒重要事项等手段诱使保险人签订了保险合同，保险人一旦了解了事实真相有权解除保险合同；

（4）投保人或被保险人违反了保险合同中规定的义务，并且这种违反行为构成了根本性违约，保险人有权解除保险合同。

（二）任意解除

任意解除是指法律允许双方当事人都有权根据自己的意愿解除合同关系。在保险合同关系中，对于投保人或被保险人而言，除非保险合同规定了不能解除合同的条件，否则，投保人或被保险人在保险合同签订后有权解除保险合同。

（三）约定解除

约定解除是指双方当事人在合同中对解除合同的条件作出明

确的约定，一旦出现了所约定的条件时，一方或双方即有权利据以解除保险合同。约定解除也称协议注销，保险合同一经注销，保险人的责任即告终止。

从解除条件来看，以约定方式解除保险合同对于合同双方均做了限制性的规定，尤其是对保险人的限制更严格。例如，我国的船舶战争险条款规定，对于船舶定期保险，保险人有权在任何时候向被保险人发出注销战争险责任的通知，在发出通知后 14 天期满时，保险人承担的战争险责任即告终止。

保险合同一经解除，遗留的问题是对已交的保费怎样处理，对已发生的损失怎样承担责任，怎样处理赔款，等等。从法律的角度讲，保险合同一经解除，双方都负有恢复到合同订立以前的状态的义务。因此，被保险人对已受领的给付是否应返还给保险人，保险人应怎样承担对被保险人的损失赔偿责任，保险人对投保人交纳的保费是否需返还以及返还金额的计算方法等等，都应在保险合同中作出明确规定。

无论哪一方采取哪种方式解除保险合同，合同一经解除，双方的合同关系即告消失，因合同而产生的权利和义务关系即告消失，合同关系终止。

五、保险合同的终止

保险合同终止是指当事人之间由合同所确定的权利和义务关系，因法律规定的原因出现而不复存在。保险合同的终止，主要是由于以下原因引起的。

（一）保险合同自然终止

保险合同关系是一种负债关系，而任何债权债务关系都是有时间性的。保险合同成立后，虽然未发生保险事故，但如果合同的有效期已届满，保险人的保险责任即自然终止，这种自然终止是保险合同终止的最普遍、最基本的原因。

保险合同期满以后还可以续保，但续保不是原保险合同的继续，而是一个新的保险合同的成立。

（二）保险合同因保险赔款已履行而终止

保险事故发生后，保险人履行了全部保险金额的赔偿或给付义务之后，保险责任即告终止。例如，被保险人于年初给自己的汽车投保了 20 万元的车身险，保单有效期为一年。年中，保险车辆发生了一起严重的交通事故，造成该车全部损失。保险公司根据保险条款的规定对被保险人履行了 20 万元的损失赔偿。由于保险人履行了全部保险金额的赔偿责任，该保险合同即告终止。

第五节 保险合同的形式

无论是财产保险合同还是人寿保险合同，都不是要式合同，合同双方就其达成的保险协议既可以采用书面的形式，即保险单，也可以采用口头的方式。保险单是保险合同的主要表现形式。采用书面形式合同可以有效减少合同双方对合同的误解和争议。

保险人与被保险人签订的保险合同是采用保险单这种形式来表现的，所以保险单是保险合同的表现形式，是保险人与被保险人签订的保险合同的书面证明。在保险业务中，因保险标的不同，保险险种不同，保险营销的方式不同，需要使用各种不同的保险单据，保险单据主要有保险单、保险凭证、暂保单和投保单等。

有关这些保险单据的详细内容请参阅第七章相关内容。

第五章　海上保险的发展历史

在人类社会发展的历史中，对海洋的认识、利用和开发一直都占有重要地位。海上保险在各类保险中起源最早、历史最长，保险应用的原则都源于海上保险的法律与实践，海上保险的法律、惯例与条款对所有保险都具有重要的影响作用。

第一节　海上保险的起源与发展

一、共同海损的分摊原则是海上保险的萌芽

早在远古时代，人类已开始在萌芽状态中认识和利用海洋，到了公元前 2000 年左右，地处欧亚要冲的地中海东岸的爱琴海沿岸城市和濒临小亚细亚半岛南岸的罗德岛已有广泛的海上贸易活动。但是当时由于人们对海洋的认识有限，而且船舶结构简单，船舶抵抗海上风浪的能力很差，因此在海上航行的船舶经常遭遇海难，造成严重损失。为减少海上损失，避免载货船舶在海上航行时发生沉船的危险，当时惟一的做法就是将船上载运的一部分货物及船上用品抛入大海，减轻船舶的载重，使船舶渡过难关航行至目的地。

当时的海上航行一般由船主亲自驾驭船舶，货主亲自在船上押货。当船主决定以抛弃货物的方式来减轻船舶载重时，具体到抛什么货物，往往引起船主同船上货主之间的争议，因为谁都不愿把自己的财产为他人的利益做出牺牲，这种争论往往拖延了采取救船措施的时间，造成全船沉没，人财两空。为了避免这种情况的出现，在海上航行的船主和货主之间逐渐形成了一种共同遵循的做法，即在载货船舶遭遇海上危险时，由船长做出决定采取积极的抢救措施解除船舶的危险，因船长做出抛弃决定而将船上货物抛弃入海造成船上货主的损失，由获救的船主及船上其他货主共同分摊。

公元前916年，腓尼基人将这种分摊共同海损的做法在罗德岛上所制定的罗地安海商法中作了明确的规定：凡因减轻船舶载重投弃入海的货物如为全体利益而损失的，须由全体来分摊。这就是共同海损分摊原则，“一人为众，众为一人”是这一原则的精髓。时至今日，这一原则仍为各国海商法采用。由于这种由大家共同承担危险，船主和货主一起分摊损失的方法，体现了海上保险的分摊损失、互相共济的思想，因而被视为海上保险的萌芽。

二、船货抵押借贷是海上保险的雏形

船货抵押借贷的做法最早出现在古希腊的海商活动中，这种做法通过航海及贸易之间的交流被传入当时海上贸易活动发达的地区，最后盛行于意大利及地中海沿岸的一些地区。早在公元前8世纪至公元前7世纪，海上抵押借贷已被从事海上贸易的腓尼基人所采用，船货抵押借贷的做法是，从事海上贸易的船东或货主以船舶或货物为抵押向当地的资金所有者借贷，在借贷合同中规定，如果船、货安全抵达目的地，债务人必须将本金连同利息一起偿还给债权人；反之，如果航行中船舶、货物遭遇灾害事故造成损失，则债务人可视其损失程度免除部分或全部借款。由于合同规定当船舶和货物在海上航行中遭遇灾害事故而灭失时，可以免除债务人的偿还义务，债权人因此而承担了船舶在海上航行中的风险及损失责任。由于当时在海上航行的风险很大，这种船货抵押借贷被视为冒险借款，冒险借贷的利息远远高于一般借贷利息，高出的部分实际上就是债权人承担海上危险的报酬。由于冒险借贷的这些特征，已显示出保险关系的某些因素，因此，船货抵押借贷被称为海上保险的雏形。

三、意大利是现代海上保险的发源地

11世纪末叶，十字军东征以后，意大利商人控制了东方与西欧的中介贸易，从而使意大利北部城市，如佛罗伦萨、热那亚、比萨和威尼斯等城市，成为海上贸易的要冲。腓尼基人的船货抵押借贷的做法也在这一带的商人间流行并日臻完善，在经济繁荣的意大利北部城市的商人中间，已经出现了类似现代形式的海上保险，这些商人与高利贷者将他们的贸易、汇兑票据和海上保险的习惯做法带到他们所到之处。由于意大利商人的足迹遍及整个欧洲，在14世纪以后，保险也就由此在西欧各国的商人中间流行。

从史料来看，至今为止世界上发现的第一张最古老的保险单是意大利热那亚商人乔治·勒克维伦于1347年10月23日签发的，承保“圣·克勒拉拉”号商船从热那亚至马乔卡的航程保单，这张保单沿袭和完善了腓尼基商人的做法，并将其以文字的形式加以记录。但是这张保单还没有写明海上保险承保人承担的风险内容，因此，它还不能说是一张现代形式的保险单。

世界上第一张现代形式的海上保险单是1384年的比萨保险单，这张保单承保一批货物从法国南部阿尔兹安全运抵意大利的比萨。在这张保单中已有明确的保险标的，并明确地写明了海上保险承保人承担的各项海上风险。意大利作为海上保险的发源地，其影响远不只是在此诞生了世界上最早的海上保险单和世界上最早的海上保险公司，意大利商人的保险做法随着他们的足迹遍及欧洲各国，随着伦巴第商人落户英国并在英国发展、壮大。

四、欧洲各国商品经济的发展，促进了海上保险立法

14世纪以后，海上贸易的中心由地中海沿岸转移到大西洋沿岸各国。资本主义在西欧的发展与强大，引起西欧各国对海上航线上的探寻，15世纪至16世纪新航线的开辟，使欧洲商人的交易范围空前扩大，海上保险也随之得到迅速发展，同时海上保险的纠纷也相应增加。为了适应海上保险业务发展的需要，同时也为了促进经济发展，巴塞罗那、威尼斯、佛罗伦萨等地政府相继制定并颁布了有关海上保险的法令。1435年，在海上保险发达的意大利，颁布了巴塞罗那法典，这一法典被称为世界上最古老的具有现代意义的法典。它是世界上有关现代保险的最早的立法。

在哥伦布船队发现了美洲新大陆以后，海上贸易中心逐渐从地中海一带转移至大西洋沿岸，海上保险制度也自意大利经葡萄牙、西班牙传入荷兰、英国、法国。这一时期，许多国家在海上保险立法方面做出了积极的贡献。1556年，西班牙国王腓力二世颁布法令对保险经纪人加强管理，规定经纪人不得在保险业务中认保份额，确立了保险经纪人制度。1563 年，安特卫普通过法令规定了海上保险及保险单格式，这一法令及安特卫普交易所的习惯做法后来被欧洲各国的保险人所采用。

当时，在保险发达的欧洲各国有关海上保险的法令、条例的颁布和实施标志着海上保险的发展进入了一个崭新的时期。如果说地中海时代海上保险只是襁褓中的婴儿，而在资本主义发展的大西洋时代，海上保险已长大成人。

第二节　英国海上保险的发展

16 世纪以前，英国的对外贸易和海上保险的经营权先后控制在意大利和比萨同盟的商人手中。15 世纪初，海上保险由意大利传入英国时，主要由意大利的伦巴第商人经营，他们居住和经营的场所被称为伦巴第街，是英国伦敦的金融中心。

1554 年，英国商人从国王那里获得特许，组织贸易公司，垄断经营海外业务。从此，对外贸易及海上保险开始由英国商人自己经营。他们效仿欧洲各国经营海上保险的做法，并仿照安特卫普交易所建造了英国皇家交易所，用以替代由意大利伦巴第商人沿袭的一日两次在伦巴第街露天进行交易、兑换与承保的习惯做法。

美洲新大陆发现之后，英国的对外贸易获得迅速发展。而 16、17 世纪的资产阶级革命，又为英国资本主义的发展扫清了道路，英国殖民者对落后国家的殖民掠夺，使英国发展成为垄断世界贸易及世界航运业的殖民帝国，这为英国开展世界性的海上保险业务提供了有利条件。英国发展成为现代海上保险的中心，它为世界保险业的发展所做出的突出贡献表现在以下几方面：

一、英国《1906 年海上保险法》

在英国逐渐成为世界贸易及世界航运中心的发展历程中，英国保险业也得到了相应的发展。1575 年，由英国女王特许在伦敦皇家贸易所内设立保险商会，办理所有保险单的登记，并参照安特卫普法令和安特卫普交易所的习惯制定了标准保险单。1601 年，伊丽莎白女王颁布了第一部有关海上保险的成文法即《涉及保险单的立法》。根据该法规定在保险商会内设立仲裁庭，解决日益增多的保险纠纷案件。但是在相当长的时间里，英国对海上保险案件的判决，全由法官个人的意志决定，缺少一个大家共同遵循的法律。1756年，法官世家出身的曼斯菲尔德爵士受命出任保险仲裁庭的首席法官，在其任职的二十多年里，曼斯菲尔德大法官潜心研究欧洲各国有关海上运输及海上保险的法律、法院判例及商业惯例，编纂了一部海上保险法。这部保险法不仅为解决海上纠纷提供了法律依据，也为英国1906年海上保险法的制定奠定了基础。英国《1906年海上保险法》是参照世界各国，特别是欧洲各国的有关海上保险、航运法律以及商业习惯和法院判例而制定的，是迄今为止世界上最全面、最权威的保险法，它对世界各国的保险立法都产生了深刻的影响。

二、英国的劳合社

在当今世界保险市场中占有重要一席的劳合社，是由伦敦的一间咖啡馆演变而形成的。1688年，爱德华·劳埃德（Edward Lloyd）在英国伦敦泰晤士河畔的塔街开了一间咖啡馆。它临近海关、海军部和海务局，经常光顾这里的客人多为船主、海员、商人、银行老板和高利贷者，客人们常谈论一些与海上航运有关的话题。精明的劳埃德先生注意到，光顾咖啡馆的客人们很关心航运消息。因为当时通讯落后，准确的航运消息对商人说是非常重要的。1696年，劳埃德先生将收集到的有关船舶、货物等与海上航运和海上保险交易有关的消息进行整理，印刷出版了一份单张小报（Lloyd's News）。小报一周出版三次，成为贸易、航运和保险商获取信息的一个重要渠道，引起了顾客的极大兴趣。这张小报虽然只出版了76期就停刊了，但它却使劳埃德咖啡馆名声大振，使其成为英国伦敦海上保险交易的一个重要场所。1713年，爱德华·劳埃德先生逝世，他的咖啡馆由他的女婿继续经营。

英国政府于1720年批准"皇家交易"及"伦敦"两家保险公司享有经营海上保险业务的垄断权。按照英国当时的法律规定，任何公司或合伙组织均不得经营海上保险业务，但对于个人承保人的经营活动没有限制。由于这一法律规定，英国海上保险市场上经营海上保险的保险公司锐减，而伦敦保险公司和皇家交易保险公司虽然得到法律特许，但对经营海上保险业务并不重视，这样一来就使劳埃德咖啡馆的保险商获得了一个难得的发展机会，劳埃德的保险商得到了大量承保业务。劳合社的保险商在 19 世纪初大显身手，1809 年，劳合社的海上保险承保额已达 1.4 亿英镑，占当时伦敦水险份额的 90%以上，业务经营有了巨大的发展。

1769 年，劳埃德咖啡馆的 79 名正统、守法、富于正义感的保险商和经纪人为发扬劳埃德的传统，摆脱“赌博保险”的恶习，联合起来成立了新的劳埃德咖啡馆，继续沿用劳埃德的名字专门经营海上保险业务。新馆出版发行了集海上贸易、航运和保险为一体的报刊《劳合动态》(Lloyd's List)，这份报纸至今仍在出版，是一份历史悠久、誉满全球的权威性商务报刊。1771 年，新馆的 79 名保险人、经纪人每人出资 100 英镑，成立了劳合社委员会。1774 年，该委员会选择了皇家交易所作为新馆地址，正式成立了劳合社。1871 年，英国议会通过《劳合社法案》，授予劳合社正式的法律地位，劳合社取得法人资格。劳合社从此结束了近两个世纪的个体经营局面，成为一个名副其实的保险社团组织。起初，英国法律规定劳合社的承保商只能经营海上保险业务，直到 1911 年这个禁令才被取消，从此以后劳合社的承保商可以经营各种保险业务。

劳合社不仅在海上保险市场上游刃有余，大有建树，劳合社的承保会员还凭借其扎实的海上保险技术，开发了非水险业务。19 世纪末，劳合社承保商设计了世界上第一张盗窃险保单，20 世纪初，设计出世界上第一张汽车险保单，第一张飞机险保单，劳合社已成为经营大多数非寿险业务的保险承保组织，如石油、能源开发、卫星发射保险，但其主要业务是海上保险及其再保险。

劳合社是世界保险市场上的一个极为特殊的现象，它不是一个保险公司，而是一个保险社团，更确切地说它是一个保险交易市场。劳合社本身不承保任何保险业务，它只是向其会员提供保险业务交易场所及与保险交易有关的各种服务。

按照劳合社的惯例，每个承保商都以个人的名义承担风险，以个人所有的财产作为履行合同的保证和抵押品，并对自己承保的风险损失承担无限责任。由于劳合社的这一传统，劳合社对会员资格的要求相当严格，只有资金雄厚、信誉卓著的人才能被接纳为会员。劳合社的会员分为承保会员与非承保会员，承保会员是独立的劳合社保险商，非承保会员是赚取佣金的劳合社经纪人。承保会员又根据各自承保的保险标的的特点组成许多承保组合，也称承保辛迪加。同一承保组合的承保商对承保的同一标的互不负连带责任。

按照劳合社的惯例，劳合社的承保商从不走出营业大厅去开展业务，从不与投保人面谈保险，他们只与经纪人保持联系。由经纪人将需要投保的保险标的的情况、投保金额及保险费写在承保条上，把承保条递给每一个感兴趣的保险商，由保险商在承保条的末尾签署自己的姓名及承保金额，当承保金额总数与投保金额相同时，承保即告完成。劳合社的承保商承保的所有业务都由劳合社保单部出具劳合社保险单。

现今的劳合社由承保辛迪加、经纪人、劳合社委员会、管理公司和代理人五个部门组成。劳合社由所属成员选举产生一个理事会管理日常工作，下设理赔、出版、签单、会计、法律等部门，并在100多个国家和地区设有办事处。

1988年，劳合社举行了隆重的300周年诞辰庆祝活动。从1988年到1992年的五年是劳合社历史上最糟糕的五年，其业务经营出现了严重的亏损。1988年，劳合社有承保会员32 433名，1995年减少到14 804名，1996年继续减少到12 811名，承保组合的数量由1990年的401个减少到1996年的167个。劳合社正面临着重新改革、改组的新任务。1993年，劳合社开始实施“重建与更新计划”，这次改革的最主要的措施就是允许公司以劳合社会员的身份加入劳合社，并且公司会员只承担有限责任。从1994年开始至1999年年底已有885家公司成为劳合社的公司会员，而劳合社的个人承保会员到1999年年底减少到3 317名，承保组合的数量到1999年年底减少到122个。劳合社已经走过了300多年的历程，在这期间劳合社进行过多次改革，每一次改革都使劳合社获得新生。劳合社虽然问题重重，困难当头，但它仍是当今世界上最大的保险组织，最重要的保险市场，是世界保险业的一面旗帜。

三、伦敦保险人协会

英国保险市场分为两大市场：一是劳合社保险市场；一是公司市场，它是由劳合社以外的公司组成的。除劳合社以外，其他保险公司的经营和运作对英国成为世界海上保险中心也起到了很大的作用。1824 年，英国议会通过了法案，取消“皇家交易”保险公司和“伦敦”保险公司的海上保险的专营权。从这以后，大批保险公司进入海上保险市场。1884 年，这些经营海上保险业务的保险公司在伦敦成立了伦敦保险人协会，这个组织在海上保险条款的标准等方面做了大量的工作，它所制定的海上保险条款（简称“协会条款”）在国际保险市场得到了广泛的应用，为海上保险条款的标准化做出了重要贡献。

第三节　Lloyd's S. G. Policy 与协会货物条款

一、英国海上保险单格式及保险条款的发展

世界上最早的具有现代意义的保险单是 1384 年诞生于意大利的比萨保单。它已明确规定了保险商的承保责任。海上保险单作为规定保险双方当事人之间权利、责任与义务的法律文件，是海上保险业务中的重要凭证。不同的国家使用的海上保险单不尽相同，同一国家在海上保险发展的不同时期，使用不同的海上保险单。由于海上保险单不仅仅关系到保险双方当事人的权利与义务，同时也影响着一国的航运、贸易及商业的发展，因此，历史上的一些主要的海运国家在不同时期针对海上保险单产生的争议与纠纷，制定了相应的法律，以规范海上保险，促进海上保险及航运贸易的发展。

对现代海上保险单及保险条款具有重要影响的是英国的 Lloyd's S. G. Policy。早在 16 世纪，在英国经营海上保险业务的主要是从意大利伦巴第移居到英国的伦巴第商人，他们当时使用的是意大利语的海上保险单，保险单上有关双方当事人权利与义务的规定是遵照伦巴第商人的习惯做法而制定的。早期的英国承保商签发的保险单也是采用意大利语保单，这充分说明了那时在英国的海上保险业务中，意大利伦巴第商人的巨大影响。

成立于1772年的Lloyd's Committee（劳合社委员会）决定在劳合社采用统一的标准化的海上保险单。在1779年Lloyd's S.G. Policy被劳合社委员会指定为劳合社的标准保险单以前，当时英国的海上保险市场上使用着各种各样的保险单，有“S”保单，即船舶保单；有“G”保单，即货物保单；有“S.G.”保险单，即船、货保险单，S.G. 保单主要用于商人船东用自己的船运货。这些保单虽然用词各不相同，内容也不一致，但却没有本质区别。当时，劳合社的承保商有权选择任何一种格式的保险单。劳合社委员会选择了当时在市场上使用的S.G. Policy并对其进行了必要的修改，经过修改的S.G. Policy被称为Lloyd's S.G. Policy Form，从1779年1月1日开始作为劳合社的标准海上保险单格式。1795年，英国议会通过立法，强制所有的承保商在进行海上保险交易中使用Lloyd's S.G. Policy Form。从此以后，劳合社S.G. 保单格式统一了在英国海上保险中使用的各种各样的保险单格式。英国《1906年海上保险法》将Lloyd's S.G. Policy Form列为第一附件，作为法律规定的标准保险单格式。

Lloyd's S.G. Policy Form从1779年1月1日开始使用，至1983年3月31日停止使用，历时204年。在其200多年的使用过程中，可以说保单上的每一个用词都经过法院的裁决或解释。基于这些裁决或解释，Lloyd's S.G. Policy Form被进行了多次修改，但这些修改并不是对其本文的基本结构和用词进行修改，而是通过在S.G. Policy上加贴条款来进行修改的。

Lloyd's S.G. Policy在其200多年的使用历史中，世界航运和贸易发生了巨大的变化，并且有了长足的发展。很显然，于1779年被标准化的Lloyd's S.G. Policy，无论是其使用的语言还是其规定的业务做法，都不能适应已经发展了的新情况。业内人士对Lloyd's S.G. Policy进行修改的想法和做法一直都在进行着，这一努力从来都没有停止。例如：

1850 年在 S. G. Policy 中增加了证明条款；

1874 年在 S. G. Policy 中增加了放弃条款（Waiver Clause）；

1898 年在 S. G. Policy 中增加了战争险不赔条款 FC&S（Free of Capture & Seizure Clause）；

1919 年在 S. G. Policy 中增加了航程挫折条款（Frustration Clause）；

1937 年在 S. G. Policy 中增加了协会药品条款（Institute Dangerous Drugs Clause）等。

修改 S. G. Policy 的努力还表现在大量的用于加贴在 S. G. Policy 上的条款被制定出来，供承保人与投保人双方在签订保险合同时使用。这样一来，在英国海上保险市场上出现了各种各样的加贴条款，并且这些条款的措辞与格式十分混乱。为了使加贴的保险条款标准化，成立于 1884 年的“伦敦保险人协会”制定了标准的加贴条款，即“协会货物条款”（Institute Cargo Clause）。如 ICC（F. P. A）（Free of Particular Average）（1912，8，1），ICC（W. A）（With Particular Average）（1921，6，7），ICC（All Risks）（1951，1，1）。ICC（1963）是对这三个条款的最后一次修改。

二、修改劳合社 S. G. Policy Form 和协会货物条款的历史背景

长期以来，在伦敦保险市场上，货物运输保险一直使用着 Lloyd's S. G. Policy Form 并加贴相应的 ICC（F. P. A）、ICC（W. A）或 ICC（All Risks）来进行海上保险业务的承保。由于英国在世界海上保险中的重要地位，Lloyd's S. G. Policy 与 ICC（1963）在世界海上保险市场中被各国广泛效仿与采用。但这并不意味着它们的内容完美无缺。相反，它们无论在文字上还是在内容上都存在不少的缺点和问题。长期以来，人们对英国的海上保险单和保险条款的意见主要有两点：其一，Lloyd's S. G. Policy Form 本身文字古老、陈旧，语言晦涩难懂，随着各种新条款的增加及 ICC 条款的使用，它的本文条款已经徒具形骸，并且保单中的很多内容与 20 世纪 50 年代以来高速发展的世界航运与贸易不相适应；其二，加贴的“协会货物条款”ICC（1963）与 Lloyd's S. G. Policy 本身的条款之间内容交叉重复，并且对 ICC（1963）的理解是建立在 Lloyd's S.G. Policy、《MIA 1906》，以及英国法院多年来对 Lloyd's S.G. Policy 的各种判例和英国的法律及习惯上。要了解一份保单究竟承保什么风险和损失，需要由对其有深入研究的专家学者来解释。

由于这些因素，英国的保单格式和保险条款长期以来一直受到一些国家贸易航运和保险界的批评与非议。特别是进入 20 世纪 60 年代以后，随着第三世界国家的日益发展和壮大，要求改革英国的保险制度及英国保险机构在世界保险市场上的垄断与控制地位的呼声越来越高。而英国为了维护其在国际保险业务中的影响和传统地位，顽固地采取了同各国相对抗的立场，拒绝对其传统的保险单格式及保险条款进行修改。1968 年在第二届联合国贸发会议上，通过了《应本着有利于发展和维护发展中国家经济利益的目标，对有关海上保险的法律、条款和习惯作出重新评价》的决议。根据这个决议，联合国贸发理事会下属的无形贸易和资金委员会于 1975 年 5 月发表了《保险——海上货物运输保险的报告》。1978 年 11 月，国际海运委员会发表了题为《海上保险——关于海上保险的法律与保单问题》的报告，报告提出必须对以劳合社 S.G. 保险单和协会货物条款为主的世界海上保险体制进行改革，对劳合社 S.G. 保险单和协会货物条款作出修改。以这一报告为依据，1979 年 6 月，联合国贸发会海运委员会召开了国际海运立法起草专业会议，着手进行国际统一标准的海上保险条款的起草工作。这次会议对英国的震动很大，英国一改原来的立场，宣布放弃已使用 200 多年的 Lloyd's S.G. Policy Form，而以简单的保险单取而代之，并决定对协会货物条款进行大幅度的修改。为了这次改革，伦敦保险人协会及劳合社承保人协会筹设了一个货物联合委员会，对 Lloyd's S.G. Policy 及 ICC（1963）重新进行检查与研究，并授权伦敦保险人协会下属的“技术与条款委员会”制定新的保险单格式及条款。

用于取代 S.G. Policy Form 的新的保险单格式于 1982 年 1 月 1 日被正式推出。新的保险单格式分为两种：一种称为“劳合社海上保险单”（Lloyd's Marine Policy），简称为“Mar Policy”（Mar

为 Marine 的略写），适用于劳合社内的承保会员签发的保险单；另一种称为“伦敦保险人协会公司海上保险单”（The Institute of London Underwriters Companies Marine Policy），这种保单适用于伦敦保险人协会的各公司签发的保险单。这两种新保单格式名称虽然不同，但内容是一样的。

新的保险单是由一个声明条款（即签发保单的保险人将按合同的规定向被保险人承担责任）和空白结构组成，空白结构仅设下列各项供承保时填写。

1. 被保险人姓名（Name of Assured）

2. 船名（Vessel）

3. 航程或保险期限（Voyage or Period of Insurance）

4. 保险标的（Subject-matter Insured）

5. 保险价值（Agreed Value）

6. 保险金额（Amount Insured）

7. 保费（Premium）

新保单格式使用的是最简单、最常用的现代语言，其主要特点是简洁明确。它删除了 Lloyd's S. G. Policy Form 中所列的承保条件及各种条款，有关承保条件的详细内容，如承保范围、除外责任、保险期限等则由附贴于保险单后面的保险条款予以规定。新的保险单格式中特别说明附贴的保险条款属于保险单不可分割的一部分。

除声明条款外，新的保险单格式没有保险条款，因此存在于 Lloyd's S. G. Policy Form 中的保险条款同加贴条款之间的交叉重复、模糊不清的现象完全不存在。

新的保险单格式可以通过加贴不同的条款而适用于船舶保险或货物保险。

根据伦敦保险人协会的规定，Lloyd's S. G. Policy Form 和 ICC（1963）已自 1983 年 3 月 31 日起停止在伦敦保险市场使用，自 1983 年 4 月 1 日起使用新的保险单格式。

与新的保险单格式配套使用的是 1982 年 1 月 1 日生效的协会货物保险条款，即 ICC（1982）。

第六章　海洋运输货物保险保障的范围

我们在这里讨论的海洋运输货物保险保障的范围是以英国1779年的Lloyd's S. G. Policy、《1906年海上保险法》、1963年和1982年协会货物条款以及中国1981年修订的海洋运输货物保险条款和1993年7月1日实施的《中华人民共和国海商法》为框架，以这些法律、条款和海上保险惯例为依据，介绍海上保险保障的风险、损失和费用的范围及规定。

第一节　海上货运保险承保的风险

在海洋运输货物保险中，保险人承保的风险主要分为两大类：海上危险（风险）和外来危险（风险）。

一、海上危险（风险）的概念

根据英国《1906年海上保险法》第3条的规定，海上危险是指由于航海的后果所造成的危险或与航海有关的危险。被列为《1906年海上保险法》附录一的Lloyd's S. G. Policy承保的海上危险具体是指下列风险：海难（Perils of the seas）①、火灾（Fire）、战祸（War Perils）、海盗（Pirates）、流氓（Rovers）、盗窃（Thieves）、捕获（Captures）、扣押（Seizures）、限制（Restraints）、政府和人民的限制（Detainment of princes and peoples）、抛弃（Jettisons）、船员的不法行为（Barratry）、其他类似性质的或在保险合同中所注明的风险（Other perils either of the like kind or which may be designated by the policy）。其中战祸、捕获、扣押、限制、政府和人民的限制等风险现在由海洋货运战

---

① 按照海上保险的惯例，1779年Lloyd's S. G. Policy承保的海难包括以下八项海上自然灾害和意外事故：搁浅、触礁、沉没、失踪、船舶失事、恶劣气候、海水损害和碰撞。

争险予以承保。

在现代海上保险业务中，保险人所承保的海上危险是有特定范围的，一方面它并不包括一切在海上发生的风险，另一方面它又不局限于航海中所发生的风险。也就是说，海上风险是一个广义的概念，它既指海上航行中所特有的风险，又包括一些与海上运输有关的风险。现代海洋运输货物保险中保险人承保的各种海上危险源于 1779 年的 Lloyd's S. G. Policy 中的风险条款，随着国际贸易、国际航运的发展，保险人采用加贴条款的方式对 Lloyd's S. G. Policy 承保的海上危险进行增删和调整，明确保险人的承保责任。这一做法一直延用到 1983 年 3 月 31 日 Lloyd's S. G. Policy 与 ICC（1963）条款在国际保险市场上被停止使用。

虽然我国现行的海洋运输货物保险条款和英国协会货物新条款 ICC（1982）的各险别条款的承保风险与 Lloyd's S. G. Policy 的风险条款的规定不尽相同，但它们都是在 Lloyd's S. G. Policy 的基础上结合国际贸易及国际运输方式的发展情况逐步修订而成的。

二、海上风险的分类

海洋货运保险承保的海上风险从性质上划分，可以分为自然灾害和意外事故两大类。按照国际保险市场的惯例，保险人承保的海上风险都在保险条款中有明确的规定，保险人只负责由保单条款中列明的风险造成的保险标的的损失。由于保险人承保的每一项风险都是有特定含义的，因此，正确理解各种海上风险的含义对判定损失原因、划分损失责任是非常重要的。

（一）自然灾害

所谓自然灾害，就一般意义上讲，是指不以人的意志为转移的自然界的力量所引起的灾害。它是客观存在的、人力不可抗拒的灾害事故，是保险人承保的主要风险。但在海上货物运输保险中，保险人承保的自然灾害并不是泛指一切由于自然界力量引起的灾害事故。按照我国 1981 年 1 月 1 日修订的海洋运输货物保险条款的规定，保险人承保的自然灾害仅指恶劣气候、雷电、海啸、地震、洪水等人力不可抗拒的灾害。根据英国 1982 年的协会货物条款，在保险人承保的风险中，属自然灾害性质的风险有：雷电、地震、火山爆发、浪击落海，以及海水、湖水或河水进入船舶、驳船、船舱、运输工具、集装箱、大型海运箱或储存处所等。

兹将海上货运保险承保的各种自然灾害的含义分别说明如下：

1. 恶劣气候

恶劣气候一般是指海上的飓风（八级以上的风）和大浪（三米以上的浪）引起的船体颠簸倾斜，并由此造成船体、船舶机器设备的损坏，或者由此而引起的船上所载货物的相互挤压、碰撞所导致的货物的破碎、渗漏、凹瘪等损失。

“恶劣气候”原是 Lloyd’s S. G. Policy 承保的“海难”中的一项灾难。在 1982 年的协会货物条款中已不再使用这个概念，原因是“恶劣气候”造成的船舶颠簸、晃动，以致货物移位受损，往往与船方理舱不当而造成的货物移位受损不易分清，而后者是保险人不保的损失。在 1982 年的协会货物条款中，如果货物直接由于异常恶劣的天气，而非理舱不当造成移位引起破碎、凹瘪或其他灭失与损害，由承保一切风险的 ICC（A）予以承保。

2. 雷电

雷电常在积雨云层中产生，若云层之间、云层和地面之间电位差增大到一定程度时，就会发生猛烈的放电现象，这就是雷电。云层之间以及云层和空气之间的放电，一般不会危及人的生命和财产；而云层和地面之间的放电，往往会危及人命和财产，并造成损失。

海上货运保险承保的雷电，是指货物在海上或陆上运输过程中由于雷电所直接造成的或者由于雷电引起的火灾所造成的货物的灭失和损害。

3. 海啸

海啸是由地震或风暴所造成的海面的巨大涨落现象，按其成因可分为地震海啸和风暴海啸两种。地震海啸是伴随地震而形成的，即海底火山爆发或海岸附近地壳发生断裂，引起剧烈的震动，产生高达十余米的大浪，从而造成海面上的船舶及货物的损失。风暴海啸为强大低气压通过时，海水异常升起的现象，也会对在海上航行的船舶、货物造成损失。

4. 浪击落海

浪击落海通常指存放在舱面上的货物在运输过程中受海浪的剧烈冲击而落海造成的损失。

我国现行海运货物保险条款的基本险条款不保此项风险，这项风险可以通过附加投保舱面险而获得保障。ICC（B）和ICC（A）均承保此项风险。但是投保人就堆放在甲板上的货物申请保险时，必须履行事先告知是甲板货的义务，并且加交额外的保险费。

5. 洪水

洪水是指因江河泛滥、山洪暴发、湖水上岸及倒灌或暴雨积水致使保险货物遭受泡损、淹没、冲散等损失。

6. 地震

地震是指由于地壳发生急剧的自然变化，使地面发生震动、坍塌、地陷、地裂等造成的保险货物的损失。

7. 火山爆发

火山爆发是指由火山爆发产生的地震以及喷发出的火山岩灰造成的保险货物的损失。

8. 海水、湖水或河水进入船舶、驳船、船舱、运输工具、集装箱、大型海运箱或储存处所

这一风险是指由于海水、湖水和河水进入船舶等运输工具或储存处所造成的保险货物的损失。这一风险对"储存处所"的范围未加限定，可以理解为包括陆上一切永久性的或临时性的有顶篷的或露天的储存处所。

在以上解释的自然灾害中，洪水、地震、火山爆发以及海水、湖水或河水进入船舶、驳船等风险，实际上并非是真正发生在海上的风险，而是发生在内陆或陆海、海河以及海轮与驳船相连接之处的风险。但对海上货运保险来说，由于这些风险是随附海上航行而产生的，而且危害性往往很大，为了适应被保险人的实际需要，在海上货物运输保险的长期实践中，逐渐把它们列入海上货运保险承保的风险范围之内。

（二）意外事故

意外事故一般是指人或物体遭受到外来的、突然的、非意料之中的事故。如船舶触礁、碰撞、飞机坠落、货物起火爆炸等。

但在海上保险中，保险人承保的所谓意外事故并不是泛指海上发生的所有意外事故。按照我国 1981 年 1 月 1 日修订的海洋运输货物保险条款的规定，保险人承保的意外事故包括运输工具遭受搁浅、触礁、沉没、互撞、与流冰或其他物体碰撞以及失火、爆炸等；根据新的协会货物条款的规定，意外事故除包括船舶、驳船的触礁、搁浅、沉没、倾覆、火灾、爆炸等属意外事故外，陆上运输工具的倾覆或出轨也属意外事故的范畴。由此可以看出，海上货物运输保险所承保的意外事故，也不仅限于在海上所发生的意外事故。

在海上保险业务中，各种意外事故都有其特定的含义。兹将海上货运保险承保的各种意外事故的含义分别说明如下：

1. 火灾

火灾是指由于意外、偶然发生的燃烧失去控制，蔓延扩大而造成的船舶和货物的损失。海上货物运输保险，不论是直接被火烧毁、烧焦、烧裂，还是间接被火熏黑、灼热或为救火而致损失，均属火灾风险。在海上货物运输中，火灾是最严重的风险之一。

货物在运输过程中常因下列原因引起火灾：

（1）由于闪电、雷击引起船、货火灾；

（2）货物受海水浸湿温热而致起火；

（3）船长、船员在航行中的过失引起火灾；

（4）船舶遭遇海难后，在避难港修理，由于工作人员操作不当引起火灾，如电焊引起火灾。

凡因上述原因及其他不明原因所致的火灾损失，保险人均负责赔偿。但是，由于货物固有瑕疵或在不适当的情况下运送引起的货物自燃，则不属保险人的承保责任范围。

2. 爆炸

爆炸一般是指物体内部发生急剧的分解或燃烧，喷发出大量气体和热力，致使物体本身及其周围的其他物体遭受猛烈破坏的现象。货物在海上运输过程中，因爆炸而受损的情况较多。如船舶锅炉爆炸致使货物受损，货物自身因气候温度变化的影响产生化学作用引起爆炸而受损。

3. 搁浅

“搁浅”是 Lloyd's S. G. Policy 承保的“海难”中的一项灾难。搁浅是指船舶在航行中，由于意外或异常的原因，船底与水下障碍物紧密接触牢牢地被搁住，并且持续一定时间失去进退自由的状态。若船舶仅从障碍物上面或旁边擦过而并未被阻留，或船底与水下障碍物的接触不是偶然的或异常的原因造成的，如规律性的潮汐涨落而造成船舶搁浅在沙滩上，则不能以搁浅的名义向保险人要求赔偿。

4. 触礁

“触礁”是 Lloyd's S. G. Policy 承保的“海难”中的一项灾难。触礁是指船舶在航行中触及海中岩礁或其他障碍物，如木桩、渔栅等造成的一种意外事故。

5. 沉没

“沉没”是 Lloyd's S. G. Policy 承保的“海难”中的一项灾难。沉没是指船舶因海水侵入，失去浮力，船体全部沉入水中，无法继续航行的状态，或虽未构成船体全部沉没，但已大大超过船舶规定的吃水标准，使应浮于水面的部分浸入水中无法继续航行，由此造成保险货物损失，属沉没责任。如果船体只有部分浸入水中而仍能航行，则不能视为船舶沉没。

6. 碰撞

“碰撞”是 Lloyd's S. G. Policy 承保的“海难”中的一项灾难。货物运输保险承保的碰撞是指载货船舶同水以外的外界物体，如码头、船舶、灯塔、流冰等，发生的猛力接触，由此造成船上货物的损失。若发生碰撞的是两艘船舶，则碰撞不仅会带来船体及船上货物的损失，还会产生碰撞责任损失。碰撞是船舶在海上航行中的一项主要风险。有关船舶碰撞损失、碰撞责任的划分及碰撞损失的赔偿方法的规定请参阅本书第七章“海洋货物运输保险条款”中的解释。

7. 倾覆

倾覆是指船舶在航行中遭受自然灾害或意外事故导致船体翻倒或倾斜，失去正常状态，非经施救不能继续航行，由此造成保险货物的损失，属倾覆责任。

8. 投弃

投弃也称抛货，是指船舶在海中航行遭遇危难时，为了减轻船舶的载重以避免全船受损，由承运人做出决定将船上所载货物的一部分或部分船上用具有意地抛入海中。因投弃带来的货物损失，属投弃责任。

按照 1963 年的协会货物条款的规定，投弃仅指共同海损行为的投弃，不包括非共同海损行为的投弃。但 1982 年的协会货物条款已取消了对投弃的这一限制，规定凡因投弃造成的损失，保险人都予以赔偿，而不论其是否为共同海损行为所致。我国现行的海运货物保险条款同 1963 年的协会货物条款一样，仅指共同海损的投弃。

9. 吊索损害

吊索损害是指被保险货物在起运港、卸货港或转运港进行装卸作业时，从吊钩上摔下而造成的货物损失。

对于吊索损害，我国现行的保险条款的规定是：在装卸或转运时，由于一件或数件整件货物落海造成的全部或部分损失；协会货物条款的规定是：货物在船舶或驳船装卸时落海或跌落造成任何整件的全损

10. 海盗行为

按照 1981 年《海洋法公约》的规定，海盗是指：

（1）必须旨在扣留人或者掠夺财物的非法行为；

（2）通过暴力或威胁手段达到目的；

（3）并非出自某一官方或半官方的指令或默许而进行的对敌方的攻击；

（4）必须发生在沿海国家管辖范围以外的海域或天空。

按照上述定义，海盗是船舶在公海上航行时遭遇到的海上的一般风险，而非战争风险。对于这项风险，ICC（A）给予承保。

但是在1963年的协会货物条款和我国现行的海运货物保险条款中，海盗险被列为战争风险，我国现行的海运货物战争险承保此项风险。

11. 船长、船员的不法行为

船长、船员的不法行为是指船长、船员背着船东或货主故意做出的有损于船东或货主利益的恶意行为。船长、船员的不法行为是海上货物运输过程中较为常见的一项风险。例如，丢弃船舶，纵火焚烧船舶和货物，凿漏船体，违法运输走私品造成船舶被扣押或没收，故意违反航行规则而遭受处罚，等等。

但下列情况不包括在“船长、船员的不法行为”的概念之内：

（1）船长、船员的不法行为事先为船主或货主所知悉并同意者；

（2）船长即系船东，不法行为所致损失由被保险人的故意行为造成。

船长、船员的不法行为是 Lloyd's S. G. Policy 中承保的一项海上风险，现行的协会货物条款 ICC（A）也承保该风险。在我国现行的海运货物保险条款中，此项风险属海运货物罢工险的承保范围。

三、外来风险

在海上货运保险业务中，保险人除了承保上述各项海上风险外，还承保外来风险所造成的损失。外来风险是指海上风险以外的其他外来原因所造成的风险。货物运输保险中所指的外来风险必须是意外的、事先难以预料的风险，而不是必然发生的外来因素。例如，货物在运输过程中可能发生的玷污、串味而造成的损失；而货物的自然损耗和本质缺陷等属必然发生的损失，不包括在外来风险之内。

外来风险可分为一般外来风险和特殊外来风险两类。

（一）一般外来风险

海上货运保险业务中承保的一般外来风险有以下几种：

1. 偷窃

偷窃指整件货物或包装货物的一部分被人暗中窃取造成的损

失。偷窃不包括公开的攻击性的劫夺。

2. 短少和提货不着

短少和提货不着指货物在运输途中由于不明原因被遗失，造成货物未能运抵目的地，或运抵目的地时发现整件短少，没能交付给收货人而造成的损失。

3. 渗漏

渗漏指流质或半流质的货物在运输途中因容器损坏而引起的损失。

4. 短量

短量指被保险货物在运输途中或货物到达目的地时发生的包装内货物数量短少或散装货物重量短缺的损失。

5. 碰损

碰损主要指金属和金属制品货物在运输途中因受震动、颠簸、碰撞、受压等而造成的凹瘪、变形的损失。

6. 破碎

破碎主要指易碎物品在运输途中因受震动、颠簸、碰撞、受压等而造成的破碎损失。

7. 钩损

钩损主要指袋装、捆装货物在装卸、搬运过程中因使用手钩、吊钩操作不当而致货物的损坏。

8. 淡水雨淋

淡水雨淋指直接由于淡水、雨水以及冰雪融化造成货物的水渍损失。

9. 生锈

生锈是金属或金属制品的一种氧化过程。海运货物保险中承保的生锈，是指货物在装运时无生锈现象，在保险期内生锈造成的货物损失。

10. 玷污

玷污指货物同其他物质接触而受污染。例如，布匹、纸张、食物、服装等被油类或带色的物质污染造成的损失。

11. 受潮受热

受潮受热指由于气温变化或船上通风设备失灵而使船舱内水蒸气凝结，造成舱内货物发潮、发热的损失。

12. 串味

串味指被保险货物受其他带异味货物的影响，引起串味，失去了原味，丧失了原有的用途和价值。

（二）特殊外来风险

特殊外来风险是指战争，种族冲突或一国的军事、政治、国家政策、法律以及行政措施等的变化。常见的特殊外来风险有战争、罢工、交货不到、拒收等。

第二节　海上货运保险保障的海上损失

我们在前一节讨论了货物在海上运输过程中可能面临的各种海上风险及外来风险，由于这些风险的客观存在，必然会给运输途中的货物造成各种损失。我们把货物在海上运输途中发生的损失称为海上损失。海上货运保险对各种海上损失的赔偿规定是不一样的。

按照海上保险的惯例，海上损失按损失的程度不同分为全部损失与部分损失，全部损失又进一步划分为实际全损与推定全损，部分损失进一步划分为共同海损与单独海损。英国《1906 年海上保险法》、1963 年的协会货物条款及我国 1981 年 1 月 1 日修订的海洋货运保险条款对海上损失的分类使用的就是这种方法。然而这种划分海上损失的方法随着 1963 年协会货物条款在国际保险市场上被停止使用已经失去了其实际意义。

- 海上损失
  - 全部损失
    - 实际全损
    - 推定全损
  - 部分损失
    - 共同海损
    - 单独海损

从 1983 年 4 月 1 日起，国际保险市场开始全部使用了新条款，即 ICC（1982）。新条款已不再采用按照损失程度划分海上损失的做法。

根据保险的近因原则，保险人赔偿的损失应同保险单的承保风险存在着直接的合理的因果关系，只要这种“近因”关系存在，则保单承保风险造成的损失保险人都要赔偿，而无论是全部损失还是部分损失。海上损失按照损失原因的不同可分为两大类：一类是由保单承保风险造成的损失；另一类是由于采取共同海损措施而造成的共同海损损失。保单承保风险造成的损失又可按损失程度的不同分为实际全损、推定全损和部分损失；共同海损又进一步分为共同海损牺牲和共同海损费用。

- 海上损失
  - 保单承保风险造成的损失
    - 实际全损
    - 推定全损
    - 部分损失
  - 共同海损损失
    - 共同海损牺牲
    - 共同海损费用

一、实际全损（Actual Total Loss）

（一）实际全损的概念

实际全损，也称绝对全损。按照英国《1906 年海上保险法》第 57 条、58 条的规定，实际全损是指由保单承保风险造成的下列四种损失情况：

1. 被保险货物的实体已经完全灭失

这项损失发生后，货物的实体已经不存在了，如货物遭遇火灾被全部焚毁；船舶遇难，货物随同船舶沉入海底全部灭失，并且没有打捞的可能性。

2. 被保险货物遭到了严重损失，已丧失了原有的用途和价值

这项损失发生后，虽然货物的实体还存在，但已不具有其原有的商业用途，如水泥被海水浸泡变成水泥硬块，无法使用；茶叶被海水浸泡，丧失了茶叶的香味，不能再饮用。

3. 被保险人对保险货物的所有权已无可挽回地被完全剥夺

这项损失发生后，虽然货物的实体还存在，并且没有丧失使用价值，但对货主而言他已丧失了对货物的所有权和使用权，而这种权利的丧失不可能再收回。如货物在航行中被海盗抢掠，虽然货物的实体没有受到任何损失，但货主却无法重新拥有货物。

4. 载货船舶失踪达到一定时期（我国《海商法》规定为 2 个月）仍无音讯

载货船舶出航后，由于任何原因同陆地失去了任何联系并达到规定的期限，则可认为船舶发生了实际全损。

（二）实际全损的赔偿方法

被保险人在货物遭受了上述实际全损后，可按其保单的投保金额，获得保险人的全部损失的赔偿。

二、推定全损（Constructive Total Loss）

（一）推定全损的概念

推定全损也称商业全损。按照英国《1906 年海上保险法》第 60 条的规定，推定全损是指被保险货物在海上运输途中遭遇承保风险之后，虽未达到完全灭失的状态，但是可以预见到它的全损将不可避免；或者为了避免全损，需要支付的抢救、修理费用加上继续将货物运抵目的地的费用之和将超过货物的保险价值或超过货物到达目的地时的价值。在这种情况下，被保险人可以推定货物发生了全部损失。

根据推定全损的概念，判断货物的损失是否可以构成推定全损有两个标准：

（1）货物遭受的损失程度非常严重，如果不采取施救措施，它的全损将会不可避免地发生；

（2）货物遭受损失后，如果进行积极的施救，所需的各种费用之和将超过货物的保险价值或超过货物到达目的地时的价值。

（二）推定全损的损失赔偿方法

1. 按全损赔偿

在货物发生严重损失后，货主之所以推定货物全损，目的是为了从保险公司获得全损赔偿。由于推定全损的货物存在残余价值，若保险人对推定全损的货物按全损进行赔偿，势必出现被保险人因保险赔偿而额外获利的现象，这是有悖于保险的赔偿原则的。按照海上保险的国际惯例，如果被保险人想获得全损赔偿，他必须无条件地把受损的保险货物委付给保险人。所谓委付是指被保险人在保险货物遭受到严重损失，处于推定全损状态时，向保险人声明愿意将保险货物的一切权利（包括财产权及一切由此而产生的权利与义务）转让给保险人，而要求保险人按货物全损给予赔偿的一种特殊的索赔方式。

委付的具体操作方法是：

（1）当保险货物遭受到严重损失后，被保险人应立即以书面或口头方式向保险人发出委付通知（Notice of Abandonment）。这样做一方面向保险人表示其希望转移货物所有权并获得全损赔偿的愿望；另一方面便于保险人在必要时能及时采取措施，避免全损或尽量减少被保险货物的损失。

（2）保险人一旦接到被保险人的委付通知，应立即通知被保险人采取必要的减少损失措施，并着手调查造成货物损失的原因及货物的损失程度。按照国际惯例，保险人原则上不接受被保险人的委付申请，因为委付申请一经接受便不能撤销，并须承担因接受委付申请而产生的一切法律责任。接受委付就意味着保险人同意接受保险货物的所有权及因所有权而产生的其他一切权利及义务。例如，保险人一旦接受一艘沉船的委付，保险人就有责任承担对沉在航道上的船舶残骸进行清理并承担船舶造成的海洋油污损失。而这些费用的支出有可能超过保险标的的全损赔偿金额。

（3）经过保险人对受损保险标的的损失原因及损失程度的调查，确认损失系保单承保风险造成并且损失程度严重，可以构成推定全损后，保险人有两种选择：一是接受委付并对被保险人按全损进行赔偿。在这种情况下，保险人将取得受损保险标的的一切权利及义务，并有权获得因处置残余的保险货物而得到的全部处理收益，即使处理收益大于其赔付给被保险人的赔款也是可以的。二是不接受委付，但仍对被保险人按全损赔付，在这种情况下，受损保险货物的一切权益仍归被保险人。

2. 按实际损失赔偿

对于经保险调查确认损失程度不严重，不能构成推定全损的委付申请，保险人将按照保险标的实际损失情况，向被保险人履行赔偿责任。另外，对于可以推定全损的严重货损，若被保险人根本没有向保险人发出委付申请，保险人对这项损失只能按货物的实际损失赔偿。

（三）委付的法律规定

由于委付是海上保险中一种特殊的索赔方式，各国保险法或海商法都对委付做了具体规定，按照英国《1906 年海上保险法》的规定，委付必须符合下列条件：

（1）委付通知应及时送达保险人；

（2）保险人有权拒绝或接受委付；

（3）保险人拒绝或接受委付时，被保险人的权利并不因此受到影响；

（4）委付通知被接受后，不能再撤回。

按照国际惯例，如果被保险人不提出委付请求，保险人则不可能对推定全损按全损进行赔偿，所以只要被保险人希望获得全损赔偿，就必须进行委付。但是被保险人的委付申请是否被接受，则由保险人决定。

（四）推定全损与实际全损的区别

推定全损与实际全损虽然都名为“全损”，但两者是有区别的，保险人赔偿的方法也是不同的。保险人对实际全损的赔偿不需要被保险人对保险标的进行委付，这是因为实际全损发生后，货物的实际价值全部丧失，没有任何残余价值。对于推定全损，若被保险人要求按全损赔偿，则必须履行委付的手续，这是因为推定全损的货物虽然损失严重，但没有完全丧失实际价值，仍然具有一定的残余价值。如果保险人按全损履行赔偿后，按照赔偿原则被保险人不能因保险赔偿而获得额外利益的规定，被保险人应将具有残余价值的货物的一切权利转让给保险人，之所以会出现保险人不接受委付也按全损赔偿的做法并不是违反了赔偿原则，让被保险人获利，而是考虑到保险人一旦接受委付将付出更多的费用来处理残余货物，从而得不偿失。

在海上货物运输保险中，全损的概念还包括“部分货物的全部损失”。如使用驳船驳运时，整条驳船的货物完全灭失；一批货物在装卸作业中，一个整件货物的全损。

三、部分损失（Partial Loss）

（一）部分损失的概念

部分损失是指由保单承保风险直接造成的保险标的没有达到全部损失程度的一种损失。

部分损失即ICC（1963）及我国现行海洋货运保险条款中所指的单独海损（Particular Average Losses）。单独海损是相对于共同海损而言的部分损失，使用单独海损这个词的含义是指货物遭受的这种部分损失不是由大家来分摊，而是由遭受损失的一方自己承担。1982年新的协会货物条款已不再使用单独海损这一术语，而以部分损失代之。

（二）部分损失的赔偿方法

由保单承保风险造成的保险标的的部分损失，保险公司怎样赔偿要视保单上的具体规定，根据海上保险的惯例，保险人对由遭受损失的一方自己承担的部分损失，即使损失一方购买了货运保险，保险的赔偿也有免赔的规定。

早在1779年的Lloyd's S. G. Policy中就有关于免赔的规定。Lloyd's S. G. Policy中的“附注条款”规定了某些货物的单独海损保险人不予赔偿，如谷物、鱼类、盐、水果、面粉和种子；某些货物，如砂糖、烟草、皮革和皮毛等，在5%以下的单独海损不予赔偿；对一般货物以及船舶和运费发生的单独海损必须超过3%以上保险人才承担赔偿责任。虽然在1982年的协会货物新条款及与新条款配套使用的MAR保单格式中都没有“附注条款”的规定，但是易损货物在运输途中发生的小额部分损失仍然是正常的损耗，不属于保险人的赔偿范围。按照海上保险的惯例，对于货物在运输途中发生的自然损耗，保险人以免赔额的方式对其赔偿责任进行了限制。海上保险中关于免赔额的规定有以下几种方式：

（1）对于部分损失绝对不予赔偿，即部分损失免赔，这种规定常用于海上船舶保险。

（2）对于部分损失给予赔偿，但对未达到约定金额或百分比的部分损失不赔；而对已达到或超过约定金额或百分比的部分损失，全部给以赔偿，即按实际损失额赔偿。这种做法就是相对免赔额的规定。国际海洋货运保险关于部分损失赔偿的规定一般均采取此种做法。

（3）对于部分损失给予赔偿，但对于没有超过约定的金额或百分比的部分损失不赔，保险人只赔偿超过约定金额或百分比的部分损失，这种做法就是绝对免赔额的规定，我国海洋货运保险对易损货物的部分损失一般采用绝对免赔额的做法。

（4）对部分损失的赔偿无任何限制，只要是保单承保风险造成的，保险公司就给予赔偿。

对于货物损失规定免赔额或免赔率的做法只是用于部分损失，而对全损则没有免赔的规定，这是国际上的惯例。原因是一些易损货物往往由于货物固有的特性造成一定的损失，这种损失按保险条款的规定，属于除外责任范围。而货物由于保单承保风险造成了部分损失保险公司又应予以赔偿，因此当易损货物发生了部分损失，而又很难划分保单承保风险与货物本身特性造成损失的责任比例时，保险人通常采用绝对免赔额或相对免赔额的做法来解决这个矛盾，免赔的部分可能理解为是由货物本身特性造成的运输货物的正常损失。

四、共同海损（General Average）

（一）共同海损的概念

共同海损是指载货运输的船舶在海上运输途中遭遇自然灾害、意外事故或其他特殊情况，使航行中的船东、货主及承运人的共同安全受到威胁，为了解除共同危险，维护各方的共同利益并使航程继续完成，由船方有意识地采取的合理的抢救措施所直接造成的某些特殊的货物牺牲或支出的额外费用称为共同海损。

海上保险保障的共同海损损失包括共同海损牺牲、共同海损费用及共同海损分摊三种。

1. 共同海损牺牲

共同海损牺牲是指共同海损措施所造成的船舶或货物本身的灭失或损坏。常见的共同海损牺牲项目有：

（1）抛弃。指抛弃船上载运的货物或船舶物料。

（2）救火。为扑灭船上的火灾，向货舱内灌浇海水、淡水、化学灭火剂造成舱内货物或船舶的损失。

（3）自动搁浅。为了共同安全，采取紧急的人为搁浅措施造成船舶或货物的损失。

（4）起浮脱浅。船舶因海上自然灾害或意外事故造成搁浅后，处于危险之中，为了共同安全，采取紧急措施起浮脱浅而造成船舶和货物的损失。

（5）船舶在避难港卸货、重装或倒移货物、燃料或物料，这些操作造成船舶和货物的损失。

（6）将船上货物或船舶物料当做燃料，以保证船舶继续航行。

（7）割断锚链。为避免发生碰撞等紧急事故，停泊的船舶来不及进行正常起锚，有意识地砍断锚链、丢弃锚具，以便船舶启动，由此造成的断链弃锚损失。

按照英国《1906 年海上保险法》第 66 条第（4）款的规定：被保险人对其在海上运输途中发生的共同海损牺牲，可以从保险人处获得损失的全部赔偿，而无须先行使从其他分摊责任方进行分摊的权利。

2. 共同海损费用

共同海损费用是指为了避免共同危险由船方采取措施而支出的特别费用。常见的共同海损费用有：

（1）避难港费用，指船舶在航行途中发生了严重的危险不能继续航行，必须立即驶入避难港修理，由此导致的驶往及驶离避难港费用，驶往和停留避难港口期间合理的船员工资，给养和燃料物料费用，卸载、重装或倒移船上货物、燃料和物料的费用，为安全完成航程修理船舶的费用。

（2）杂项费用，是指与处理共同海损有关的费用，包括共同海损损失检验费、船舶在避难港的代理费、电报费、船东检修人员的费用、船东或承运人垫付的共同海损费用的利息和手续费、共同海损理算费用等。

船方支出的共同海损费用在经过共同海损理算之后，应由货方承担的部分就变成了货方的共同海损分摊。

3. 共同海损分摊

载货船舶在海上航行中遭受的共同海损牺牲和支付的共同海损费用，只要是合理做出或支付的就应当由当时在船上的所有获益方按获救财产的价值比例分摊，这就是共同海损分摊。共同海损分摊的基础是，同一航程遇难船舶上的所有货方和船东的受益财产在目的港或航程终止港的价值总和。遭受共同海损牺牲的货方与支出共同海损费用的船东或承运人，一方面从分摊方获得损失补偿，另一方面也要与其他分摊方在同一基础上参与本身损失的分摊。

按照英国《1906 年海上保险法》第 66 条第（5）款的规定：如果被保险人已经支付或应该支付与保险标的相关的共同海损分摊，他可以从保险人处获得赔偿。在共同海损理算之后，保险人根据保单的规定对被保险人根据保险标的的价值应该分担的共同海损分摊金额承担赔偿责任。

共同海损损失包括共同海损牺牲和共同海损费用，海上货物运输的被保险人还会面临共同海损分摊的责任，因此，货物运输保险承担被保险人直接遭受的共同海损牺牲，或间接承担共同海损分摊。

（二）构成共同海损的条件

按照国际航运的惯例，船舶在航行中一旦发生了共同海损，这项损失应由获救的所有利益方共同分摊。鉴于共同海损牺牲及共同海损费用是由大家共同分摊的，因此参与共同海损分摊的利益方要求分摊的共同海损应公平、公正、合理。这里的关键问题是，判断损失是否为共同海损的标准是什么？构成共同海损的条件是什么？按照世界各国关于共同海损理算的规则，构成共同海损牺牲和费用必须符合下列条件：

1. 导致共同海损的危险必须是真实存在的、危及船舶与货物共同安全的危险

导致共同海损的危险必须是真实存在的，或不可避免出现的。船舶无须处于或近于因危险而引起的灾难之中，例如，船舶在大海上航行时丢失了螺旋桨，船舶与货物可能暂时没有紧迫的、灾难性的危险，但危险肯定会到来，所以，这时船长命令将船舶驶

入附近的港口进行修理而产生的港口费和修理费应为共同海损费用。又如，船舶货舱起火，如不及时扑救，火势就会蔓延累及全船，所以，因救火而造成船舶或货物的损失，应为共同海损牺牲。

不可避免出现的危险，是指船舶发生事故或特殊情况时并未危及船、货的共同安全，但如不采取措施，最后将不可避免会出现给船、货带来共同灾难的危险。例如，船舶在海上遭遇恶劣气候，逆风行驶，船速剧减，船舶在海上航行日数意外增加，船上携带的燃油消耗过多，剩余部分已不足用于驶往原定港口加油，船舶很快就会处于主机熄火、失去控制的状态，后果不堪设想。因此发现船上燃油不足以驶往目的港，危险虽不是紧迫的，但根据情况判断，如果不采取应急措施，危险将是不可避免的，因此采取的绕航避难措施是共同海损措施，因此支出的额外费用为共同海损费用。

臆测的危险不能构成共同海损的危险。例如，船舶虽为恶劣气候所围困，但未遭受损害并仍能照常行驶，在此情况下，船舶驶往锚地避风，就不是共同海损行为，因仅是担心有危险。又如，在航行中，船长看到货舱的通风孔冒汽，误认为是烟，便往货舱灌水，船抵目的港后，发现并未发生过火灾，舱内无任何着火痕迹，因此造成的货物水残损失不能称为共同海损。

2. 共同海损的措施必须是为了解除船、货的共同危险，人为地、有意识地采取的合理措施

所谓“有意识”，是用以区别意外的损失，船舶在航行中遭遇到的意外损失由受害者自行负担，而有意识地采取措施造成的损失，应由受益各方共同分摊。例如，船舶搁浅，船底划破，货物遭受海水水渍属意外事故，修船费用和货物损失由船东和货主各自承担。但如果是为了起浮船舶，抛弃船上的货物以减轻船载，被抛弃的货物损失是有意做出的，应由船方、货方共同分摊。

所谓“合理”，是指在采取措施的当时看来，措施是可以有成效和节约的，因而也是符合全体利害关系方的利益的。例如，为减轻船载所抛弃的货物应是体积重、价值低，同时从积载的角度讲便于抛弃的货物和物料。但如果抛弃的货物不合理，由此而引

起的不合理的损失和费用不得列为共同海损，应由做出错误决定的责任方承担。有时采取的措施不一定全部行之有效，但只要确实是经过慎重考虑才做出的决定，也应被认为是合理的。

3. 共同海损的损失是特殊性质的，费用损失必须是额外支付的

从上述第二条可以看出，共同海损不是海上危险直接导致的损失，恰巧相反，它正是为了解除海上危险而人为造成的另一种性质的损失。这是一种特殊性质的损失。因此，判断一项损失是否属于共同海损，必须从造成损失的原因进行分析。

可以列为共同海损的费用必须是额外支付的。所谓额外支付，是指船舶的正常营运核算以外的费用。例如，船舶在航行中发生严重机损，影响船、货的共同安全，为了解除危险，驶靠避难港修理，由此而支付的船员工资、燃料、物料费用，不在正常的营运费用范围之内，属额外支付性质的，因此可以列为共同海损费用。但如上述避难港就是船舶航行计划中的中途停靠港口，则只要驶往该港口的费用不超过原定的营运费用，则不成为额外支付；如果超过，则只有超过部分是额外支付的，可列为共同海损。

4. 共同海损的损失必须是共同海损措施的直接的、合理的后果

共同海损的损失与采取的共同海损措施之间，必须存在着一种必然的、内在的因果关系。例如，船舶在航行中发生共同海损事故，船底受损需要修理，为了修理船舶，必须将船舱内的货物卸下，由于卸货造成的货物损失是共同海损措施的直接结果，可列为共同海损。但如果货物在避难港存仓期间，仓库起火造成货物的损失，由于不是共同海损措施的直接结果，不能列为共同海损。

5. 造成共同海损损失的共同海损措施最终必须有效果

所谓最终有效是指经过抢救措施以后，船舶或货物的全部或一部分安全抵达航程的终点港或目的港，从而避免了船和货同归于尽的局面。因为共同海损将由各受益方进行分摊，而分摊又是以航程结束时的船、货价值来确定的，如果全船覆没，船与货遭

受全损，那么，既没有获救财产，也不会有受益方，因而共同海损分摊便失去了基础，共同海损也就不能成立。

以上各项是构成共同海损所必须全部具备的条件，这些条件是一个统一整体，缺一不可。之所以严格地规定构成共同海损的条件，就是为了避免船方将由于自己的责任造成的货物损失，及在航行中船方应承担的正常的费用支出列为共同海损的分摊项目。

（三）共同海损理算

船舶发生共同海损事故后，对于共同海损是否能成立，哪些损失或费用属于共同海损范围，哪些不属于共同海损范围；属于共同海损范围内的损失和费用，应由哪些利益方按照什么标准予以分摊，这是一项复杂细致的调查研究和计算工作。习惯上都由船东委托专业理算机构或人员进行理算，这种机构和人员称为共同海损理算人。他们负责办理共同海损的审核、损失估计和损失费用的补偿分摊工作。经理算人计算出各项牺牲应获得的补偿金额，以及有关利益方应分摊的共同海损金额，然后编制出理算报告分送到船、货各方和保险人，凭此结算。

虽然各国对共同海损的概念和分摊原则基本相同，但对共同海损的范围、如何补偿和分摊的法律规定及具体的理算方法却存在较大的分歧。

世界上各海运国家，对共同海损的理算依据，都在本国海商法中列入共同海损一章做了原则性规定。但这种法律只适用于同本国有关的海上运输，对在外国发生的案件或牵涉到外国人权益的就难以管辖。为此，在海洋运输契约中，一般都订有共同海损理算条款，载明按什么理算规则，在什么地方理算。由于国际贸易的海洋运输遍及世界各地，一条船上所装的货物分属不同的货主，船舶又停泊不同国家的港口，如果理算的规则不统一，就会给理算带来很大困难。因此，国际上共同海损的理算一般按约克·安特卫普规则（York-Antwep Rules）办理。这项规则最初是英、美和一些欧洲大陆的海运国家的理算、航运和保险界等方面的代表，于 1860 年在英国格拉斯哥港召开会议共同制定的。其后于 1864 年、1877 年，分别在英国的约克城和比利时的安特卫普港召开会议加以修订，故名“约克·安特卫普规则”。此后，又于1890年、1924年、1950年、1974年、1990年和1994年作了多次修改。目前，国际上普遍使用的是1974年及1994年的规则。

约克·安特卫普规则虽不是强制性的国际公约，但已为国际海运、贸易和保险界所广泛接受。现在国际上的大部分租船合同、海运提单、海洋船舶和货运险的保险单上都规定按此规则理算。根据这个规则开头部分的规定，在采用本规则时，凡与该规则相抵触的法律和习惯均视为无效。

在我国，中国国际贸易促进委员会在总结我国共同海损理算工作经验的基础上，参照国际做法，制定了《中国国际贸易促进委员会共同海损理算暂行规则》（简称《北京理算规则》），并于1975年1月1日正式公布施行。目前，我国各海运船队在提单或其他运输合同中都规定：如发生共同海损，按《北京理算规则》办理。

对共同海损理算应适用的规则问题，我国《海商法》第十章有下列规定：共同海损的理算，适用合同约定的理算规则，合同未约定的，适用本章的规定。该章对共同海损的范围、共同海损牺牲金额的计算、共同海损的分摊等问题均有具体规定。

对于货主而言，保险人承担的共同海损一定是为避免保险承保风险的发生而产生的共同海损牺牲、费用及分摊，若造成共同海损的原因不是保单承保风险，这项损失只要能够合理地构成共同海损，损失仍由大家分摊，而对这种分摊保险人不承担赔偿责任。

（四）共同海损担保

共同海损理算是一项比较复杂和费时的工作，船东或承运人在理算完成之前，要求货主在提货前办理承担分摊共同海损的担保手续，否则船方对货物可行使留置权。此项担保手续，货主可请保险人以出具保函的方式履行。中国人民保险公司出具的“共同海损分摊担保函”就是保险人保证负责应分摊额的证明文件。如保险货物作为共同海损牺牲而损失，被保险人可向保险人先行要求赔偿，然后将向船方获取的共同海损补偿的权利转让给保险人行使。

船舶如在航行途中发生共同海损，船方宣布终止航程，并将货物另行换船续运到原目的地时，要求货主签订“不可分割协议”，协议规定各有关方同意按船货不分离的同样权利和义务原则处理，即要求货主保证积极分摊可能由船东以后支付的属于共同海损性质的费用。遇此情况，被保险人可请保险人代为签署。

在这里需要注意的是，按照海上保险的惯例，共同海损与单独海损都被列为部分损失，这种做法常常引起人们对共同海损的误解，即认为货物发生的共同海损只是货物的部分损失，而非全部损失；而实际上共同海损既可能是部分损失，又可能是全部损失。之所以将共同海损列为部分损失，不是从货物本身的损失来看，而是从承担货物损失赔偿责任的角度来看。因为任何货主遭受的共同海损牺牲都是由所有获益方按比例共同分摊，因此对货主而言，他只承担了损失的一部分，他将从其他获益方分摊回其余部分的损失；共同海损无论是对共同海损牺牲方，还是对共同海损分摊方而言，都只承担部分损失，而不是全部损失。与共同海损不同的是，单独海损则由遭受损失的一方自己承担。共同海损与单独海损这种划分海上损失的方法在海上保险出现之前就存在于海上航行中，海上保险出现后，将这两种损失都给予保障。

第三节　海上货运保险保障的费用损失

海上保险承保的各项风险一旦发生，不仅会造成航行中的船舶及船上所载货物本身的损失，还会带来费用损失。保险人承担的海上运输货物保险的费用损失主要有施救费用、救助费用、特别费用和续运费用等。

一、施救费用

（一）施救费用的概念

施救费用，亦称诉讼及劳务费用，是指保险标的在遭遇保险责任范围内的灾害事故时，被保险人或其代理人、雇用人及受让人根据保险合同中施救条款的规定，为了避免或减少保险标的的损失，采取各种抢救与防护措施而支出的合理费用。劳合社船货保险单对施救费用的规定是：被保险人、其雇用人和代理人再不损害本保险的前提下必须采取措施避免或减少承保损失，保险人则负责补偿为此支付的费用。

（二）施救条款

为了鼓励被保险人对受损的保险标的采取积极的抢救措施，减少灾害事故对被保险货物的损坏和影响，防止损失的进一步扩大，减少保险赔款的支出，我国和世界各国的保险法规及保险条款一般都规定，保险人对被保险人所支出的施救费用承担赔偿责任，赔偿金额以不超过该批被救货物的保险金额为限。

（三）施救条款的特点

根据英国《1906 年海上保险法》第 78 条第 1 款的规定，当保险合同中列有施救条款时，这个条款的内容应视为海上保险合同的一个补充合同。被保险人按施救条款所正当支出的费用，可以要求保险人偿还。尽管保险人可能已经赔偿了保险货物的全部损失，保险人按照这个补充合同的规定，在原保险责任的基础上，又独立承担了一项费用损失赔偿责任。

值得注意的是，施救条款不是针对保险标的本身的损失赔偿，而是针对被保险人根据施救条款的规定采取施救措施而支出的费用的损失赔偿。它是一项补充性的保险条款或独立的协议，因此施救费用的赔付不受保险标的的损失赔款的影响，保险人对施救费用的赔偿义务独立于其对保险标的的损失赔偿义务。保险人或被保险人双方均不得因为实施此项行为而影响或变更保险合同中规定的权利与义务，我国《海商法》第 240 条规定：被保险人为防止或减少根据合同可以得到赔偿的损失而支出的合理费用，应当由保险人在保险标的的赔偿之外另行支付。

（四）从施救条款到被保险人义务条款

1982 年的协会货物条款将劳合社保险单中的施救条款和 1963 年的协会货物条款中的“受托人条款”合并为一个条款，即被保险人义务条款。根据该条款的规定，被保险人有义务采取措施减少承保损失。

（五）构成施救费用的条件

鉴于施救费用的特殊性，保险人在对施救费用进行赔偿时，对一项费用是否为施救费用具有严格的规定，一般而言，保险赔偿的施救费用必须符合下列条件：

（1）对保险标的进行施救必须是被保险人或其代理人或受让人，其目的是为了减少标的物遭受的损失，其他人采取此项措施必须是受被保险人委托，否则由此而产生的费用不视为施救费用。

（2）保险标的遭受的损失必须是保单承保风险造成的，否则，被保险人对货物进行施救所支出的费用，保险人不予承担责任。如果为避免或减轻保险标的的损失并非由保险人承保的风险所致，同样也不能视为施救费用。

（3）施救费用的支出必须是合理的，一般认为施救费用的支出不应超过保险金额，超过的部分则视为不合理。

被保险人采取施救措施所花费用必须是为减少保险人赔偿的损失，如果被保险人所采取的措施或支付的费用仅为了本身的方便或本身的利益，则不得视为施救费用。即使发生的费用是为了避免和减少保险标的的损失，只要这种损失可归属于共同海损损失和分摊或为救助费用，则不能作为施救费用提出索赔。

在这里值得注意的是，当保险标的发生灭失或灾难时，被保险人及其雇用人或代理人按照保险人的指令，采取施救措施而支出的费用，无论施救措施是否成功，保险人都要承担该项费用损失。

二、救助费用（Salvage Expenses）

（一）救助费用的概念

救助费用是指船舶和货物在海上航行中遭遇保险承保责任范围内的灾害事故时由保险人和被保险人以外的第三者自愿采取救助措施，并成功地使遇难船舶和货物脱离险情，由被救的船方和货方支付给救助方的报酬。

（二）救助费用的特点

海上保险人负责赔偿的救助费用是指载货船舶在航行中遭遇海难时，由独立于保险合同以外的第三者前来救助并获得成功后，根据“无效果、无报酬”原则由载货船舶的承运人支付给救助方的那一部分救助报酬。在多数情况下，救助报酬是为船、货各方的共同安全而支付的，属于船舶正常航行以外的费用，救助费用作为共同海损性质的费用由受益的船、货各方共同分摊。根据船舶保险条款及海洋货运保险条款的规定，舶方和货方分摊的救助费用部分可以向保险人索赔。

（三）海上救助

海上救助，又称海难救助，是海商法中所特有的制度，它是建立在人道主义基础上的，其目的是为了鼓励人们对海上遇难的船舶、货物和人命进行救助以维护海上航行安全。早先的海上救助是一种自愿行为，属于应尽的义务。按照国际惯例，任何在海上航行的船舶都有义务和责任援助其他遇难船舶，如果对遇难船舶见死不救，根据国际法的原则，轻者吊销船长、船员的资格证书，重者则给予刑事处分。由于救助人在进行海难救助工作时，常承担巨大的风险，并消耗大量人力和物力，法律遂赋予救助人在救助成功后有请求救助报酬的特殊权利，以补偿其船舶设施的损耗。这一制度的确定不仅鼓励了人们对遇难的船舶、货物或人命进行救助，而且也防止了救助人将获救财物据为己有的现象。

（四）海上救助合同

在海上救助中，救助人与被救助人之间为明确双方的权利与义务，一般都在救助开始之前或在救助的过程中签订救助合同。海上救助合同分为两种，一种是“无效果、无报酬”救助合同，一种是雇佣性救助合同。

1.“无效果、无报酬”合同（No Cure，No Pay）

“无效果、无报酬”是《1910 年救助公约》所规定的为绝大多数海运国家所采用的一项重要原则，《1989 年救助公约》又继续援用这一原则。“无效果、无报酬”合同是一种只有当救助取得效果才给付报酬的合同，如果救助没有效果，则被救助方就没有向救助方支付报酬的义务。

“无效果、无报酬”救助合同在订立时并不确定救助报酬的金额，而需待救助方提供救助服务后再由当事双方协商确定。救助报酬的确定要考虑的因素有：救助的效果，获救财产的价值，救助工作的难度和危险程度，救助工作所花费的时间和耗费的费用，等等，但救助报酬最多不得超过获救财产的价值。

救助人为了保证其在实施救助之后获得报酬，一般都要求被救助方提供担保，对未提供担保的被救财产救助人享有留置权，如果救助完成后，双方因报酬数额达不成协议，则由法院或仲裁机构进行裁决。各国采用的“无效果、无报酬”的救助合同格式虽不完全相同，但基本精神是一致的。世界主要海运国家广泛采用的合同格式是“劳氏救助合同标准格式”。我国采用的是“中国贸促会海事仲裁委员会救助合同标准格式”。

2. 雇佣性救助合同

雇佣性救助合同又称实际费用合同，它是救助人与被救助人在救助前或救助过程中签订的，按实际支出计算报酬的合同。

雇佣救助合同的救助费用计算以救助人花费的人力、物力和时间为依据，救助船舶在遇难船舶的指挥下进行救助，救助人对救助是否有效果不负责任，不论救助成功与否，遇难船舶（被救助船舶）均需向救助船舶支付实际费用。

（五）《1989 年救助公约》的特殊补偿条款

虽然《1910 年救助公约》奠定的基本原则今天仍然适用，但公约中的一些内容已经不再适应现代航运业发展的需要，特别是近几十年来由于海上石油运输数量不断增加，海上污染严重，特别是对超级油轮的救助和防止海洋污染等问题引起了全世界的密切关注，从而使传统的“无效果、无报酬”的海上救助原则受到了挑战，因为这一原则打击了救助人救助遇难油轮以防止海洋污染的积极性。为了鼓励人们及时地对遇难船舶及其他财产进行有效的救助，以保护环境，减少海洋污染，在《1989 年救助公约》中增设了特殊补偿条款。特殊补偿条款冲破了传统的“无效果、无报酬”的救助原则，实行“无效果、部分补偿”的特殊原则。《1989 年救助公约》的特殊补偿条款规定：当遇难船舶或船上货物对环境构成威胁时，救助人对其进行救助作业，虽然救助作业无效果或效果不明显，且未能减轻或防止环境污染，根据公约第 13

条确定的救助报酬少于其所花费的费用时，救助人有权获得相当于该项费用的特殊补偿。如果在实施救助作业的同时，防止或减轻了环境污染，特殊补偿可增加到救助人所花费用的130%；在特殊情况下，法院或仲裁机构可将此项补偿增至200%。

早在1980年，劳合社已在其1980年的救助合同格式中，对“无效果、无报酬”的原则作了一些例外的规定，即规定对于遇难的油轮实施救助，只要救助人没有过失，即便救助无效，也可以获得合理的报酬。

三、特别费用（Particular Charges）

根据《MIA1906》第64条第2款的规定：为了保险标的物的安全或保管保险标的物，由被保险人或被保险人的代理人所支出的费用，不属于共同海损费用及救助费用。如船舶在中途港、避难港支出的货物的卸货费、保管费及重装费。

我国保险条款关于特别费用的规定是：运输工具遭遇海难后，在中途港、避难港由于卸货、存仓及运送货物所产生的费用为特别费用。

四、续运费用（Forwarding Charges）

在ICC（1982）中不再使用特别费用这个概念，但却使用了一个新的概念——续运费用。续运费用是指因保单承保风险引起的被保险货物的运输在非保单载明的目的地港口或地方终止时，保险人对被保险货物的卸货费用、仓储费用及继续运往保单载明的目的地港口的费用等额外费用统称为续运费用。

根据1982年协会货物条款的规定，对于货物在运输途中产生的续运费用保险人给予赔偿。

第七章　海洋货物运输保险条款

海洋货物运输保险条款按照保险人承保的风险和保险责任的不同，可分为不同的险种和不同的险别。投保人在投保时，首先要确定投保的险种，然后再确定投保哪一种险别。海洋货物运输保险的险种一般分为三大类，即基本险、附加险和专门险。在基本险中又根据保险公司承保的风险、责任不同分为不同的保险险别条款。

一、基本险

基本险是指可以独立投保的险种。我国的海洋货运基本险分为平安险、水渍险和一切险；协会货物基本险有 ICC（A）、ICC（B）和 ICC（C）等。

二、附加险

附加险是指在投保了基本险的基础上附加承保的险种。附加险是不能单独投保的，它必须是在投保了基本险的情况下才可以投保的，如 ICC（恶意损害险）。我国的保险条款中附加险又分为：

（1）一般附加险，一般附加险主要指一般外来风险造成的保险货物的损失。

（2）特别附加险，如交货不到险。

（3）特殊附加险，如战争险、罢工险。

三、专门险

对于有些特殊货物，由于其属性不同于一般货物，需要有针对其特点的专门条款来承保，专门保险可以单独承保，不必附属于基本险项下。如专门运输保险有我国的海上运输冷藏货物保险、海上运输散装桐油保险，还有各种协会专门险条款等。

第一节　1982 年协会货物条款介绍

一、1982 年协会货物条款的特点

1982 年 1 月 1 日生效的协会货物保险条款，即 ICC（1982）是与新的保险单格式配套使用的。与 ICC（1963）相比较，ICC（1982）具有下列几个突出的特点：

（一）ICC（1982）具有自身的完整性和独立性

ICC（1963）是以 Lloyd's S. G. Policy 的本文条款、《1906 年海上保险法（MIA 1906）》及英国法律及判例三个法律文件为基础的，但它却没有将这三个文件中的重要内容以条款的形式规定在其本身的条款中，因此对旧协会货物条款正确的、全面的解释有赖于 Lloyd's S. G. Policy、《MIA 1906》以及英国多年以来形成的有关海上保险的习惯与判例，即旧协会货物条款本身是不完整、不独立的。

与旧协会货物条款不同，新协会货物条款已从 Lloyd's S. G. Policy 的本文条款中完全独立出来，因为同新协会货物条款配套使用的“Lloyd's Mar Policy”和“伦敦保险人协会公司海上保险单”均采用了空白结构，完全删除了 Lloyd's S. G. Policy 中的本文条款，同时新协会货物条款还将《MIA 1906》中的重要规定吸收、抄录在其有关的条款中，这样就避免了被保险人及保险人查阅有关法律文件时所带来的复杂与烦琐。

（二）新的协会货物条款采用了简明易懂的语言，标题统一的形式

新协会货物条款使用了标准的现代语言。在形式上，新修订的各种险别条款，除了作为附加险的“恶意损害险条款”之外，均按问题的性质统一分类排列，因而各种险别条款结构统一，清晰易懂。无论是 ICC（A）、ICC（B）、ICC（C）或 ICC（战争险）和 ICC（罢工险）条款，都包括下列八项内容：

承保风险（Risks Covered）；

除外责任（Exclusions）；

保险期间（Duration）；

索赔（Claims）；

保险受益（Benefit of Insurance）；

减少损失（Minimizing Losses）；

防止迟延（Avoidance of Delay）；

法律惯例（Law and Practice）。

在以上八项内容中，除了前三项之外，其他五项在 ICC（A）、ICC（B）、ICC（C）以及 ICC（战争险）和 ICC（罢工险）都是完全相同的。

（三）新条款的名称改用英文字母表示

新协会货物条款取消了旧条款使用的“F. P. A”“W. A”“All Risks”等险别名称，而代之以 ICC（A）、ICC（B）及 ICC（C）。这一改变克服了旧条款的名称与承保责任范围内容不一致，易使人发生误解的弊病。例如，ICC（F. P. A）（单独海损不赔）易使人误解为保险人对任何单独海损都不负赔偿责任，ICC（W. A）（负责单独海损）易使人误解为保险人只负责单独海损，而不负责共同海损，ICC（All Risks）（一切险）则易使人误解为在这一险别下保险人对一切风险造成的损失均负赔偿责任。

（四）ICC（B）与 ICC（C）之间的差距比 ICC（W. A）与 ICC（F. P. A）之间的差距扩大了

在旧的协会货物条款中，ICC（W. A）与 ICC（F. P. A）之间的承保风险的差别只表现在：对单纯由于自然灾害造成的单独海损（部分损失）ICC（W. A）给予承保，ICC（F. P. A）不予以承保。而 ICC（B）与 ICC（C）之间的承保风险的差别却很大，ICC（C）只承保重大意外事故造成的损失，而 ICC（B）还在 ICC（C）的承保风险的基础上，增加了许多非重大意外事故及自然灾害造成的损失。

（五）新协会货物条款对保险人承担的损失责任，不再划分全部损失与部分损失

旧协会货物条款均以 Lloyd's S. G. Policy 中的本文条款作为承保责任的基础，将损失严格地划分为全部损失与部分损失，规

定在载货船舶没有发生沉没、触礁、火灾等意外事故的情况下，ICC（F. P. A）不承保单独海损（部分损失）。而按照新协会货物条款，凡属承保责任范围内的损失，不论是全部损失还是部分损失，保险人均负赔偿责任。这一改变，简化了对保险人承保责任的规定，提高了对被保险人的保障程度。

（六）新协会货物条款引入了很多与现代国际物流的变化和发展相适应的保险处理机制

新协会货物条款将海水、湖水、河水进入集装箱，或起重运货车造成的损害，列为ICC（A）、ICC（B）的承保责任。集装箱、起重运货车等都是现代国际物流中广泛使用的货运方式或包装方式，而在旧协会货物条款中却都没有相应的规定。又如ICC（A）、ICC（B）、ICC（C）都规定承保陆上运输工具的倾覆和出轨，而采用陆上运输工具是当今国际货物联运中的普遍方式。

伦敦保险协会新修订的海运货物保险条款主要有六种，新旧条款名称对照如表2—7—1所示：

表2—7—1

旧条款名称	新条款名称
协会货物一切险条款 Institute Cargo Clauses—All Risks	协会货物条款（A） Institute Cargo Clauses
协会货物水渍险条款 Institute Cargo Clauses—W. A.	协会货物条款（B） Institute Cargo Clauses（B）
协会货物平安险条款 Institute Cargo Clauses—F. P. A.	协会货物条款（C） Institute Cargo Clauses（C）
协会战争险条款（货物） Institute War Clauses（Cargo）	协会战争条款（货物） Institute War Clauses（Cargo）
协会罢工险条款（货物） Institute S. R. C. C Clauses（Cargo）	协会罢工险条款（货物） Institute Strikes Clauses（Cargo）
	恶意损害险条款 Malicious Damage Clauses

二、承保风险（Risks Covered）

1982年协会货物条款ICC（A）、ICC（B）、ICC（C）的承保

风险是由三个条款构成的，它们是风险条款、共同海损条款和船舶互撞责任条款。

(一) 风险条款 (Risks Clause)

1. ICC (C) 的风险条款

ICC (C) 对承保风险的规定，采用的是列明风险方式。ICC (C) 只承保重大意外事故而不承保自然灾害及非重大意外事故。ICC (C) 承保的风险规定如下：

灭失或损害合理归因于下列原因者：

(1) 火灾、爆炸；

(2) 船舶或驳船触礁、搁浅、沉没或倾覆；

(3) 陆上运输工具倾覆或出轨；

(4) 船舶、驳船或运输工具同水以外的任何外界物体碰撞；

(5) 在避难港卸货。

灭失或损害由于下列原因造成者：

(1) 共同海损牺牲；

(2) 抛货。

ICC (C) 承保载货船舶在航行途中由于上述七项列明的重大意外事故的发生而造成的保险货物损失。

在这里需要解释的是，新协会货物条款对承保风险与损失之间的因果关系的规定。1982 年协会货物条款将承保风险与损失之间的因果关系分为两种：

一种是“灭失或损害合理归因于下列原因者”，用于当载货船舶发生了诸如 (1) 火灾、爆炸，(2) 船舶或驳船触礁、搁浅、沉没或倾覆，(3) 陆上运输工具倾覆或出轨，(4) 船舶、驳船或运输工具同水以外的任何外界物体碰撞，(5) 在避难港卸货等重大灾害事故的情况下，船上所载货物发生损失是理所当然的，因此无须特别强调灾害事故同损失之间的因果关系。如果被保险人以所列灾害事故为由向保险公司提出索赔时，只须提供载货船舶发生灾害事故的证明，而不必向保险公司证明灾害事故同货物损失之间存在着因果关系。

另一种是“灭失或损害由于下列原因造成者”，是指灾害事故同损失之间必须有直接的、严格的因果关系。如果以所列灾害事故为由向保险公司提出索赔时，被保险人有义务向保险公司证明灾害事故同货物损失之间存在着因果关系。

2. ICC（B）的风险条款

ICC（B）的风险条款采用的也是列明风险方式。ICC（B）承保的风险具体如下：

灭失或损害合理归因于下列原因者：

（1）火灾、爆炸；

（2）船舶或驳船遭受搁浅、触礁、沉没或倾覆；

（3）陆上运输工具倾覆或出轨；

（4）船舶、驳船或运输工具同水以外的任何外界物体碰撞；

（5）在避难港卸货；

（6）地震、火山爆发或雷电。

灭失或损害由于下列原因造成者：

（1）共同海损牺牲；

（2）抛货或浪击落海；

（3）海水、湖水或河水进入船舶、驳船、运输工具、集装箱、起重运货车或储存处所；

（4）货物在船舶或驳船装卸时落海或跌落造成任何整件的全损。

ICC（B）承保载货船舶在航行途中由于上述十项列明的自然灾害和意外事故的发生所造成的保险货物损失。在这里需要注意的是，对于“货物在船舶或驳船装卸时落海或跌落造成任何整件的全损”要求的是全部损失。

3. ICC（A）的风险条款

ICC（A）的风险条款采用“一切险减除外责任”的概括说明方式，而不是采用列明风险的方式。因此，对ICC（A）的全面理解有赖于对它的“除外责任”的理解。

如果将“一切险减除外责任”这一表述具体化，ICC（A）承保的风险具体包括以下几项：

（1）ICC（B）承保的所有风险；

（2）海盗行为；

（3）恶意损害行为；

（4）外来风险造成的货物损失。

为了便于理解，兹将 ICC（A）、ICC（B）及 ICC（C）三种险别中保险人承保的风险列表进行比较（表 2—7—2）。

表 2－7－2 ICC（A）、ICC（B）、ICC（C）的承保风险对照表

承保风险	ICC（A）	ICC（B）	ICC（C）
（1）火灾、爆炸	V	V	V
（2）船舶、驳船触礁、搁浅、沉没、倾覆	V	V	V
（3）陆上运输工具倾覆或出轨	V	V	V
（4）船舶、驳船或运输工具同除水以外的任何外界物体碰撞	V	V	V
（5）在避难港卸货	V	V	V
（6）地震、火山爆发或雷电	V	V	×
（7）共同海损牺牲	V	V	V
（8）投弃	V	V	V
（9）浪击落海	V	V	×
（10）海水、湖水或河水进入船舶、驳船、运输工具、集装箱、起重运货车或储存处所	V	V	×
（11）货物在船舶或驳船装卸时落海或跌落造成任何整件的全损	V	V	×
（12）海盗行为	V	×	×
（13）恶意损害行为	V	×	×
（14）由于一般外来原因所造成的损失	V	×	×

说明："V"代表"承保风险"；"×"代表"不承保风险"。

（二）共同海损条款（General Average Clause）

ICC（1982）各险别条款中关于共同海损条款的规定是完全相同的。共同海损条款的具体内容是：本保险承保共同海损和救助费用，其理算与确定应依据海上货物运输合同和/或准据法及习惯。该项共同海损和救助费用的产生，应为避免任何原因所造成的或与之有关的损失所引起的，但本保险规定的不保风险和除外责任引起的除外。

根据“共同海损条款”的规定，货物在海上运输途中发生的共同海损牺牲、共同海损费用、共同海损分摊以及救助费用，只要是保单承保风险造成的或为了避免保单承保风险而产生的，保险公司均负责赔偿。保险人承担的共同海损的确定应根据运输合同或有关的法律和惯例进行理算或决定。

（三）船舶互撞责任条款（Both to Blame Collision Clause）

这一条款也称互有过失碰撞责任条款。ICC（1982）各险别条款中关于船舶互撞责任条款的规定是完全相同的。船舶互撞责任条款的具体内容是：本保险扩大对被保险人的赔偿范围，根据运输契约的“船舶互撞责任”条款的规定，应由被保险人承担的比例责任，视为本保险单项下应予赔偿的损失。如果船舶所有人根据上述条款提出任何索赔要求，被保险人同意通知保险人，保险人有权自付费用为被保险人就此项索赔进行辩护。

根据“船舶互撞责任条款”的规定，如果载货承运人依据运输契约中的“船舶互撞责任条款”向本船货主（被保险人）提出偿还要求，被保险人必须及时通知保险人，以便保险人自付费用，以被保险人的名义对承运人的索赔进行抗辩。保险人之所以采用这样的方式来保护自己的利益，是因为美国的法院至今还没有完全承认“船舶互撞责任条款”是合法的。因此，货物的保险人仍有可能抗辩成功，而不必向载货承运人支付赔款。保险人承保这项责任一方面是为了对被保险人（货主）提供更加全面的保险保障，另一方面也是为了保障保险人的利益。

以下是关于船舶碰撞的有关法律规定以及运输契约中的“船舶互撞责任”条款的简要介绍。

1. 构成船舶碰撞的条件

（1）两艘或两艘以上的船舶之间必须发生实际接触或冲撞。

（2）接触或冲撞的结果必须有损害事实发生。

2. 碰撞损失和碰撞责任损失

（1）碰撞损失。碰撞损失是指因船舶碰撞造成的船体和船上所载货物的损失。

（2）碰撞责任损失。碰撞责任损失是指有过失的船舶对遭受损失的船舶依法应承担的损失赔偿责任。碰撞责任损失又分为对被撞船舶的损失责任和对货物的损失责任。

两艘船舶发生碰撞因碰撞原因不同将造成不同的损失。对于有过失的一方而言，碰撞既造成碰撞损失，又造成碰撞责任损失。因此，有过失的一方不但要承担碰撞造成的自身船舶的损失，还要承担因碰撞造成的被撞船舶和船上货物的损失；对于无过失的一方而言，碰撞只造成碰撞损失，而不产生碰撞责任损失。

3.《关于统一船舶碰撞的若干法律规定的国际公约》对于船舶碰撞的责任划分及损失赔偿的规定

按照 1910 年的《关于统一船舶碰撞的若干法律规定的国际公约》（简称《碰撞公约》）关于船舶碰撞责任的规定，船舶碰撞责任分为以下三种：

（1）互无过失碰撞。如果两艘船舶碰撞的发生是由于意外事故、不可抗力或原因不明造成的，这种碰撞的发生只产生碰撞损失而没有碰撞责任损失，碰撞所造成的损害由受害者自己承担。

（2）单方过失碰撞。如果两艘船舶碰撞的发生，是由于一艘船舶在驾驶和操作船舶中的过失造成的，则碰撞造成的各种损失均由过失船舶承担。

（3）互有过失碰撞。如果两艘或两艘以上的船舶发生碰撞，是因为每一艘船舶在驾驶和操作船舶中都存在过失。对于这种碰撞造成的损失，每艘船舶按各自的实际过失程度比例分担损失责任。如果根据情况不可能确定各船舶所犯过失的程度时，双方或多方应对承担的碰撞责任平均分担。例如，A、B 两艘船舶发生互有过失碰撞，A 船负有 70%的碰撞责任，B 船负有 30%的碰撞责任，对碰撞造成的两艘船舶的损失，A、B 两艘船按下列方式划分损失责任：

对于 A 船而言，A 船承担的损失有两种：碰撞损失，即 A 船要按过失责任承担自身船舶碰撞损失的 70%；碰撞责任损失，即 A 船要承担 B 船碰撞损失的 70%的责任。

对于 B 船而言，B 船承担的损失也有两种：碰撞损失，即 B 船要承担自身船舶碰撞损失的 30%；碰撞责任损失，即 B 船要承担 A 船碰撞损失的 30%的责任。

对于船舶碰撞引起的碰撞损失，即本船船体的损失，船东或承运人可以以碰撞危险为由向保险公司索赔损失；对于船舶碰撞引起的碰撞责任损失，即由本船的过失责任造成的被撞船舶的损失，包括对船舶的损失责任和对货物的损失责任，船东或承运人可根据船舶保险的碰撞责任条款向保险公司索赔损失。

4.《海牙规则》关于承运人对货物损失的免责规定

两艘船舶发生碰撞以后，船上货主的损失怎样赔偿呢？按照《海牙规则》第 4 条的规定：承运人对船长、船员、引水员或承运人所雇佣的其他人员，在驾驶或管理船舶时的行为疏忽或过失所造成的货物损坏或灭失，不负赔偿责任。这是《海牙规则》的一项主要免责条款。在发生互有过失碰撞的情况下，如上述 A、B 两艘船发生的碰撞，载货船承运人对本船载运的货物因发生碰撞而造成的货物损失不承担赔偿责任，因为这项损失是承运人免责项下的损失。因此，对于 A 船的货主而言，他只能从 B 船承运人，即非载货船舶的承运人处获得 30%（B 船承运人的过失责任）的货物损失赔偿；对于 B 船的货主而言，他也只能从 A 船承运人处获得 70%的货物损失赔偿。A 船货主余下的 70%的货物损失及 B 船货主余下的 30%的货物损失只能通过投保海上货运保险从保险公司获得保险赔偿。这样一来，货主便可获得 100%的因船舶碰撞造成的货损赔偿。

5. 美国的《哈特法案》对碰撞责任损失赔偿的规定

许多国家的运输契约包括提单和租约中都规定了“船舶互撞责任条款”（Both to Blame Clause），这一条款是针对美国的保护货主利益的《哈特法案》（Hart Act）而设立的。按照美国 1893 年生效的《哈特法案》确立的“货物无辜法则”，以及英美法律中的“共同过失行为人互负连带责任”的原则（这一原则规定，因二人以上互有过失致使无辜的第三人蒙受损害时，受害人享有从有过失的任何一方或者双方得到赔偿的权利），任何因船舶碰撞而遭受货物损失的货主，可以侵权行为向非载货船的承运人起诉。根据《哈特法案》中有关双方互有过失碰撞的规定，美国最高法院作出了这样的判决：在两艘船舶互有过失碰撞的情况下，遭受货损的无辜的货主可以从非载货船舶的承运人那里获得100%的货物损失赔偿。而非载货船舶向被撞船货主支付的赔偿金，包含自己（非载货船）应向货主支付额度的半数。即按照《哈特法案》的规定，在两艘船舶互有过失碰撞的情况下，无论双方的过失程度如何，都要承担50%的碰撞责任损失。因为非载货船舶的承运人会以船舶碰撞责任为由向载货船舶承运人追偿由载货船舶的过失责任造成的货物损失，载货承运人必须承担本船货主的碰撞损失。这样一来，载货承运人根据提单条款原本不应该承担的本船货主损失，但按照《哈特法案》的规定却要承担这一损失责任。美国的船舶所有人对此项法律规定极为不满。为了解决这一问题，各国的承运人凭借自己单方制订签发提单的优势，纷纷在提单中订立了"船舶互撞责任"条款，即本船货主有义务偿还本船承运人根据运输契约的规定不应承担的，但却被迫赔偿给非载货承运人的本船货主的损失。这一条款的规定可以确保船舶所有人在其船舶因所载货物而蒙受损害时，有向货主请求赔偿的权利。海洋货物运输保险将提单条款中的"船舶互撞责任条款"作为一项承保责任，即保险公司承担货主按照该条款的规定应偿还给载货船承运人的损失。

三、除外责任

（一）Lloyd's S. G. Policy 对除外责任的规定

Lloyd's S. G. Policy 除了在"附注条款"中列举了一些不保损失外，没有规定专门的除外责任条款。Lloyd's S. G. Policy 通过其风险条款规定了保险人承保的风险及承担的损失，进而限制了保险人的责任，实际上从另一角度规定了保险人的除外责任。

（二）《1906 年海上保险法》关于除外责任的规定

根据英国《1906 年海上保险法》第 55 条第 2 款的规定，下列损失为海上保险人不予承担的责任：

（1）保险人对归因于被保险人故意不当行为所导致的任何损失不负赔偿责任。

（2）保险人对于因迟延所致的损失，即使迟延是保险危险引起的也不负赔偿责任。

（3）保险人对自然损耗、正常渗漏和破碎、虫蛀、鼠疫造成的损害不负责任，保险标的物固有瑕疵或特性，或由鼠类灾害所引起的任何损害，或非海上危险所直接引起的机器损坏，不负赔偿责任。

这些免责条款长期以来一直被广泛使用，但却没有以条款的形式明确地列在1963年的协会货物条款中。

（三）ICC（A）关于除外责任的规定

由于ICC（A）关于承保风险的规定采用“一切险减除外责任”的概括说明方式，因此“除外责任”就成为理解ICC（A）的承保风险的关键。ICC（A）将除外责任分为四大类，即一般除外责任、不适航不适货除外责任、战争险除外责任和罢工险除外责任，并且采用列明方式将保险人的除外责任明确地列举出来。

1. 一般除外责任（General Exclusions Clause）

ICC（A）规定的一般除外责任包括以下各项：

（1）被保险人故意违法行为所致的灭失、损害或费用。

这一条与MIA第55条（2）（a）的规定相同。被保险人是保险标的的所有人，他有责任和义务妥善保管和维护保险标的，以实现其经济利益。因此若被保险人故意或恶意地造成保险标的的损失，其动机就是骗取保险赔款，这是保险上的道德危险，而这是保险人必须防范和禁止的行为，因此这一项是各种保险规定的除外责任。

（2）保险标的正常的漏损、重量或容量的正常减少或自然损耗。

这一条与MIA第55条（2）（c）的规定相同。

（3）由于保险标的包装或准备不充分或不适当引起的灭失、损害或费用。

这一条是新增加的除外责任条款。

（4）由于保险标的的固有缺陷或性质而导致的灭失、损害或费用。

这一条与MIA第55条（2）（c）的规定相同。

（5）尽管迟延是由承保风险造成的，以迟延为近因的灭失、损害或费用。

这一条与 MIA 第 55 条（2）（c）的规定相同。

上述第（2）、（3）、（4）、（5）条规定的各种情况造成的货物损失是一种可以预见的必然事件，而不是一种可能发生的意外事故。保险对必然发生的损失不予承保。固有缺陷，如货物的自然氧化、变质、腐烂、发酵等现象导致的货物损失，应视为正常损耗。市价跌落，是商业经营活动中的正常风险，属于投机性风险，货运保险不予承保。海上运输的最大缺点就是受自然因素的影响大，船期不能保证，即使是承保风险导致的运输迟延，保险人也不予以承保。例如，船舶在航行途中发生搁浅，到避难港修船，使航期迟延，进而造成船上所载新鲜货物全部腐烂变质，对于这种损失保险人不承担赔偿责任。但是在运输迟延的时间内，由于保单承保风险的发生造成的货物损失，保险人仍负赔偿责任。

（6）由船舶所有人、管理人、租船人或经营人的破产或不履行债务造成的灭失、损害或费用。

这一条是新增加的除外责任条款。

（7）因使用任何原子或核子裂变或聚变或其他的同类反应，或由于使用放射能或放射性物质的武器而产生的灭失、损害和费用。

这一条是新增加的除外责任条款，它是指只要使用了条款中规定的武器，并引起了灭失、损害和费用，保险人就不承担责任。因此，如果在存放被保险货物的场所以外的任何场所，因为某种目的使用核武器而产生的放射性污染所造成的损害，保险人不予赔偿。

2. 不适航与不适货除外责任

ICC（A）、ICC（B）、ICC（C）关于不适航与不适货除外责任的规定是完全一致的。不适航与不适货除外责任是以 MIA 第 39 条（1）和（2）关于船舶适航与适货的保证为依据，将船舶的不适航与不适货列为除外责任。不适航与不适货除外责任包括以下两项：

（1）保险货物在装船时，如被保险人或其雇用人员已经知道船舶不适航，以及船舶、驳船、运输工具、集装箱或起重运货车不适货，则由不适航与不适货而造成保险货物的灭失、损害或费用，保险人不负赔偿责任。

（2）只要被保险人或雇用人员知道船舶等运输工具不适航、不适货，则保险人对因违反船舶适航性及适货性的默示保证造成的货物损失不承担赔偿责任。

根据 MIA 第 39（1）及第 40（2）条的规定，船舶在开航时必须适航和适货是被保险人的两项默示担保，只要实际上存在不适航、不适货的情况，则不管被保险人是否知情，保险人均不负赔偿责任。而本条规定只有在被保险人对船舶不适航、不适货知情的情况下，才作为除外责任，因而本条的规定实际上是放宽了英国《1906 年海上保险法》的要求。

3. 战争险除外责任条款（War Exclusion Clause）

战争险除外条款中的各项责任均为协会战争险条款承保的风险责任，鉴于有协会战争险条款承保战争风险，因此将战争险承保的各项责任列为标准条款，即 ICC（A）、ICC（B）、ICC（C）的除外责任。

4. 罢工险除外责任条款（Strikes Exclusion Clause）

罢工险除外责任条款中的各项责任均为协会罢工险条款承保的风险责任，鉴于有协会罢工险条款承保罢工风险，因此，将罢工险承保的各项责任列为标准条款的除外责任。

（四）ICC（B）和 ICC（C）关于除外责任的规定

ICC（B）和 ICC（C）关于除外责任的规定是完全相同的，而 ICC（B）、ICC（C）与 ICC（A）在除外责任的规定方面只有以下两条同 ICC（A）的除外责任是不完全相同的。

（1）由于任何人（们）的恶意行为而导致的保险标的的全部或部分的损害或破坏。

这一条是新增加的除外责任条款。这一条是恶意损害险的承保责任，它已包含在 ICC（A）的承保责任之内，但 ICC（B）及 ICC（C）把这一项规定为除外责任。

（2）海盗行为。

ICC（A）在战争险除外责任的规定中特别指出不包括海盗行为，由于ICC（A）的承保风险是“一切险减除外责任”，因此不包括在除外责任中的海盗行为就属于ICC（A）的承保风险。ICC（B）及ICC（C）在战争险除外责任的规定中没有指出不包括海盗行为，而ICC（B）、ICC（C）的承保风险又是采用列明风险方式，因此海盗行为是ICC（B）、ICC（C）的除外责任。

四、保险期限

ICC（A）、ICC（B）、ICC（C）三个条款有关保险期限的规定是完全相同的，主要反映在“运输条款”、“运输契约终止条款”及“航程变更条款”三个条款之中。

（一）运输条款（Transit Clause）

1982年的协会货物条款中的“运输条款”是由“仓至仓”条款和“扩展责任条款”构成的。

1. 仓至仓条款（Warehouse to Warehouse Clause）

在正常运输情况下，保险责任期限采用仓至仓条款。它的基本内容是：保险人对被保险货物所承担的保险责任，是从货物运离保险单所载明的起运地发货人仓库或储存处所开始运输时生效，包括正常运输过程中的海上、陆上、内河和驳船运输在内，直至该项货物运到保险单所载明的目的港（地）收货人的最后仓库或储存处所，或被保险人用作分配、分派或非正常运输的其他储存处所，则以被保险货物在最后的卸载港全部卸离海轮后满60天为止。如在上述60天内将被保险货物转运到非保险单所载明的目的地时，则于货物开始转运时终止。

对仓至仓条款的理解必须清楚以下三点：

第一点，仓至仓条款规定的保险责任于下列三种情况下终止，并以先发生者为准：

（1）货物运达保险单所载明的目的港（地）收货人仓库或储存处所。

（2）货物运达保险单所载明目的港（地）或中途的任何其他仓库或储存处所，这些仓库或储存处所被保险人用作：正常运输以外的储存；货物的分配、分派或分散转运。

（3）从被保险货物在最后的卸载港全部卸离海轮后起算满60天。如在上述60天内需将被保险货物转运到非保险单所载明的目的地时，则于货物开始转运时终止。

第二点，仓至仓条款中的第一个“仓”一般是确定的，即保单上列明的发货人的仓库，可以是发货人的工厂仓库也可以是码头仓库；第二个“仓”要视具体情况来确定；一般是指保单规定的目的港（地）收货人仓库或储存处所，但当货物运抵保险单所载明目的港（地）以后，进入其他仓库或储存处所存放时，虽然该存放地点不是保单规定的收货人仓库，但只要收货人将其作为正常运输以外的储存地点，或把该地点作为货物的分配、分派或分散转运仓库时，即视为货物进入了收货人仓库。

第三点，仓至仓条款的时间限制。仓至仓条款虽然是对保险人承担责任的空间范围的规定，但保险人对这个条款也规定了时间期限。由于仓至仓条款有时间上的限制，因此，当货物在目的港完全卸离海轮后，要求收货人必须尽快将货物运往收货人仓库，一旦超过了规定的60天期限，保险人不再对货物承担任何保险责任。

2. 扩展责任条款

这一条款规定，在被保险人无法控制的情况下发生船舶绕航、运输迟延、被迫卸货、重新装载、转运，或由于承运人行使运输契约所赋予的自由处置权而发生变更航程等情况，保险人扩展保险责任的规定（被保险人无须告知保险人及须付保险费）。

在海上运输过程中，如果出现被保险人所不能控制的意外情况，保险期间将按下列规定办理。当出现由于被保险人无法控制的运输延迟、绕道、被迫卸货、重行装载、转载或承运人运用运输契约赋予的权限做任何航海上的变更时，在被保险人及时将获知的情况通知保险人并加交保险费情况下，保险人可继续承担责任。

按照国际海上保险的惯例，载货船舶在运输途中发生的上述非正常运输情况，改变了保险人承担的货物运输风险，保险人完全有权利解除保险合同的责任。但为了保护被保险人的利益，保险人在被保险人履行了规定的义务的前提下，仍然向被保险人承担合同规定的保险责任。因此，这个条款被称为扩展责任条款。

（二）运输契约终止条款（Termination of Contract of Carriage Clause）

“运输契约终止条款”主要规定：由于被保险人无法控制的原因，被保险货物在运抵保险单载明的目的地之前，运输契约即在其他港口或处所终止。则在被保险人立即通知保险人并在必要时加交一定保险费的条件下，保险继续有效，直到货物在这个卸载港口或处所卖出和送交之时为止。但最长时间以不超过货到达该港口或处所满 60 天为止。

航程终止是非正常运输的一种特殊情况。根据很多国家的海运提单的规定，如果目的地发生战争、瘟疫、冰冻、罢工、港口拥挤等情况，承运人有权将货物卸于他认为安全而方便的任何其他港口或地点，这种情况下运输契约可视为履行。

（三）航程变更条款（Change of Voyage Clause）

“航程变更条款”主要规定：在保险责任开始之后，如果被保险人要求变更保险单所载明的目的地，则在立即通知保险人并另行确定保险费及保险条件的情况下，保险继续有效。

五、索赔

ICC（1982）各险别条款关于索赔的规定是完全相同的，保险索赔的具体规定是由以下四个条款组成的。

（一）可保利益条款

这个条款规定，在发生损失时，被保险人必须对保险标的具有可保利益，才能获得保险单项下的赔偿，并且可保利益是保险人对被保险人进行赔偿的基础。

这一条规定了被保险人索赔必备的条件，即保险人对被保险人履行赔偿责任的前提条件。该条款还规定，即使在签订保险合同时，保险标的物已经发生了承保风险造成的损失，只要被保险人是不知情的，只要被保险人对货物具有可保利益，被保险人仍可获得损失赔偿。这一条的规定是充分考虑到国际贸易中经常出现的对在途货物的买卖。买卖双方就在途货物进行交易时，可能不知道货物已经在海上运输途中发生了损失，这一规定有利于保障被保险人的利益。

（二）续运费条款（Forwarding Charges Clause）

该条款规定：由于保单承保风险的出现，致使保险货物的运输在非保险单载明的港口或处所终止，保险人负责被保险人在卸货、存仓和续运保险货物至保险单载明的目的地所适当而合理产生的任何额外费用。根据该条款的规定，在保险航程终止情况下，产生的续运费用可向保险人索赔。

（三）推定全损条款（Constructive Total Loss Clause）

该条款规定，当被保险人要求保险人按推定全损赔付货物的损失时，被保险人必须将受损货物及其权利委付给保险人。按本条款的规定货物构成推定全损必须符合以下条件：

（1）保险标的的实际全损已经不可避免；

（2）由于恢复整理以及续运保险标的到保单目的地的费用超过其本身的价值。

这一条款规定了按推定全损索赔的两个条件：

（1）必须构成推定全损；

（2）必须对被保险货物进行委付。

（四）增值条款（Increased Value Clause）

本条款具体规定了：

（1）在本保险有增值保险的情况下，保险人的赔偿金额的计算；

（2）在本保险为增值保险的情况下，保险人赔偿金额的计算方法。

货运保险中的增值保险，是指当货物的买方估计到所买进的货物在到达目的地时的完好价值将比卖方为货物投保的货运保险的保险金额高时，将货物在目的地的完好价值同货运保险的保额之间的估计差额向原保险人或其他保险人投保增值保险（一般是在原保险单的基础上按原来的保险条件增保）。

投保了增值保险之后，该保险标的的保险价值应等于货运保险的保险金额加上增值保险的保险金额。如果保险货物在运输途中发生了保单承保风险造成的损失，则承保货运保险的保险公司将按货运保险保单的保险金额在总保险金额中所占的比例计算货运保险的赔偿金额。这种规定的意义在于，将货运保险同增值保险视为共同保险，每一张保单的保险金额均被看做是全部价值的一部分，任何损失赔偿均应按比例在两张保单项下分摊。

规定增值保险条款的目的是为了改变以往海上保险市场有关增值保险的习惯做法。在以往的海上保险业务中，是将货运保险与对被保险货物的增值保险作为相互独立的保险来处理。增值保险的保险人对货物运输保险人承担的施救费用等费用损失不承担赔偿责任，同样增值保险的保险人也无权享受货运保险人从载货承运人那里取得的损失赔偿。1982 协会货物条款规定增值保险条款的目的就是要改变这一习惯做法，使承保被保险货物的各保险人之间合理分担损失责任。根据增值条款的规定，货运保险与增值保险都只是被保险货物的一部分保险，货运保险与增值保险合在一起才是被保险货物的全部保险。即从被保险货物来看，货运保险的保险人与增值保险的保险人的关系是共同保险人的关系，当被保险货物发生损失时，他们各自按照自己承保的保险金额与总保险金额的比例确定各自的赔偿责任。当被保险人就有增值保险的被保险货物，向保险人提出索赔时，被保险人有义务向保险人提供所有其他保单的保险金额的证明。

六、保险受益

ICC（1982）各险别条款关于保险利益的规定是完全相同的，保险利益的具体规定是由承运人不能受益条款来表示的。该条款规定承运人或其他受托人不得享受本保险的利益。承运人不能受益条款是针对某些提单中规定的承运人受益条款而设立的。

提单或租船合同中的承运人受益条款是指，货物的承运人有权享受货主对保险货物所具有的利益。即对货物在运输过程中可能发生的灭失或损坏风险，由货主负责向保险公司投保，而承运人对由其责任造成的灭失或损坏不负责任；有的还进一步规定，货主投保的保险费由承运人负担。这种条款企图免除货运保险人对由承运人责任造成的货物损失的代位追偿权。这种条款违背了公共承运人责任原则，应视为无效条款。货运保险条款中规定承运人不能受益条款的目的是为了明确不能因货主投保了货运保险而免除承运人或其受托人在运送、保管和照顾货物方面所应承担的责任。若货物的损失是由承运人或其受托人的责任造成的，保险人有权向承运人等进行损失追偿，承运人不能享有货主对保险货物所具有的利益。

七、减少损失

ICC（1982）各险别条款关于减少损失的规定是完全相同的，减少损失的具体规定是由被保险人义务条款和放弃条款表示的。

（一）被保险人义务条款（Duty of Assured Clause）

当发生本保险承保的损失，被保险人及其受雇人有义务采取合理措施，以避免或减少这种损失，以及保证适当地维护和行使对承运人、受托人或其他第三者追偿的一切权利。

被保险人义务条款源于施救条款。

（二）放弃条款（Waiver Clause）

被保险人或保险人为施救、保护或恢复保险标的所采取的措施，不应视为放弃或接受委付的表示，或视为影响任何一方的权益。

规定放弃条款是为了更有效地减少损失。对已遭受了损失的保险货物，无论是保险人还是被保险人都有义务采取合理措施，减少货物损失。若被保险人积极地采取了减少损失的措施，保险人不能认为被保险人放弃了对受损货物进行委付的权利；若保险人积极地采取了减少损失的措施，被保险人不能认为保险人放弃了对受损货物的委付拒绝接受的权利。

八、防止延误

ICC（1982）各险别条款关于防止延迟的规定是完全相同的，防止延迟的具体规定是由合理迅速处置条款表示的。

本保险条件之一是被保险人应在任何力所能及的情况下，合理迅速地处置保险货物所发生的情况。

规定合理迅速处置条款是希望投保人或被保险人在保了险之

后，仍然要像没有保险一样对保险货物尽心尽责地履行保管和照顾的责任，在处理有关保险货物的任何事宜时都应及时采取有效措施，而不应拖延时间并由此造成损失或扩大损失。

九、法律与惯例

新的协会货物条款中的每一条款，对于“法律与惯例”都做了下列规定：本保险受英国法律与惯例的管辖（English Law and Practice Clause）。这一规定容易使人产生误解，以为凡是采用1982协会货物条款都须受英国法律和惯例的管辖。实际上，一笔保险业务应受哪个国家的法律管辖，不但要看它所使用的保险条款，更重要的还要看它所使用的保险单格式，特别是保险单上对这个问题的规定。因为保险条款都是附在保险单之后的，例如，若“协会货物条款”同“劳合社海上保险单”（Lloyd's Marine Policy）或“伦敦保险人协会公司海上保险单”（Institute of London Underwriters Companies Marine Policy）连用，由于这两种保险单格式上都表明须接受英国法律的管辖，所以这笔业务便受英国法律的管辖。反之，如果“协会货物条款”是同日本的海上保险单格式连用，而且保险单格式上规定须受日本的法律管辖，则这笔保险业务便不受英国法律的管辖，而是受日本法律的管辖，即保单格式上规定的准据法条款是被优先运用的。

十、附注

除了上述各项内容外，各种货物条款的末尾还有一个“附注”，附注亦称“仍予负责”条款（Hold Covered Clause）。这个条款的中心意思是：有些可能发生的意外事件，尽管双方事先没有协议，只要在事件发生时立即通知保险人，保险人经过考虑，一般仍给予承保，当保险条件有所变化，在必要时，要加交一定的保险费。

第二节　协会货物战争险和罢工险条款

一、战争险的发展历史

在早期的海上保险业务中，保险人承保的货运保险中战争风险和海上风险是不分开承保的，当时，战争风险是海上保险的重要风险。1779 年的 Lloyd's S. G. Policy 的风险条款中既有海上风险又有战争风险，如 perils of the seas，men of war，fire，enemies，pirates，rovers，thieves，jettisons，letters of mart and countermart，surprisals，arrests，restraints and detainments of all kings，princes，and people，of what nation。从这个风险条款我们可以看到，海上风险和战争风险是合一的。在拿破仑战争中，战争造成的货物损失激增，这引起保险人对在海上保险中承保战争风险的做法进行了改变。海上保险人开始在保单中加入战争险不保的条款。美国内战爆发后，水险承保人普遍在保单中列入 FC&S 条款（Free of Capture & Seizure）。这样一来，海上保险的承保人就被划分为水险承保人和战争险承保人两种。世界近代史上各国之间爆发的各种战争，以及海上保险判例中法官的判决对有关战争险的解释，使得战争险的承保范围不断扩大。随着海上保险业务的发展，战争险无论是在承保责任还是在除外责任上，都有了进一步的发展，现在它已发展成为独立的战争险条款。

二、协会货物战争险的承保范围

协会货物战争险的承保范围是由承保风险条款、共同海损条款和船舶互撞责任条款三个条款构成的，其中共同海损条款和船舶互撞责任条款的规定同 ICC（A）的规定基本相同，在此不再赘述。

协会货物战争险的风险条款具体承保下列各项风险：

（1）战争、内战、革命、叛乱、造反，或由上述原因而引起的内乱，或交战国的或针对交战国的任何敌对行为造成保险货物的损失。

这一条责任是指任何一国之内发生的或两国之间发生的上述行为造成的保险货物损失。两国之间公开宣战所爆发的为战争；两国虽没有公开宣战，但却采取了战争手段；一国之内的不同种族，不同政党，不同利益集团，不同武装力量，可能会因一些特殊情况的发生而引发敌对行为、武装冲突。只要这些行为直接造成了保险货物损失，保险人承担赔偿责任。

（2）由于上述承保风险引起的捕获、拘留、扣留、禁制或扣押及其后果，或任何有关企图造成保险货物的损失。

（3）遗弃的水雷、鱼雷、炸弹或其他遗弃的战争武器造成的保险货物的损失。

（4）为避免或与避免上述承保风险有关的行动所引起的共同海损和救助费用。

投保了战争险，保险人承担直接由于上述原因造成的保险标的的损失。

三、协会货物战争险的除外责任

协会货物战争险关于除外责任的规定只有以下两条同 ICC（A）的除外责任是不完全相同的。

（一）在一般除外责任中增加了“航程挫折条款”

“承保航程的丧失和挫折”是指载货船舶由于某种原因必须改变航线或不能继续驶往原定的目的港。将这一条款列为战争险除外责任是因为一旦战争或类似战争的行为爆发，执政者、当权者或其他武装集团下令扣押或拘留商业船舶而导致船舶不能继续航行或被迫改变航线的情况是不可避免的，但是这种行为往往不会造成船上所载货物的直接损失。保险人把因战争原因导致的承保航程的丧失和挫折视为战争险的除外责任。但是由于执政者、当权者或其他武装集团的扣押、拘留导致被保险货物的直接损失，保险人在战争险下是给予承保的。

（二）对于原子武器等所致灭失或损害，规定由于敌对行为使用原子武器等以致灭失或损害不负赔偿责任

四、协会货物战争险的保险期限

按照海洋运输货物保险中运输条款（Transit Clause）的规定，保险人承保的货运保险期限为仓至仓条款。货物在陆地上发生的与航海有关的风险和损失也包括在保险承保责任的范围之内。然而战争风险不同于其他承保风险，货物在陆上运输过程中一旦发生战争风险，则很集中，损失机会很大。若保险人不改变货运保险的期限，保险人面临的战争风险损失将会很严重。有鉴于此，1937 年英国海上保险商主要是战争险保险商通过了《水上限制协

定》（The Waterborne Agreement）将战争险的承保范围限定在水域上，而不再对陆上发生的战争风险承担责任。根据《水上限制协定》，货运战争险条款将保险期限进行了修改，规定货运战争险始于货物在指定的港口装上船舶，终止于货物在目的港完全卸离海轮。1943 年及 1944 年又对《水上限制协定》进行了修改，增加了有关货物在陆上运输及在转运港延迟情况下有关战争险保险期限的规定。

协会货物战争险条款关于保险期限的具体规定如下：

1. 正常运输情况下的“水上危险”条款

本保险责任自保险货物被装上船舶时开始，到保险物的一部分或其全部在最终的卸货港卸离海轮时为止，若保险物不卸离海轮，则本保险的责任期限从船舶到达最终卸载港之日午夜 12 时起算满 15 天为限。

2. 中途转运的情况

如果货物在中途港卸下，改由其他船舶或飞机续运，可在加交一定保险费的条件下（需要时），保险责任扩展到船舶抵达中途港口或避难港当日午夜开始计算满 15 天终止。在这扩展的 15 天内，如货物离开水面卸在码头上存放，只要存放地点不超出转船港口的所辖区域，保险仍然有效，货物一经装上续运的船舶或飞机，保险责任又重新开始，直到货物运抵最后卸载港口或地点卸离海轮或飞机，或海轮到达卸载港口满 15 天，保险责任终止。

这一条款的规定对在中途港转运的货物保险期限放宽了，保险人对卸于码头上的转运货物，只要存放地点不超出转船港口的辖区并且存放的时间不超过船舶抵达转运港口 15 天，保险人仍予负责。

3. 驳船驳运的情况

对于在装货港码头与海轮之间以及在海轮与卸货港码头之间需经驳船转运的货物，保险人仅对已装在驳船上的，由于驳船触及水雷或遗弃的鱼雷而导致的货物损失负赔偿责任。除非另有协议，保险人对从海轮上卸入驳船的货物的承保期限为 60 天。

这一条款的规定仅限于采用驳船往返于港口码头与海轮间装

卸货物时，驳船在海面上航行时触及漂浮的或沉在水面下的水雷及遗弃的鱼雷的情况，对于已装在驳船上的货物，保险人承保的此项风险的期限为60天而不是15天。这一点要特别注意，我国的条款对这种情况下的保险时间仍规定为15天。

4. 航程终止的情况

若海上运输合同载明的航程在合同约定的目的地以外的港口或场所中断时，该港口或场所即为最终卸货港，本保险责任按上述第1条的规定终止责任。如其后被保险货物需再装船运往原目的地或其他目的地时，被保险人在继续运输开始前应通知保险人，并加交一定比例的保险费，本保险自被保险货物装上续运的船舶时重新有效。

5. 扩展责任条款

以被保险人直接通知保险人并根据需要加交一定比例保险费为条件，本保险对在本条款范围内的一切绕航，及因海上运输合同赋予船舶所有人或租船人的自由处置权所作的任何航行的变更，继续承担责任。

鉴于战争险同海运货物保险只在“承保风险”、“除外责任”及“保险期限”三个方面有不同的规定，有关协会战争险条款的其他各项内容的规定请参阅海运货物保险条款的有关内容介绍。

五、协会货物罢工险条款介绍

（一）协会货物罢工险的承保范围

协会货物罢工险的承保范围是由承保风险条款、共同海损条款和船舶互撞责任条款三个条款构成的，其中共同海损条款和船舶互撞责任条款的规定同ICC（A）的规定完全相同，在此不再赘述。协会货物罢工险的风险条款具体承保下列各项风险：

（1）罢工者、被迫停工工人或参与工潮、暴动或民变人员所致的保险货物的灭失或损害。

（2）任何恐怖主义者或任何出于政治目的采取行动的人的直接行为引起的保险货物的灭失或损害。

由于世界上恐怖活动的猖獗，保险人为满足被保险人的需要，在罢工险的承保责任中新增了这项承保责任。

（3）为避免或与避免上述承保风险有关的行动所引起的共同海损和救助费用。

投保了罢工险，保险人承担直接由于上述原因造成的保险标的的损失。

（二）协会货物罢工险的除外责任

协会货物罢工险关于除外责任的规定只有以下两条同 ICC（A）的除外责任是不完全相同的。

（1）因罢工等产生的各种劳动力不足、缺乏，以及供给的阻塞所引起的保险货物灭失、损害或费用，不予承保。

这一条是指保险人对于罢工的结果所引起的费用及其他间接损害不负责任，罢工险仅承保在保险期间由罢工的参加者所直接引起的保险货物灭失与损害。

（2）因罢工所支出的各种必需的追加费用，如装卸费用、保管费等罢工险不予承保。

（三）罢工险的责任期限

罢工险的保险责任期限同海洋货运保险关于责任期限的规定相同，采用仓至仓条款。

鉴于海运罢工险同海运货物保险只在“承保风险”及“除外责任”两个方面有不同的规定，有关协会罢工险其他各项内容的规定请参阅海运货物保险条款的有关内容介绍。

第三节　协会恶意损害险条款与协会专门险条款

一、协会恶意损害险条款（Institute Malicious Damage Clause）（1982 年 8 月 1 日）

协会恶意损害险是 1982 年协会货物条款中惟一的附加险条款。它承保的责任具体如下：

（1）因任何人或人们的恶意行为而造成保险货物的全部或一部分的有意损害或破坏；

（2）由于破坏行为或故意破坏行为造成的保险货物的灭失或损害。

对恶意损害条款承保的责任，只有 ICC（A）的承保责任中包括了此项风险，而 ICC（B）及 ICC（C）的承保风险中不包括此项风险。因此，投保 ICC（B）或 ICC（C）的投保人可以通过加保恶意损害险获得此项风险的保障。

协会恶意损害险同协会罢工险在承保责任上是不同的，罢工险承保的风险是恐怖主义者或有组织有政治动机的人员的故意行为造成的保险货物的损毁或灭失。

二、协会专门险条款

在伦敦保险市场，人们把 1982 年生效的 ICC（A）、ICC（B）、ICC（C）等条款称为标准条款，而将按照国际商品类别制定的各种货物运输条款称为协会专门险条款。这些条款是按商品的类别划分的，是为各类商品专用的条款。

协会专门险条款有：

（1）协会煤炭条款（Institute Coal Clauses，1982. 10. 1）；

（2）协会散装石油条款（Institute Bulk Oil Clauses，1982. 2. 1）；

（3）协会生橡胶条款（液状生橡胶除外）（Institute Natural Rubber Clauses（excluding liquid latex），1984. 1. 1）；

（4）协会黄麻条款（Institute Jute Clauses，1984. 1. 1）；

（5）协会木材贸易条款（Institute Timber Trade Federation Clauses）；

（6）协会冷冻食品条款（Institute Frozen Foods Clauses（excluding frozen meat），1986. 8. 1）；

（7）协会冷冻肉条款（Institute Frozen Meat Clauses，1986. 1. 1）；

（8）协会日用品贸易条款（Institute Commodity Trade Clauses，1983. 9. 5）。

上述各类专门商品的保险条款是根据 1982 年协会货物标准条款，并结合各类商品的特性而专门制定的协会货物条款。这些专门险条款具有下列特点：

（1）承保有关海上风险的专门险条款，完全依照 1982 年协会货物标准条款的结构而制定，承保战争险及罢工险的专门险条款也同样依照 1982 年 ICC（战争险条款）和 ICC（罢工险条款）的结构而制定。

（2）考虑到各类商品的特性，各类专门险条款中对除外责任都做了宽松的规定。

第四节　中国海洋运输货物保险条款

中国现行的海洋运输货物保险条款是在 1981 年 1 月 1 日修订的，它由责任范围、除外责任、责任起讫、被保险人义务、索赔期限五部分内容组成。

一、责任范围（Scope of Cover）

（一）平安险（Free From Particular Average（F. P. A.））

平安险承保以下八项责任：

（1）被保险货物在运输途中由于恶劣气候、雷电、海啸、地震、洪水等自然灾害造成整批货物的全部损失或推定全损。

这一项责任是指在平安险项下保险人承担由于列明的海上自然灾害造成的保险货物的全部损失（包括推定全损）；也就是说，如果列明的自然灾害造成的损失是部分损失，保险公司在平安险项下不承担赔偿责任。

（2）由于运输工具遭受搁浅、触礁、沉没、互撞、与流冰或其他物体碰撞以及失火、爆炸等意外事故造成货物的全部或部分损失。

这一项责任是指在平安险项下保险人承担运输工具在海上载货运输过程中发生由于列明的海上意外事故造成船上货物的全部损失和部分损失，以及在海上运输途中船上发生的失火、爆炸造成货物的全部或部分损失。

（3）在运输工具已经发生搁浅、触礁、沉没、焚毁意外事故的情况下，货物在此前后又在海上遭受恶劣气候、雷电、海啸等自然灾害所造成的全部或部分损失。

这一项责任是指在平安险项下，保险人在有限制条件的情况下，也承担由于列明的海上自然灾害造成货物的部分损失，这个限制条件就是船舶在海上航行途中发生了保单上列明的海上意外事故。

(4) 在装卸或转运时由于一件或数件整件货物落海造成的全部或部分损失。

这一项责任是指平安险项下，保险人承担货物在装卸或转运时由于吊索造成的损失，即吊索损害。

(5) 被保险人对遭受承保责任范围内危险的货物采取抢救、防止或减少货损措施而支付的合理费用，但以不超过该批被救货物的保险金额为限。

这一项责任是指保险人在平安险项下，承担被保险人或其代理人、受雇用人为减少保险标的的损失而合理支出的施救费用。

(6) 运输工具遭遇海难后，在避难港由于卸货所引起的损失，以及在中途港、避难港由于卸货、存仓以及运送货物所产生的特别费用。

这一项责任是指保险人在平安险项下承担货物在避难港卸货引起的直接损失。如由于卸货引起的吊索损害，由于卸货引起的一系列损失及特别费用损失。在此项责任下保险人承担的责任很大，但它的前提是载货船舶遇难了。

(7) 共同海损的牺牲、分摊和救助费用。

这一项责任是指保险人在平安险项下，不但承担遭受共同海损牺牲的货物损失的赔偿责任，还承担货主分摊的共同海损分摊以及救助费用损失。

(8) 运输契约订有“船舶互撞责任”条款，根据该条款的规定应由货方偿还船方的损失。

这一项承保责任的解释，请参阅协会货物条款中的“船舶互撞责任”条款的解释。

(二) 水渍险（With Particular Average（W. A.））

水渍险的承保责任范围是：

(1) 平安险承保的全部责任水渍险均给予承担。

(2) 被保险货物由于恶劣气候、雷电、海啸、地震、洪水等自然灾害所造成的部分损失。

这一项责任是指在水渍险项下保险人承担单纯由于保单上列明的海上自然灾害所造成的货物的部分损失。

（三）一切险（All Risks）

一切险的承保责任范围是：

（1）水渍险承保的全部责任一切险均给予承保。

（2）一切险负责被保险货物在运输途中由于外来风险所致的全部或部分损失。

包括在一切险中的“外来风险”是指除了海上自然灾害和意外事故以外的外来风险。按照国际海上保险惯例，外来风险主要有下述11种风险：

（1）偷窃、提货不着险（Theft Pilferage and Non-delivery，简称 T. P. N. D）

这一险别主要承保在保险有效期内，被保险货物被偷走或被窃取，以及货物抵达目的地后整件未交的损失。“偷”（theft）一般是指货物整件被偷走，“窃”（pilferage）一般是指货物中的一部分被窃取，偷窃不包括使用暴力手段的公开劫夺。提货不着（Non-delivery）是指货物的全部或整体未能在目的地交付给收货人。

投保这一附加险时，为了便于确定责任，保险公司通过海关检验条款和码头检验条款来限制对这一附加险承担的期限。对于偷窃损失，被保险人必须在及时提货后10天之内申请检验；对于整件提货不着，被保险人必须向责任方、海关或有关当局取得证明，方可取得保险公司的损失赔偿。

（2）淡水雨淋险（Fresh Water & /or Rain Damage，简称 F. W. R. D）

这一险别承保货物在运输途中由于淡水或雨淋所造成的损失。海上货运保险中的淡水包括船上淡水舱、水管漏水和舱汗等。淡水是与海水相对而言的，由于平安险和水渍险只对海水所致的各种损失负赔偿责任，因此，淡水雨淋是扩展平安险和水渍险责任的附加险别。

（3）短量险（Risk of Shortage）

这一险别承保货物在运输过程中因外包装破裂、破口、扯缝造成货物数量短缺或重量短少的损失。散装货物投保这一险别时，通常均以装船重量和卸船重量作为计算货物短少的依据（但不包括正常的途耗）。

（4）混杂、玷污险（Risk of Intermixture and Contamination）

这一险别承保被保险货物在运输途中，因混进杂质或被污染所引起的损失，如矿砂、矿石混进泥土，或棉布、服装、纸张被油类或带色的物质污染等。在这一险别下，上述混杂、玷污损失均由保险人负赔偿责任。

（5）渗漏险（Risk of Leakage）

这一险别主要承保流质、半流质、油类等货物，由于容器损坏而引起的渗漏损失；或因液体外流而引起的用液体浸泡的货物（如湿肠衣、酱菜等）的变质、腐烂所致的损失。

（6）碰损、破碎险（Risk of Clash and Breakage）

这一险别承保货物在运输过程中，因震动、碰撞、受压造成的碰损和破碎损失。其中碰损主要是指金属和金属制品的货物，如机器、搪瓷或木家具等，在运输过程中因震动、受压、碰击等原因造成货物本身凹瘪、脱瓷。破碎主要是指易碎货物如玻璃、玻璃制品、陶瓷等，在运输过程中因受震动、挤压、撞击等外来原因造成货物的破碎。

被保险货物在运输途中因遭遇保单承保的自然灾害或意外事故而造成的碰损、破碎损失，已经包括在平安险和水渍险的责任范围之内了。破损、破碎险是扩展承保由于一般外来原因所造成的货物的碰损、破碎损失。

（7）串味险（Risk of Odor）

这一险别承保货物在运输过程中，因受其他带异味货物的影响而造成的串味损失。例如，食品、饮料、香料、中药材等在运输过程中与樟脑堆放在一起，樟脑味串及上述货物而造成的损失。

需要注意的是这种串味损失如果是同载运船承运人的配载不当直接有关，则船方应负赔偿责任，保险公司应向其追偿。

（8）钩损险（Hook Damage）

这一险别承保袋装、捆装货物在装卸或搬运过程中，由于装卸员或搬运员操作不当，使用吊钩将货物的包装钩坏而造成的损失。

（9）受潮受热险（Damage Caused by Sweating and Heating）

这一险别承保货物在运输过程中，由于气温突然变化或船上通风设备失灵，使船舱内的水蒸气凝结而引起货物受潮或由于温度增高使货物发生变质的损失。

（10）包装破裂险（Breakage of Packing）

这一险别承保货物在运输过程中，因包装破裂造成货物的短少、玷污等损失。此外，对于在运输过程中，为了续运安全需要而产生的修补包装、调换包装所支付的费用，也予负责。由于包装破裂造成的货物损失可从其他附加险的承保责任中得到补偿，因此，这一险别主要是补偿由于修补或调换包装而造成的损失。

（11）锈损险（Risk of Rust）

这一险别承保金属或金属制品类的货物，在运输过程中因生锈造成的损失。由于裸装的金属板、块、条、管等货物在运输过程难免都会发生锈损，这是由货物本身的特性决定的，因而保险公司对此类货物一般不愿承保。保险公司一般只对包装货物承保这一险别，由于货物的包装不良或包装破裂引起生锈造成的损失，保险公司给予赔偿。

以上 11 种一般附加险可供投保人在投保平安险或水渍险时选择加保。

二、除外责任（Exclusions）（这一部分内容请参阅本章第一节有关“除外责任”的详细解释）

我国现行的海洋运输货物保险条款对于除外责任的规定，主要是参考了英国《1906 年海上保险法》有关除外责任的规定。基本险的除外责任有以下五项：

（1）被保险人的故意行为或过失所造成的损失。

（2）属于发货人责任引起的损失。

这项损失应由收货人根据买卖合同向发货人提出索赔，而不能因投保了货运保险而免除发货人履行合同义务的责任，因此这是货运保险的除外责任。

（3）在保险责任开始前，被保险货物已经存在的品质不良或数量短差所造成的损失。

货运保险承担的责任限于货物在仓至仓的运输过程中，由于保单承保的自然灾害和运输工具发生的意外事故造成的货物损失。在保险责任开始前，被保险货物已经存在品质不良，或数量短差造成货物不适航，或导致的损失不是意外发生的，而是必然发生的损失。

（4）货物的自然损耗、本质缺陷、特性以及市价跌落、运输迟延所引起的损失或费用。

（5）战争险和罢工险条款规定的责任范围和除外责任。

由于海上货运保险中有专门的战争险条款承保战争风险，并有专门的罢工险条款承保罢工险，因此这一项责任是基本险的除外责任。

三、保险期限（Commencement and Termination of Cover）（这一部分内容请参阅本章第一节有关“保险期限”的详细解释）

保险期限，是指保险人承担责任的起讫时限。由于海运货物保险是对特定航程中货物的保险，因此海运货物的保险期限一般没有固定的、具体的起讫日期。根据国际保险市场的惯例，我国海运货物基本险的保险期限由仓至仓条款、扩展责任条款和航程终止条款构成。

（一）仓至仓条款

在正常运输情况下，保险责任期限采用仓至仓条款。它的基本内容是：保险人对被保险货物所承担的保险责任，是从货物运离保险单所载明的起运地发货人仓库或储存处所时开始运输时生效，包括正常运输过程中的海上、陆上、内河和驳船运输在内，直至该项货物运到保险单所载明的目的港（地）收货人的最后仓库或储存处所，或被保险人用作分配、分派或非正常运输的其他储存处所，则以被保险货物在最后的卸载港全部卸离海轮后满 60 天为止。如在上述 60 天内将被保险货物转运到非保险单所载明的目的地时，则于货物开始转运时终止。

（二）扩展责任条款

在海上运输过程中，如果出现被保险人所不能控制的意外情况，保险期间将按下列规定办理。当出现由于被保险人无法控制的运输延迟、绕道、被迫卸货、重新装载、转载或承运人运用运输契约赋予的权限作任何航海上的变更时，在被保险人及时将获知的情况通知保险人并加交保险费情况下，保险人可继续承担责任。

（三）航程终止条款

在被保险人无法控制的情况下，保险货物如在运抵保险单载明的目的地之前，运输契约在非保险单载明的其他港口或地方终止时，在被保险人立即通知保险人并在必要时加交一定保险费的条件下，保险继续有效，直到货物在这个卸载港口或地方售出并交货时为止。但是，最长时间不能超过货物在卸载港全部卸离海轮后满 60 天。这两种情况保险期限的终止，应以先发生者为准。

四、被保险人义务条款（Duty of the Insured）

我国海洋运输货物保险条款中的被保险人义务条款规定被保险人应按照条款规定的义务办理有关事项，如因未履行规定的义务而影响保险人权利时，保险人对有关损失，有权拒绝赔偿。被保险人的义务具体有以下各项：

（一）防止延迟的义务

（1）当被保险货物运抵保险单所载明的目的港（地）以后，被保险人应及时提货。

（2）当发现被保险货物遭受任何损失时，应立即向保单上所载明的检验代理人申请检验。

（3）如果发现被保险货物整件短少或有明显残损痕迹应立即向承运人、受托人或有关当局（海关、港务当局）索取货损货差证明。

（二）减少损失的义务

（1）对遭受承保责任范围内危险的货物，被保险人和保险人都可迅速采取合理的抢救措施，防止或减少货物的损失。

被保险人采取此项措施，不应视为放弃委付的表示，保险人采取此项措施也不得视为接受委付的表示。

（2）如果货损货差是由于承运人、受托人或其他有关方面的责任所造成的，被保险人以书面方式向他们提出索赔，必要时还须取得延长时效的认证。

（三）告知义务

（1）如遇航程变更或发现保险单所载明的货物、船名或航程有遗漏或错误时，被保险人应在获悉后立即通知保险人并在必要时加交保险费，本保险才继续有效。

（2）在获悉有关运输契约中“船舶互撞责任”款的实际责任后，应及时通知保险人。

五、索赔（Claim）（这一部分内容请参阅第八章第四节有关“货运索赔”的详细解释）

（1）被保险人在向保险人索赔时，必须提供下列单证：保险单正本、提单、发票、装箱单、磅码单、货损货差证明、检验报告及索赔清单，如果涉及第三者责任，还须提供向责任方追偿的有关函电。

（2）本保险的索赔时效，从被保险货物在最后的卸载港全部卸离海轮后起算最多不超过两年。

第五节　中国海洋运输货物战争险和罢工险条款

一、海运货物战争险条款（这一部分内容请参阅本章第二节有关协会货物战争险条款的详细解释）

我国的海洋运输货物保险条款将海洋运输货物战争险列为海洋运输货物保险条款的附加条款，包括责任范围、除外责任和保险起讫三个部分。

（一）战争险的承保责任

（1）直接由于战争，类似战争行为和敌对行为，武装冲突或海盗行为所致的损失。

这一项责任中，首先要注意是直接损失，其次是我国把海盗行为列为战争险的责任范围。

（2）由于上述（1）款引起的捕获、拘留、扣留、禁制、扣押所引起的损失。

（3）各种常规武器，包括水雷、鱼雷、炸弹所致的损失。

（4）上述 1、2、3 款引起的共同海损的牺牲、分摊和救助费用。

（二）战争险的除外责任

（1）由于敌对行为使用原子或热核武器所致的损失和费用。

战争险对敌对行为中使用非常规武器造成的损失和费用概不承担责任。

（2）根据执政者、当权者或其他武装集团的扣押、拘留引起的承保航程的丧失和挫折而提出的任何索赔。

（三）战争险保险期限

关于战争险的保险期限，主要有以下几方面的具体规定：

1. 正常运输情况下

本保险责任自被保险货物装上保险单所载明的起运港的海轮或驳船时开始，到卸离保险单所载明的目的港的海轮或驳船时为止。如果被保险货物不卸离海轮或驳船，本保险责任最长期限以海轮到达目的港的当日午夜起算满 15 天为限。

2. 中途港转运情况下

如在中途港转船，不论货物在当地卸货与否，保险责任以海轮到达该港或卸货地点的当日午夜起算满 15 天为止，俟再装上续运海轮时恢复有效。

3. 运输契约终止情况下

运输契约在保险单所载明的目的地以外的地点终止时，该地即视为保险目的地，按照上述 1 款的规定终止责任。如需运往原定目的地或其他目的地时，在被保险人于续运前通知保险人并加交保险费的情况下，可自装上续运的海轮时重新有效。

4. 扩展责任条款

如运输发生绕道、改变航程或承运人运用运输契约赋予的权限所作的任何航海上的改变，在被保险人及时将获知的情况通知保险人，并在必要时加交保费的情况下，本保险仍继续有效。

二、海运货物罢工险条款

海洋运输货物罢工险是海洋运输货物保险条款的附加条款，包括责任范围和除外责任两个部分。

（一）罢工险的承保责任

（1）罢工者，被迫停工工人或参加工潮、暴动、民众斗争的人员的行动造成货物的直接损失；

（2）任何人的恶意行为造成货物的直接损失；

（3）为避免上述行动或行为所引起的共同海损牺牲、分摊及救助费用。

（二）罢工险的除外责任

在罢工期间由于劳动力短缺或不能使用劳动力所致的保险货物的损失，包括因此而引起的动力或燃料缺乏使冷藏机停止工作所致的冷藏货物的损失。即任何罢工险所引起的保险货物的间接损失都是罢工险的除外责任。

中国的罢工险的保险期限同基本险的保险起讫的规定是相同的。

第六节　中国海洋运输货物专门险条款和其他海洋运输货物条款

一、海洋运输货物专门险条款

海洋运输货物专门保险是根据海上运输货物本身的特性承保的专门险别。如海洋运输冷藏货物保险、海洋运输散装桐油保险等。

（一）海洋运输冷藏货物保险（Ocean Marine Insurance Frozen Products）

一些需要冷藏运输的鲜货，如鱼、虾、肉以及蔬菜、水果等，为了使鲜货在运输过程中保持新鲜程度，一般都须经过特别处理后装入轮船冷藏舱内。船方根据各类鲜货特征，调整不同的冷藏温度。但是，有时由于灾害事故和外来风险可能使船上的冷藏设备失灵，造成鲜货腐败或损失，为了弥补这种损失，习惯上对冷藏货物投保冷藏险。

1. 海洋运输冷藏货物保险的险别

海洋运输冷藏货物保险分为冷藏险（Risk for Shipment of Frozen Products）与冷藏一切险（All Risks for Shipment of Frozen Products）两种，它们的责任范围，分别与海洋运输货物保险的水渍险与一切险基本相同。其主要差别在于冷藏货物保险还负责由于冷藏机器停止工作连续达 24 小时以上所造成的货物腐烂或损失。

2. 海洋运输冷藏货物保险的除外责任

海洋运输冷藏货物保险的除外责任，除上述海洋运输险的除外责任外，还对以下两点所造成的损失不负赔偿责任。

（1）被保险鲜货在运输过程中的任何阶段，因未存入有冷藏设备的仓库或运输工具中，或辅助运输工具没有隔温设备所造成的鲜货腐烂和损失。

（2）被保险鲜货在保险责任开始时，因未保持良好状态，包括整理加工和包装不妥，冷冻上的不合规定及肉食骨变质所引起的鲜货腐烂和损失。

3. 海洋运输冷藏货物保险的责任起讫

海洋运输冷藏货物保险的责任起讫也与海洋运输货物险的责任起讫基本相同。不过海洋运输冷藏保险条款规定：货物到达保险单所载明的最后目的港，如在 30 天内卸离海轮，并将货物存入岸上冷藏仓库后还继续负责，但负责到以货物全部卸离海轮时算起满 10 天为止。如果在上述期限内货物一经移出冷藏仓库，保险责任即告终止。如果货物卸离海轮后不存入冷藏仓库，保险责任在卸离海轮时终止。

（二）海洋运输散装桐油保险

海洋运输散装桐油保险的责任范围，除了负责海洋运输货物保险所负责任外，还负责不论任何原因造成的散装桐油数量短少、渗漏超过免赔率部分的损失，以及不论任何原因所致被保险桐油玷污或变质损失。由于桐油是易受污染和变质的货物，因此，保险公司在接受承保时必须对桐油进行严格检验。

海洋运输散装桐油保险的责任起讫是按“仓至仓”条款负责。如果被保险散装桐油运抵目的港后不及时卸载，则从海轮抵达目的港时起算满 15 天，保险责任即告终止。

二、特别附加险条款

针对我国的出口货物在出口过程中可能遭受的某些特别损失，我国保险公司还开办了特别的保险险别业务。这些险别必须是在投保基本险的情况下投保。

（一）交货不到险（Failure to Delivery）

交货不到险的承保责任是：被保险货物从装上船时开始，如果在预定抵达日期起满六个月仍不能运到原定的目的地交货，则不论何种原因，保险公司均按全部损失赔付。

“交货不到”同一般附加险中的“提货不着”不同，它往往不是承运人运输上的原因，而是某些政治因素引起的。例如，由于禁运被保险货物被迫在中途港卸货造成的损失。保险人在承保这一附加险别时，一般都要求被保险人首先获得一切进口许可证件并办妥有关的进口手续，以免日后因无进口许可证的原因被拒绝进口而造成交货不到。另外，这一险别的承保责任范围在某些方面同提货不着险和战争险存在重复，凡提货不着险和战争险应该负责的损失，本保险不予负责。由于交货不到，很可能是被保险货物并未实际遭受全损，因此，保险人在按全损赔付时，多特别要求被保险人将货物的全部权益转移给保险公司。

（二）进口关税险（Import Duty Risk）

有些国家（如加拿大）对进口货物征收关税，不论货物是否完好，一律按完好时的价值十足到征。进口关税险就是针对上述情况而设立的特殊附加险。在这一险别下，如果被保险货物发生保险责任范围的损失，而被保险人仍须按货物的完好状态完税时，保险公司即对该受损部分货物所缴纳的关税负赔偿责任。

附加进口关税的保险额应根据可能缴纳的税款来确定，通常是由被保险人根据其本国进口关税的税率制定，因此，应与货物保险金额分开，而且分别收费，一般是按照发票金额的若干成加保。这个保险金额应在保险单上另行载明，将来发生损失时在该保额限度内赔偿，不能和基本险的保额相互串用。

（三）舱面险（On Deck Risk）

海运货物一般都是装在轮船舱内的，保险公司承保的海洋运输货物险，在制定货物运输的责任范围和费率时，都是以舱内运输作为考虑基础的。因此，对于货物装载舱面所发生的损失，保险公司不负赔偿的责任。但是，有些货物由于体积大、有毒性、有污染性或者易燃易爆等，根据航运习惯必须装在舱面上。舱面险就是为了对这类货物的损失进行经济补偿而设立的附加险别。

由于货物装载在舱面极易受损，遭受水湿雨淋等情况更是司空见惯。保险人为了避免承保的责任太大，通常只接受在平安险的基础上加保舱面险，而不愿接受在一切险的基础上加保本险。加保舱面险，保险人除了按原来承保险别范围负责外，还对货物被抛弃或被风浪冲击落水的损失负责。

随着现代航运技术的发展，海运货物越来越多地使用集装箱和集装箱船装运。由于专用集装箱船舶一般都设备优良，抗击海浪袭击的能力强，集装箱货物装于舱面与舱内的区别不大，因而订有"货物可能装于舱面"的集装箱货物提单已在目前国际贸易中被普遍接受。银行在办理结汇时，已把这种提单视同清洁提单而予接受。在目前保险业务中，保险人也已把集装箱舱面货物视同舱内货物承保。

（四）拒收险（Rejection Risk）

拒收险的保险责任是：货物在进口时，由于各种原因，被进口国的有关当局拒绝进口或没收所造成的损失，保险人负赔偿责任。不过，如果被保险货物在起运后尚未抵达目的港时，进口国宣布禁运或禁止，则保险人负责赔偿将货物运回出口国或转口到其他目的地而增加的运费，且最多不能超过该批货物的保险价值。

如果货物在起运前进口国即已宣布禁运或禁止，那么保险人不负任何赔偿责任。

投保拒收险的货物主要是食品、饮料、药品等与人体健康有关的货物。世界上大多数国家对进口这类货物都规定有卫生检验标准。如果违反进口国所规定的标准，就会被拒绝进口或者被没收，甚至被销毁。

被保险人在投保拒收险时，必须持有进口所需要的一切特许进口证明或进口许可证或进口配额。在发生保险范围内的损失时，被保险人有责任配合保险人处理被拒收的货物或者申请仲裁。

（五）黄曲霉毒素险

黄曲霉毒素是一种致癌毒素。发霉的花生、油籽、大米等一般都含有这种毒素。各国卫生当局对这种毒素的含量都有严格的限制标准。如果某种进口粮食作物的黄曲霉素含量超过限制标准，就会被拒绝进口，或者被没收，或者被强制改变用途。黄曲霉素险就是承保由此造成损失的险别。

对于被拒进口的或强制改变用途的货物，被保险人有义务进行处理。对于因拒绝进口而引起的争执，被保险人也有责任申请仲裁。

（六）出口货物到香港（包括九龙在内）或澳门存仓火险责任扩展条款（Fire Risk Extension Clause for Storage of Cargo at Destination HongKong，including Kowloon，or Macao）

我国大陆出口到港澳地区的货物，有些是向我国在港澳地区的银行办理押汇。在货主向银行清还货款之前，货物的权益属于银行，因而在这些货物的保险单上注明过户给贷款银行。如保险货物抵达目的地后，货主尚未还款，往往就将其存放在过户银行指定的仓库中。为使货物在存仓期间发生火灾能够得到赔偿，就特别附加这一险别。

这一险别的保险期限，是从货物运入过户银行指定的仓库时开始，直到过户银行解除货物权益或运输责任终止时起计算满 30 天为止。

三、卖方利益险（Contingency Insurance—Covers Sellers' Interests Only）

除了上述各种货物运输保险险别外，中国人民保险公司还为运输途中的货物承保“卖方利益险”。这种保险是供我国出口企业按 FOB 或 CFR 条件成交出口并采用托收方式收款时，为保障自身的利益而投保的独立险别。我国出口企业在投保了这一保险后，如果货物在运输途中发生损失，国外买方既不付款赎单，又拒绝支付货物受损部分的损失赔偿时，保险公司对卖方遭受的货物损失或灭失负赔偿责任。中国人民保险公司的“卖方利益险”条款的规定如下：本保险负责赔偿货物在遭受保险单载明的承保险别的条款责任范围内的卖方损失。但本保险仅在买方不支付该项受损货物的损失时才予以赔偿。被保险人应将其向买方或第三者的索赔权利转让给保险人。如对本保险单项下的任何利益或赔款转让，保险人即解除其全部责任。

卖方利益险是根据“或有利益”为投保人（卖方）设计的以运输途中的货物为保险标的的保险险种。“或有利益”是指被保险人在订立保险合同时仅预期具有的、因某一或然事件发生后才能实际具有的利益。在上述情况下，按照 FOB 或 CFR 条件的规定卖方已经完成交货义务，按照可保利益的规定，货物的风险已经转移给了买方，在这种情况下卖方对货物仍然具有“或有利益”。

第八章　海洋货物运输保险实务

海洋货物运输保险实务主要是介绍投保人、保险人以及被保险人对货物运输保险的投保、承保及索赔的具体操作方法。诚然，实务操作随着社会的发展在不同时期有不同的做法，但保险理论是实务操作的依据，对实务操作具有指导意义。因此，通过这一章的学习，不仅仅要了解方法，更重要的是掌握怎样将保险的理论运用到实际业务中。

第一节　海运货物保险的投保

我们在第六章中讨论了货物在海上运输途中所面临的各种海上自然灾害、意外事故、外来风险以及可能遭受的各种损失，正是由于这些风险的客观存在，国际贸易中无论是进口货物还是出口货物都需要办理货物运输保险，以保障货主的经济利益。货运保险的投保主要是介绍投保人在办理投保时应如何选择险别，应办理哪些手续以及投保时应注意的事项，等等。

一、《1990 年国际贸易术语解释通则》关于投保责任的规定

进出口货物在从卖方仓库运送到装运港，从装运港到目的港，从目的港到收货人仓库的全程运输中所面临的各种风险，应由卖方还是买方向保险人购买货物运输保险，是由买卖双方在买卖合同中使用的贸易术语决定的。

例如，在出口贸易中，如果贸易合同使用 FOB 或 CFR 价格术语，货物在海上运输过程中的保险由国外买方办理；如果使用 CIF 价格术语，保险则由国内卖方办理。在进口贸易中，如果贸易合同使用 FOB 或 CFR 价格术语，则货物从国外的起运港装上海轮以后的保险由国内买方办理；如果使用 CIF 价格术语，保险由国外卖方办理。现将《INCOTERMS 1990》关于 FOB、CFR 及 CIF 价格术语中有关买卖双方办理货运保险的责任规定介绍如下。

（一）FOB 价格术语关于投保责任的规定

FOB 价格，即船上交货价格，又称离岸价。买卖双方以 FOB 价格术语签订贸易合同，则卖方应按照合同规定的货物品质、数量、包装备妥货物，在规定的时间内，将货物装上买方指定的海轮，货物一经装上海轮，卖方就履行了合同，此后有关货物的一切责任费用和风险一概由买方承担。采用 FOB 价格条件，货物在装运港装上船之前的一切责任、费用和风险由卖方承担，因此，货物装船前的保险应由卖方办理；货物在装运港装上船之后的一切责任、费用和风险由买方承担，因此，货物的海上运输保险应由买方办理。

（二）CFR 价格术语关于投保责任的规定

CFR 价格，即成本加运费价。买卖双方以 CFR 价格术语签订贸易合同，则卖方应按照合同规定的货物品质、数量、包装备妥货物，并负责租船、订舱。在规定的时间内，将货物装上船舶。货物装船前的一切责任、费用和风险由卖方负责，货物装船后的一切责任、费用及风险由买方承担。采用 CFR 价格条件，买卖双方对货物的投保责任与 FOB 价格术语相同。

（三）CIF 价格术语关于投保责任的规定

CIF 价格，即成本加运费加保费价，又称到岸价格。买卖双方以 CIF 价格术语签订贸易合同，则卖方应按照合同规定的货物品质、数量、包装备妥货物，并负责租船、订舱。在规定的时间内，将货物装上船舶，并由卖方负责货物在装船港越过船舷以前的一切责任、费用和风险，包括海运运费和风险。

采用 CIF 价格条件，货物在装运港装船前的保险，及货物在装运港装船后的保险，均由卖方办理。货物在装运港越过船舷后的保险，是由卖方代买方办理的。按照《INCOTERMS 1990》的规定，对卖方代办保险有如下要求：

（1）根据 CIF 价格条件有关卖方责任的规定，卖方必须向信誉卓著的保险人投保平安险或水渍险。投保金额为 CIF 价格加 10%的利润加成。

（2）保险范围不包括特定行业或买方所需要的特种险，对偷窃、渗漏、破碎、破裂、汗湿、玷污以及特定行业的特种险，由买卖双方考虑并约定是否需要投保。

（3）卖方不负责投保战争险，如买方需要投保这一险别，卖方可以代为投保，该保险费由买方承担。

二、选择适当的保险险别

买卖双方根据价格术语确定了办理投保的责任之后，接下来的一个问题就是选择保险。货物运输保险有不同的保险险种，如基本险、附加险和专门险，以及各种不同的险别，如平安险、水渍险、一切险等。投保人在选择时应将货物在运输中可能面临的各种损失及所需获得的保障，作为考虑的主要因素；货物的特性、包装以及运输的季节、路线、港口等也都是影响货物损失的风险因素，投保人在选择时也应予以全面考虑。

有关货运保险险别的选择，投保人还可以从保险经纪人、保险公司和保险代理人处得到帮助。

三、选择合适的保险公司

投保人无论是直接从保险公司购买保险，还是通过保险经纪人、保险代理人间接购买保险，选择保险人是十分重要的，因为购买保险不同于购买一般的商品。投保人一旦同保险人签订了保险合同，交纳了保费，保险人就承诺对在保险有效期内发生的保险货物的损失承担赔偿责任。对投保人而言，选择保险公司时主要应考虑以下因素：

1. 保险公司的经济实力和经营的稳定性

保险公司履行对保户的承诺，是以其经济实力和经营的稳定性为基础的。

2. 保险商品的价格是否合理

价格虽然不是选择保险的惟一因素，但却是重要因素，投保人应考虑到经济效益，节省不必要的保费支出。

3. 保险公司的理赔情况

保险公司处理索赔是否公平、及时是选择保险公司的一个重要条件。

4. 保险公司提供的服务

投保前，投保人需要很多有关保单的咨询，保险人或其代理人是否能够给予全面的、客观的回答；投保后，保户的一些合理需要能否得到满足；保险标的发生损失后，保险理赔是否迅速、合理。这些都是保险公司服务水平、态度的表现，都是投保人选择保险人应考虑的因素。

四、投保手续

在投保人选择了保险公司及保险险别后，接下来要办理的就是具体的投保手续。

（一）投保单的格式（见附录）

（二）投保单的填写

从保险合同成立的法律来看，投保人填写的投保单构成了保险合同的要约。保险公司的承保人员根据投保人填写的投保单签发正式的保险单。投保单的法律效力表现在，保险合同生效后，投保单将作为保险合同的一个不可分割的组成部分。鉴于投保单在保险合同中的重要性，投保人在填写投保单内的下列项目时，必须填写明确。

1. 被保险人名称

这一项要根据对货物具有可保利益的有关人填写。货运保险单是否有效，同被保险人对货物具有的可保利益有关。由于出口货物绝大部分均由出口方向保险公司投保，因此除非信用证规定要填写指定的银行或进口商的名称外，均应填写进口商的名称。

保险单是可以转让的货运单证，一经保单上的被保险人在保单背面签章，保险单的权益就转让给被转让人或保单持有人。

2. 标记

这一项应与发票或提单上所载明的标记符号相一致，特别要同刷在货物外包装上的实际标记符号相同，以免在发生索赔案时，引起检验、核赔、确定责任上的混乱。

3. 包装数量

对货物的包装方式如箱、包、件、捆以及数量，均须书写清楚。

4. 货物名称

货物的名称必须具体明确，如棉布、袜子、玻璃器皿等。一般不要笼统地写纺织品、百货、杂货等。

5. 保险价值

货物运输保险单一般为定值保险单，保险价值为多少应由投保人与保险人共同商定。

6. 保险金额

货物运输保险的保险金额一般是按照发票的CIF价格加上一定的利润成数计算，加成率一般为10%，也可以根据实际情况加二成（20%）或三成（30%）不等。如果发票价格为FOB或CFR，应将运费、保险费加上后，再加成计算保险金额。

7. 船名或装运工具

如果采用轮船运输，应写明船名，需要转运的也要写明。如果采用火车或航空运输，最好注明火车班次和班机航次。如果采用联运方式，最好写明陆空联运或海空联运等。

8. 开航日期

有确切日期的，填上×月×日；无确切日期的，可填写“约于×月×日”。

9. 提单或运单号码

提单或运单的号码要填写清楚，以备保险公司核对。

10. 航程或路程

这一项应写明“自××港（地）到××港（地）”。如果到达目的地的路线有两条，应写明“自××经××到××”。

11. 承保险别

需要投保哪种险别应填写明确，不能含糊。如果对保险条款有特别要求的，也要在这一栏内申明。一般先写基本险，然后写附加险。

12. 赔付地点

一般都是在保险目的地支付赔款，如果要求在保险目的地以外的地方给付赔款时，应予申明。

13. 投保日期

投保日期应在船舶或运输工具开航之前。

（三）投保单填写应注意的问题

1. 投保时所申报的情况必须属实

保险是建立在最大诚信原则的基础之上的契约关系。保险人对投保人的投保是否接受，按什么费率承保，主要是以投保人所申报的情况为依据来确定的。因此，投保人在办理投保时，应当将有关被保险货物的重要事项（包括货物的名称、装载的工具以及包装的性质等）向保险人做真实的申报和正确的陈述。如所报情节不实或隐瞒真实情况，保险人有权解除合同或不负赔偿责任。

2. 投保单的内容必须同买卖合同及信用证上的有关规定相一致

由于保险单是以投保单为依据签发的，如果投保人不按合同的规定填写投保单，保险人据此出具的保险单就会与合同的规定不符，收货人也就可以拒绝接受这种保险单。在信用证支付方式下，投保单的内容还应符合信用证的有关规定，否则保险人所签发的保险单也会因“单证不符”而遭到银行的拒收。

3. 要注意尽可能投保到内陆目的地

国际贸易中，收货人的收货地点往往是在内陆，而海上运输中常用的 CIF 贸易术语却规定，只将货物运送到目的港。按照海上货运保险的国际惯例，除非保单上特别注明加保内陆转运责任，货物运输保险的目的地均为货物最后卸离海轮的目的地港口，而非保单上注明的收货人的内陆目的地仓库，因为所有的保险公司均不承保国外的内陆运输。如果投保人只将货运保险保到目的港口，则货物从目的港运输到内陆的收货人仓库这一段所发生的损失就得不到保险赔偿。尤其是投保一切险，有很多损失在港口是无法发现的，只有在货物运达内陆目的地收货人仓库经检验后才能确定，如只保到目的港，就会对损失责任的确定造成困难。因此，为解决收货人的实际需要并避免工作上的扯皮，以保到内陆目的地为宜，当然有些内陆城市由于运输条件较差，保险公司明确不保，这就须按照保险公司的规定办理。

国际贸易货物如果采用多式联运方式运输，贸易术语一般应采用 CIP。在这一贸易术语下，卖方须负责办理运输全程的各种运输方式的保险（包括海洋运输），并支付运输全程的保险费，因而保险人的责任期限可在指定的内陆目的地终止。

五、投保的方式

（一）出口货物投保的方式

按 CIF 价格成交的出口货物，货运保险由卖方办理投保。按我国保险公司的有关规定，出口货物的投保一般需逐笔填写投保书，向保险公司提出书面投保申请，投保单经保险公司接受后，由保险公司签发保险单。

如果时间仓促，也可采用口头或电话向保险公司申请投保，如获允许，保险也可生效，但随后一定要补填投保单。

为了简化单证，在实际业务中，对于长期的客户，保险公司还可以同意投保人不单独填写投保单，而利用出口公司现成的发票副本代替投保单，但发票副本上必须将投保单上所规定的内容补填齐全。

（二）进口货物投保的方式

按 FOB 或 CFR 价格成交的进口货物，货物的运输保险由国内买方办理投保，投保的方式有两种。

1. 订立预约保险合同

在我国的实际保险业务中，为了简化保险手续，并防止进口货物在国外装运后因信息传送不及时而发生漏保或来不及办理投保等情况，专营进口业务的公司，可同保险公司签订海运进口货物运输预约保险合同，并由保险公司签发预约保险单证。明确规定：凡属该公司海运进口的货物，保险人负有自动承保的责任。同保险公司签有预约保险协议的各进口公司，对每批进口货物无须填制投保单，只须在获悉所投保的货物在国外某港口装运时，将装运情况通知保险人。通知的内容包括装运货物的船名、货物名称和数量、货物价值和保险金额等。

目前国内保险业务的通常做法是：《国际运输预约保险起运通知书》是由投保人所填写的，保险公司依据此通知书签发保险单。由于是预约保险，国内保险公司往往也不再出具保险单，仅以上述货运通知书作为投保人投保的依据，代替保险单。如被保险人要求对依据预约保险合同分批装运的货物签发保险单证，保险人应当照办。如分批装运分别签发的保险单证内容与预约保险单证的内容不一致时，应以分别签发的保险单证为准。

2. 逐笔办理投保

这种投保的方式，适用于不经常有货物进口的单位。采用这种投保方式时，货主必须在接到国外的发货通知后，立即向保险公司申请办理海运货物保险的手续，即填写投保单，并交纳保险费。保险人根据投保单签发保险单。

六、贸易合同中的保险条款

货物运输保险是为国际贸易提供服务的，保险条款是贸易合同中的一个重要组成部分。贸易合同中的保险条款主要有以下几种条文。

（一）有关保险险别的条文

“由卖方按发票金额的 120％投保一切险加保战争险和罢工险”。（Insurance to be effected by the seller for 120％ of invoice value against All Risks and War Risks and Strike Risk.）

（二）有关保险期限的条文

“由卖方按发票金额的 110％投保水渍险加保串味险和包装破裂险，包括目的港 90 天期限”。（Insurance to be effected by the seller for 110％ of invoice value against W. P. A including Risk of Breakage of Packing and Risk of Bad Odor including 90 days at port of destination.）

（三）有关特殊约定的条文

“由卖方按发票金额的 130％投保平安险加保内陆转运责任，保险责任延长到买方的最后目的地，但不包括途耗”。（Insurance to be effected by the seller for 130％ of invoice value against F. P. A extends to cover Inland Transportation Risks up to the destination of buyer but excluding natural loss.）

第二节　货运保险的承保

货运保险的承保就是保险公司以一个谨慎的保险人的规范的方法对投保人填写的投保单进行风险评估、厘订费率及签发保险单的全过程的统称。保险公司的核保人员对投保人填写的投保申请进行风险评估并按照规定的标准和操作程序进行筛选的过程就是承保。保险公司只对经过核保人的筛选，符合条件的投保单才签发保险单。货运保险的承保一般包括下列内容：

一、风险评估

货运保险承保的第一步就是保险公司对投保人填写的投保单进行风险评估，即保险人利用已掌握的信息和资料，对保险标的的风险因素进行分析和评估。对于货运保险的承保，保险公司主要考虑的风险因素有：

（一）货物的性质和特点

不同性质和特点的货物，在运输途中可能遭遇的风险和发生的损失往往有很大的不同，因此，在评估风险因素时必须充分考虑货物本身的性质和特点，据以确定适当的风险等级和承保标准。关于各类货物的特性请参阅本章第一节有关选择保险险别的介绍。

（二）货物的包装

货物的包装对货物的安全运输具有重要作用。有些货物在运输及装卸转运过程中，常因包装破损而造成质量上或数量上的损失。因此，在进行风险因素分析和评估时，货物包装对运输途中的货物可能发生的损失及损失的严重性的影响应加以考虑。例如，采用集装箱运输服装和采用纸箱包装运输服装，服装在运输途中发生损失的概率有很大的不同。但须注意，由于包装不良或由于包装不适应国际贸易运输的一般要求而导致货物遭受损失，保险人一般不予负责，因为包装不良或不当属于发货人的责任。

（三）运输船舶

货物在运输途中面临的风险程度大小，同载货船舶本身的性能有密切的关系。船舶的建造年份、吨位、船上设备等对船舶的适航性有重要影响，因此，载货船舶的情况是货运承保人考虑的一项重要的风险因素。一般的惯例是：船龄在 15 年以上的为老船，用这样的船运输货物保险公司要适当加收费用；对于用船舶的载重吨在 1 000 吨以下的小型船运输货物，保险公司也要适当加收费用。

（四）运输路线及停靠的港口

海上运输中船舶的航行路线和停靠的港口，对货物可能遭受的风险和损失有很大的影响。某些航线途经气候炎热的地区，这时如果载货船舶通风不良，就会增大货物的受潮受热损失。而在政局动荡不定，或在已经发生战争的海域内航行，货物遭受意外损失的可能性自然增大。由于不同停靠港口在设备、装卸能力、港口管理以及安全等方面有很大差异，造成货物在港口装卸时发生货损货差的情况也就不同。

（五）运输季节因素

货物运输季节不同，也会使运输货物面临不同的风险和损失。例如，载货船舶冬季在冰封区的海域航行，极易发生与流动冰山碰撞的风险；又如，夏季装运粮食、果品，极易出现发霉腐烂或生虫的现象。

（六）投保险别

保险人对货物承担的责任大小是由投保人选择的保险险别决定的。投保人选择不同的保险险别，保险人对货物承担的风险是不同的。投保人选择的保障范围越大，保险人承担的风险责任也越大，当保险人认为在某一时期某一地区某类风险的发生概率很高时，为保障自己的利益保险人会拒绝承保某类风险。

（七）无形风险因素

除上述各种有形风险因素外，货运保险中还存在无形的风险因素。如投保人的道德风险和行为风险，投保人以往的索赔记录等；船舶承运人或船东的信誉及经营管理水平等因素都直接影响到保险风险发生的概率。这些都是保险人进行风险评估时应考虑的因素。

二、承保费率的确定

经过对风险因素的分析和评估，对于接受的投保申请，承保人员要根据对风险的具体分析确定保险费率。保险费率是保险人以保险标的的风险性大小、损失率高低、经营费用多少等为依据，根据不同的商品、不同的目的地以及不同的投保险别所制订的保险价格。货物运输保险的费率分为海洋货物运输保险费率、海洋运输战争险费率、附加险费率和专门险费率。

保险公司根据以上基本费率，参考投保货物的风险因素大小，在基本费率上进行调整。下面以中国人民保险公司的海洋货物运输保险费率表为例来说明保险费率的计算方法。中国人民保险公司的海洋货运保险费率分为出口货物费率表和进口货物费率表两大类。

（一）出口货物的保险费率

目前，中国人民保险公司的出口货物费率分为“一般货物费率”和“指明货物加费费率”。“一般货物费率”适用于所有的货物，“指明货物加费费率”适用于特别指明的某些货物。

1. 一般货物费率表

一般货物费率表是按照保险货物运往的目的地和投保的险别为确定费率的标准。所有出口货物只要投保了基本险别，均需按该表所列费率标准计收保险费，这是被保险人必须支付的基本保险费率标准。一般货物费率表的结构如下（表2—8—1）：

表2—8—1　　一般货物费率表（亚洲国家和地区）

险别 / 目的地	平安险	水渍险	一切险
香港、澳门地区	0.××	0.××	×.××
日本	0.××	0.××	×.××
新加坡	0.××	0.××	×.××
印度	0.××	×.××	×.××
阿富汗	×.××	×.××	×.××
其他	0.××	×.××	×.××

2. 指明货物加费费率表

指明货物加费费率表是针对某些指明的易损货物加收的一种附加费率。这些货物在运输途中，由于外来风险的发生极易遭受短少、破碎和腐烂等损失，并且损失率较高，不宜同其他非易损货物采用相同的费率，因此把这些货物专门列出来。当投保人就这些货物投保一切险时，保险公司需在一般货物费率的基础上按规定的加费费率加收保险费。因此这个费率表被称为“指明货物加费费率表”。指明货物加费费率表是按商品进行分类的，它的结构如表 2—8—2：

表 2 —8 —2　　指明货物加费费率表（粮油食品类）　　每百元

商品名称	加费费率	备注
散装、袋装粮食、籽仁、豆类	0.××	扣短量免赔率 0.××%
袋装食糖、袋装食盐	×.××	扣短量免赔率 0.××%
散装、桶装油脂	0.××	散装扣短量免赔率 0.××%
花生仁、果	0.××	
冷冻品	×.××	按照冷藏险条款

在指明货物加费费率表中，对一些货物有免赔率的规定。在这里，免赔率是指保险人对于保险货物在运输途中发生的规定比率之内的货损货差不负赔偿责任。这是因为有些货物由于本身的特点，在装卸作业过程中或在运输途中必然会出现一些损耗，这是正常途耗，而非偶然和意外的损失，所以保险公司对这种损失不予以赔偿。免赔率有绝对免赔率和相对免赔率两种。绝对免赔率（Deductible）是指保险人只赔偿超过免赔率规定的损失部分，对免赔率以内的损失绝对不赔。相对免赔率（Franchise）是指保险人对免赔率以内的损失不赔；如果损失超过免赔率的规定，则全部损失都赔，即免赔率以内的损失也一起赔。

中国人民保险公司在指明货物加费费率表中对某些易损货物规定了绝对免赔率，当保险人对货物发生的部分损失进行赔偿时应按规定的免赔率做相应的扣减。保险人在投保一切险或加保某些附加险时规定有免赔率。如投保人要求降低免赔率或不计免赔率（Irrespective of Percentage，缩写为 I. O. P. ），可按费率表规定的标准加费承保。

3. 一般附加险费率

如果货物投保了平安险或水渍险，又另外加保了一项或几项一般附加险，如果加保的附加险是该货物在运输过程中可能遭受的最主要的外来风险，则加保的附加险按指明货物加费费率计收。

4. 货物运输战争险、罢工险费率

战争险和罢工险的费率同基本险费率相比是很特殊的，战争险的费率是波动型费率。在没有战争爆发的情况下，战争险费率较低，但保险人对其承保的战争风险，可以根据不同时间、不同地区的战争险和罢工险的实际情况，以及国际形势的变化，随时调整战争险的费率，有时这个调整幅度是很大的。中国人民保险公司战争险费率为0.4%，凡从我国各出口口岸运往世界各地的货物，均按一个费率计收战争险保险费，而不论是什么货物，不论货物运往何处。战争险、罢工险一起投保时，只按战争险费率计收，罢工险不另收费。如只投保罢工险，则按战争险费率计收。

5. 其他规定

这一部分内容主要是对投保特别附加险、内陆运输扩展责任保险等规定的收费标准，以及某些情况下减费的规定等。

（二）进口货物的保险费率

目前，中国人民保险公司的进口货物费率表有三种，即“特约费率表”、“进口货物费率表”和“特价费率表”。

1. 特约费率表

“特约费率表”适用于同中国人民保险公司签订有预约保险协议的各专业外贸进出口公司的进口货物的保险费的计算。“特约费率表”是指按照预约保险协议的规定所确定的保险费的标准。“特约费率表”规定的费率是一种优惠的平均费率，对从世界各国进口到我国各个口岸的进口货物按商品的类别划分，不分投保的险别，对每一大类商品只制定一个费率。

2. 进口货物费率表

“进口货物费率表”适用于专业进出口公司以外的其单位的进口货物的保险费的计算。这种费率是按照进口地区不同、按投保险别不同制定不同的费率。它不分商品，适用于一切进口货物的保险费计算。

“进口货物费率表”类似于出口货物的“一般货物费率表”。

3. 特价费率表

“特价费率表”是对一些指定的商品投保一切险时采用的费率。“特价费率表”类似于出口货物的“指明货物加费费率表”。

三、货运保险的保险金额及保险费的计算

（一）保险金额的构成要素

国际贸易货物运输保险的保险金额，一般是按 CIF 发票金额加一成（即加成率为 10%）计算的。所以要按 CIF 计算，主要是为了使被保险人在货物发生损失时，不仅货价的损失可获补偿，对已支出的运费和保险费也能获得补偿。所以要加一成投保，主要为了在货物发生损失时，使被保险人所支出的费用（开证费、电报费、借款利息、税款等）及预期利润能获得补偿。

对于加成投保的问题，在《跟单信用证统一惯例》（1993 年修订本，国际商会 500 号出版物）及《国际贸易术语解释通则》（1990 年修订本）中均有规定。前者的规定是：最低保险金额为“货物的 CIF 或 CIP 金额加 10%”；后者的规定是：最低金额为“合同规定的价格另加 10%”。当然，保险加成率的多少是可以改变的。保险人同被保险人可以根据不同的货物、不同地区进口价格与当地市价之间的差价、不同的经营费用和预期利润水平，约定不同的加成率。在我国出口业务中，保险金额一般按货物的 CIF 加 10%计算。如果国外商人要求将保险加成率提高到 20%或 30%，则保费的差额部分应由国外买方负担；同时，国外买方要求的加成率如果超过 30%时，应事先征得保险公司的同意，在签订贸易合同时不能贸然接受，以防止由于加成过高，保险金额过大，造成下列不良情况的发生。

（1）当市场价格下跌时，被保险人故意造成货物损失，骗取保险赔款；

（2）由于保险金额高，赔偿金额高，当被保险货物遭遇风险时，被保险人不积极采取措施防止或减少损失。

（二）保险金额的计算

保险金额的计算公式是：

保险金额＝CIF 价格×（1＋加成率）

1. 已知 CIF 价格和加成率，计算保险金额

保险金额＝CIF 价格×（1＋加成率）

例：CIF 货价为 105 美元，加成率为 10%，保险金额＝105×（1＋10%）＝115.5 美元

2. 已知 CFR 价格、保险费率和加成率，计算保险金额

保险金额是以 CIF 价格为基础计算的，如果对外报价为 CFR 价格，而国外买方要求改报 CIF 价格，或者在 CFR 合同项下，由卖方代买方办理投保，保险金额都不能直接用 CFR 价格加上保险费来计算，而应先把 CFR 价格换算为 CIF 价格再加成计算保险金额。从 CFR 价格换算为 CIF 价格时，应利用下列公式：①

$$\text{CIF}=\frac{\text{CFR}}{1-（1+\text{加成率}）\times\text{保险费率}}$$

例：某公司出口一批商品到欧洲某港口，原报 CFR 欧洲某港口，总金额为 10 000 美元，投保一切险（保险费率为 0.6%）及战争险（保险费率为 0.04%），保险加成率为 10%，则改报 CIF 价格是：

$$\text{CIF}=\frac{10\,000}{1-（1+10\%）\times（0.6\%+0.04\%）}$$

$$=10\,070.90（\text{美元}）$$

如出口按 CFR 成交，买方要求卖方按 CIF 价格加成 10%代办投保，可用下列公式直接从 CFR 价格计算保险金额：

$$\text{保险金额}=\frac{\text{CFR}}{1-（1+\text{加成率}）\times\text{保险费率}}\times（1+\text{加成率}）$$

按上例，该批货物的保险金额是：

---

① 这个公式的推导过程是：

CIF＝CFR＋保险费

＝CFR＋（保险金额×保险费率）

＝CFR＋［CIF（1＋加成率）］×保险费率

CIF－［CIF（1＋加成率）×保险费率］＝CFR

CIF［1－（1＋加成率）×保险费率］＝CFR

$$\text{CIF}=\frac{\text{CFR}}{1-（1+\text{加成率}）\times\text{保险费率}}$$

$$\text{保险金额}=\frac{10\,000}{1-(1+10\%)\times(0.6\%+0.04\%)}\times(1+10\%)$$

$$=11\,077.99\text{（美元）}$$

（三）保险费的计算

投保人向保险人交付保险费，是保险合同生效的前提条件。保险人只有在被保险人承诺或实际支付保险费的条件下，才承担相应的保险责任。保险费是保险公司经营业务的基本收入，也是保险公司用作支付保险赔款的保险基金的主要来源。

货物运输险的保险费是以货物的保险金额为基础，按一定的保险费率计算出来的，其计算公式如下：

（1）保险费＝保险金额×保险费率

如系按 CIF 加成投保，以上公式可改为：

保险费＝CIF（1＋保险加成率）×保险费率

在已知 CFR 价格的条件下保险费还可以按下列方法计算：

（2）保险费＝CIF 价格－CFR 价格

四、货运保险的承保方式

目前，我国货物运输保险业务的承保方式分为直接业务、代理业务和预约统保业务三种类型。

（一）直接业务

直接业务是指由保险公司的业务人员直接接受投保人的投保申请，并签发保险单的业务。如各大保险公司在全国的主要城市和主要港口设立自己的分支机构，招揽保险业务。

（二）代理业务

代理业务是指由保险代理人包括专业代理人和兼业代理人接受投保人的投保申请，并签发保险单的业务。

（三）预约统保业务

预约统保业务是指保险公司和保户预先签订有预约保险协议，根据这一协议，保险公司对保户的所有运输货物承担自动保险责任的统保业务。

五、货运险保险单的格式（见附录）

六、保险单内容的填写

保险单是投保人与保险人双方签订的保险合同的证明文件。保险公司签发保险单的依据是投保人填写的投保单以及买方银行开具的信用证，保险单的填写必须认真，尽量避免差错，并严格审核。保险单的用词要准确，保险条件、保险责任范围必须明确、清楚。

保单内容的填写请参阅有关投保单内容的介绍。

七、保险单中承保条件的拟定

（一）承保险别条款

承保海运平安险和战争险包括淡水雨淋及自然所致的损坏，但不包括途耗。

Covering FPA and War Risks as per Ocean Marine Cargo Clauses and Ocean Marine Cargo War Risks Clauses of The People's insurance Company of China, including damage caused by rain and \ or fresh water, internal combustion, excluding natural loss in weight.

Covering All Risks as per Institute Cargo Clauses dated 1/1/1982.

Including Fire Risk Extention for storage of cargo at destination Hongkong, including Macao as per Clause attached.

（二）保险期限条款

Including 60 days after discharge of the goods at port of destination subject to the terms of this policy.

第三节　货物运输保险的损失检验

货物投保后一旦发生损失，被保险人必须通过损失检验这一环节，确定损失责任和损失程度，取得损失检验报告，才能向有关责任方提出索赔要求。保险人承保后，货物一旦发生损失，也必须经过损失检验这一环节，确定损失原因，划分损失责任和了解损失程度，取得损失检验报告，才能据以进行理赔或拒赔。因此，损失检验工作无论对被保险人还是对保险人来说都是至关重要的，损失检验出具的检验证明是保险索赔和理赔的重要依据。

一、损失检验的作用

对保险货物的损失进行检验具有以下几方面的作用：

（1）确定造成保险货物损失的原因及其责任归属；

（2）鉴定货物损失的性质、范围和程度；

（3）及时对受损货物采取抢救措施，防止损失的扩大；

（4）通过检验发现损失属于发货人、承运人或第三者的责任时，可以及时向有关责任方追偿；

（5）通过检验发现货物在运输、中转、装卸、储存等各个环节中存在的问题，并及时将问题反馈给有关方面，以利今后采取有效的防损措施，改进工作，加强管理。

由于保险货物损失检验是整个索赔和理赔工作中的重要环节，原则上，所有保险货物的损失都必须申请进行损失检验，并取得检验报告，保险公司才接受对损失的索赔申请，予以理赔。但在实际业务中，属于以下两种情况的货物损失，可以不申请检验。

（1）如果货物在目的港卸离海轮后，发现整件短少，对此损失，收货人已取得由船长签字认可的“货物短卸证明单”。货主可凭此证明直接向保险公司提出索赔。保险公司赔付后再据此证明向承运人追偿。

如果货物在卸离海轮后，交给收货人之前发生了整件短少，对此损失收货人取得了港务局或装卸人签字认可的短交证明，对这种损失收货人也不必申请检验，收货人可凭此证明向保险人申请索赔。

（2）对损失金额很小的损失，为节省时间和简化手续，保险公司可根据实际情况，不要求被保险人申请检验，而按照实际损失予以赔偿。

二、申请损失检验的时间

收货人申请损失检验应当及时。从理论上来讲，对受损货物及时进行检验有下述几个原因：

（1）及时申请货损检验是被保险人的一项义务，被保险人只有履行了义务才能取得保单权利。因此是否及时申请检验，直接关系到被保险人能否获得损失补偿。

（2）及时申请检验还是保险人控制标的损失扩大的一种手段，被保险人只有及时申请检验，才能避免因延迟检验而造成损失的扩大。

（3）申请检验的时间只规定应及时、立即，但对具体时间没有做出明确规定。因此，申请检验是否及时属于事实问题，而不是法律问题，要实事求是地分析损失案例的具体情况，来决定被保险人是否及时申请了检验。

中国人民保险公司的海洋运输货物保险条款中的被保险人义务条款规定，当被保险货物运抵保单载明的目的港以后，被保险人或其代理人如发现被保险货物发生了任何损失，应立即向保单上载明的检验、理赔代理人申请检验。

在我国的货运保险实践中，对不同货物的损失，保险人掌握的是否及时检验的时间不完全一致，一般期限为收货人提货后或货物运抵收货人仓库后 7 天～10 天。

三、申请损失检验的地点

原则上讲，货物一经运抵目的地港口，收货人应立即提取货物，并将货物及时运送到收货人仓库。根据海洋货运保险条款中仓至仓条款的规定，货物一经进入收货人仓库，保险责任即告终止。按照惯例，货物一经进入仓库后，收货人应对货物进行开箱验货，检验货物是否与合同的规定相符，是否发生了损失。在开箱验货时，一旦发现货物已经受损，收货人应立即申请对受损货物进行损失检验。在我国，对受损货物进行损失检验一般采用联合检验的方式。所谓联合检验是指由与受损货物有关的各方面的人员，包括收货人、货物的保险人、承运人或其代理人及商品检验部门等，共同对货物的损失进行检验和鉴定。联合检验出具的检验报告为联检报告。

在实际的损失检验工作中，应该在什么地点对受损货物进行损失检验，应根据保险责任终止地点并视收到货物时的不同情况而作出相应的调整。一般来说，由我国保险公司承保的进口货物大部分是转运到内陆收货人仓库后保险责任终止，由国外保险公司承保的进口货物大部分是在货物运抵目的港后保险责任在目的港终止。

申请检验的地点在实际工作中一般按以下几种情况掌握：

（1）若保险责任在目的港终止，收货人提货后发现货物残损，应首先取得有关责任人的签证和记录，同时立即通知保险公司，会同有关各方在港口区的收货人首次验收的仓库进行联合检验，并由保险公司编制联合检验报告。

（2）若保险责任在内地终止，但收货人或其代理人在港口提货时发现货物已经有明显的残损，尤其是对外包装有严重残损或污损的货物，收货人应立即通知保险公司及有关各方共同进行检验，并及时将检验情况通知内地有关保险公司。

（3）保险责任在内地终止，虽然货物包装外表有损坏，但估计内部的货物损失不大，或开箱检验反而有增加损失的可能；或即使开箱检验，由于受技术和工具的限制无法鉴定损失时，可以暂时不开箱检验，但必须办妥异地检验手续。

为了防止残损的货物在转运期间损失扩大，收货人必须在转运前对残损进行足够的修补、整理或做其他必要的处理。

（4）保险责任在内地终止，进口货物从目的港卸离海轮后，至运抵内地收货人仓库后外包装完好无损，一般由收货人自行开箱检验即可，不必通知保险公司，若打开外包装后，发现货物受损，应尽量保持货物原状，并立即通知保险公司到现场检验。

四、确定损失责任

保险货物从保单上载明的起运地或发货人仓库，经过多个环节的长途运输，最终到达目的地港口或收货人仓库，在整个运输过程中货物可能发生各种损失，货物发生的损失按其责任归属有以下几种情况：

（一）货物的“原残”损失

由发货人责任造成的货物残损称为“原残”，原残是指以下几种货物的损失情况：

（1）货物的残损是在生产、制造、装配、整理、加工或包装过程中造成的；

（2）货物的包装不适航造成的，或货物的品质和装运标记不符合合同规定或国际惯例；

（3）虽然提单为清洁提单，但发货人已给船方出具保函，声明货物的残损、短少与承运人无关的这部分损失；

（4）发货人没能取得清洁提单的货物。

如果货物的损失属于“原残”，收货人或其代理人应及时向检验机构申请检验，以获得检验结果，作为向卖方提出索赔的依据。

根据我国海洋货运保险条款及协会货物条款的规定，由发货人责任造成的货物损失是货运保险的除外责任，保险人不负赔偿责任。

（二）货物的“船残”与“短卸”损失

由于船方的责任造成的货物损失属于“船残”，货物在目的港卸货时整件短少称为“短卸”。

1.“船残”损失

（1）载货船舶不适航、不适货或船舶设备不良等直接造成的货损；

（2）船方对运载的货物未能恪尽职责进行合理的配载、积载、捆绑、隔垫而导致的货损；

（3）船方已签发清洁提单，但在卸货港理货公司的“货物残损单”上签字认可的属于船方责任造成的损失，这种情况不需申请检验。

对于货物发生的“船残”损失，收货人应针对不同情况采取不同的处理措施：

（1）如果货物损失严重，金额较大，收货人应向船方取得银行担保或船方保赔协会的担保函，船方不提供担保的，收货人可向法院起诉。

（2）如果货物的“船残”损失是由于船舶不适航，或船方未恪尽职责保管货物造成的，而船方已签发清洁提单，但理货公司出示货物残损证明的损失，收货人应及时向保险公司或检验机构申请检验，并取得残损鉴定证明，向船方申请索赔。

2. “短卸”损失

“短卸”的情况，是指船方已签发清洁提单，但在卸货港理货公司“货物港短卸单”上签字认可的属于船方责任造成的货物的整件短少，这种情况不需申请检验。

对于“船残”与“短卸”，收货人应向船方提出索赔申请，若“船残”与“短卸”又属于保险责任范围内的损失时，收货人可向保险人索赔损失，在取得保险赔偿后，将向船方索赔的权益转让给保险公司。

（三）货物的“工残”损失

由港务局或其他第三者的责任造成的货物残损，称为“工残”。“工残”包括：

（1）货物在卸货港由于卸货操作违章、搬运装卸不慎、使用卸货工具不当造成的损失。

（2）在码头、仓库、货场由于运输、堆存、保管不善等造成的货损。凡属港务局或其他第三者责任造成的“工残”损失，必须取得有关责任方出具的货运记录，作为向责任方索赔的依据。

上述“原残”、“船残”、“短卸”、“工残”等各种货物损失的责任划分一般以运输途中的各种单证作为主要依据，除属发货人责任的“原残”同保险责任无关以外，“船残”、“短卸”及“工残”及其他外来原因造成的货物损失，只要在保险责任期限内发生，一般均属保险责任。经过货物损失检验后，对确认属保险单承保责任范围内的损失，被保险人应根据“联合检验报告”，在保险索赔时效内向保险人提出索赔。

被保险人或其代理人在提取货物时，如果发现被保险货物的包装有明显的受损痕迹、或者整件短少、或者散装货物已经残损等情况，除必须通知保险公司，向保险公司报损之外，还应立即向承运人、受托人以及海关、港务局等索取货损货差证明。特别是这些货损货差涉及承运人、港务局、装卸公司等方面的责任时，还应立即以书面形式向他们提出索赔，保留追偿权利。有时还要申请延长索赔时效。因为按照运输合同及有关运输部门的规定，如果收货人不在当时提出异议索赔，即视为所交货物完好，事后就不能再行提赔。

五、检验报告

（一）检验报告的性质

检验人对受损货物进行检验后，应出具检验报告。这种检验报告只是第三者以公正的态度对损失情况做出的客观的证明，并不意味着损失必须由保险公司负完全赔偿责任。它是索赔人向保险人索赔的一种必备文件，而保险人是否对这种损失负责及负责损失的多少，要根据保险条款规定来决定。保险人收到检验报告后，应对其内容进行认真的审核，同时应要求被保险人提交有关保险标的的一切单证。

（二）检验报告的格式

对于货物损失的检验报告，世界各国保险公司在劳合社检验报告标准格式“C”的基础上都有各自固定的格式，以供检验机构和国外代理人使用。检验报告的格式见附录。

第四节　海上货运保险的索赔

保险索赔就是具有索赔请求权的人（一般为被保险人）根据保险合同的有关规定向保险公司正式提出要求赔偿损失的申请。海上货运保险项下的货物遭受损失后，收货人（被保险人）应按下列程序向保险人提出索赔。

一、通知损失，申请检验

被保险人一经获悉或发现保险标的遭受损失，应立即通知保险公司。损失通知的重要性表现在它的法律效力上，损失通知一经发出，索赔立即生效并且不再受索赔时效的限制。海上货运保险单一般都注明了保险公司在目的港或目的地的检验代理人的名称和地址。被保险人应采取就近原则，及时通知保险人或其在当地的检验代理人，申请对损失进行检验，保险人在接到损失通知后，就可以对损失进行检验，并采取相应的措施控制损失，等等。若被保险人延迟通知，则会耽误保险公司办理有关工作，影响索赔甚至引起争议。

二、提出索赔

保险标的遭受的损失经过损失检验确认是由保单承保风险造成的，则被保险人应根据保险合同的有关规定向保险公司提出索赔申请。按照海上保险的惯例，被保险人向保险公司索赔时，必须提供如下单据：

（一）保险单或保险凭证

保险单或保险凭证是向保险公司索赔的基本单据，用以证明保险公司承担的保险责任。

（二）运输契约

运输契约包括海运提单、陆空运单、邮寄单等运输单证。这些单证是判断损失货物是否为保单承保的货物的重要依据，是用以证明被保险货物的承运状况，如承运的件数、运输路线、交运时货物的状态，以确定受损货物在保险责任开始前的状况。

（三）发票

这是计算保险赔款时的数额依据。

（四）装箱单、重量单

这是证明被保险货物装运时的件数和重量的详细情况的单据，是核对损失数量的依据。

（五）向责任方要求赔偿的文件

如果损失涉及承运人等第三者责任方，应提供向承运人等第三者责任方请求赔偿的函电或其他单证和文件。这些文件需包括第三者责任方的答复文件，因为它可表明被保险人确已履行了他应该办的索赔手续，即维护了保险公司的追偿权利。

（六）货损、货差证明

当承运人在起运港对其收到的货物签发了清洁提单，而在目的港对其所交的货物有残损或短少的情况下，收获人应要求承运人签发货损、货差证明。它既是向保险公司索赔的证明，又是日后保险人向承运人追偿的依据。如果是整件短少，应要求承运方签署短缺证明。

（七）索赔清单

这是被保险人要求保险公司支付的损失赔款的详细清单。主要列明索赔金额的计算依据以及有关费用损失的项目和用途。

（八）海事报告

这是载货船舶在航行途中遭遇恶劣天气、意外事故或其他海难时的详细记录。它记录了船舶在遭遇海上危险时发生的各种损失及承运人采取的各种措施。海事报告对于确定保险货物的损失原因和保险责任具有重要的参考作用。

（九）检验报告

除上述各种单据和证明文件外，保险人还可根据损失情况和理赔需要，要求被保险人提供与确认保险事故性质和损失程度有关的证明和资料。所有这些证明和资料是被保险人索赔的依据，保险人是否承担损失赔偿责任，除根据现场调查搜集的资料外，主要是依据这些证明和资料进行判断。

三、保险索赔必备的条件和应注意的问题

在保险实际业务中，保险索赔往往是保险合同在履行过程中的一个焦点。保户参加保险后，总是希望在损失发生后能够得到保险赔偿。但是，从理论上来讲保险对损失的赔偿是有严格的限制的，获得保险赔偿必须符合规定的条件。被保险人向保险公司提出索赔必须具备下列条件：

第一，提出索赔的人必须是在保险标的发生损失时，对保险标的具有可保利益的人。根据可保利益原则，损失发生时，只有对保险标的具有可保利益的人才能向保险公司提出索赔请求。因此，损失发生时对保险标的不具有可保利益的人提出索赔无效。

第二，保险标的的损失必须是保单承保风险造成的保险责任范围内的损失，保险公司才履行损失赔偿责任。这一规定是根据近因原则确定的。因此若保险标的的损失不是保险承保风险为近因造成的，保险公司拒绝赔偿。

在保险索赔中，仅仅具备以上两个条件还不够，被保险人还必须根据保险合同的规定履行了应尽的合同义务，才能获得保险赔偿。此外无论是在出口或进口的索赔工作中，被保险人必须特别注意下列问题：

（1）对受损失货物应积极采取措施进行施救和整理。被保险货物受损后，作为货方的被保险人，除了应及时通知保险公司或保险公司的代理人请求对受损货物进行联合检验之外，还应会同保险公司或其代理人对受损的货物采取必要的施救和整理措施，以防止损失的扩大，不能因为货物已经投保了便袖手不管。根据各国保险法或保险条款的规定，如果被保险人没有采取必要的措施，以防止损失扩大，则对继续扩大的损失部分，保险人不负赔偿的责任。

对于受损货物的转售、修理、改变用途等被保险人也负有处理的义务。这是因为被保险人对货物的性能、用途比保险公司更为熟悉，能更好地利用货物。在我国，无论是进口货物或国内运输的货物受损后，原则上都应由货方自行处理。当然，被保险人在对受损货物进行转售、修理、改变用途等工作之前，必须通知保险公司或征得保险公司的同意。

（2）如果涉及第三者责任，赔款虽然先由保险人赔付，但被保险人应首先向责任方提出赔偿要求，以保留保险人的追偿权利。保险公司为了维护自身的利益，对于已丧失了追偿权的损失，是可以拒绝赔偿的。

四、索赔时效

向保险人就保单项下的损失提出索赔时，必须在保险单规定的索赔时效内提出索赔要求。我国现行的海洋运输货物保险条款规定的索赔时效是，从被保险货物在最后的卸载港完全卸离海轮时起算两年之内向保险人索赔有效。

第五节　海上货运保险的理赔

保险理赔是指保险人根据保险合同或有关的法律、法规，受理被保险人提出的赔偿损失的请求，对损失进行查勘、检验、定损、理算、赔偿等业务活动，若损失赔偿涉及第三者的责任，保险人还应进行追偿工作。保险货物发生损失后，作为被保险人不仅要依据保险合同的规定积极做好索赔工作，还应对保险理赔工作有全面的了解。这样便于保险公司理赔人员开展工作，减少对保险的误解，并配合保险理赔人员做好理赔工作。

一、保险理赔的基本原则

保险人在进行保险理赔的工作中，应遵循下列基本原则：

（一）以保险合同为依据的原则

保险合同是保障性合同，保险事故发生后，保险人对损失履行赔偿责任是保险人的合同义务。保险理赔必须以保险合同条款的规定为依据。保险合同是保险人与被保险人双方权利与义务的基础，保险标的发生损失后，是否属于保险责任范围，是否在保险责任期限内，保险赔偿金额的计算，免赔额的确定，被保险人的自负责任多少，等等，均以保险合同的规定为准。保险人既不能无理拒赔，也不能无视保险合同的规定多赔、滥赔；被保险人也不能要求保险人承担不属于保险责任范围内的损失赔偿，或要求保险人多付保险赔偿。

（二）遵守我国法律和国际惯例、国际公约的原则

保险理赔工作应遵守我国的《保险法》及《民法通则》、《经济合同法》、《海商法》中有关保险赔偿的具体规定。由于海上保险合同具有国际性，海上保险的理赔往往涉及国际公约以及有关的国际惯例，因此保险人对于海上保险的理赔不仅要遵守国内的有关法律、法规，还要遵守国际公约和国际惯例。如关于共同海损理算的国际公约《1974 年约克·安特卫普规则》，关于海上救助的《1910 年布鲁塞尔救助公约》，等等。

（三）合理原则

保险人在处理赔偿时一方面要以保险合同为依据，另一方面还要注意合理原则。因为保险合同或保险条款的规定不能概括所有的情况，每一个理赔案件，都有具体的情况，不能一概而论；另外，保险合同的当事人还可能是国外的企业或公司，而国外对同一保险赔偿的处理与我国的规定可能有差异，这就要求保险人依据合理原则，灵活处理保险理赔。

（四）及时原则

保险的主要职能是提供经济补偿，保险事故发生后，保险人应迅速查勘、检验、定损，将保险赔款及时送到被保险人手中以

解被保险人对损失赔款的急需。

二、货运保险理赔的基本程序

保险理赔主要按下列程序进行：

（一）校对、上报

保险公司在接到保单项下的保险标的出险的损失通知后，应立刻查出有关保单的副本或批单进行核对，并要求被保险人填写正式的“出险通知书”。对重大的损失赔偿，应及时通知上级公司，并按照理赔金额权限上报上级公司或总公司。

（二）现场查勘、检验、核损

保险人或其代理人获悉损失后，应立即组织对受损保险标的进行现场查勘和损失的检验工作。现场检验工作是保险理赔的一个关键步骤，专业性很强，对于一些较复杂的、较大的货物损失，保险公司经常聘请公证行或有关专业机构以第三者的身份对损失的程度、损失的原因进行检验和鉴定并出具检验报告。现场查勘做得好与坏直接关系到保险人的经济利益，它主要包括下列要点：

（1）勘查保险事故的发生原因和经过。主要是了解保险事故发生的时间、地点、气候条件等各方面的情况，事故发生的过程及后果，为确定保险赔偿的处理提供现场材料。

（2）组织施救或救助工作。保险标的发生损失后，被保险人或其代理人根据合同规定有义务采取措施进行抢险，保险人或其代理人、委托人到达事故现场后，如能确定该项事故属于保险责任范围，应立即组织进一步的施救或救助工作，以减少保险标的的损失，防止损失扩大。

（3）如果保险标的的损失涉及第三者责任，应取得有关证据，并采取相应的措施。如若货运保险中的货物损失是由船方责任造成的，保险人或其代理人在查勘检验时，应设法收集船舶是否适航、适货的证据，或要求船方提供担保，对重大损失可申请扣船等。

（4）根据现场查勘检验的情况，编制勘查检验报告。

（三）核实案情

保险人或其代理人、委托人对损失进行了实地查勘检验后，还应向有关各方面收集情况，对赔案的材料进行核实、补充和修改，如保险事故发生后，被保险人或其代理人采取的处理措施，责任方资信的调查。有关利益方对赔案的态度，通过核实案情，有利于保险人全面掌握赔偿的情况。

（四）分析案情，确定责任

保险人在做好上述工作的基础上，对下列情况进行分析：

（1）核查索赔人是否有可保利益；

（2）核实保险事故是否发生在保险有效期内；

（3）确定保险标的发生损失的原因，明确保险标的的损失是否属于保险责任范围；

（4）判断被保险人是否已按合同规定履行了合同义务；

（5）对保险人应承担责任的损失，保险人审查有关索赔单证和文件是否齐全、有效。

（五）计算赔偿金额，支付保险赔款

保险人的赔偿责任一经确定，应计算出赔偿金额，尽快支付保险赔款。保险赔偿金额的计算可由保险人计算也可以委托海损理算人理算，赔款计算出来后，由财务部门赔付给索赔人。

（六）损失处理

对受损财产的残余部分应根据其可用程度，实事求是地作价折旧归被保险人，从赔款中扣除。如双方达不成协议，可报经公司领导批准收回处理，收回的损余物资要严格按规定手续办理，由被保险人开列详细清单，保险公司再签收，损余处理的收入必须按规定冲减赔款，不得转移和挪用。

（七）追偿

保险标的发生的保险责任范围内的损失，如根据国家法律或有关约定，应由第三者负责时，保险人可先行赔付，然后由被保险人填具权益转让书，将向责任方索赔的权利转移给保险人，应注意要求被保险人在索赔有效期间内向保险人进行权益转让，以避免因索赔期失效，而导致保险人丧失追偿权。

（八）赔付后要注意的问题

赔付部分损失后，对保单正本应做出相应批注，根据情况分别出具注销、减少保额或恢复保额的批单，并将其贴在保单正面并加盖骑缝章。赔付全损后务必要收回保单正本。

（九）拒赔案

订立保险合同是一个法律行为，对客户的索赔要求一旦拒赔，就意味着保险人可能在以后诉讼案中充当被告角色。因此，保险公司处理拒赔案要相当慎重，只有在拒赔理由充足，又在法律上有所依据的情况下，才能考虑拒赔。其具体步骤是：

（1）对明显属除外责任的索赔案，由案件经办人提出意见后，按金额大小逐级请示后处理。

（2）凡认为应拒赔的案子，报主管业务的总（副总）经理审核，并由公司主管副经理签发拒赔函。

（3）拒赔时，保险公司要详细阐明理由，提供证明。

（4）拒赔后，保险人要收集整理有关证据，做好抗辩准备。

（十）归档

赔案处理完毕后，应将保险单、损失清单、检验报告、损失证明、赔款计算书、损余处理报告、追偿文件等一切有关赔案的单证、文件，按险种、编号、年份一并归档，并按规定期限予以保存，以便查阅。

三、责任的审定[①]

经过损失检验确定为保单承保风险造成的损失后，保险人在受理了被保险人的索赔申请后，就要根据保险条款和损失的具体情况进行保险责任的审定。

（一）主险责任的审定

对于ICC（A）、ICC（B）、ICC（C）以及平安险、水渍险和一切险等主要险别责任的审定，应该按照每一险别条款规定的责任范围来掌握。从审核赔案责任的角度考虑，还应该注意掌握一些界限。

1. 在审核责任时，对于平安险全部损失的计算应根据不同案

---

① 这一部分内容选自魏润泉、陈欣：《海上保险的法律与实务》，第十七章第四节，北京，中国金融出版社，2000。本文略作改动。

情考虑。一般是以一张保险单的全部货物为准，如果一张保险单承保几种不同种类的货物，在保险单上列明分类保险金额的，可按分类的全部货物为准。有时一张保险单承保几张提单的货物，则可按每张提单的全部货物为准。如果一张保险单的货物是用几条驳船驳运或驳离海轮的，则一条驳船上所保货物的全部损失，也应负责。

2. 对于投保水渍险的货物遭受的海水水渍的损失，在审核责任时，一般可以同船舶遭遇的海事联系起来。如暴风雨使海水侵入船舱，船舶碰撞后海水从船体裂缝处侵入，等等。这类情况，往往可以在载货船舶的“海事报告”或者“航行日志”中找到证明。但并不是所有的海水水渍损失都有海事记录可查，这就需要对损失原因进行分析以确定责任。经常碰到的情况有：

（1）货物在驳船上遭到海水水渍。用驳船驳运的货物，在海面行驶时，因风浪使海水激溅船上，货物受损，属于水渍险的责任。由于驳船并无海事日志，也不出具海事报告，难以取得这方面的证明，只能根据具体案情分析判断。

（2）保险货物受到海上的含有盐分空气的袭击。在这种情况下，货物在化验时也会呈现阳性，即含有海水成分，但这种损失往往并无明显的水迹，对此不属保险责任。

（3）货物本质的反应。一些含有盐质（即含有钠离子或氯离子）的货物，如皮革、绒毛等，在化验时也会呈现阳性。这种货物本质的反应也不属于保险责任。

3. 对于一切险外来原因的掌握。在审定一切险责任时，要注意掌握并不是所有的外来原因，都可以归属于保险责任范围内。首先，对于一些必然性的损失，如自然损耗、本质缺陷和货物特性引起的损失，虽然它也有外因的作用，但并非意外性质，不能负责；其次，是对一些特定性质的损失，如交货不到、拒收、战争、罢工等风险，虽然是外来原因所导致的，但这种损失，保险公司是通过特别附加险的方式另外承保，并不笼统包括在一切险责任范围内。

（二）附加险责任的审定

审定附加险责任，同样应该按照附加险的承保责任范围来掌握。在审核赔案时对某些附加险应该注意的事项有：

1. 对偷窃提货不着险要按照检验报告的记载，注意外包装有无痕迹，内部有无空隙、填塞废物，如果没有这些异状，很可能是包装短少。有些港口理货比较紊乱，收货人虽然在当时提不着货，但货物实际上并未短失，而是混杂在其他货堆中。对于在管理不善的港口所发生的提货不着案件，核赔时要格外仔细，赔款后要继续向船方、港务局等责任方追偿。

2. 淡水雨淋同船舶发生海事往往无直接关系，主要应观察货物包装外表有无水湿的痕迹。

3. 短量损失是外来原因造成的，如包装货物发生短量，必须是包装发生破裂、漏洞等异状，才能负责。如包装完好无异，发生短量，应视为原包装短少或途耗所致。散装货物，如装船重量与卸船重量发生差额应扣除途耗后赔付。如散装货物发生大量短少，又无外因证明，则需进一步查核原因。如果保的是重量短少(Loss in Weight)，因为没有对造成原因的限制，不仅要按照装卸之间的重量差额赔付，而且不能扣除途耗。

对于装在同一散舱内的货物，如果分属几个货主，卸货港又是几个，途耗应该分别按照每一货主所装的总重量摊派扣除。原则上按每张保险单逐单扣除该单应扣的途耗后赔付，但实际情况往往是先卸货的货主按照他的提单数量不扣途耗提走了，最终全部途耗都归到最后卸货货主的头上。因此，保险公司在赔付短量损失时，对扣除途耗的掌握情况为：

(1) 一货主在同一卸货港有几张提单和几张保险单的应一起扣。

(2) 同一货主虽然将卸货于不同港口，提单和保险单分为几张，也应一起扣。

(3) 同一港口，不同货主的可分别扣。

(4) 不同港口，不同货主，对最后卸货的货主可以只扣其保险的途耗，先前卸货货主的途耗，应向当地船代理交涉要求他们将应负担的途耗退回给保险公司。

4. 碰破损失中有些古旧瓷器，原来就有裂纹。在承保时应该在保险单上注明原有裂纹的部位和长度，核赔时应注意剔除这种原有的损坏。如果保险单上没有注明，根据检验报告所载裂纹部分的色泽不属于新损，应联系发货人核实，属于原残，也应剔除。承保成套用具，如咖啡具、餐具、茶具等，其中一件或几件碰损、破碎，在确定赔付率时，如果其中的单位有单价的，可按单价赔付；也可向原发货方配置，配置的价款和包装运费等一起由保险公司赔付。

5. 包装破裂险的责任包括对外包装进行修补或调换所支付的费用，对此必须掌握是为了保险期限内继续运输安全的需要。

6. 在海运战争险的责任审核中，对航程受阻引起的损失应视为间接损失，不予负责。

（三）保险期限的审定

保险期限的审定，主要是搞清损失是否发生在保险有效期限内，这是审核赔案的重要环节，要注意的重点有：

1. 保险有效期同保险利益的关系

根据可保利益原则，保险单是否有效是受可保利益制约的。同样一张保险单，起运地同为上海，但如果保险单上的被保险人不一样，保险有效期也会因之而异。假如被保险人是卖方，则保险责任从发货人货物运离仓库时开始；如果被保险人是买方，则保险责任是从货物在起运港越过船舷时开始。

2. 正常运输与非正常运输的差别

按照正常的航程、航线行驶并停靠港口的属于正常运输，这是货物运输保险期限原来应该负责的范围。在审核赔案时，要按照仓至仓条款的精神来掌握。在审核赔案时，对保险起讫的掌握，一般来说，保险责任的开始是从货物运离保险单载明起运地发货人仓库时就有效了。例如，货物搬离仓库放到卡车上，卡车失火或者货物运离发货人仓库没有直接装船，而是先存放在承运人的仓库里等候装船，在此期间失火，均应该负责。但是有些经营规模较大的发货人，它本身在港口码头设有专用仓库，当货物从起运仓库运出来以后没有直接装船，而是先存放在该专用仓库等候装船，这种专用仓库虽同为发货人所有的仓库，但它已经不是仓至仓所指的起运仓库，其性质同承运人的仓库相同，属于正常运输过程已经开始的途中，不能把它视为起运仓库。因此，货物在这种专用仓库发生火灾等保险事故，受损应予负责。保险货物在中途转船，都包括在正常运输过程中。

非正常运输是指在运输过程中碰到的一些特殊情况，没有按照正常的航程、航线行驶或停靠港口。如货物在非保单规定的港口卸下，发生运输契约终止、绕道、被迫卸货、重新装卸、转载等情况，这一般会增加保险人承担的风险。但是，这些情况的发生，往往不是被保险人所能控制的，从合情合理保障的角度出发，保险公司应予负责。至于是否加费等，要根据情况来决定，审核赔案时应该注意此点。

四、货运保险赔偿金额的计算

对损失赔偿金额的计算，应按全损、部分损失和共同海损等不同情况，采取不同的计算方法。

（一）全损赔偿金额的计算

进出口货物运输保险通常都是定值保险。被保险货物遭受全部损失（实际全损或推定全损）时，保险公司均按照保险单载明的保险金额全额赔付。

如保险合同是不定值的，如发生保险责任范围内的实际全损或推定全损，须按实际价值作为赔款计算的依据。如果出险时货物的实际价值高于保险金额，保险公司可按保险金额赔付；如实际价值低于保险金额，则按实际价值赔付。

（二）部分损失赔偿金额的计算

1. 数量损失的计算

$$\text{赔款金额}=\frac{\text{损失数量（重量）}}{\text{保险货物总数量（重量）}}\times\text{保险金额}$$

保险货物中部分货物灭失或数量（重量）短少，以灭失或损失的数量（重量）占保险货物总量之比，按保险金额计算赔款。

例如：某货物一批共 5 包，每包 400 公斤，保险金额 50 000 英镑，投保短量险，运输途中短少 800 公斤，保险赔偿金额的计算应为：

$$\text{赔款金额}=\frac{800}{5\times400}\times50\ 000=20\ 000\text{（英镑）}$$

2. 质量损失的计算

保险货物遭受质量损失时，应先确定货物完好的价值和受损的价值，计算出贬值率，以此乘以保险金额，即可计算出赔款金额。

完好价值和受损价值，一般以货物运抵目的地检验时的市场价格为准。如受损货物在中途处理不再运往目的地，则可按处理地的市价为准。处理地或目的地市价，一般是指当地的批发价格。其计算公式如下：

$$\text{赔款金额}=\frac{\text{货物完好价值}-\text{受损后价值}}{\text{货物完好价值}}\times\text{保险金额}$$

例如：一批货物 500 箱，保险金额 50 000 美元，货物受损后只能按八折出售，当地完好价值为 60 000 美元，保险人应付赔款为：

$$\begin{aligned}\text{赔款金额}&=\frac{60\ 000-60\ 000\times80\%}{60\ 000}\times50\ 000\\&=10\ 000\text{（美元）}\end{aligned}$$

如果 500 箱货物中只有 200 箱受损，按当地完好价值每箱 120 美元的八折出售，保险人应付赔款为：

$$\begin{aligned}\text{赔款金额}&=\frac{(120\times200)-(96\times200)}{120\times200}\times20\ 000\\&=4\ 000\text{（美元）}\end{aligned}$$

在实际业务中，往往由于一时难以确定当地市价，经协议也可按发票价值计算，其计算公式为：

$$\text{赔款金额}=\frac{\text{按发票价值计算的损失金额}}{\text{发票金额}}\times\text{保险金额}$$

按照我国《海商法》第 219 条的规定，在不定值保险条件下，货物的保险价值按起运地发票价值加运费和保险费的总和（即 CIF 价值）计算。因此，其赔款金额可按以下公式计算：

$$\text{赔款金额}=\frac{\text{按 CIF 价值计算的损失额}}{\text{CIF 价值}}\times\text{保险金额}$$

（三）共同海损牺牲和分摊的计算

鉴于这一部分的内容已超出本书的要求，感兴趣的读者可参阅有关共同海损理算的书籍有关这一部分内容的介绍。

（四）有关费用损失的计算

如果被保险人在对受损货物进行处理时支付了出售费用，一般只要在保险金额限度内，均可加入损失之内由保险人补偿。计算公式为：

$$\text{赔款金额}=\frac{\text{货物损失的价值}+\text{出售费用}}{\text{货物完好价值}}\times\text{保险金额}$$

至于被保险人或其受让人为防止或减少损失而支付的合理施救费用及为确定保险事故的性质及程度而支出的合理费用等，均可在保险标的的损失赔偿之外另行支付，但赔偿金额以不超过保险金额为限度。

第六节　海上货运保险单据[①]

一、货物运输保险单据按保险单的形式划分，主要有保险单、保险凭证、联合凭证、暂保单等

（一）保险单（Policy，Insurance Policy）

保险单，俗称“大保单”，是投保人与保险人之间订立的正式保险合同的书面凭证。世界各地保险人签发的海运货物保险单，格式各异，但内容基本相同。保险单由保险单格式和保险条款两部分内容构成。现以中国人民保险公司的海洋货物运输保险单为例说明如下：

保险单正面的保单格式主要有以下内容：

（1）证明双方当事人建立保险关系的文字。说明保险人根据被保险人的要求，由被保险人交付约定的保险费，按照本保险单条件承保货物运输保险。

---

① 这一部分内容选自雷荣迪编著：《国际货物保险》，第八章，北京，对外贸易教育出版社，1994。

(2) 被保险货物的情况。包括货物项目、标记、包装及数量、保险金额及载货船名、起运地和目的地、开航日期等。

(3) 承保险别、理赔地点以及保险人关于所保货物如遇风险可凭本保险单及有关证件给付赔款的声明。

保险单背面所列保险条款，是确立保险人与被保险之间权利与义务关系的依据，是保险单的重要内容。中国人民保险公司保险单背面条款包括：平安险、水渍险和一切险三种基本险别的责任范围、除外责任、责任起讫、被保险人的义务、索赔期限等。

保险单是保险人印就的固定格式，但使用时还可以根据双方当事人的约定进行增删修改，以调整双方的权利和义务。这种修改，一般采取在原保险单上加贴条款的方式。从效力上看，加贴条款优先于原保险单印就的条款。

(二) 保险凭证 (Insurance Certificate)

保险凭证，俗称"小保单"，是一种简化的保险单，它同正式保险单具有同样的效力。保险凭证内无保险条款，仅表明按照正式保险单上所载明的保险条款办理。如果正式保险单上的条款与保险凭证上的特定条款有抵触，应以保险凭证的特定条款为准。

在英国伦敦海上保险市场上，保险凭证常在预约保险单项下使用。保险人将预约保险单的明细条款印在已签署好的空白保险凭证上交给被保险人。被保险人在每批货物起运前自行在保险凭证上填写装货船舶名称、航程、开航日期、货物名称、标记和数量以及保险金额等项目并加副署。经副署后的一份副本，须立即送交保险人，用以代替起运通知书和预约保险单中所规定的向保险人的申报。

(三) 联合凭证 (Combined Certificate)

联合凭证，亦称"联合发票"，是一种发票和保险单相结合的比保险凭证更为简化的保险单证。这种单证只有我国采用，并且仅适用于对港澳地区的出口业务。其填制的方法是：中国人民保险公司在出口公司的商业发票上加注承保险别、保险金额、检验和理赔代理人名称及地址，并加盖保险公司戳印，其他项目均按照发票上所列为准。被保险货物发生损失后，保险人根据投保险别的有关条款进行赔付。

（四）暂保单（Binder Cover Note）

暂保单，亦称临时保险单，是保险人签发正式保险单前所出具的临时证明。它常常是在投保人与保险人订立保险合同时，还有一些条件尚未确定而投保人又急需保险凭证的情况下，由保险人先行开立的。例如，投保人在与保险人订立保险合同时，对载货船舶的名称及开航日期尚不了解，保险人可先行签发此种单证，待投保人获悉船名及开航日期并告知之后，再发给正式保险单，或者用批单方式加贴在暂保单上。暂保单的有效期一般为 30 天。30 天内如果保险人出具保险单，暂保单即自动失效。在正式保险单签发之前，保险人也可取消暂保单，但须事先通知投保人。

保险人签发的暂保单为投保人，特别是为按 FOB 或 CFR 条件进口的投保人提供了方便。一般情况下，进口人无法于货物在国外装运前，甚至装运时立即获知载货船名和开航日期，待收到国外装运通知时，很可能货物已遭意外而难以办理投保。有了暂保单，进口人则可预先办妥投保，获得国外装运通知后，再将装运细节通知保险人，换取正式保险单。

在国外还有一种由保险经纪人签发的暂保单，它是保险经纪人收到被保险人的投保委托和保险费的一种证明，不起保险单的作用。保险人对经纪人签发的暂保单不负法律责任。如果保险经纪人有过错，致使被保险人受到损害时，被保险人可凭暂保单向保险经纪人进行追偿。在信用证支付方式下，除非信用证内特别授权，银行一般是不接受经纪人所签发的保险单的。

二、货物运输保险单按船名是否确定，可分为船名已定和船名未定两类保险单

船名已定保险单，是指在投保人投保时载货的船舶已经确定，并在保险单上注明船名及开航日期的保险单，一般保险单都属此类；凡投保人投保时不能确定载货船舶的名字，而需待以后确定的，就是船名未定保险单。属于这类保险单的主要有流动保险单、预约保险单及总括保险单三种。

（一）流动保险单（Floating Policy）

流动保险单是一种连续有效的保险单，适用于长期有相同类型货物需要陆续分批装运的场合。这种保险单一般只载明保险的一般条件，而将载货船舶的名称及其他细节留待以后每次装运货物时，由被保险人分批申报。流动保险单内规定有一个总保险金额，被保险人在每次装运货物之后，将投保金额通知保险人，保险人即从总保险金额中逐笔予以扣除，至总保险金额被扣尽时，流动保险单的效力即告终止。流动保险单所提供的保险期限，不是决定于一个固定的时间，而是决定于总保险金额、货运次数以及各次货运价值。流动保险单一般都规定有注销条款（Cancellation Clause），在总保险金额被扣尽之前，任何一方可按注销条款的规定通知对方注销条款。

在流动保险单下，根据总保险金额及平均保险费率或称"固定基础费率"（Fixed Basic Rate）计算的保险费一般是在签发保险单时，先全部支付，一般称"预付保险费"（Deposit Premium），待全部保险金额用完后，再按实际费率计算，多退少补。例如，流动保险单的总保险金额为 100 万美元；平均保险费率为 0.8%，则被保险人预付保险费 8 000 美元；如第一批装运货物保险金额为 30 万美元，保险费率定为 0.8%，第二批货物保险金额为 20 万美元，费率仍为 0.8%，第三批货物保险金额为 20 万美元，费率为 0.5%，第四批货物保险金额为 30 万美元，费率为 0.6%，则四批保险货物应付保险金额分别为 2 400 美元、1 600 美元、1 000 美元、1 800 美元，总共应付保险费 6 800 美元，保险人应退回 1 200 美元保险费。

流动保险单内除列有货物类别、投保险别、总保险金额等项目外，还规定有"每船限额条款"（Per Bottom Clause）、"地点条款"（Location Clause）、"船级核定条款"（Classification Clause）等限制性条款。每船限额条款和地点条款，是保险人为了避免对某一条船或在某一地区所承担的风险责任过于集中而规定的。每船限额条款主要规定装在同一条船内的保险货物的最高限额，保险人对超过限额部分不予承保。地区条款是每船限额条款的补充，主要规定保险人对装船前在一个地区内的货物所负责任的限额。

船级核定条款主要规定载货船舶所应达到的最低标准，并要求载货船舶须经公认的船级社审定船级；如果所使用的货轮船龄超过15年，或班轮船龄超过30年，须加收保险费，称“老船加费”。

流动保险单是承保多批装运货物的保险单，因而它无法像一般保险单那样办理转让，为了便利被保险人办理交货和议付货款，保险人一般在收到被保险人每批装运货物的申报以后，可为各该批货物签发“保险凭证”。

同一般临时投保的船名已定的保险单相比，对被保险人来说，流动保险单对于经常有分批装运的货物具有省时、省力、避免重复办理保险的优点；但是，它也有以下缺点：

（1）装运货物的投保，受总保险金额的限制，被保险人必须随时注意总保险金额是否用完。如有疏忽，超过总保险金额装运的货物，就会得不到保险保障；

（2）各批装运货物的保险费须于签发保险单时按照总保险金额和平均保费率一次预付，难免造成巨额资金的积压。

流动保险单由于存在上述缺点，近年来它在国际货运保险业务中的应用已日益减少，并逐渐为预约保险单所代替。

（二）预约保险单（Open Policy）

预约保险单，又称开口保险单，同流动保险单一样，是经常有相同类型货物需要陆续分批装运时所采用的一种保险单。严格地说，它是一种没有总保险金额限制的预约保险总合同，是保险人对被保险人将要装运的属于约定范围内的一切货物自动承保的总合同。在这种保险单下，被保险人在知道每批货物已经装运或者到达的情况时，应当立即通知保险人。通知的内容包括装运货物的船名、航线、货物价值和保险金额等。保险人对被保险人所申报的货物必须负承保责任，被保险人的申报如有遗漏或差错，即使货物已经发生损失，只要不是出于恶意，事后仍可更正，保险人仍须按规定负责赔偿。如被保险人在申报时，货物已经安全到达目的地，被保险人仍须交纳保险费。

预约保险单可以是定期的（如12个月），也可以是永久性的，即“始终有效”（Always Open）。对于定期的预约保险单，缔约的一方如欲终止合同，一般应在合同到期前 30 天向另一方发出注销通知。对于永久性的预约合同，缔约的一方如欲终止合同，应按注销条款的规定向对方发出注销通知。注销条款对注销通知发出日期的规定一般为：一般险别须在 30 天前发出；战争险和罢工险须在 7 天前发出；装往/自美国货物的罢工险须在 48 小时前发出。在合同注销生效之前，被保险人对其所装运的货物仍应继续申报。

预约保险单内一般都订有“估价条款”（Valuation Clause），主要是对标的物的计价方法做出规定。例如，有的预约保险单规定：如果在损失发生之前，货物的价值已经申报，则以申报的价值为准。如果损失发生在申报以前，则以货物的进货成本加上各项杂支、运费、保险费以及一般为 15%的利润加成，作为确定价值的标准。“估价条款”的规定，可在货物损失已经发生，而被保险人尚未申报货物价值的情况下，减少保险人与被保险人之间在确定货物价值和赔偿金额问题上可能发生的争议。

为了适应被保险人分批装运、分批结汇的需要，保险人在收到被保险人各批装运货物的申报之后，可分别签发保险单证。

无论是从使用的目上还是从内容上看，预约保险单和流动保险单都极为相似，例如，在使用的目的上，两者都是为适应经常有大量货物装运的被保险人的需要，如简化投保手续，避免逐笔办理投保和漏保等；在内容上，两者皆有“每船限额条款”、“地点条款”、“注销条款”等。但是，从被保险人的角度上看，预约保险单也有一些与流动保险单不同并优于流动保险单之处，主要表现在以下两个方面：

（1）流动保险单都规定有“总保险金额”，被保险人所装运的货物如果超过这个金额，超过部分保险人不予承保；而预约保险单则没有“总保险金额”的规定和限制，因而，预约保险单下的被保险人对其所装运的货物没有得不到保险保障之虞。

（2）流动保险单的保险费是在签发保险单时根据“总保险金额”和“平均保险费率”计算，并由被保险人全部预付；而预约保险单的保险费则是在货物装运之后在约定的时间（如每月）按照已实际装运的货物计算收取，因而被保险人不会受到资金积压的损失。

预约保险单虽然较流动保险单有着上述优点，但是它同流动保险单一样，要求被保险人在每批货物装运之后将载货船名、航线、开航日期、货物价值、保险金额等通知保险人，这对于一些价值大、运输时间长的货物来说是适宜的，但是对于一些需要多批装运，但价值不大、运输时间和距离又较短的货物来说，就有费时、费力和不经济的缺点。在船名未定的三种保险单中，只有总括保险单最能适用此种情况的货物。

（三）总括保险单（Blanket Policy 或 Closed Policy）

总括保险单又称“闭口保险单”，是保险人在约定的保险期间内，对特定的保险标的的总承保单。在总括保险单中，被保险人与保险人就特定的保险货物商定一个总的保险金额、承保险别、起运地点、费率水平等，被保险人支付一笔总的保险费，在约定的保险期间内，保险人对于被保险人每批出运的货物全部承保，被保险人不需要逐批向保险人发出通知，当货物发生损失，保险人的赔款应从总保险金额中扣除。总保险金额扣净后保险人就不再承担保险责任，如被保险人仍要保持原有的保险金额，可加贴“恢复条款”（Reinstatement Clause），按比例加付保险费后，可恢复原定保险总金额的保险责任。

第九章　陆运货物、空运货物及邮递货物保险简介①

在国际贸易中，货物运输除了主要采用海洋运输方式之外，还有采用陆上运输、航空运输、邮政包裹运输以及由海运、陆运、空运中的两种或两种以上运输方式衔接起来所组成的多式联运方式。随着科学技术的发展，国与国之间经济贸易往来的增加，陆上、航空、邮包运输的保险，在整个保险业务中的重要性也日益显著。由于现代的陆上、航空、邮包等运输保险业务，均脱胎于海上运输保险，因而它们在很多方面都与海运货物保险相似。

（1）在保险适用的原则方面，如最大诚信原则、可保利益原则、补偿原则及近因原则等，也同样适用于陆、空、邮运货物的保险；

（2）在基本险的条款方面，有关“除外责任”、“被保险人义务”、“索赔期限”等项的规定，也与海运货物保险的规定基本相同；

（3）在附加险方面，海运货物保险的一般附加险险别和条款也可适用于陆、空、邮运货物保险；

（4）在保险单格式方面，陆、空、邮运货物保险都没有自身的保险单格式，而以各自的保险条款附贴于海上保险单格式上作为保险合同的证明。

但是由于陆、空、邮等运输方式具有与海运不同的特点，货物在运输途中可能遭遇的风险损失与海洋运输不同，因而保险人对陆、空、邮运货物在承保险别和责任范围等方面，与海运货物保险也有不同之处。

① 这一部分内容选自雷荣迪编著：《国际货物保险》，第九章，本文略作改动。

第一节 陆上运输货物保险

陆上运输货物保险（Overland Transportation Cargo Insurance）是指以火车、汽车等陆上运输工具为载体而进行的货物运输的保险。

在我国不论是使用火车还是汽车运输货物的保险，均采用相同的险别和条款，而按国际惯例使用火车和汽车运输货物的保险采用不同的险别和条款。

根据1981年1月1日修订的中国人民保险公司陆上运输货物保险条款，陆运货物保险的基本险有“陆运险”（Overland Transportation Risks）和“陆运一切险”（Overland Transportation All Risks）两种。此外，为适应冷藏运输货物的需要而专设的“陆上运输冷藏货物保险”（Overland Transportation Cargo Insurance Frozen Products），也具有基本险的性质。在附加险方面，陆运货物的附加险有“陆上运输货物战争险”（Overland Transportation Cargo War Risks-By Train）。现将以上几种险别简单介绍如下。

一、陆运险与陆运一切险

（一）陆运险与陆运一切险的责任范围

陆运险的承保责任范围与海洋运输货物保险条款中的“水渍险”相似。保险公司负责赔偿被保险货物在运输途中遭受暴风、雷电、洪水、地震等自然灾害；或由于运输工具遭受碰撞、倾覆、出轨；或在驳运过程中，因驳运工具遭受搁浅、触礁、沉没、碰撞；或由于遭受隧道坍塌、崖崩；或由于失火、爆炸等意外事故所造成的全部或部分损失。此外，被保险人对遭受承保责任内危险的货物，采取抢救、防止或减少货损的措施而支付的合理费用，保险公司也负责赔偿，但以不超过该批被救货物的保险金额为限。

陆运一切险的承保责任范围与海上运输货物保险条款中的“一切险”相似。保险公司除承担上述陆运险的赔偿责任外，还负责被保险货物在运输途中，由于一切外来原因所造成的全部或部分损失。

陆运险与陆运一切险的除外责任，与海洋运输货物险的除外责任基本相同。

（二）陆运险与陆运一切险的责任起讫

陆上运输货物险的责任起讫，也采用“仓至仓”责任条款。保险人责任自被保险货物运离保险单所载明的起运地仓库或储存处所开始，包括正常运输过程中的陆上和与其有关的水上驳运在内，直至该项货物运达保险单所载明的目的地收货人的最后仓库或储存处所或被保险人用作分配、分派的其他储存处所为止。如未运抵上述仓库或储存处所，则以被保险货物运抵最后卸载的车站满 60 天为止。陆上运输货物险的索赔时效为：从被保险货物在最后目的地车站全部卸离车辆后起算，最多不超过两年。

（三）陆运货物保险同海运货物保险的区别

陆运货物保险的两种基本险（陆运险和陆运一切险）与海运货物的基本险有以下不同：

（1）在陆运货物保险的承保风险中，不包括流冰、海啸等海上运输中的自然灾害，而增加了倾覆、出轨、隧道坍塌、崖崩等陆上运输中所特有的意外事故。

（2）在陆运货物保险的承保风险中，没有共同海损牺牲、分摊以及救助费用等海上损失和费用。

（3）在陆运货物保险中，凡属承保范围内的损失，不论起因于自然灾害，还是意外事故，也不论损失的程度是全部，还是部分，保险人一般都予赔偿，因此，在陆运货物保险中不存在海运货物保险中的“单独海损不赔”的问题。也因为这个原因，陆运货物保险的基本险只有陆运险和陆运一切险，前者相当于海运货物保险中的水渍险，后者相当于海运货物保险中的一切险，而没有与海运货物保险中的平安险相当的险别。

（4）虽然陆运货物保险的责任起讫期间也采用仓至仓的原则，但规定如果货物在运达目的地后不卸离运输工具，或不及时运往收货人仓库或储存处所，则保险期限规定为到达卸载站后满 60 天终止。

二、陆上运输冷藏货物险

陆上运输冷藏货物险，是陆上运输货物险中的一种专门保险。

其主要责任范围除负责陆运险所列举的自然灾害和意外事故所造成的全部或部分损失外，还负责赔偿由于冷藏机器或隔温设备在运输途中损坏所造成的被保险货物解冻溶化而腐败的损失。但对于因战争、工人罢工或运输延迟而造成的被保险货物的腐败或损失，以及被保险冷藏货物在保险责任开始时未能保持良好状况，整理、包扎不妥或冷冻不合规格所造成的损失除外。一般的除外责任条款也适用本险别。

陆上运输冷藏货物险的责任，自被保险货物运离保险单所载起运地点的冷藏仓库，装入运送工具开始运输时生效，包括正常陆运和与其有关的水上驳运在内，直至货物到达目的地收货人仓库为止。但是，最长保险责任的有效期限，以被保险货物到达目的地车站后 10 天为限。（中国人民保险公司的该项保险条款还规定：装货的任何运输工具，都必须有相应的冷藏设备或隔离温度的设备；或供应和贮存足够的冰块使车箱内始终保持适当的温度，保证被保险冷藏货物不致因溶化而腐败，直至目的地收货人仓库为止。）

三、陆上运输货物战争险

陆上运输货物战争险，是陆上运输货物险的一种附加险，只有在投保了陆运险或陆运一切险的基础上，经过投保人与保险公司协商方可加保。这种陆运战争险，国外私营保险公司大都不保，中国人民保险公司为适应外贸业务需要，接受加保，但目前仅限于火车运输，若使用汽车运输则不能加保。加保陆上运输货物战争险须另增加支付保险费。加保陆上运输货物战争险后，保险公司负责赔偿在火车运输途中，由于战争、类似战争的行为和敌对行为、武装冲突所致的损失，以及各种常规武器，包括地雷、炸弹所致的损失。但是，由于敌对行为使用原子或热核武器所致的损失和费用，以及由于执政者、当权者或其他武装集团的扣押、拘留引起的承保运程的丧失和挫折而造成的损失除外。

陆上运输货物战争险的责任起讫与海运战争险相似，以货物置于运输工具时为限，即自被保险货物装上保险单所载起运地的火车时开始，到卸离保险单所载目的地火车时为止。如果被保险货物不卸离火车，则从火车到达目的地的当日午夜起计算，满 48 小时为止；如在运输中途转车，不论货物在当地卸载与否，保险责任从火车到达该中途站的当日午夜起计算满 10 天为止；如货物在此期限内重行装车续运，保险责任仍恢复有效。但需指出，按运输契约在保险单所载目的地以外的地点终止时，该地即视作本保险单所载目的地，在货物卸离该地火车时为止，如不卸离火车，则保险责任以火车到达该地当日午夜起计算满 48 小时为止。

同海洋运输货物保险一样，陆上运输货物可以在投保战争险的基础上加保罢工险，加保罢工险不另收费。但如单独要求加保罢工险，则按战争险费率收费。陆上运输货物罢工险的承保责任范围与海洋运输货物罢工险的责任范围相同。

第二节　航空运输货物保险

航空运输货物保险，是以飞机为运输工具的货物运输保险。近年来，随着航空货运的发展，航空运输货物保险业务也在迅速发展。不过，由于航空运输货物保险业务发展的历史不长，航空运输货物保险迄今还没有发展成为一个完整的体系。

一、协会货物条款（航空货物）

在英国，伦敦保险人协会在 1965 年制订了有关航空运输货物的保险条款。现行协会航空货物保险条款是 1982 年 1 月 1 日修订的，包括以下三种：

(1) 协会货物条款（航空）（邮件除外）（Institute Cargo Clauses (Air) —excluding sending by Post)；

(2) 协会战争险条款（航空货物）（邮件除外）（Institute War Clause (Air Cargo) —excluding sending by Post)；

(3) 协会罢工险条款（航空货物）（Institute Strikes Clauses (Air Cargo))。

在这些条款中均标明：本条款仅供新的海上保险单格式使用。这意味着航空运输货物保险没有专用的保险单格式，航空货物保险条款必须与海上保险单格式连用。在实际业务中，对空运货物保险条款有关术语的解释，也常常参照英国海上保险法的规定。

二、中国航空运输货物保险条款

为了适应我国对外贸易发展的需要，中国人民保险公司也接受办理航空运输货物的保险业务，并制定有“航空运输险”和“航空运输一切险”两种基本险条款以及“航空运输货物战争险”的附加条款。兹将上述条款简述如下：

（一）航空运输险（Air Transportation Risks）和航空运输一切险（Air Transportation All Risks）

1. 航空运输险与航空运输一切险的责任范围

航空运输险的承保责任范围与海洋运输货物保险条款中的“水渍险”大致相同。保险公司负责赔偿被保险货物在运输途中遭受雷电、火灾、爆炸，或由于飞机遭受恶劣气候，或其他危难事故而被抛弃，或由于飞机遭受碰撞、倾覆、坠落或失踪等自然灾害和意外事故所造成的全部或部分损失。

航空运输一切险的承保责任范围，除包括上述航空运输险的全部责任外，保险公司还负责赔偿被保险货物由于被偷窃、短少等一般外来原因所造成的全部或部分损失。

航空运输险和航空运输一切险的除外责任与海洋运输货物险的除外责任基本相同。

2. 航空运输险和航空运输一切险的责任起讫

航空运输货物险的两种基本险的保险责任也采用“仓至仓”条款，但与海洋运输险的“仓至仓”责任条款不同的是：如货物运达保险单所载明目的地而未运抵保险单所载明的收货人仓库或储存处所，则保险人的责任以被保险货物在最后卸载地卸离飞机后满30天为止。如在上述30天内，被保险货物需转送到非保险单所载明的目的地时，则以该项货物开始转运时终止。

从以上内容中可以看出，空运货物保险的两种基本险（航空运输险和航空运输一切险）与海运货物保险的基本险有下列不同：

（1）在空运货物保险的承保风险中，不包括流水、海啸、地震、洪水等自然灾害和运输工具搁浅、触礁、沉没、与流冰相撞等意外事故，以及共同海损牺牲、分摊和救助以及互有责任碰撞等，但增加了飞机倾覆、坠落或失踪等风险；

（2）空运货物保险只有航空运输险和航空运输一切险，亦即只有相当于海运货物保险中的水渍险和一切险，而无相应于海运货物保险中的平安险的险别；

（3）空运货物保险的责任期限虽然也采用“仓至仓”的原则，但对货物在运达目的地后的终止日期规定为卸离飞机后满 30 天，因而大大短于海上货物保险的卸离海轮后满 60 天的规定。

（二）航空运输货物战争险（Air Transportation Cargo War Risks）

航空运输货物战争险是航空运输货物险的一种附加险，只有在投保了航空运输险或航空运输一切险的基础上，经过投保人与保险公司协商方可加保。加保时须另加付保险费。

1. 航空运输货物战争险的责任范围

投保航空运输货物战争险，保险公司承担赔偿在航空运输途中，由于战争、类似战争行为、敌对行为或武装冲突，以及各种常规武器和炸弹所造成的货物的损失，但不包括因使用原子或热核武器所造成的损失。

2. 航空运输货物战争险的责任期限

航空运输货物战争险的保险责任期限，是自被保险货物装上保险单所载明的启运地的飞机时开始，直到卸离保险单所载明的目的地的飞机时为止。如果被保险货物不卸离飞机，则从飞机到达目的地当日午夜起计算满 15 天为止。如被保险货物在中途转运时，保险责任从飞机到达转运地的当日午夜起计算满 15 天为止。一俟装上续运的飞机，保险责任再恢复有效。

与海运、陆运险一样，航空运输货物在投保战争险的基础上，可加保罢工险，加保罢工险不另收费。如仅要求加保罢工险，则按战争险费率收费。航空运输罢工险的责任范围与海洋运输罢工险的责任范围相同。

第三节　邮递货物保险

邮递货物保险亦称邮包保险，主要承保通过邮局以邮包方式递运的货物在运输途中可能遭到自然灾害、意外事故或外来原因造成的货物损失的保险。按照邮包保险的惯例，凡经常有需经邮局递送货物的货主，通常都与保险人订有总括保险单，为整个运输期间的货物投保一切险。

一、协会货物条款（邮件）

对于邮递货物的保险，英国伦敦保险人协会只制定了《协会邮递战争险条款》（Institute War Clauses—Sending by Post）（1982. 1. 1），尚未制定有成套的邮递货物保险的标准条款。此外，同空运货物保险一样，协会邮递战争险，也使用海洋运输货物保险单加贴邮递战争险条款的做法。

二、中国的邮递货物保险条款

在我国，中国人民保险公司参照国际上的通行做法，结合我国邮政包裹业务的实际情况，于 1981 年 1 月 1 日修订并公布了一套较完备的邮递货物保险条款，包括“邮包险”、“邮包一切险”、“邮包战争险”三种。前两者为基本险，后者为附加险。现分述如下：

（一）邮包险（Parcel Post Risks）和邮包一切险（Parcel Post All Risks）

1. 邮包险和邮包一切险的责任范围

邮包险的承保责任范围，是负责赔偿被保险邮包在运输途中，由于恶劣气候、雷电、海啸、地震、洪水、自然灾害，或由于运输工具搁浅、触礁、沉没、碰撞、出轨、倾覆、坠落、失踪，或由于失火和爆炸等意外事故所造成的全部或部分损失。另外，负责被保险人对遭受承保责任内风险的货物采取抢救、防止或减少货损的措施而支付的合理费用，但以不超过该批被救货物的保险金额为限。

邮包一切险的承保责任范围，除包括上述邮包险的全部责任外，还负责被保险邮包在运输途中由于外来原因所致的全部或部分损失。

2. 邮包险和邮包一切险的除外责任

投保这两种险别，保险公司对因战争、敌对行为、类似战争行为、武装冲突、海盗行为、工人罢工所造成的损失，直接由于运输延迟或被保险物品本质上的缺点和自然损耗所造成的损失，以及属于寄件人责任和被保险邮包在保险责任开始前已存在的品质不良或数量短差所造成的损失，被保险人的故意行为或过失所造成的损失，不负赔偿责任。

3. 邮包险和邮包一切险的责任起讫

邮包险和邮包一切险的保险责任，是自被保险邮包离开保险单所载明的起运地点寄件人的处所运往邮局时开始生效，直至被保险邮包运达保险单所载明的目的地邮局，并由邮局发出通知书给收件人之当日午夜起算满 15 天为止，但在此期限内邮包一经递交至收件人的处所时，保险责任即行终止。

4. 邮递货物保险的基本险同海运货物保险的基本险的区别

邮递货物保险的两种基本险（邮包险和邮包一切险）同海运货物保险的基本险有以下不同：

（1）由于邮包递送涉及及海运、陆运及空运三种运输方式，所以邮包运输保险基本险的承保责任范围兼顾了海、陆、空三种运输工具。它除负责海运货物保险所承保的自然灾害和意外事故外，还负责陆、空运输中的自然灾害和意外事故；被保险人在投保时，无须申明使用何种运输工具运送，保险人对海运、陆运及空运的邮包均予负责，即使邮包使用海、陆、空三种运输工具联运，也予负责。

（2）邮包运输保险的责任终止期限，是在货物运抵保险单所载明的目的地邮局，由邮局签发到货通知书之当日午夜起算满 15 天终止。这一期限与海运货物保险规定为在卸货港全部卸离海轮后满 60 天不同。

（二）邮包战争险（Parcel Post War Risks）

邮包战争险，是邮包险或邮包一切险的一种附加险，只有在投保了邮包险或邮包一切险的基础上，经过投保人与保险公司协商方可加保。加保邮包战争险须另增加支付保险费。

1. 邮包战争险的责任范围

投保邮包战争险，保险公司负责赔偿在邮包运输过程中由于战争、类似战争行为、敌对行为、武装冲突、海盗行为以及各种常规武器包括水雷、鱼雷、炸弹所造成的损失。此外，保险公司还负责被保险人对遭受以上承保责任内危险的物品采取抢救、防止或减少损失的措施而支付的合理费用。

2. 邮包战争险的除外责任

保险公司不承担因使用原子弹或热核制造的武器所造成的损失的赔偿。

3. 邮包战争险的责任期限

邮包战争险的保险责任，是自被保险邮包经邮政机构收讫后自储存所开始运送时生效，直至该项邮包运达保险单所载明的目的地邮政机构送交收件人为止。

邮政包裹附加险，除战争险外，还有罢工险。在投保战争险前提下，加保罢工险不另收费。如仅要求加保罢工险，按战争险费率收费。邮政包裹罢工险的责任范围与海洋运输罢工险的责任范围相同。

附录一：国际运输部分主要单证

一、国际海上货物运输提单

Shipper

B/L NO.

Consignee

中国远洋运输(集团)总公司

CHINA OCEAN SHIPPING(GROUP)CO.

CABLE:COSCO BEIJING

TLX:210740 CPC CN

Combined Transport BILL OF LADING ORIGINAL

Notify Party

RECEIVED in apparent good order and condition except as otherwise noted the total number of containers or other packages or units enumerated below for transportation from the place of receipt to the place of delivery subject to the terms and conditions hereof. One of the Bills of Lading must be surrendered duly endorsed in exchange for the goods or delivery order. On presentation of this document duly endorsed to the Carrier by or on behalf of the Holder of the Bill of Lading, the rights and liabilities arising in accordance with the terms and conditions hereof shall, without prejudice to any rule of common law or statute rendering them binding on the Merchant, become binding in all respects between the Carrier and the Holder of the Bill of Lading as though the contract evidenced hereby had been made between them. IN WITNESS whereof the number of original Bills of Lading stated under have been signed, all of this tenor and date, one of which being accomplished, the other(s) to be void.

Pre-carriage by	**Place of Receipt**
Ocean Vessel Voy. No.	**Port of Loading**

Port of Discharge	**Place of Delivery**	**Final Destination (of the goods-not the ship) see Article 7 paragraph(2)**

Particulars Furnished by Merchants

Marks & Nos. Container. Seal No.	No of containers or p kgs	Kind of Packages: Description of Goods	Gross Weight kgs	Measurement

TOTAL NO. OF CONTAINERS OR PACKAGES (IN WORDS)

FREIGHT & CHARGES	Revenue Tons	Rate	Per	Prepaid	Collect

Ex. Rate:	Prepaid at	Payable at	Place and Date of Issue
	Total Prepaid	No. of Original B(s)/L	

LADEN ON BOARD THE VESSEL

DATE BY ....

Signed for the Carrier

(COSCO STANDARD FORM 11)

(TERMS CONTINUED ON BACK HEREOF)

Printed in 1994.

二、国际铁路货物联运运单

运单正本—Оригинал накладной

(给收货人)—(для получателя)

批号—Отправка №

25 (检查标签—контрольная этикетка)

运输号码

发送路简称 (Сокращенное наименование дороги отправления) 中铁 КЖД 1

1 发货人,通信地址—Отправитель, почтовый адрес

2 合同号码—Договор №

3 发站 Станция отправления

4 发货人的特别声明—Особые заявления отпра вителя

5 收货人,通信地址—Получатель, почтовый адрес

26 海关记载—Отметки таможни

6 对铁路无约束效力的记载—Отметки, необязательные для железной дороги

27 车辆—Вагон/ 28 标记载重(吨) Подьемная сила(т)/ 29 轴数—Оси

30 自重—Масса тары/31 换装后的货物重量—Масса груза после перегрузки

27	28	29	30	31

7 通过的国境站—Пограничные станции перехода

8 到达路和到站—Дорога и станция назначения

国际货协—运单 慢运

СМГС-Накладная малой скорости

9 记号、标记、号码 Знаки, марки, номера

10 包装种类 Род упаковки

11 货物名称 Наиме нование груза

50 附件第2号 прил. 2

12 件数 Число мест

13 发货人确定的重量(公斤)—Масса(в кг) определен отпра вителем

32 铁路确定的重量(公斤)—Масса(в кг) определен железной дорогой

14 共计件数(大写)—Итого мест прописью

15 共计重量(大写)—Итого масса прописью

16 发货人签字—Подп ись отправителя

17 互换托盘—Обменные поддоны 数量—Количество

集装箱/运送用具—Контейнер/Перевозочные средства

18 种类—Вид 类型—Категория

19 所属者及号码 Владелец и №

20 发货人负担下列过境铁路的费用—Отправителем приняты платежи за следующие транзитные дороги

21 办理种别—Род отправки: 整车°) повагонная°); 零担°) мелкая°); 大吨位集装箱°) Крупнотоннажного Контейнера)

22 由何方装车 Погружено: 发货人°) отправителем°); 铁路°) железной дорогой°)

°)不需要的划消—Ненужное зачеркнуть

23 发货人添附的文件—Документы, приложенные отправителем

24 货物的声明价格 Обьявленная ценностьгрчэа 瑞士法郎 шв. фр.

45 封印 Пломбы

个数 Количество

记号—Знаки

33

34

35

36

37

38

39

40

41

42

43

44

46 发站日期戳—Календарный штемпель станции отправления

47 到站日期戳—Календарный штемпель станции назначения

48 确定重量方法 Способ определения массы

49 过磅站戳记,签字—Штемпель станции взвешивания, подпись

三、国际航空货物运单

Shipper's Name and Address	Shipper's Account Number	NOT NEGOTIABLE **AIR WAYBILL** ISSUED BY Copies 1, 2 and 3 of this Air Waybill are originals and have the same validity
Consignee's Name and Address	Consignee's Account Number	It is agreed that the goods described herein are accepted in apparent good order and condition (except as noted) for carriage SUBJECT TO THE CONDITIONS OF CONTRACT ON THE REVERSE HEREOF. THE SHIPPER'S ATTENTION IS DRAWN TO THE NOTICE CON-CERNING CARRIER'S LIMITATION OF LIABILITY. Shipper may increase such limitation of liability by declaring a higher value for carriage and paying a supplemental charge if required
Issuing Carrier's Agent Name and City		Accounting Information
Agent's IATA Code	Account No.	
Airport of Departure (Addr. of First Carrier) and Requested Routing		

to	By First Carrier / Routing and Destination	to	by	to	by	Currency	CHGS Code	WT/VAL PPD	WT/VAL COLL	Other PPD	Other COLL	Declared Value for Carriage	Declared Value for Customs

Airport of Destination	Flight/Date	For Carrier Use only	Flight/Date	Amount of Insurance	INSURANCE: If Carrier offers insurance, and such insurance is requested in accordance with the conditions reverse hereof, indicate amount to be insured in figures in box marked Amount of Insurance.

Handling Information

(For USA only)These commodities licensed by U.S. for ultimate destination.................Diversion contrary to U.S. law is prohibited

No. of Pieces RCP	Gross Weight	kg lb	Rate Class / Commodity Item. No.	Chargeable Weight	Rate/Charge	Total	Nature and Quantity of Goods (incl. Dimensions or Volume)

Prepaid / Weight Charge / Collect	Other Charges
Valuation Charge	
Tax	
Total Other Charges Due Agent	Shipper certifies that the particulars on the face hereof are correct and that in so far as any part of the consignment contains dangerous goods,such part is properly described by name and is in proper condition for carriage by air according to the applicable Dangerous Goods Regulations.
Total Other Charges Due Carrier	Signature of Shipper or his Agent
Total Prepaid / Total Collect	
Currency Conversion Rates / CC Charges in Dest Carrency	Executed on (Date) at (Place) Signature of Issuing Carrier or its Agent
For Carrier's Use only at Destination / Charges at Destination	Total Collect Charges

ORIGINAL 3(FOR SHIPPER)

四、集装箱货物托运单

Shipper （发货人）

D/R NO.（编号）

上海外代

场站收据

DOCK RECEIPT

Consignee （收货人）

Received by the Carrier the Total number of containers or other packages or units stated below to be transported subject to the terms and conditions of the Carrier's regular form of Bill of Lading (for Combined Transport or port to port Shipment) which shall be deemed to be incorporated herein.

Date（日期）:

第七联

Notify Party （通知人）

Pre–carriage by （前程运输） Place of Receipt （收货地点）

Ocean Vessel (船名) Voy.No.(航次) Port of Loading(装货港)

场站章

Port of Discharge （卸货港） Place of Delivery （交货地点） Final Destination for the Merchant's Relerence(目的地)

Perthoulers Fumisteo by Merchants（托运人提供详细情况）

Container No.（集装箱号）	Seal No. （封志号） Marks & Nos.（标记与号码）	No. of Containers or pkgs.（箱数或件数）	Kind of Packages: Description of Goods（包装种类与货名）	Gross Weight 毛量(公斤)	Measurement 尺码(立方米)

TOTAL NUMBER OF CONTAINERS OR PACKAGES(IN WORDS) 集装箱数或件数合计(大写)

Container No. (箱号)	Seal No.(封志号)	Pkgs. (件数)	Container No. (箱号)	Seal No.(封志号)	Pkgs.(件数)

Received(实收) By Terminal clerk(场站员签字)

FREIGHT & CHARGES	Prepaid at (预付地点)	Payable at(到付地点)	Place of Issue(签发地点)
	Total Prepaid(预付总额)	No.of Original B(s)/L (正本提单份数)	Booking(订舱确认) ApprovedBy

Service Type on Receiving ☐–CY. ☐–CFS. ☐–DOOR	Service Type on Delivery ☐–CY. ☐–CFS. ☐–DOOR	Reefer Temperature Required (冷藏温度)	°F	°C
TYPE OF GOODS (种类)	☐ Ordinary,(普通) ☐ Reefer,(冷藏) ☐ Dangerous(危险品) ☐ Auto(裸装车辆) ☐ Liquid,(液体) ☐ Live Animal,(活动物) ☐ Bulk(散货) ☐ ________	危险品	Class Property: IMDG Code Page: UN No.	

五、集装箱发放/设备交接单

中国上海外轮代理公司
CHINA OCEAN SHIPPING AGENCY SHANGHAI
集装箱发放/设备交接单
EQUIPMENT INTERCHANGE RECEIPT

OUT 出场

No.

用箱人/运箱人(CONTAINER USER/HAULIER)	提箱地点(PLACE OF DELIVERY)

发往地点(DELIVERED TO)	返回/收箱地点(PLACE OF RETURN)

船名/航次 (VESSEL/VOYAGE NO.)	集装箱号 (CONTAINER NO.)	尺寸/类型 (SIZE/TYPE)	营运人 (CNTR OPTR)

提单号 (B/L NO.)	铅封号 (SEAL NO.)	免费期限 (FREE TIME PERIOD)	运载工具牌号 (TRUCK, WAGON, BARGE NO.)

出场目的/状态 (PPS OF GATE-OUT/STATUS)	进场目的/状态 (PPS OF GATE-IN/STATUS)	出场日期 (TIME-OUT)
		月 日 时

出场检查记录(INSPECTION AT THE TIME OF INTERCHANGE)

普通集装箱 (GP CONTAINER)	冷藏集装箱 (RF CONTAINER)	特种集装箱 (SPECIAL CONTAINER)	发电机 (GEN SET)
□正常(SOUND) □异常(DEFECTIVE)	□正常(SOUND) □异常(DEFECTIVE)	□正常(SOUND) □异常(DEFECTIVE)	□正常(SOUND) □异常(DEFECTIVE)

(1) 外代留底

损坏记录及代号 (DAMAGE & CODE)	BR 破损 (BROKEN)	D 凹损 (DENT)	M 丢失 (MISSING)	DR 污箱 (DIRTY)	DL 危标 (DG LABEL)

左侧(LEFT SIDE) 右侧(RIGHT SIDE) 前部(FRONT) 集装箱内部(CONTAINER INSIDE)

顶部(TOP) 底部(FLOOR BASE) 箱门(REAR)

如有异状,请注明程度及尺寸(REMARK)。

除列明者外,集装箱及集装箱设备交接时完好无损,铅封完整无误。

THE CONTAINER/ASSOCIATED EQUIPMENT INTERCHANGED IN SOUND CONDITION AND SEAL INTACT UNLESS STATED.

用箱人/运箱人签署
(CONTAINER USER/H AULIER'S SIGNATURE)

码头/堆场值班员签署
(TER:MINAL/DEPOT CLERK'S SIGNATURE)

六、集装箱装箱单

中远集装箱运输有限公司
COSCO CONTAINER LINES
Pocker's Copy
⑤ **装箱人联**

CONTAINER LOAD PLAN
装 箱 单

Reefer Temperature Required. 冷藏温度 ℃ ℉			
Class 等级	IMDG Page 危规页码	UN NO. 联合国编号	Flashpoint 闪点

Ship's Name/Voy No. 船名/航次	Port of Loading 装港	Port of Discharge 卸港	Place of Delivery 交货地	SHIPPER'S/PACKER'S DECLARATIONS: We hereby declare that the container has been thoroughly cleaned without any evidence of cargoes of prey shipment prior to vanning and cargoes has been property stuffed and secyred.

Container No. 箱号	Bill of Loading No. 提单号	Packages & Pocking 件数与包装	Gross Weight 毛量	Measurements 尺码	Description of Goods 货名	Marks & Numbers 唛头
Seal No. 封号	Front 前					
Cont. Size 箱型 20′ 40′ 45′ / Cont. Type. 箱类 GP=普通箱 TY=油罐箱 RF=冷藏箱 PF=平板箱 OT=开顶箱 HC=高箱 FR=框架箱 HT=挂衣箱						
ISO Code For Container Size/Type 箱型/箱类 ISO 标准代码						
Packer's Name /Address 装箱人名称/地址 TEL NO. 电话号码	Door 门					

Packing Date 装箱日期	Received By Drayman 驾驶员签收及车号	Total Packages 总件数	Total Cargo Wt 总货重	Total Meas 总尺码	Remarks: 备注
Packed By: 装箱人签名	Received By Terminals/Date Of Receipt 码头收箱签收和收箱日期		Cont. Tare Wt 集装箱皮重	Cgo Cont Total Wt 货箱总重量	

附录二：运输保险部分主要单证

一、Lloyd's Marine Policy

We, The Underwriters, hereby agree, in consideration of the payment to us by or on behalf of the Assured of the premium specified in the Schedule, to insure against loss damage liability or expense in the proportions and manner hereinafter provided. Each Underwriting Member of a Syndicate whose definitive number and proportion is set out in the following Table shall be liable only for his own share of his respective Syndicate's proportion.

In Witness whereof the General Manager of Lloyd's Policy Signing Office has subscribed his Name on behalf of each of Us.

LLOYD'S POLICY SIGNING OFFICE
General Manager

This insurance is subject to English Jurisdiction.

MAR

SCHEDULE

POLICY NUMBER

NAME OF ASSURED

VESSEL

VOYAGE OR PERIOD OF INSURANCE

SUBJECT-MATTER INSURED

AGREED VALUE
(if any)

AMOUNT INSURED HEREUNDER

PREMIUM

CLAUSES, ENDORSEMENTS, SPECIAL CONDITIONS AND WARRANTIES.

THE ATTACHED CLAUSES AND ENDORSEMENTS FORM PART OF THIS POLICY

Definitive numbers of the Syndicates and proportions

The List of Underwriting Members of Lloyd's mentioned in the above Table shows their respective Syndicates and Shares therein and is deemed to be incorporated in and to form part of this Policy: It is available for inspection at Lloyd's Policy Signing Office by the Assured or his or their representatives and a true copy of the material parts of it certified by the General Manager of Lloyd's Policy Signing Office will be furnished to the Assured on application.

In all communications please quote the following reference	

Lloyd's
Marine
Policy

The Assured is requested to read this Policy and, if it is incorrect, return it immediately for alteration to:

FOR CARGO INSURANCES ONLY

In the event of loss or damage which may result in a claim under this Insurance, immediate notice must be given to the Lloyd's Agent at the port or place where the loss or damage is discovered in order that he may examine the goods and issue a survey report.

二、中国人民保险公司

The People's Insurance Company of China

总公司设于北京　　　　一九四九年创立

Head Office BEIJING　　　Established 1949

海 洋 货 物 运 输 保 险 单

MARINE CARGO TRANSPORTATION INSURANCE POLICY

发票号码（Invoice No.）________

保险单号次（Policy No.）________

中国人民保险公司（以下简称本公司）根据__________（以下简称被保险人）的要求由被保险人向本公司交付约定的保险费，按照本保险单承保险别和背后所载条款与下列特款承保下述货物运输保险，特立本保险单。

This policy of insurance witnesses that the People's Insurance Company of China (hereinafter called "The Company"), at the Request of ________ (hereinafter called "The Insured") and in consideration of the agreed premium being to the company by the Insured, undertakes to insure the undermentioned goods in transportation subject to the conditions of the policy as per the Clauses printed overleaf and other special Clauses attached hereon.

标　记 Marks&Nos.	包装及数量 Quantity	保险货物项目 Description of Goods	保险金额 Amount Insured

总保险金额

Total Amount Insured ________

保费　　　　　　　　费率　　　　　　　　装载工具

Premium as arranged ________ Rate as arranged ________ Per

Conveyance S. S. ________

开航日期　　　　　　　　自　　　　　至

Sailing on or about ________ from ________ to ________

承保险别：

Conditions

所保货物，如遇风险，本公司凭本保险单及其有关证件给付赔款。所保货物，如发生保险单项下负责赔偿的损失或事故，应立即通知本公司下述代理人查勘。

Claims, if any payable on surrender of this policy together with other relevant documents. In the event of accident whereby loss or damage may result in a claim under this policy immediate notice applying for survey must be given to the Company's Agent as mentioned hereunder.

中国人民保险公司

THE PEOPLE'S INSURANCE COMPANY OF CHINA

赔款偿付地点

Claim payable at ____________

出单公司地址　　　　　　　　日期

Address of Issuing Office ________ Date ________

三、中国人民保险公司

The People's Insurance Company of China

总公司设于北京　　　一九四九年创立

Head Office：BEIJING　　　Established in 1949

运输保险凭证

CERTIFICATE OF INSURANCE

凭证号次

Certificate No. ____________

被保险人：

Assured：______

兹依照本公司正式运输险保险单内所载全部条款及本承保凭证所订之条款，承保下列货物保险，如保险单之条款与本凭证所订条款有抵触时，应以本凭证所订条款为准。

We have this day noted a risk as hereunder mentioned subject to all clauses and conditions of the Company's printed form of Policy and to the terms outlined herein（which latter shall override the policy terms in so far as they may be inconsistent therewith).

保险货物项目及数量　　　保险金额

Description of Goods ______ Amount Insured ______

标记

Marks & Nos. ______

总保险金额

Total Amount Insured ______

保费　　　装载运输工具

Premium as arranged __________ Per conveyance S. S. ________

开航日期　　　自　　　至

Sailing on or about ________ from ______ to ______

承保险别

Conditions &/or Special Coverage

所保货物，如遇出险，本公司凭本凭证及有关证件给付赔款。

Claims, if any, payable to the Holder of the appertaining documents and on surrender of this Certificate.

所保货物，如发生损失事故，应立即通知本公司下述代理人查勘：

In the event of accident whereby loss or damage may result in a claim under this Certificate immediate notice applying for survey must be given to the Company's Agent as mentioned hereunder.

赔款偿付地点

Claim payable at ____________

出证公司地址　　　　　　　　　　日期　　　　于

Address of Insuring Office ________ date ________ at ________

四、中国人民保险公司

The People's Insurance Company of China

北京　　中国

BEIJING CHINA

共同海损担保函

AVERAGE GUARANTEE

日期

Date ______

致：

To：______

兹保证负责分担下列由本公司承担，装轮

As insurers of the undermentioned cargo，Shipped per S/S.

______

航次　　　　自　　　　运至

Voyage No. ______ from ______ to ______

的货物项下应予分担的共同海损及费用。上述损失及费用应予准确理算并以有关运送存约为根据。

We undertake to pay the proportion of General Average due in respect of this Merchandise if properly adjusted，and in accordance with the contract of freightment.

主要参考书目

1. 严启明，雷荣迪主编．国际运输与保险．北京：中国人民大学出版社，1996

2. 对外经贸大学国际经贸学院运输系编著．国际货物运输实务．北京：对外经济贸易大学出版社，1999

3. 杨长春主编．国际货物运输．北京：中国对外经济贸易出版社，1999

4. 杨占林主编．国际货物运输操作规程．北京：中国对外经济贸易出版社，1993

5. 姚新超编著．国际贸易运输．北京：对外经济贸易大学出版社，1997

6. 许明月，叶梅编著．国际陆空货物运输．北京：对外经济贸易大学出版社，2003

7. 王晓东，胡瑞娟等编著．现代物流管理．北京：对外经济贸易大学出版社，2001

8. 雷荣迪编著．国际货物保险．北京：对外贸易教育出版社，1994

9. 黄敬阳编著．国际货物运输保险．北京：中国对外经济贸易出版社，2002

10. 李继熊，魏华林主编．海上保险学．重庆：西南财经大学出版社，1997

11. 黎孝先主编．国际贸易实务．北京：对外经济贸易大学出版社，1994

12. 魏润泉，陈欣．海上保险的法律与实务．北京：中国金融出版社，2000

13. 陈欣．保险法．北京：北京大学出版社，2000

14. 《统一有关国际航空运输某些规则的公约》（1929 年华沙公约）

15. 《修改 1929 年 10 月 12 日在华沙签订的统一有关国际航空运输某些规则的公约的议定书》（海牙议定书）

16. 《中华人民共和国民用航空法》

17. 《国际航空运输协会章程》

18. *The Air Cargo Tariff* rates June 1998 issue 128. Published by international airline publications B. V. in association with IATA

19. *The Air Cargo Tariff* rules October 1996 issue 43. Published by international airline publications B. V. in association with IATA

20. Carl Olsson. *Risk Management in Emerging Market*. Pearson Education Limited，2002

21. E. R. Hardy Ivamy. *Chalmers' Marine Insurance* 1906. 9th edition. London Butterworths，1983

22. E. R. Hardy Ivamy. *Marine Insurance*. 3th edition. London Butterworths，1979

23. R. J. Lambeth. *Templeman On Marine Insurance—Its Principle & Practice*. 6th edition. Pitman，1986

24. Robert H. Brown. *Marine Insurance Vol. 1—The Principles*. WitherBy & Co. Ltd.，1975

25. Robert H. Brown. *Marine Insurance Vol. 1—Cargo Practice*. WitherBy & Co. Ltd.，1975

26. Robert H. Brown. *Analysis of Marine Insurance Clauses*. WitherBy & Co. Ltd.，1978

27. Mark S. Dorfman. *Introduction to Risk and Insurance*. 6th edition. Prentice Hall，1998

28. C. Arthur Williams. Jr.，Michael L. Smith，Peter C. Young. *Risk Management & Insurance*. 8th edition. Irwin McGraw-Hill，1998

29. Harriett E. Jones. *Principles of Insurance*: *Life*, *Health*, *and Annuities*. LOMA, 1996

30. Trieschmann, Gustavson, Hoyt. *Risk Management & Insurance*. 11th Edition. South-Western Publishing Co. 2001

31. 中华人民共和国铁道部网站，http：//www. chinamor. cn. net

附：

全国高等教育自学考试指导委员会

高等教育自学考试

国际运输与保险
自学考试大纲

全国高等教育自学考试指导委员会制定

出版前言

为了适应社会主义现代化建设事业对培养人才的需要，我国在20世纪80年代初建立了高等教育自学考试制度；经过20多年的发展，高等教育自学考试已成为我国高等教育基本制度之一。高等教育自学考试是个人自学、社会助学和国家考试相结合的一种高等教育形式，是我国高等教育体系的一个重要组成部分。实行高等教育自学考试制度，是落实宪法规定的“鼓励自学成才”的重要措施，是提高中华民族思想道德和科学文化素质的需要，也是造就和选拔人才的一种途径。应考者通过规定的专业考试课程并经思想品德鉴定达到毕业要求的，可以获得毕业证书，国家承认学历并按照规定享有与普通高等学校毕业生同等的有关待遇。

从80年代初期开始，各省、自治区、直辖市先后成立了高等教育自学考试委员会，开展了高等教育自学考试工作，多年来为国家培养造就了大批专门人才。为科学、合理地制定高等教育自学考试标准，提高教育质量，全国高等教育自学考试指导委员会（以下简称“全国考委”）组织各方面的专家对高等教育自学考试专业设置进行了调整，统一了专业设置标准。全国考委陆续制定了200多个专业考试计划。在此基础上，各专业委员会按照专业考试计划的要求，从造就和选拔人才的需要出发，编写了相应专业的课程自学考试大纲，进一步规定了课程学习和考试的内容与范围，有利于社会助学，使个人自学要求明确，考试标准规范化、具体化。

全国考委按照国务院发布的《高等教育自学考试暂行条例》的规定，根据教育测量学的要求，对高等教育自学考试课程的自学考试大纲进行了探索、研究与建设。目前，为了更好地贯彻十六大和全国考委五届二次会议精神，以“三个代表”重要思想为指导，全国考委办公室及其各个专业委员会在2003年开始较大幅度地对新一轮的课程自学考试大纲组织修订或重编。

全国考委经济管理类专业委员会在考试大纲建设过程中结合高等教育自学考试工作的实践，参照全日制普通高等学校相关课程的教学基本要求，并力图反映学科内容的发展变化，体现自学考试的特点，组织制定了《国际运输与保险自学考试大纲》，现经教育部批准，颁发施行。

《国际运输与保险自学考试大纲》是该课程编写教材和自学辅导书的依据，也是个人自学、社会助学和国家考试的依据，各地教育部门、考试机构应认真贯彻执行。

全国高等教育自学考试指导委员会

二〇〇四年十二月

目　录

Ⅰ. 课程性质与设置目的

《国际运输与保险》是全国高等教育自学考试国际贸易专业的一门专业必修课程。国际贸易离不开国际运输，国际运输是国际贸易的重要组成部分。由于国际贸易运输路线长、中间环节多、涉及面广，且政策性强、时间性强，因此风险较大。从事国际贸易的工作人员必须了解和掌握有关国际运输与保险的基本知识，才能更好地完成对外贸易工作。

《国际运输与保险》从国际贸易业务的实际需要出发，阐明有关国际货物运输与保险的基本知识、基础理论和办理国际货物运输与保险的基本技能和操作规程。《国际运输与保险》这门课程的突出特点就是：这是一门理论与实务相结合的综合性学科。通过学习《国际运输与保险》这门课，能够为学生们打下一个坚实的运输与保险理论和实务的基础。

根据本课程的研究性质和特点，自学应考者通过对本书的学习，应能够比较全面系统地掌握国际货物运输与保险的基本知识、基本理论，并能正确运用这些理论和知识掌握一定的办理国际货物运输与保险的操作技能。在第一部分国际货物运输中，重点掌握国际海、陆、空货物运输的基本知识、操作技能、费用核算，并熟悉各种运输单证及法律规范。在第二部分国际货物运输保险中，由于海上保险是现代商业保险的起源，在保险理论与保险实务中占有重要的地位。保险的每一个原则都是从海上保险的实践、法庭判决和解释中逐渐形成的。因此在这一部分重点掌握风险、风险管理的基本概念以及海上货物运输保险。

《国际运输与保险》是一门专业性较强并涉及大量法律惯例的课程，为了能够达到预期的学习目的，要求学生在学习期间注意理论联系实际，并随时与有关的法律、规章、条款进行对比研究，以加深理解。

Ⅱ. 课程内容与考核目标

第一部分　国际货物运输

第一章　国际货物运输总述

一、学习目的和要求

本章主要介绍有关国际货物运输的基本知识，我国对外贸易运输的特点、任务及要求。通过本章的学习，要求学生了解运输业的性质及运输在国际贸易中的地位和作用；掌握对外贸易运输的特点、任务及要求；初步了解国际货物运输的方式及各自的特点。为以后各章的学习打下良好的基础。

二、课程内容

第一节　国际货物运输概述

（一）运输的含义

运输业是一个独立的、特殊的物质生产部门。

1. 运输业的生产是在生产过程之后的流通过程中进行的。

2. 运输的结果不能改变劳动对象的性质和形态，只能使产品位置发生移动。

3. 运输在不改变商品数量和质量的条件下，使商品的价值量提高。

（二）运输的发展

1. 资本主义以前相当长的历史时期内，是以人力、畜力、木帆船为主的低级运输阶段。

2. 产业革命之后至第二次世界大战以前这一期间内，机械动力取代了自然动力，形成了包括水、陆、空等多种运输方式的运输体系。

3. 第二次世界大战以后，运输走上了大型化、高速化、专门化和自动化的道路，形成了现代化世界运输网络。

（三）运输与国际贸易的关系

运输业的发展同国际贸易的发展是相互联系的。国际贸易的发展要求运输业的规模与其相适应，而运输业的发展，又有力地促进了国际贸易的发展。

（四）国际货物运输的含义及特点

1. 国际货物运输，就是货物在国家与国家、国家与地区之间的运输。

2. 国际货物运输具有不同于国内运输的许多特点。

（1）国际货物运输政策性强。

（2）国际货物运输路线长，中间环节多。

（3）国际货物运输涉及面广，情况复杂、多变。

（4）国际货物运输的时间性强。

（5）国际货物运输的风险较大。

（五）国际货物运输的方式

国际货物运输根据所使用的运输工具不同可分为以下几种运输方式：

- 运输方式
  - 陆上运输
    - 公路运输
    - 铁路运输
  - 水上运输
    - 内河运输
    - 海洋运输
      - 沿海运输
      - 近海运输
      - 远洋运输
      - （沿海运输、近海运输、远洋运输）河海联运
  - 航空运输
  - 管道运输
  - 邮政运输
  - （陆上运输、水上运输）集装箱运输和国际货物多式联运

各种运输方式各有其特点，在对外经贸业务工作中，审慎选择合理的运输方式，对顺利完成进出口货物运输的任务有着十分重要的意义。

第二节　中国对外贸易运输的发展

（一）中国对外贸易运输的发展概况

我国曾经是世界上水陆交通发展最早的国家之一。

新中国成立以来，随着我国对外经济贸易关系的日益发展和进出口货运量的不断增长，我国对外贸易运输事业也得到了相应的发展。经过 50 多年的努力，已经初步形成包括海、陆、空、邮、管道等多种运输方式在内的较完整的运输体系。

（二）中国对外贸易运输的组织机构

1. 国际贸易运输的一般组织机构。

国际上从事对外贸易运输工作的机构基本上可归纳为三个方面：

（1）承运人（Carrier），是专门经营水上、铁路、公路、航空等客货运输业务的机构。

（2）货主（Cargo Owner），是专门经营进出口商品业务的机构。

（3）货运代理人（Freight Forwarder），是根据委托人要求，代办货物运输业务的机构。

2. 中国对外贸易运输的组织机构

我国办理国际贸易运输的组织机构，基本上也是由承运人（交通运输部门）、货主（外贸部门或进出口商）和货运代理人三个主要方面构成。

第三节　我国对外贸易运输的任务和要求

（一）我国对外贸易运输的基本任务

根据对外实行开放政策的要求，在国家有关方针政策的指导下，合理利用各种运输方式和运输工具，多快好省地完成进出口运输任务，为发展对外经济贸易服务，为我国的外交路线服务，为现代化建设服务。

（二）我国对外贸易运输的要求

1. 树立为货主服务的观点，认真实现“安全、迅速、准确、节省、方便”的对外贸易运输工作十字方针的要求。

2. 树立全局观念，加强与有关部门的配合与协作。

三、考核知识点与考核要求

1. 运输的概念。

（1）识记：运输是独立的、特殊的物质生产部门。

（2）领会：运输生产出的产品是投入流通领域内商品的“位移”。

2. 运输的发展与国际贸易的关系。

（1）领会：以马克思关于生产力发展理论来划分运输的发展过程。

（2）简单应用：运输的发展对国际贸易的作用。

3. 国际货物运输的特点。

（1）识记：国际货物运输不同于国内货物运输。

（2）领会：国际货物运输的特点。

4. 国际货物运输方式。

（1）识记：国际货物运输的五种方式。

（2）领会：各种运输方式的特点。

5. 国际货物运输的组织机构。

（1）识记：国际货物运输工作的组织机构。

（2）领会：我国对外贸易运输的组织机构。

6. 国际货物运输的任务和要求。

（1）识记：国际货物运输的任务和要求

（2）领会：“安全、迅速、准确、节省、方便”。

第二章　国际海上货物运输

一、学习目的和要求

海上运输是国际贸易运输最主要的方式。通过本章的学习，使学生理解和掌握国际海上货物运输的理论与实务，具体包括：了解有关海上运输的基本特点；掌握有关海上运输的基本知识，如船舶、航线和港口的基本知识；了解并掌握班轮运输的基本特点，班轮运费的基本计算方式；理解并灵活熟练掌握班轮提单的基本性质、分类，班轮提单的主要使用方法，提单的主要条款，以及有关提单的各国际公约的基本特征；掌握租船运输的基本特征，租船运输的几种主要方式，租船合同的主要条款；了解海运进出口的主要流程，掌握海运进出口的几种常见单证。

二、课程内容

第一节　国际海上运输的基本特点

与其他运输方式相比，海上运输具有运输量大、通过能力强、运费低廉、速度较慢、不适于对运输时间要求较高的货物、风险较大的特点。

第二节　国际海上运输的基本知识

（一）船舶基本知识

1. 货船的种类。

2. 船舶的吨位。

3. 规定船舶载重线的目的是为了限制超载，保障安全。

4. 船级是表示商船技术状况的一种指标。

5. 船籍是船舶的国籍。商船可悬挂所属国籍国的国旗，并受该国法律保护。第二次世界大战后出现“方便旗船”现象，为船东带来多方面收益，但船舶开放登记也带来很多现实的问题。

（二）航线和港口

1. 航线形成取决的因素。

2. 航线的分类。

3. 世界主要的海上航线。

4. 港口的分类。

5. 世界主要港口。

第三节 班轮运输

（一）班轮运输方式

1. 班轮运输的特点。

2. 班轮运费由运费和附加费两部分组成。

（二）班轮提单

1. 提单的定义和性质。

2. 提单的种类。

3. 提单的主要条款

4. 有关提单的国际公约——《海牙规则》、《维斯比规则》和《汉堡规则》。

第四节 租船运输

（一）租船运输

1. 租船运输的特点。

2. 租船方式。

（二）租船合同

1. 租船合同的定义。

2. 租船合同条款。

第五节　海运进出口业务

（一）海运进出口业务

海运进口业务一般经过租船定舱、掌握船舶动态、收集和整理单证、报关/报验、监卸和交接过程。出口业务一般经过装运条款审核、备货、报验、租船和定舱、集港、出口报关和装船、投保、支付运费、领取提单等步骤。

（二）海运进出口单证

包括托运单、装货单、收货单、装货清单、载货清单、货物积载计划。

（三）索赔的原则与单证

在处理索赔条件时，应实事求是、有根有据、合情合理、讲求实效。并在决定对外索赔后，准备必要的索赔单证。

三、考核知识点与考核要求

（一）国际海上运输的基本特点

领会：国际海上运输的基本特点。

（二）国际海上运输的基本知识

1. 船舶基本知识。

（1）识记：船舶的分类；船舶吨位的主要分类、定义、主要用途；船舶载重线、船级制度的主要目的；方便旗船的定义。

（2）领会：船舶重量吨位和容积吨位、载重吨位和排水量吨位等之间的关系；方便旗船的做法带来的问题。

2. 航线和港口。

（1）识记：航线的种类；世界上最繁忙的航线；我国和世界的主要港口。

（2）领会：影响航线设定的主要因素。

（三）班轮运输

1. 班轮运输方式。

（1）识记：班轮运输的定义及其基本特征；班轮基本运费的常

用计费标准；常见的附加费种类。

（2）领会：班轮运费的主要计算方式；集装箱运输中综合费率的使用方法；包装对运费的影响。

（3）简单应用：班轮运费的计算。

2. 班轮提单。

（1）识记：班轮提单的定义，基本性质；各种提单的定义，基本应用的方法；提单主要条款的基本含义；《海牙规则》、《维斯比规则》和《汉堡规则》的主要差异。

（2）领会：提单的基本性质；各种提单的使用方法及其相互间的差异；提单主要条款对提单当事双方的意义；提单背书的影响；提单的流转过程；《海牙规则》、《维斯比规则》和《汉堡规则》产生的背景、现实的影响，以及它们之间的差异。

（3）简单应用：提单性质的分析；各种提单对托运人结汇、承运人责任产生的影响；提单背书的后果；提单支付方式、托运人错误申报、留置权对承、托双方利益的影响；提单流转过程中当事各方的权利义务关系。

（4）综合应用：以提单基本性质、提单类型、提单流转过程和提单主要条款为基础进行简单的案例分析，分析提单当事各方的权利、义务，指导运作过程。

3. 租船运输。

（1）租船运输。

1）识记：租船运输的特点、分类，程租船、期租船、光船租船的定义和主要特征，主要的租船市场。

2）领会：租船运输的主要适用范围，程租船、期租船和光船租船的特点及差异。

3）简单应用：分析程租船、期租船、光船租船的异同。

（2）租船合同。

1）识记：常见的租船合同范本；宣载量；安全港；受载日、解约日和受载期；许可装卸时间的规定；滞期费和速遣费；“一旦滞期则始终滞期”的含义；停租与复租。

2）领会：程租船合同中船舶说明和货物说明条款的规定方

法；装卸港安全的重要意义；程租人的解约权；装卸费的划分；许可装卸时间的规定；滞期时间的计算；期租船合同中适用范围和航行区域的规定；交船与还船。

3）简单应用：程租船装卸港安全的责任；受载期的确定；装卸费用、责任的划分；滞期费和速遣费的确定。

4）综合应用：对装卸港安全、滞期费和速遣费、装卸责任和费用的划分做简单案例分析。

（四）海运进出口业务

（1）识记：托运单；装货单；收货单。

（2）领会：海运进出口的一般步骤；托运单、装货单、收货单的性质和主要作用；装货清单、载货清单、货物积载计划的用途。

第三章　国际铁路货物运输

一、学习目的和要求

通过本章的学习，了解国际铁路货物运输是国际贸易货物的主要运输方式之一；理解和掌握欧亚大陆国家（地区）之间通过相连接的铁路进行国际货物运输的理论与实务，具体包括：了解有关铁路货物运输的基本知识，铁路运输的特点及在我国对外贸易中的作用，深刻理解国际铁路货物联运的概念、规章和各类货物的运送方式、运输限制，掌握国际铁路货物联运一般操作规程以及联运运单的填制规则，熟练掌握铁路货物运到期限和运到逾期的概念和计算，熟练掌握铁路运送费用的计算和核收方法，理解铁路货运事故的责任范围和有关索赔、诉讼的规范；理解对香港地区铁路运输的特殊性以及供应港澳三趟快车的概念，掌握组织发运的一般程序和注意事项，了解重要的业务单证，熟练掌握对香港铁路运输运费的计算与核收方法。

二、课程内容

第一节　铁路货物运输基础

（一）世界铁路运输与我国铁路运输的发展概况

1. 铁路运输的特点。

2. 世界铁路发展概况。

3. 我国的铁路概况与发展。

（二）铁路货物运输基本知识

1. 铁路线路与铁路轨距。世界各国的铁路轨距主要有标准轨、宽轨和窄轨。

2. 铁路限界，包括机车车辆限界和建筑接近限界。

3. 铁路机车与车辆。

（三）我国通往邻国的铁路干线及国境站

我国通往邻国的铁路干线目前有 10 条，相应的中外双方的国境站有 10 对。

（四）铁路运输在我国对外贸易中的作用

第二节　国际铁路货物联运基础

（一）国际铁路货物联运的概念

1. 国际铁路货物联运。

2. 铁路的连带责任。

3. 国际铁路货物联运适用规章。

（二）国际铁路货物联运的办理种别和运送方式

1. 国际铁路货物联运的办理种别，包括整车、零担和大吨位集装箱。

2. 国际铁路货物联运办理的运送方式，包括慢运、快运和整车货物随旅客列车挂运。

（三）国际铁路货物联运的路别

发送路、过境路、到达路、交付路、接收路的概念。

（四）国际铁路货物联运的运输限制

1. 不准运送或换装的货物。

2. 不准按一份或数份运单在一辆车内混装运送的货物。

（五）国际铁路货物联运的特种货物运输

1. 集装箱货物的运送方式。

2. 危险货物的运送方式。

3. 超限、超长、超重货物的运送方式。

4. 鲜活易腐货物的运送方式。

第三节　国际铁路货物联运运单

（一）国际铁路货物联运运单的组成和作用

国际铁路货物联运运单一般由运单正本、运行报单、运单副本、货物交付单、货物到达通知单等5张组成。

（二）部分主要栏目的填制要求

1. 发货人的特别声明栏。

2. 发货人添附的文件栏。

3. 货物的声明价格栏。

4. 对铁路无约束力的记载栏。

（三）发货人与承运人对运单中记载事项的责任

发货人应对其在运单中所记载的和所声明的事项的正确性负责。

（四）运单的随附单证

第四节　国际铁路货物联运进出口货物运送

（一）国际铁路联运出口货物的托运和承运

1. 国际铁路货物联运计划一般是指月度要车计划。

2. 托运和承运的一般程序。

（1）托运，是发货人组织货物运输的一个首要环节。

（2）受理，是铁路确认可以承运货物，并在运单上进行签证的环节。

（3）承运，是铁路承担发运责任的开端。

3. 托运和承运中产生的各方权利和义务。

（1）发货人的权利与义务。

（2）承运人（铁路）的权利与义务。

4. 有关装车发运的部分规定。

（二）联运合同的变更及出口货物的国境站交接

1. 发货人、收货人对联运合同的变更范围与申请办理限制。

2. 出口货物的国境站交接。

（三）联运进口货物的交付

1. 货物到达交付规程。

2. 收货人的主要权利和义务。

（四）联运货物的运到期限与逾期罚款

1. 运到期限和运到逾期的概念。

（1）运到期限包括发送时间、运送期间和特殊作业时间三个组成部分。

（2）运到逾期是货物实际运到天数超过规定的运到期限天数。

2. 逾期罚款的计算。逾期罚款＝运费×罚款率。其中，罚款率有5个档次：6%、12%、18%、24%和30%。

第五节　国际铁路货物联运运费的计算与核收

（一）有关运送费用核收的规定

1. 参加国际货协各铁路间运送费用核收的原则。

2. 国际货协参加路与非国际货协铁路间运送费用核收的规定。

3. 通过过境铁路港口站办理货物运送时，运送费用核收的规定。

4. 我国的有关规定。

（二）国内段运送费用的计算

货物运价里程、货物适用的运价号 → （货物发到基价＋运行基价）×运价里程×计费重量＝运费

（三）过境段运送费用的计算

过境里程、运价等级 → 货物运价率×计费重量＝基本运费额×（1＋加成率）＝运费

（四）计算过境运送费用的一些具体规定

1. 整车（单一品种）货物运费。

2. 零担（单一品种）货物运费。

3. 合装货物（多品种）运费。

第六节　国际铁路货物联运货运事故的处理与赔偿

（一）货运事故的责任范围

1. 铁路的责任。铁路对货物运到逾期以及因货物全部或部分灭失、重量不足、毁损、腐坏或由于其他原因降低质量所发生的损失负责。

2. 不属于铁路的责任。由于铁路不能预防和不能消除的原因而引起的货物运到逾期以及灭失、毁损等损失，铁路不承担责任。

（二）货运事故记录

事故记录分为商务记录、普通记录和技术记录三种。

（三）赔偿请求的提出与受理

发货人和收货人有权根据运输合同提出赔偿请求，铁路必须在 180 天内审查这项请求，并给以答复。

（四）提赔的依据及随附文件

发货人或收货人提出赔偿请求时，必须同时提供运单副本、商务记录等有关文件、证据。

（五）事故赔偿与支付

1. 货物全部或部分灭失时，铁路应按外国供货者账单中所列的价格支付赔偿款额。

2. 货物毁损、腐坏或由于其他原因降低质量时，铁路应支付相当于货物价格减低额的款额。

3. 货物运到逾期时，造成逾期的铁路应按该路收取的运费的一定比例，向收货人支付逾期罚款。

4. 货物运到逾期，同时构成灭失或损坏时，铁路应根据具体情况给予赔偿。

（六）索赔与诉讼的时效

对货物灭失、毁损等赔偿损失及关于支付款项的赔偿请求与诉讼应在 9 个月期间内提出；对货物运到逾期的赔偿请求与诉讼应在 2 个月期间内提出。

第七节　对香港地区的铁路货物运输

（一）对香港地区铁路货物运输的途径

1. 香港地区的铁路及货物装卸点。

2. 我国内地对香港地区铁路货物运输的主要途径。

(1) 向铁路租车，原车直接过轨。

(2) 铁路转公路。

(3) 铁路转水运。

(二) 对香港地区铁路货物运输的特殊性

1. 对香港地区出口商品结构的特殊性。

2. 对香港地区鲜活商品贸易方式和供应管理体制的特殊性。出口贸易采用配额加出口许可证的办法，市场供货达到“优质、适量、均衡、应时”的方针要求。

3. 对香港地区的铁路货物运输方式的特殊性表现在“租车过轨、两票运输”。

(三) 对香港地区铁路货物运输的组织发运方式与一般程序

1. 发运一般程序与深圳中转。

2. 货物运输的种类包括整车、零担和集装箱。

3. 装车发运中应注意的问题，包括重量限制、高度限制和配额限制。

(四) 对香港地区铁路货物运输的主要单证

1. 供港货物委托书。

2. 起运电传。

3. 承运货物收据。

4. 出口货物报关单。

(五) 快运货物列车

1. “供应港澳鲜活冷冻商品三趟快运货物列车”简称“三趟快车”，包括 82751 次、82753 次、82755 次。

2. 三趟快车具有定时、定点、定线、定速的特点和定型作业的要求。

3. 三趟快车的优越性。

(六) 对香港地区铁路货物运输运费的计算与核收

1. 内地段运送费用的计算与核收。内地段铁路发站至广州北、广州北至深圳北实行“一次起票，分段计算，两端核收”的办法。

2. 香港段运送费用的计算与核收。运费（港元）＝等级运费率×车皮标重（吨）。

三、考核知识点与考核要求

（一）铁路货物运输基础

1. 识记：铁路轨距和铁路限界的概念；有关国家的轨距；我国通往邻国的铁路干线以及与相邻国家的各个国境站。

2. 领会：铁路运输在我国对外贸易中的作用；我国铁路进出口货物和车辆办理换装和交接地点的规定。

（二）国际铁路货物联运基础

1. 识记：国际铁路货物联运的定义；铁路连带责任的概念；铁路联运办理的种别和运送方式。

2. 领会：国际铁路联运的运输限制；国际铁路联运关于危险货物的运送规定以及其他特种货物的运送方式。

（三）国际铁路货物联运运单

1. 领会：国际铁路联运运单的组成与作用。

2. 简单应用：联运运单重要栏目的填制。

（四）国际铁路货物联运进出口货物运送

1. 识记：国际铁路货物联运发货人和收货人提出的运输变更范围；货物交付时重量正确的标准；货物运到期限的概念。

2. 领会：国际铁路联运出口货物运输计划及托运和承运的一般程序；货物到达交付规程。

3. 简单应用：根据国际联运出口货物托运和承运中产生的各方权利和义务以及装车发运的有关规定分析案例；根据进口货物到达后各方的权利和义务以及货物提取的相关规定分析案例；运到逾期以及逾期罚款的计算。

（五）国际铁路货物联运运费的计算与核收

1. 领会：有关国际铁路联运运送费用的核收原则和规定。

2. 简单应用：国际铁路联运国内段和过境段运费的计算。

3. 综合应用：根据运到期限、国际铁路联运国内段和过境段运费计算逾期罚款。

（六）国际铁路货物联运货运事故的处理与赔偿

1. 领会：国际铁路联运货运事故中属于承运人的责任范围与免责。

2. 简单应用：国际联运货运事故索赔与诉讼时效的确定。

3. 综合应用：根据运到期限、运费、货运事故类型确定承运人的赔偿责任。

（七）对香港地区铁路货物运输

1. 识记：对港澳地区铁路货物运输的途径；三趟快车的概念、特点及其始发地；外贸供应工作的八字方针。

2. 领会：对香港地区铁路运输的特殊性及运输限制；主要单证及其作用。

3. 简单应用：对香港地区铁路运输运费的计算与核收。

第四章　国际航空货物运输

一、学习目的和要求

航空货物运输是国际贸易货物运输的主要方式之一。通过本章的学习，使学生理解和掌握有关国际航空货物运输的理论与实务。具体包括：了解航空货物运输的发展概况及有关航空货物运输的基本知识；重点掌握航空货物运输的主要方式及其各自的特点；明确航空运单的性质、作用及种类，能够利用航空货物运输公布的直达运价计算航空货物的运输费用；能够理解并运用国际航空运输公约解决有关国际航空货物运输中的争端问题。

二、课程内容

第一节　航空货物运输发展概况

航空货物运输是指采用商业飞机运输货物的商业活动，是目前国际上安全迅速的一种运输方式。

（一）航空货物运输业的产生和历史发展

航空货物运输作为一种国际贸易货物运输方式，是在第二次世界大战后才开始出现的。

（二）航空货物运输的特点

1. 具有较高的运送速度。

2. 最适合于鲜活易腐商品和季节性强的商品的运送。

3. 安全、准确。

4. 可节省包装、保险、利息等费用。

5. 不受地形条件限制，可深入内陆地区。

（三）中国航空运输业的产生和历史发展

新中国航空运输事业从 1949 年 11 月 2 日创立，1950 年中国民航开始经营定期国际和国内航班业务。经过五十年的风雨历程，中国航空运输网已成为世界航空运输网的有机组成部分。

第二节 国际航空货物运输基本知识

（一）航空运输设备

1. 航线。

2. 航班。

3. 航空站。

4. 航空器。

（二）世界主要航线及重要的国际、国内航空货物运输机场

1. 世界重要的航空站及航空货运机场。

2. 世界主要航线。

（三）国际航空运输组织

1. 国际民用航空组织（International Civil Aviation Organization，ICAO）。

（1）国际民用航空组织的性质。

（2）国际民用航空组织的宗旨和目的。

2. 国际航空运输协会（International Air Transport Association，IATA）。

（1）国际航空运输协会的性质。

（2）国际航空运输协会的宗旨和目的。

3. 国际货物运输代理协会（International Federation of Freight Forwarders Association，FIATA）。

（1）国际货物运输代理协会的性质。

（2）国际货物运输代理协会的宗旨和目的。

第三节 国际航空货物运输方式

（一）班机运输

（二）包机运输

1. 整架包机。

2. 部分包机。

（三）集中托运

（四）联合运输方式

（五）航空快递业务

第四节　国际航空货物运输单证

（一）航空运单的性质和作用

航空运单是一种运输合同，是由承运人或其代理人出具的一份重要的货物单据。它不同于海运提单，不是代表货物所有权的物权凭证，是不可议付的单据。其性质和作用主要如下：

1. 是承运合同。

2. 是货物收据。

3. 是运费账单。

4. 是报关单据。

5. 是保险证书。

6. 是承运人办理内部业务的依据。

（二）航空运单的种类

1. 航空货物运输主运单（Master Air Waybill 简称 MAWB）。

2. 航空货物运输分运单（House Air Waybill 简称 HAWB）。

（三）航空运单的内容

目前，世界上各航空公司所使用的航空运单基本相同，大多采用 IATA 所推荐的标准格式。

第五节　国际航空货物运输的运价和费用

（一）国际航空货物运输区划

国际航空运输协会在制定运价规章及其有关规定的过程中，考虑到世界上各个不同国家和地区的社会经济、贸易水平等情况，将世界各地划分为三个区域，即通常所说的航协区（IATA Traffic Conference Areas）。

航空公司按国际航空运输协会所制定的三个区域的费率收取国际航空货物运费。

（二）计费重量

1. 实际重量。

2. 体积重量。

3. 计费重量。

（三）航空货物公布直达运价

1. 公布直达运价的种类。

（1）普通货物运价（General Cargo Rates）。

（2）等级货物的运价（Class Rates or Commodity Classification Rates）。

（3）特种货物运价（Specific Commodity Rates）。

（4）起码运费（Minimum Charge）。

2. 公布的直达运价的使用及特点。

（1）公布的直达运价都以千克或磅为单位。

（2）航空货物计算运费时，选择运价的顺序应是特种货物运价⟶等级货物运价⟶普通货物运价。

（3）如货物运费计算结果少于起码运费，则应按起码运费支付。

（4）公布的直达运价只适用于单一方向，是指从一个机场至另一个机场的运价。

（5）公布的直达运价仅指基本运费，不包括其他额外费用。

（6）运价的货币单位一般以起运地当地货币单位为准。

（7）原则上公布的直达运价与飞机飞行的路线无关。

（四）非公布的直达航空运价

1. 比例运价。

2. 分段相加运价。

（五）航空附加费

1. 声明价值附加费。

2. 其他附加费。

第六节　航空货物运输的国际公约和法律

（一）有关航空货物运输的国际公约

有关航空运输的国际法规，较有影响力的主要的有《华沙公约》及《海牙议定书》。

1.《华沙公约》及《海牙议定书》。

《华沙公约》即《统一国际航空运输某些规则的公约》，是国际上第一部重要的航空私法，也是目前为止世界上大多数国家接受的航空公约。其目的是为了调整不同国家之间“在航空运输使用凭证和承运人责任方面”的有关问题。

《海牙议定书》全称是《修改1929年10月12日在华沙签订的统一国际航空运输某些规则的公约的议定书》，该议定书对《华沙公约》做了重要修改。

2.《华沙公约》中的主要条款及《海牙议定书》的有关修改。

（1）适用范围和定义。

（2）运输凭证。

（3）托运人和收货人的权利和义务。

（4）承运人的责任。

（5）承运人的责任限制。

（6）争议和诉讼条款。

（二）《中华人民共和国民用航空法》中的有关规定

《中华人民共和国民用航空法》于1995年10月30日经第八届全国人大常委会第十六次会议审议通过，并于1996年3月1日起正式施行。该法第九章主要针对公共航空运输（包括旅客、行李和货物运输）作了具体的规定。

三、考核知识点与考核要求

1. 国际航空货物运输的特点和作用。

（1）识记：航空货物运输的特点。

（2）领会：航空货物运输在国际贸易中的作用。

2. 国际航空货物运输基本知识。

（1）识记：航空运输设备之航空站、航空器、航线、航班；重要的国际、国内航空运输机场及世界主要航线。

3. 国际航空运输组织。

（1）识记：三大国际航空运输组织机构的性质和作用。

（2）领会：各组织机构的宗旨；了解有关的规定。

4. 国际航空货物运输方式。

（1）识记：各种运输方式的概念；各种运输方式的做法和特点。

（2）领会：各种航空货物运输方式下承、托双方的责任义务关系；航空快件与邮件运输的区别。

5. 国际航空货物运输单证。

（1）识记：航空运单的性质和作用；航空运单的种类：主运单和分运单。

（2）领会：航空运单的有效期；主运单和分运单的关系。

6. 国际航空货物运输的运价和费用。

（1）识记：航空货物运输计费重量；航空货物运输公布直达运价的种类；航空货物运输声明价值附加费。

（2）领会：航空货物运输运价区划的性质；航空货物运输公布直达运价的使用及特点。

（3）简单应用：按航空运输货物的类别准确选择相应运价并计算出运费。

7. 航空货物运输的国际公约和法律。

（1）识记：《华沙公约》和《海牙议定书》的主要规定；《中华人民共和国民用航空法》中的有关规定。

（2）领会：公约中有关承运人的责任和责任限制；公约中有关托运人和收货人的权利义务。

（3）综合应用：应用有关的航空货物运输的国际公约和法律，解决国际航空货物运输中的争端问题。

第五章　公路运输、内河运输、管道运输和邮政运输

一、学习目的和要求

国际货物的公路、内河、管道和邮政运输方式，是海运、铁路运输及航空运输等重要运输方式的补充。通过本章的学习，使学生了解这些运输方式的基本知识，掌握公路、内河、管道和邮政运输各自的特点和作用以及有关运费的规定，理解有关的运输公约和组织及其各当事人的责任范围。

二、课程内容

第一节　公路货物运输

（一）公路货物运输发展概况

在国际贸易货物运输中，公路运输既是一个独立的运输体系，又是连接车站、港口和机场集散外贸货物的重要手段，更是“门到门”运输不可缺少的一部分。

（二）公路运输的特点和作用

（三）公路运输的基础知识

1. 公路。

2. 汽车。

3. 公路货物运输方式。

（1）整批货物运输。

（2）零担货物运输。

（3）集装箱汽车运输。

（4）大型特型笨重物件运输。

（5）快件货物运输和特快件货物运输。

（6）保价货物运输。

4. 公路货物运输经营方式。

（1）公共运输业。

（2）契约运输业。

（3）自用运输业。

（4）汽车货运代理。

（四）公路货物运输合同及单证

1. 定期运输合同。

2. 一次性运输合同。

3. 公路货物运单。

（五）公路货物运输运费

公路货物运输费用包括运费和其他费用。

1. 公路货物运费。

2. 公路货物运输其他费用。

（六）国际公路货物运输公约和协定

1.《国际公路货物运输合同公约》。

《国际公路货物运输合同公约》又称日内瓦公约，该公约旨在统一公路运输所使用的单证和承运人的责任。

2.《国际公路车辆运输规定》。

该协定的宗旨是相互间允许集装箱免税过境。

3. 中华人民共和国《汽车货物运输规则》。

中华人民共和国《汽车货物运输规则》（Truck Transport Code）于 2000 年 1 月 1 日起施行，共 8 章 93 条，就运输基本条件、运输合同的订立与履行、承运人的责任、货运事故和违约处理等内容做了较为详尽的规定。

第二节　内河货物运输

（一）内河运输的发展

（二）内河运输的特点和作用

内河运输是水上运输的一个重要组成部分，同时也是连接内陆腹地和沿海地区的纽带。它具有运量大、投资少、成本低、耗能少的特点。它对一个国家的国民经济和工业布局起着重要作用。

内河运输适宜装运大宗货物，如矿砂、粮食、化肥、煤炭等；而且由于航运平稳，在运送石油等危险货物时也较安全。

（三）内河运输船舶

1. 内河货船。

2. 拖船和推船。

3. 驳船。

4. 河/海型船。

（四）我国内河运输的发展

第三节　管道运输

（一）管道运输的发展概况

管道运输是货物在管道内借高压气浆的压力向目的地输送的一种运输方式。

管道运输是随着石油的生产而产生、发展的。它是一种特殊的运输方式，亦即管道运输是运输通道和运输工具合二为一的一种专门运输方式。

现代管道运输起源于美国。

（二）管道运输的特点

1. 运输通道与运输工具合二为一。

2. 高度专业化，适于运输气体和液体货物。

3. 永远是单方向运输。

由于管道运输有上述特点，因此管道运输具有其独特的优缺点。

（三）管道运输的种类

（四）管道运输经营管理

（五）中国管道运输的发展

第四节 国际邮政运输

（一）国际邮政运输的特点和作用

1. 具有广泛的国际性。

2. 具有国际多式联运的性质。

3. 具有“门到门”运输的性质。

（二）国际邮政运输组织

万国邮政联盟（Universal Postal Union）简称邮联。其宗旨是：根据邮联组织法的规定，组成一个国际间邮政领域，以便相互交换邮件；组织和改善国际邮政业务，以利国际合作的发展；推广先进经验，给予会员国邮政技术援助。

（三）邮包种类

1. 普通包裹。

2. 脆弱包裹。

3. 保价包裹。

（四）邮资和单证

1. 国际邮资的计算标准，邮资由基本邮资和特别邮资两部分组成。

2. 邮政运输的主要单证。

（五）国际邮政运输的有关规定

1. 禁寄限寄范围。

2. 有关重量、尺寸、封装和封面书写要求的规定。

（六）邮政运输的责任范围

三、考核知识点与考核要求

（一）公路运输

1. 识记：公路运输的特点；公路运输的合同及单证。

2. 领会：公路运输是实现“门到门”运输不可缺少的组成部分之一；公路运输在国民经济和对外贸易中的重要作用。

3. 应用：公路货物运输费用的计算办法；应用有关的公路货

物运输的公约和协定，解决公路货物运输中的争端。

（二）内河运输

1. 识记：内河运输的特点。

2. 领会：内河运输可起到陆上运输的分流作用和海上运输的延伸作用。

（三）管道运输

1. 识记：管道运输的特点及优、缺点；管道运输的种类。

2. 领会：管道运输是一种特殊的、与普通货物运输形态完全不同的运输方式。

（四）国际邮政运输

1. 识记：国际邮政运输的特点和作用；万国邮政联盟的宗旨。

2. 领会：国际邮政运输具有广泛的国际性和多式联运性；国际邮政运输的责任范围。

3. 应用：国际邮政运输的有关规定。

第六章　国际集装箱运输与多式联运

一、学习目的和要求

通过对集装箱运输、大陆桥运输和国际多式联运等现代运输方式的学习与了解，掌握并运用现代运输方式，以提高运输组织技术及管理水平。

二、课程内容

第一节　集装箱运输

（一）集装箱运输概述

1. 集装箱定义。

2. 集装箱运输的产生及发展。

尽管集装箱运输是现代运输方式，但其发展的历史悠久，海上集装箱运输的产生和发展使国际运输业进入了新阶段。

3. 集装箱运输的优越性。

4. 集装箱标准。

集装箱的标准化对“门到门”的多式联运起关键作用。在集装箱标准化方面，国际标准化组织做出了重要贡献。根据国际标准化组织制定的国际标准制造的集装箱，目前通用于国际间。

5. 集装箱标志。

为了方便集装箱运输管理，国际标准化组织拟定了集装箱的标志方案。

6. 集装箱种类。

集装箱种类可从不同的角度进行划分，从集装箱的用途及集装箱的制造材料可划分为各种不同的集装箱。

7. 集装箱的关系方。

经营集装箱运输的关系方主要包括经营集装箱货物运输的实际承运人、无船承运人、集装箱租赁公司、集装箱码头经营人、集装箱货运站等。

（二）集装箱运输实务

1. 集装箱装箱方式。

集装箱装箱方式可分为整箱和拼箱两种。

2. 集装箱的交接方式。

集装箱的交接方式可按集装箱的装箱方式和集装箱的交接地点进行划分。

（三）集装箱的货运单证

集装箱运输的货运单证与传统杂货运输的货运单证基本上是相同的，但集装箱货物运输还包括设备交接单、集装箱装箱单及码头（场站）收据等单证。

（四）集装箱运费

集装箱海运运费的计算与传统班轮海运运费计算一样。但集装箱运费也有其自己的特点，即集装箱的最低运费和最高运费。

第二节　大陆桥运输

（一）大陆桥运输的定义

大陆桥运输是指利用陆地上的铁路、公路运输系统作为桥梁，把大陆两端的海洋连接起来的集装箱的连贯运输方式。

（二）大陆桥运输产生的历史背景

（三）国际大陆桥运输线的概况

国际大陆桥运输线主要有北美大陆桥和欧亚大陆桥；北美大陆桥派生出了小陆桥和微桥运输线。

（四）中国大陆桥运输概况

目前，我国利用西伯利亚大陆桥和新亚欧大陆桥的运输主要有铁—铁、铁—海和铁—卡三种方式。

（五）大陆桥运输单证

大陆桥运输单证主要包括集装箱装箱单、联运提单及铁路联运运单等。

（六）大陆桥的运费构成

大陆桥的运费构成主要包括国内运费、过境运费、集装箱的使用费、代理费或佣金等。

第三节　国际多式联运

（一）国际多式联运定义

国际多式联运是按照多式联运合同，以至少两种不同的运输方式，由多式联运经营人将货物从一国境内接管货物的地点运至另一国境内指定交付货物的地点。

（二）国际多式联运经营人的性质、责任范围

多式联运经营人是多式联运的当事人，是一个独立的法律实体，他具有双重身份。在多式联运方式下，根据合同规定，多式联运经营人始终是货物运输的总承运人，对货物负有全程运输的责任。

多式联运经营人的责任范围主要有统一责任制、分段责任制及修正统一责任制等。

（三）国际多式联运的经济效益

手续简便，货运安全，运送迅速，节省包装，提早收汇，运输合理。

（四）联合国国际货物多式联运公约

《联合国国际货物多式联运公约》是国际上第一个关于多式联运的公约。

公约的内容主要包括多式联运经营人的责任期间、赔偿责任基础、最高赔偿限额、诉讼时效等。

三、考核知识点与考核要求

（一）集装箱运输概述

1. 识记：集装箱定义；集装箱运输的优越性；集装箱种类；集装箱标准；集装箱标志；集装箱运输中的关系方。

2. 领会：集装箱运输的经济效益；集装箱运输是运输史上的一场革命；无船承运人的地位与性质。

（二）集装箱运输实务

1. 识记：集装箱整箱货；集装箱拼箱货；集装箱堆场；集装箱货运站；集装箱的主要单证；集装箱运费。

2. 领会：集装箱整箱货及拼箱货的运输方式；集装箱单证的种类和作用；集装箱运费的种类。

3. 应用：采用集装箱运输，如何选择集装箱？集装箱货物装箱时应注意的事项。

（三）大陆桥运输概况

1. 识记：大陆桥运输的含义；大陆桥运输路线；小陆桥和微桥运输的含义。

2. 领会：大陆桥运输是国际多式联运的一种形式。

3. 应用：如何利用大陆桥开展我国的大陆桥运输。

（四）国际多式联运

1. 识记：国际多式联运的定义；构成国际多式联运的条件；国际多式联运的经济效益。

2. 领会：国际多式联运经营人的性质及其责任范围。

3. 应用：如何发展我国的国际多式联运业务。

第七章　运输代理人和第三方物流

一、学习目的和要求

通过本章的学习，使学生了解运输代理人和第三方物流的有关知识和理论。主要包括：理解货运代理人的概念，掌握代理业务中有关代理关系中各方的地位、责任和义务，了解运输代理人的种类，以及国际货运代理的发展及作用；了解现代物流管理的基本概念，理解并掌握外包、第三方物流的基本概念，了解第三方物流企业的主要来源，理解第三方物流服务能够给工商企业带来的优势。

二、课程内容

第一节　货运代理人和代理关系

（一）货运代理人的概念

货运代理人其本身不是运输关系的实际当事人，而是运输关系实际当事人的代理人。

（二）代理关系的建立及种类

1. 代理关系是由委托人和代理人两方组成的。

2. 每一个代理协议或合同可能会产生三种关系。

（1）委托人和代理人的关系。

（2）委托人和第三者的关系。

（3）代理人和第三者的关系。

3. 在代理人与第三者的关系中，从第三者的角度来看，代理人的性质和地位有三种可能。

（1）代理人不公开委托人，而以自己名义与第三者签订合同。

（2）代理人公开自己的身份是代表，但不公开其委托人的姓名。

（3）代理人公开他是代表委托人，也公开其委托人的姓名。

第二节　代理人和委托人的责任与义务

（一）代理人的责任与义务

1. 按照代理协议（或合同）的规定和委托人的指示负责办理委托事项。

2. 如实汇报一切重要事宜。

3. 负有保密义务。

4. 如实向委托人报账。

（二）委托人的责任与义务

1. 及时给予代理人明确具体的指示。

2. 支付代理佣金。

3. 支付费用和补偿。

第三节　运输代理的种类

（一）租船代理

主要业务是在市场上为租船人寻找合适的运输船舶，或为船东寻找货运对象，他以中间人的身份使船、租双方达成租赁交易，从中赚取佣金。

（二）船务代理

船务代理关系根据委托方式的不同一般分为两种。

1. 航次代理：指委托人和代理人的接受均以每船一次为限，逐船逐次办理委托手续。

2. 长期代理：指船方和代理人之间签订有长期（一年至五年甚至更长一些时间）代理协议。

（三）货运代理

货运代理与货主的关系是委托和被委托的关系，在办理代理业务中，它是以货主代理人身份对货主负责，并按代理业务项目和提供的劳务向货主收取代理费。

（四）咨询代理

咨询代理是指专门从事有关国际货物运输的咨询工作，根据委托人的需要，以提供有关咨询情况、情报、资料、数据和信息服务而收取一定报酬的人或机构。

第四节 国际货运代理的发展和作用

（一）国际货运代理的发展历史

（二）国际货运代理的作用

（三）国际货运代理具备的基本条件

第五节 第三方物流服务

（一）第三方物流服务的定义

将企业的某一种经营活动或者经营活动的某一部分以契约的形式承包给其他专业经营机构去完成，即所谓的“外包”（Outsourcing）。具体到物流管理，就是指由其他企业来运作以前由本企业机构承担的全部物流功能或物流某一环节（如运输和/或仓储），这种模式又称作第三方物流（Third Party Logistics，3PL）或契约物流。

我国的物流术语则将第三方物流定义为：“由供方与需方以外的物流企业提供物流服务的业务模式。”

（二）第三方物流业的发展

1. 第三方物流服务供应商的来源。

第三方物流服务供应商的主要来源有：传统的公路、铁路、航空、海运企业，以及承揽多式联运服务的多式联运经营人、无船承运人，甚至运输代理人；传统的仓储企业；原工商企业（制造商或经销商）内部的物流管理部门，后独立出来对外承接物流服务；其他企业。

2. 第三方物流服务为企业提供的优势。

概括起来，使用第三方物流可以在以下方面帮助企业提高竞争力：使企业能集中精力于主业；可以降低工商企业的物流成本，提高服务水平；改进物流管理技术，利用最新科技成果；减少企业对物流基础设施方面的投资，减少资源占用，降低投资风险；解决企业由于需求波动导致的物流设施短期不足的难题。

三、考核知识点与考核要求

（一）货运代理人和代理关系

1. 识记：货运代理人的概念；代理关系是由委托人和代理人两方组成。

2. 领会：由于代理合同不同，使得代理人与第三者所产生的关系及其本身的地位有所不同；代理人与委托人的关系不同，其所处的法律地位亦有所不同。

（二）代理人与委托人的责任与义务

1. 识记：在代理合同订立后，代理人与委托人应履行的责任与义务。

2. 领会：代理人与委托人执行指示与发出指示的责任。

（三）运输代理的种类

1. 识记：租船代理；船务代理；货运代理；咨询代理。

2. 领会：在不同代理关系中代理人所处的地位。

（四）国际货运代理的发展和作用

1. 识记：国际货运代理的作用。

2. 领会：国际货运代理的性质。

（五）第三方物流服务

1. 识记：外包的定义；第三方物流的定义。

2. 领会：外包与第三方物流的含义。

（六）第三方物流业的发展

1. 识记：第三方物流服务的好处。

2. 领会：了解第三方物流企业的来源；使用第三方物流服务的优劣势。

第八章　合理运输

一、学习目的和要求

交通运输是国民经济的大动脉，是发展国民经济的重要基础之一，是保证工农业生产持续发展必不可少的条件，也是最重要的物流活动之一。要使交通运输适应国民经济的发展，一方面要加快发展交通运输以扩大运力，促进工农业的发展；另一方面要挖掘潜力，合理地使用运力，使有限的运力发挥较大的效益。本章旨在使学生对合理运输的内容及其重要性有初步的系统的认识，并掌握运输要素的配置方法以及合理化的衡量标准，以便在实际工作中注意运输业的挖潜改造，提高运输的经济效益。

二、课程内容

第一节　合理运输概述

（一）合理运输的意义

1. 运输合理化的任务就在于努力降低运输中的耗费，提高“地域效用”，从而加强商品在市场上的竞争能力。

2. 可以加快货物周转，加速社会扩大再生产的过程，促进工农业生产的高速度发展。

3. 可以提高运输工具的装载量，加速运输工具的周转，充分发挥运输工具的能力，避免运力和劳动力的浪费，达到最佳的经济效益。

（二）合理运输的概念

所谓合理运输，就是按照货物的特点和合理流向以及交通运输条件，走最少的里程，经最少的环节，用最少的运力，花最少的费用，以最快的时间，把货物运到目的地。

（三）决定合理运输的五个要素

1. 运输距离。

2. 运输工具。

3. 运输环节。

4. 运输时间。

5. 运输费用。

第二节　不合理运输的表现和类型

合理运输和不合理运输是两个对称的概念。在各种物资的流通过程中，由于经营管理人员素质不高，经济核算思想不强，各部门信息沟通不畅或配合不当，经常造成迂回运输、对流运输、重复运输、往返运输、过远运输和无效运输等现象，这些都是不合理运输的表现形式。

第三节　组织合理运输的措施

（一）合理选择运输方式和运输工具

各种运输方式有着各自的适用范围和不同的技术经济特征及优势，为了充分发挥各种运输方式的作用，必须通过比较来鉴别和确定其使用范围。

（二）正确选择运输路线和装卸中转港口

正确地选择运输路线，最大限度地缩短进出口商品运输的平均里程，是节约国家运力、降低出口成本费用的一项重要内容。

（三）提高货物包装质量，改进包装方法

运输包装要求牢固、经济、科学和标准化。

（四）提高装载技术

根据货物的体积、重量、包装，结合运输工具的特点，在不影响安全的前提下，进行合理搭配装载，有利于充分利用运力，达到满载足吨。

第四节　合理运输的衡量标准

（一）从全局出发，注重社会整体效益

衡量合理运输，要从全局利益出发，从社会整体效益出发，而不是仅考虑某个部门的利益。

（二）综合利用各种运输方式，发挥各自的优点

应充分发挥不同运输方式的特殊作用，使它们之间相互协调，以取得最佳经济效益。

（三）合理运输的衡量标准应全面

开展合理运输的效益是多方面的，所谓“合理”是相对而言的，要以国民经济计划、企业总体计划的完成情况来考核运输安排的合理性，要站在整个社会的利益上来正确评价。

（四）合理运输的方案应具备充分的可行性

制定任何计划和考核标准都必须充分考虑现有的客观条件和可行性。

三、考核知识点与考核要求

（一）合理运输的意义

1. 识记：运输费用是商品最终成本的有机组成部分。

2. 领会：开展合理运输，节约运输耗费，对提高商品在国际市场上的竞争能力的作用。

（二）合理运输的概念

1. 识记：构成运输的要素。

2. 领会：建立运输要素的最佳组合，从而取得最大的运输经济效益。

（三）不合理运输的表现和类型

1. 识记：各种不合理运输的表现形式及其成因。

2. 领会：加强分析比较，加深对运输合理化的认识。

（四）组织合理运输的措施

1. 领会：如何更加合理地组织运输。

（五）合理运输的衡量标准

1. 识记：从宏观和微观上考核运输的合理化。

2. 领会：合理运输的衡量标准是经济效益和社会整体效益。

3. 应用：利用分析比较，加强可行性研究，选择最佳运输方式，取得最佳经济效益和社会效益。

第二部分　国际货物保险

第一章　风险与保险概述

一、学习目的和要求

通过本章的学习要求学生理解风险的概念，了解风险的分类及各种风险的主要特征；深刻理解风险因素的概念及其分类，深刻理解风险、风险因素、风险事件和损失之间的相互关系；掌握主观风险因素、客观风险因素及道德风险的区别；了解风险管理及风险管理的基本步骤，掌握主要的风险控制方法和主要的风险融资方法。理解保险的概念，深刻理解保险基金及其特点，了解保险的职能及保险对社会和经济发展的重要作用，理解保险的社会成本，掌握可保风险及其构成条件。

二、课程内容

第一节　风险概述

（一）风险的概念

风险是指将来发生的结果不确定的事件。

（二）不确定性的概念

（三）风险的特点

风险的客观性、风险的损失性、风险的不确定性及风险的社会性。

（四）风险的分类

介绍分类的依据及每一类风险的特点，这是了解风险的重要方法。

（五）与风险相关的概念

风险因素、风险事故、损失及危机是风险管理中的重要概念，了解这些概念与风险之间的相互关系是学习风险管理与保险的基础。

第一节主要从风险的概念、风险的特点、风险的分类三个方面阐述风险，从不同的角度和层面解释风险；在对风险有了基本了解的基础上介绍了风险因素、风险事故、损失及危机等几个与风险密切相关的概念，通过比较与分析对风险有更进一步的了解。

第二节 风险管理

（一）风险管理的概念

（二）风险管理的特点

（三）风险管理的步骤

1. 制订风险管理目标与计划。

2. 风险的识别、分析与衡量。

3. 采取损失控制措施与安排损失补偿资金。

4. 对风险管理措施进行检查、评估与调整。

（四）风险控制与风险融资

1. 风险控制措施

风险规避，预防损失，减少损失，风险标的的分散、分离，风险标的的备份，应急计划，非保险的风险转移方法等。

2. 风险融资措施

企业自担风险、保险转移风险及可选择的风险转移方法。

第二节概括性地介绍了风险管理的概念、特点与步骤，重点是对风险管理步骤的介绍，并着重分析和介绍了风险控制与风险融资的主要方法。

第三节 保险概述

（一）保险的概念

保险的概念可以从几个方面来界定。

（二）保险基金

保险基金的概念、特点体现了保险这种补偿损失方式的特点。

（三）保险的职能和作用

保险的分摊职能和补偿职能，以及保险的各种宏观和微观的作用。

（四）保险的成本

保险经营的高成本及投保人或被保险人的道德风险是保险的主要成本。

（五）可保风险及其构成条件

可保风险及其构成条件从不同的方面限制了保险经营的风险，从而保证保险经营的盈利性。

第三节从保险的概念、保险基金、保险的职能和作用以及保险的成本几个方面作了分析与介绍，从而对保险有一个较为全面的了解。而通过对构成可保风险的条件的分析使学生了解保险经营对风险的要求，理解保险只是风险管理措施中的一种融资手段。

三、考核知识点与考核要求

（一）风险的概念与特点

1. 识记：风险；不确定性。

2. 领会：风险的特点。

3. 简单应用：能够判断生活中、学习中及工作中存在的各种风险。

（二）风险的分类

1. 识记：纯风险；投机风险；静态风险；动态风险；主观风险；基本风险等。

2. 领会：各种风险的主要特点。

3. 简单应用：能够判断并解释自然风险、社会风险、经济风险和政治风险。

（三）与风险相关的概念

1. 识记：风险因素；客观风险因素；主观风险因素；道德风险；风险事故；损失；危机。

2. 领会：客观风险因素；主观风险因素；道德风险之间的区别；风险与危机的区别。

3、简单应用：就一个具体的损失事件能够判断其中的各种风险因素的关系及对损失的作用。

（四）风险管理

1. 识记：风险管理的概念。

2. 领会：风险管理的特点。

（五）风险管理的步骤

1. 识记：风险管理的具体步骤。

2. 领会：风险识别的主要方法；风险衡量的主要方法；损失频率与损失严重程度。

（六）风险控制措施

1. 识记：风险规避；风险预防与减少损失；分离风险标的物；备份；应急方案；风险转移。

2. 领会：各种风险控制措施的特点。

3. 简单应用：能够针对具体的风险特征，将各种风险控制措施应用于风险管理工作中。

（七）风险融资措施

1. 识记：自担风险；自保公司；保险。

2. 领会：企业自担风险情况下的资金安排。

（八）保险概述

1. 识记：保险；保险基金；保险的职能。

2. 领会：保险基金的特点；可保风险的构成条件；保险的作用；保险的成本。

第二章　保险种类简介

一、学习目的和要求

通过本章的学习要求学生了解主要的保险分类方法，理解主要险种的概念和特点。

二、课程内容

第一节　强制保险与自愿保险

（一）强制保险的概念

由国家的各级立法机构通过制定法律、法规而强制实施的保险。

（二）强制保险的分类与特点

第二节　商业保险

（一）财产保险的概念及主要险种

（二）责任保险的概念、特点及主要险种

（三）信用保险与保证保险

（四）人身保险

1. 人寿保险。

2. 年金保险。

3. 健康保险。

4. 人身意外伤害保险。

（五）再保险

三、考核知识点与考核要求

（一）强制保险

1. 识记：强制保险；强制保险的特点。

2. 领会：实施强制保险的目的。

（二）商业保险

1. 识记：财产保险；责任保险；信用保险；保证保险；定期寿险；终身寿险；年金保险；健康保险；再保险。

2. 领会：广义的财产保险的概念；产生责任风险的法律制度与责任风险的特点；信用保险的作用；保证保险的特点；定期寿险与终身寿险的区别；健康保险的特点；再保险的作用。

第三章　运输保险应用的保险原则

一、学习目的和要求

通过本章的学习，要求学生理解可保利益原则、最大诚信原则、近因原则、补偿原则、代位追偿原则及重复保险的分摊原则的意义和作用。掌握各个保险原则的内容、特点及在不同险种中的应用，并能够运用这些原则分析保险业务中出现的各种现象。

二、课程内容

第一节　可保利益原则

（一）什么是可保利益
（二）可保利益与保险标的的关系
（三）可保利益原则及其作用
（四）构成可保利益的条件
（五）财产保险的可保利益
（六）人寿保险的可保利益
（七）可保利益原则在国际贸易中的应用

可保利益是保险中最重要的概念，可保利益原则是保险的核心原则。可保利益原则在财产保险与人寿保险中的表现不完全相同，在本课程中特别要将可保利益原则与国际贸易中的象征性交货价格术语结合起来，分析可保利益原则在国际贸易中的应用特点。

第二节　最大诚信原则

（一）为什么保险合同是最大诚信合同

（二）告知与不告知

（三）陈述与错误陈述

（四）保证与违反保证

最大诚信原则主要是为了平衡保险合同双方对于保险标的的风险情况存在着严重的信息不对等的现象而在法律上对投保人的隐瞒、错误陈述和违反保证等行为的约束和规定。

第三节　近因原则

（一）什么是近因

（二）近因原则

（三）损失近因的一般判断标准

第四节　补偿原则

（一）补偿原则

（二）可保利益是保险补偿损失的依据

（三）影响保险赔偿金额的因素

（四）保险合同中其他限制保险赔偿的条款

（五）对因保险赔偿而额外获利的限制

第五节　代位追偿原则

（一）代位追偿的概念

（二）代位追偿权产生的原因

（三）构成代位追偿的条件

（四）对保险人行使代位追偿权的限制

（五）应用代位追偿原则应注意的问题

第六节　重复保险的分摊原则

（一）重复保险的概念

（二）重复保险分摊责任的计算方法

三、考核知识点与考核要求

（一）可保利益原则

1. 识记：可保利益；可保利益原则的作用；构成可保利益的条件。

2. 领会：可保利益与保险标的的关系；财产保险可保利益的来源；人寿保险可保利益的来源；可保利益原则在财产保险中的特点；可保利益原则在人寿保险中的特点；可保利益原则在海上保险中应用的特点。

3. 综合应用：分析在 FOB 和 CFR 贸易术语下，买卖双方关于货物的风险及可保利益的划分；分析在 CIF 价格条件下，买卖双方关于货物的风险及可保利益的划分；货物在运输途中发生的损失，由哪一方向保险公司提出索赔申请。

（二）最大诚信原则

1. 识记：告知；陈述；保证；最大诚信原则。

2. 领会：为什么保险合同是最大诚信合同；不告知、错误陈述、违反保证的法律后果。

3. 应用：运用最大诚信原则对实际案例进行分析；分析投保人的行为是否满足法律对投保人最大诚信的要求。

（三）近因原则

1. 识记：近因；近因原则；判断损失近因的主要方法。

2. 领会：近因原则对保险理偿的指导作用。

（四）补偿原则

1. 识记：补偿原则；保险金额；保险价值；不定值保险；共保条款；实际现值。

2. 领会：补偿原则的作用；影响保险赔偿的因素。

3. 应用：不定值保单项下保险赔偿金额的确定。

（五）代位追偿原则

1. 识记：代位追偿。

2. 领会：代位追偿产生的条件；法律对保险人行使代位追偿权的限制。

3. 应用：代为追偿原则在处理保险人、承运人及损失的其他责任方的损失赔偿责任中的作用。

（六）重复保险

1. 识记：重复保险。

2. 领会：重复保险的分摊方法。

第四章　保险合同

一、学习目的和要求

通过本章的学习要求学生理解保险合同的特点，了解保险合同的主体和客体，了解保险合同应包括的主要内容，理解保险合同的成立、转让、变更、解除和终止等的有关法律规定，并能够运用这些理论和法律分析有关保险合同的纠纷案件。

二、课程内容

第一节　保险合同的特点

（一）保险合同是最大诚信合同

（二）保险合同是补偿性合同

（三）保险合同是对人合同

（四）保险合同是附和合同

（五）保险合同是射幸合同

第二节　保险合同的主体和客体

（一）保险合同的主体

（二）保险合同的客体

第三节　保险合同的内容

（一）声明部分

（二）保险条款

（三）除外责任

（四）要件条款

（五）批单与附加条款

第四节　保险合同的成立、转让、变更、解除与终止的法律规定

（一）保险合同的成立

（二）保险合同转让的有关规定

（三）保险合同解除的规定

（四）保险合同终止的原因

三、考核知识点与考核要求

（一）保险合同的特点

1. 识记：合理预期原则。

2. 领会：保险合同是对人合同；保险合同是附和合同；保险合同是射幸合同；保险合同是有条件的双务合同。

3. 应用：保险合同是补偿性合同。

（二）保险合同的主体和客体

1. 识记：股份制保险公司；相互制保险公司；互助制保险公司。

2. 领会：保险人、投保人、被保险人的合同权利与义务。

（三）保险合同的内容

1. 识记：保险合同包括的主要内容。

2. 领会：保险条款中对承保风险的规定；为什么要规定除外责任。

（四）保险合同的成立、转让、解除和终止

1. 识记：保险合同成立的条件；法定解除；任意解除；协议解除；合同终止的原因。

2. 领会：保险合同成立必须满足的条件；保险人解除保险合同责任的条件。

3. 应用：保险合同转让的有关规定及其应用。

第五章　海上保险的发展历史

一、学习目的和要求

通过本章的学习要求学生了解海上保险的发展历史，了解英国海上保险的发展及英国海上保险对世界保险业的贡献，了解劳合社的发展历史，理解海上保险单和保险条款的演变与发展。

二、课程内容

第一节　海上保险的起源与发展

（一）共同海损的分摊原则是海上保险的萌芽

（二）船货抵押借贷是海上保险的雏形

（三）意大利是现代海上保险的发源地

（四）欧洲各国资本主义经济的发展，促进了海上保险立法

第二节　英国海上保险的发展

（一）英国《1906 年海上保险法》

（二）英国的劳合社

（三）伦敦保险人协会

第三节　Lloyd's S. G. Policy 与协会货物条款

（一）英国海上保险单格式及保险条款的发展

（二）修改劳合社 S. G. Policy Form 和协会货物条款的历史背景

（三）新的海上保险单格式

三、考核知识点与考核要求

（一）海上保险的起源与发展

识记：共同海损的分摊原则是海上保险的萌芽；船货抵押借贷是海上保险的雏形；意大利是现代海上保险的发源地。

（二）英国海上保险的发展

识记：英国《1906 年海上保险法》、英国的劳合社、伦敦保险人协会。

（三）保险单与保险条款

1. 识记：S. G. Policy Form；新的海上保险单格式。

2. 领会：协会货物条款的演变历史。

第六章　海洋运输货物保险保障的范围

一、学习目的和要求

通过本章的学习要求学生理解海上风险的概念及分类，了解主要的海上风险，深刻理解各种海上损失的概念、特点和构成条件，理解海上费用的概念及特点，掌握保险公司对各种海上损失和费用的赔偿方法，并能够运用这些理论分析有关的海上保险案例。

二、课程内容

第一节　海上货运保险承保的风险

（一）海上风险的概念

（二）海上风险的分类

（三）外来风险

第二节　海上货运保险保障的海上损失

- 海上损失
  - 保单承保风险造成的损失
    - 实际全损
    - 推定全损
    - 部分损失

- 共同海损损失
  - 共同海损牺牲
  - 共同海损费用

（一）实际全损（Actual Total Loss ，ATL）

（二）推定全损（Constructive Total Loss）

（三）部分损失（Partial Loss）

（四）共同海损（General Average）

第三节　海上货运保险保障的费用损失

（一）施救费用（Sue and Labor Charges）

（二）救助费用（Salvage Expenses）

（三）特别（单独）费用（Particular Charges）

（四）续运费用

三、考核知识点与考核要求

（一）海上货运保险承保的海上风险

1. 识记：海上风险；自然灾害；意外事故；外来风险。

2. 领会：浪击落海；抛弃；海盗；船长；船员的不法行为等风险在不同条款中的概念。

（二）海上货运保险承保的海上损失

1. 识记：实际全损；推定全损；部分损失；共同海损；共同海损分摊；委付。

2. 领会：实际全损与推定全损的区别；委付的法律规定；共同海损的理算及构成共同海损的条件。

3. 应用：货运保险对各种损失的赔偿做法。

（三）海上货运保险承保的海上费用

1. 识记：施救费用；救助费用；特别费用；续运费用、“无效果、无报酬”救助合同。

2. 领会：施救条款的特点；构成施救费用的条件；施救费用与救助费用的区别。

3. 应用：货运保险对各种费用损失的赔偿规定。

第七章　海洋货物运输保险条款

一、学习目的和要求

通过本章的学习要求学生了解货物运输保险各险别的概念及含义，深刻理解中国海洋货物运输保险条款及协会货物条款中的各项条款；理解中国条款与协会货物条款的区别，掌握各险别条款之间的不同之处，并能够运用保险条款分析有关的问题。

二、课程内容

第一节　1982 年协会货物条款介绍

（一）1982 年协会货物条款的特点

（二）承保范围

（三）除外责任

（四）保险期限

（五）索赔

（六）保险的利益

（七）减少损失

（八）防止延误

（九）法律与惯例

（十）附注

第二节　协会货物战争险和罢工险条款

（一）战争险的发展历史

（二）协会货物战争险的承保范围

（三）协会货物战争险的除外责任

（四）协会货物战争险的保险期限

（五）协会货物罢工险条款介绍

第三节　协会恶意损害险条款与协会专门险条款

（一）协会恶意损害险条款

（二）协会专门险条款

第四节　中国海洋运输货物保险条款

（一）责任范围

（二）除外责任

（三）保险期限

（四）被保险人义务条款

（五）索赔

第五节　中国海洋运输货物战争险和罢工险条款

（一）海运货物战争险条款

（二）海运货物罢工险条款

第六节　中国海洋运输货物专门险条款和其他海洋运输货物条款

（一）海洋运输货物专门险条款

（二）特别附加险条款

（三）卖方利益险

三、考核知识点与考核要求

（一）1982 年协会货物条款

1. 识记：共同海损条款；船舶互撞责任条款；运输条款；运输契约终止条款；增值条款；被保险人义务条款；放弃条款；合理迅速处置条款；恶意损害险条款。

2. 领会：1982 年协会货物条款的特点；ICC（A）、ICC（B）、ICC（C）三个条款在承保风险上的区别；ICC（A）、ICC（B）、ICC（C）三个条款关于除外责任的规定；ICC（A）、ICC（B）、ICC（C）三个条款关于保险期限的规定；ICC（A）、ICC（B）、ICC（C）三个条款关于索赔的规定。

3. 应用：比较分析条款之间的区别。

（二）协会货物战争险和罢工险条款

1. 识记：航程挫折条款；水上危险条款。

2. 领会：战争险的保险期限的规定；罢工险的承保范围的规定。

3. 应用：ICC（A）、ICC（B）、ICC（C）三个条款与 ICC（战争险）条款在保险期限上的区别。

（三）中国海洋运输货物保险条款

1. 识记：卖方利益保险。

2. 领会：平安险；水渍险；一切险的承保范围及三者的区别。

3. 应用：中国条款与 1982 年的协会货物条款在结构上的区别；平安险、水渍险、一切险的承保范围与 ICC（A）、ICC（B）、ICC（C）三个条款在承保范围上的区别。

第八章　海洋货物运输保险实务

一、学习目的和要求

通过本章的学习，要求学生了解海洋货物运输保险的投保和承保环节，理解投保与承保应考虑的各种因素，深刻理解货运保险险别与国际贸易术语之间的关系；了解货物损失的申报与损失检验环节，理解货物发生的各种损失的形成原因；了解对受损货物进行索赔和理赔的步骤，理解在索赔过程中被保险人应注意的事项；了解各种保险单据的特点及使用范围；深刻理解货物运输保险实务中应用的保险原则，并能够运用相关的理论分析实际问题。

二、课程内容

第一节　海运货物保险的投保与承保

（一）货运保险的投保

（二）货运保险的承保

第二节　货物运输保险的损失检验

（一）损失检验的作用

（二）申请损失检验的时间

（三）申请损失检验的地点

（四）确定损失责任

（五）检验报告

第三节　海上货运保险的索赔与理赔

（一）海上货运保险的索赔

（二）海上货运保险的理赔

第四节　海上货运保险单据

（一）货物运输保险单据按保险单的形式划分，主要有保险单、保险凭证、联合凭证、暂保单等

（二）货物运输保险单按船名是否确定，可分为船名已定和船名未定两类保险单

三、考核知识点与考核要求

（一）货物运输保险的投保

1. 识记：投保人在填写投保单时应注意的事项；选择运输保险险别应考虑的因素；选择保险公司应考虑的因素。

2. 领会：国际贸易价格术语与投保责任的关系；进出口货物保险采用的投保方式。

（二）货物运输保险的承保

1. 识记：保险人承保货运险考虑的主要风险因素；一般货物费率；指明货物加费费率。

2. 领会：费率表的使用。

3. 应用：货运保险的保险金额与保险费的计算。

（三）货物运输保险的损失检验

1. 识记：损失检验的作用。

2. 领会：损失检验时间和损失检验地点的确定方法；货物的“原残”、“船残与短卸”及“工残”损失的确定。

（四）货物运输保险索赔

1. 识记：保险索赔应注意的问题；索赔时效。

2. 领会：货物损失索赔的单据；保险索赔必备的条件。

（五）货物运输保险理赔

1. 识记：保险理赔的原则。

2. 应用：货运损失赔偿金额的计算。

（六）海上货运保险单据

1. 识记：保险单；暂保单；流动保单；预约保单。

2. 领会：流动保单的特点及使用；预约保单的特点及使用。

第九章　陆运货物、空运货物及邮递货物保险简介

一、学习目的和要求

本章的内容只是一个简单的介绍，只要求学生概括性地了解，不作为考核的内容。

二、课程内容

第一节　陆上运输货物保险

（一）陆运险与陆运一切险

（二）陆上运输冷藏货物险

（三）路上运输货物战争险

第二节　航空运输货物保险

（一）协会货物条款（航空）

（二）中国航空运输货物保险条款

第三节　邮递货物保险

（一）协会货物条款（邮件）

（二）中国邮递货物保险条款

Ⅲ. 有关说明与实施要求

为了使本大纲的规定在个人自学、社会助学和考试命题中得到贯彻和落实，兹对有关问题做如下说明，并进而提出具体实施要求。

一、关于“课程内容与考核目标”中有关提法的说明

（一）大纲与教材的关系

大纲是进行学习和考核的依据，教材是学习掌握课程知识的基本内容和范围，教材的内容是大纲所规定课程内容的扩展。

大纲与教材所体现的课程内容基本一致，大纲里面的课程内容和考核知识点，教材里一般都有。但教材里有的内容，大纲里不一定体现。

（二）对考核目标的说明

为使考试内容具体化和考试要求标准化，本大纲在列出各章课程内容的基础上，对各章还规定了考核目标，包括考核知识点和考核要求。明确考核目标，使自学应考者能够进一步明确考试内容和要求，以便抓住重点、要点，有目的地进行学习；使社会助学者能更全面地有针对性地循序进行辅导；使考试命题者能更加明确命题范围、覆盖面，从而能更准确地安排试题的知识能力层次和难易程度。

本课程要求考生学习和掌握的知识点内容都作为考核内容。

本大纲在考核目标中，按照识记、领会、简单应用和综合应用四个层次规定其应达到的能力层次要求。四个能力层次是递进等级关系，各能力层次的含义是：

1. 识记：要求考生知道本课程中有关的名词、概念、原理、

知识的含义，并能正确理解和表达。

2. 领会：要求在识记的基础上，全面把握本课程中的基本概念、基本原理、基本方法，能掌握有关概念、原理、方法的区别与联系。

3. 简单应用：要求在领会的基础上，能运用本课程中的基本概念、基本原理、基本方法中的少量知识点分析和解决有关的理论问题和实际问题。

4. 综合应用：要求考生在简单应用的基础上，能运用学过的本课程规定的多个知识点，综合分析和解决比较复杂的理论问题和实际问题。

二、关于学习教材

本课程使用教材为全国高等教育自学考试指定教材《国际运输与保险》，全国高等教育自学考试指导委员会组编，叶梅主编，中国人民大学出版社 2005 年版。

三、自学方法指导

1. 在全面系统学习的基础上掌握基本理论、基本知识、基本技能。本课程内容包括国际货物运输和国际货物保险两部分，内容多，范围广，各章之间既有联系又有很大区别，有的还具有相对独立性。自学应考者应首先全面系统地学习各章内容，识记基本理论、基本知识；其次，通过反复思考，加深理解基本内涵；再次，结合实际，运用所学的基本理论和基本知识分析解决问题。在学习中，切忌在没有全面学习教材的情况下孤立地去抓重点和要点。

2. 除了学习掌握国际货物运输与保险的有关理论和知识外，还应熟悉并掌握国内外有关的法律、规定、惯例以及运输与保险条款等，以增强综合运用的能力和分析、解决问题的能力。

3. 要注意课程内容的动态性和发展性。要理论联系实际，在学习中要结合我国对外经济贸易活动的实际，进行对照比较，分析研究，以增强感性认识，从而能更深刻地领会教材内容。

四、对社会助学的要求

1. 社会助学者应根据本大纲规定的考试内容和考核目标，认真钻研指定教材，明确本课程与其他课程不同的特点和学习要求，对自学应考者进行切实有效的辅导，引导他们防止自学中的各种偏向，把握社会助学的正确导向。

2. 要正确处理基础知识和应用能力的关系，努力引导自学应考者将识记、领会与应用联系起来，把基础知识和理论转化为应用能力。在全面辅导的基础上，着重培养和提高自学应考者分析问题和解决问题的能力。

3. 要正确处理重点和一般的关系。课程内容有重点与一般之分，但考试内容是全面的，而且重点与一般是相互联系的，不是截然分开的。社会助学者应指导自学应考者全面系统地学习教材，掌握全部考试内容和考核知识点，在此基础上再突出重点。总之，要把重点学习同兼顾一般结合起来，切勿孤立地抓重点，把自学应考者引向猜题、押题。

五、关于命题考试的若干要求

1. 本课程的命题考试，应根据本大纲规定的考试内容和考核目标来确定考试范围和考核要求。考试命题覆盖面要广，并要适当突出重点章节，加大重点内容的覆盖度，以体现本课程的内容特点。

2. 本课程在试题中对不同能力层次要求的分数比例一般为：识记占 20%；领会占 30%；简单应用占 30%；综合应用占 20%。

3. 要合理安排试题的难易程度，试题的难度可分为易、较易、较难、难四个等级。每份试卷中不同难度试题的分数比例一般为：易占 20%；较易占 30%；较难占 30%；难占 20%。必须注意，试题的难易程度与能力层次不是一个概念，在各个能力层次中都存在着不同的难度，切勿混淆。

4. 本课程考试命题的主要题型一般有单项选择题、多项选择题、名词解释题、简答题、计算题、案例分析题等题型。各种题型的具体形式可参见本大纲的附录。

5. 本课程的考试方式为闭卷、笔试。考试时间为150分钟。考生在考试时可携带无存储功能的计算器。

Ⅳ. 题型举例

一、单项选择题

在每小题列出的四个备选项中只有一个是符合题目要求的，请将其代码填写在最后的括号内。错选、多选或未选均无分。

1. 航空主运单运输合同的当事人是（　　）。

A. 航空货运代理公司和发货人

B. 航空货运代理公司和航空公司

C. 发货人和航空公司

D. 航空公司和提货人

2. 我国海运货物基本险的保险期限一般采用的原则是（　　）。

A. “门到门”　　B. “桌到桌”

C. “仓至仓”　　D. “港到港”

二、多项选择题

在每小题列出的五个备选答案中有二至五个是符合题目要求的，请将其代码填写在题后的括号内。错选、多选、少选或未选均无分。

1. 运输业是一个独立的、特殊的物质生产部门，具体表现有（　　）。

A. 是生产过程在流通过程中的继续

B. 是流通过程在生产过程中的继续

C. 不能生产任何新的、有形的物质产品

D. 生产的产品是“位移”

E. 在生产过程中不发生价值增值

2. 下列哪些因素的存在使保险产品的价格超出了公平精算的保险费率水平？（　　）

A. 道德风险

B. 保险公司的经营成本

C. 现行的市场利率水平

D. 逆向选择

E. 保险标的的损失成本

三、名词解释

1. 班轮运输

2. 推定全损

四、简答题

1. 运输代理人分为哪几类？

2. 构成代位追偿的条件是什么？各国法律对保险人行使代位追偿权有什么限制？

五、计算题

1. 北京到东京空运出口普通货物一件，总毛重 25.2 千克，体积为 82×48×32 厘米。试计算该件货物的航空运费。（已知北京到东京 45 千克以下普通货物的空运运价为每千克 37.51 元人民币）

2. 一批出口到美国的货物的 CFR 价格为 3 万美元，投保一切险费率为 2.50%。若按该批货物的 CIF 价格加二成投保，问该批货物的保险金额与保险费各是多少？

六、案例分析题

1. 我方以 CIF 条件出口至美国一批货物，卸货港为美国西雅图，最终目的地是芝加哥。西雅图是美国西海岸港口之一，芝加哥属于美国内陆地区城市。为了享受运费优待，我方可在贸易合同中采用什么运输条款？其具体要求有哪些？

2. 有一份 CIF 合同，货物已在规定的时间装船，载货船舶在离开装运港之前发生了火灾，致使货物发生全损。火灾后，卖方凭手中持有的提单、保险单、发票等全套装运单据要求买方付款，买方以货物全损为由拒付货款。于是，卖方又持保单向保险人提出索赔。若你为保险理赔人员，应如何处理此案？请给出你的详细分析理由。

后　　记

2003 年 3 月由教育部全国高等教育自学考试办公室召开了全国高等教育自学考试课程大纲、教材编前会，会上确定了《国际运输与保险》课程大纲编写的指导思想、基本原则和要求。

《国际运输与保险》课程大纲的运输部分由叶梅（对外经济贸易大学副教授）负责编写，保险部分由黄敬阳（对外经济贸易大学副教授）负责编写，参加编写的还有对外经济贸易大学的王晓东副教授、赵苏副教授和许明月副教授，全书由叶梅修改定稿。

参加本大纲审稿讨论会并提出修改意见的有：严启明（对外经济贸易大学教授）、雷荣迪（对外经济贸易大学教授）和王志刚（中国对外贸易运输总公司高级国际商务师）。在此一并表示感谢。

全国高等教育自学考试指导委员会
经 济 管 理 类 专 业 委 员 会
2004 年 12 月